交通职业教育教学指导委员会推荐教材
高职高专院校公路工程检测技术专业教学用书

高等职业教育规划教材

Qiaoliang Gongcheng Jiance Jishu

桥梁工程检测技术

张美珍　主　编
王廷臣　副主编
柴金义　主　审

人民交通出版社

内 容 提 要

本书是交通职业教育教学指导委员会推荐教材，由路桥工程专业指导委员会组织编写。全书以最新的技术规范、标准、试验检测规程为依据，主要介绍了桥梁工程质量检测的方法和程序。内容包括：绪论、桥梁工程质量检测评定方法、桥涵现浇混凝土结构检测、桥涵地基检测、钻（挖）孔灌注桩检测、砌体与钢筋混凝土结构检测、预应力混凝土结构检测、支座和伸缩装置检测、桥梁静载试验、桥梁动载试验、桥面及有关设施检测。

本书是高职高专院校公路工程试验检测技术专业教学用书，也可供相关专业教学使用，或作为有关专业继续教育及职业培训教材。

图书在版编目（CIP）数据

桥梁工程检测技术/张美珍主编．—北京：人民交通出版社，2007.1

ISBN 978-7-114-06188-2

Ⅰ．桥…　Ⅱ．张…　Ⅲ．桥梁工程－检测　Ⅳ．U446

中国版本图书馆 CIP 数据核字（2006）第 114940 号

书　　名：桥梁工程检测技术
著 作 者：张美珍
责任编辑：韩亚楠
出版发行：人民交通出版社
地　　址：(100011) 北京市朝阳区安定门外外馆斜街 3 号
网　　址：http://www.ccpress.com.cn
销售电话：(010)59757973
总 经 销：人民交通出版社发行部
经　　销：各地新华书店
印　　刷：北京鑫正大印刷有限公司
开　　本：787×1092　1/16
印　　张：18.25
字　　数：459 千
版　　次：2007 年 1 月第 1 版
印　　次：2017 年 7 月第 5 次印刷
书　　号：ISBN 978-7-114-06188-2
印　　数：10001－11000 册
定　　价：32.00 元

交通职业教育教学指导委员会
路桥工程专业指导委员会

前言

QIAN YAN

为深入贯彻落实《高等教育面向21世纪教学内容和课程体系改革计划》,按照教育部"以教育思想、观念改革为先导,以教学改革为核心,以教学基本建设为重点,注重提高质量,努力办出特色"的基本思路,交通职业教育教学指导委员会路桥工程专业指导委员会在总结道路桥梁工程技术专业教学文件编制及其教材编写工作经验的基础上,又组织开发了相关专业的教学指导方案及部分专业教材,其中包括三年制高职高专院校公路工程检测技术专业教学指导方案及5门课程的规划教材。

公路工程检测技术专业教材依据教育部对高职高专人才培养目标、培养规格、培养模式及与之相适应的知识、技能、能力和素质结构的要求进行编写,并融入了全国交通类高职高专院校公路工程检测技术专业的教学改革成果,同时,结合最新的行业技术标准、规范及公路科技进步等情况 ,具有较强的针对性。教材编写中较好地贯彻了素质教育的思想,力求体现以人为本的现代职业教育理念,从交通行业岗位群对人才的知识结构和实践技能要求出发,结合对培养学生创新能力、职业道德方面的要求,提出教学目标和教学内容,在教材的理论体系、组织结构、内容描述上与传统教材有了明显的区别。

《桥梁工程检测技术》是高职高专院校公路工程检测技术专业规划教材之一,内容包括:绪论、桥梁工程质量检测评定方法、桥涵现浇混凝土结构检测、桥涵地基检测、钻(挖)孔灌注桩检测、砌体与钢筋混凝土结构检测、预应力混凝土结构检测、支座和伸缩装置检测、桥梁静载试验、桥梁动载试验、桥面及有关设施检测。

参加本书编写工作的有:山西交通职业技术学院王燕春(编写第一章)、张美珍(编写第五、七章)、钟建民(编写第八章)、张俊红(编写第九章),云南交通职业技术学院段树梅(编写第二章),江西交通职业技术学院邹花兰(编写第三章),河南交通职业技术学院程修萍(编写第四、十一章),河北交通职业技术学院王廷臣(编写第六章)、阎新勇(与王廷臣合编第十章)。全书由张美珍担任主编,王廷臣担任副主编,内蒙古大学职业技术学院柴金义担任主审。

本套教材是路桥工程专业指导委员会委员及长期从事公路工程检测技术专业教学与工程实践的教师们多年工作经验的总结。但是,随着各项改革的逐步深入,书中难免有不妥之处,敬请广大读者批评指正。

本套教材在编写过程中得到了交通职业教育教学指导委员会的关心与指导,全国各交通职业技术学院的领导也给予了大力支持,在此,向他们表示诚挚的谢意。

交通职业教育教学指导委员会

路桥工程专业指导委员会

2006年8月

目　录

—MULU

第一章 绪论

知识目标

1. 试验检测的目的和意义;
2. 公路工程质量检查与验收的程序;
3. 公路工程质量检查与验收的依据;
4. 公路工程质量检查与验收的基础资料;
5. 对试验检测人员的要求。

●第一节 概 述●

工程试验检测工作是道路和桥梁施工技术管理中的一个重要组成部分,也是施工质量控制和竣工验收评定工作中不可缺少的一个主要环节。通过试验检测,可充分地利用当地原材料;迅速推广应用新材料、新技术和新工艺;可用定量的方法科学地评定各种材料和构件的质量;能合理地控制并科学地评定工程质量。因此工程质量检测工作为提高工程质量、加快工程进度、降低工程造价、推动道路和桥梁施工技术进步起到极为重要的作用。公路工程检测技术是一门正在发展的新兴学科,它融试验检测基本理论和测试操作技能以及相关基础知识于一体,是工程设计参数、施工质量控制、施工验收评定、养护管理决策的主要依据。

随着公路技术等级的提高,质量检测与施工质量控制和验收工作引起了各级公路管理部门和施工单位的高度重视。作为工程试验检测人员或质量控制管理人员,在整个施工过程中应熟悉设计文件,熟练使用现行施工技术规范和试验检测规程,严格做好道路与桥梁材料质量、施工控制参数、现场施工过程质量控制和分部、分项工程验收四个关键环节的工作。

●第二节 公路工程质量检查与验收●

一、质量检查与验收的意义和作用

检查与验收是公路工程质量管理的法定程序、关键环节和必要手段,是工程内在质量、外观质量的基本保证,其意义和作用主要体现在以下几个方面:

(1)指导施工。施工前对要求具备的条件(材料、设备、环境状况等)进行检查验收,竣工后进行验证、检查验收，并指导下一步的施工。

(2)正确评价工程质量、施工水平和管理水平，促进三者不断提高。

(3)确认隐蔽工程和每道工序是否满足质量要求，能否继续施工。检查隐蔽工程位置、尺寸、高程、强度、承载能力是否符合设计要求，在此基础上施工是否能够保证工程质量。

(4)防止使用不合格材料或偷工减料。通过检查、验收，禁止不合格材料进场和在工程中使用，并避免偷工减料现象的发生。

(5)及时发现并消除质量缺陷和隐患。只有在检查与验收的基础上，才能把质量问题消灭在萌芽中，并把质量缺陷消除在施工过程中。

二、公路工程质量检查与验收的程序

公路工程质量检查与验收主要包括工程施工前检查、施工过程中的质量管理和控制检查、各施工工序间的检查及交工时的质量检查验收以及工程竣(交)工验收。检查与验收的依据、主体、程序、范围、内容、资料可以有所不同，规范中均应有明确的规定。例如《公路沥青路面施工技术规范》(JTG F40—2004)规定了按施工前的材料与设备检查、铺筑试验路段，施工过程中的质量管理与检查，交工验收阶段的工程质量检查与验收，工程施工总结及质量保证期管理等方面的内容。

1. 施工过程中的质量管理与检查

施工过程中的质量管理与检查内容包括施工单位的材料进场检验，材料、构件现场生产检验，施工作业过程中每个步骤的工艺跟踪检查，外形尺寸、工程质量过程控制和缺陷检查，以及工程监理单位和其他有关单位进行的抽查。

为了对施工作业步骤进行指导和控制，经常在每一个作业过程结束后不断进行跟踪检查。施工过程中的质量检查是在材料检查合格的基础上进行的外形尺寸、工程质量和缺陷检查，其检查内容更加全面、详细和系统，包括查看、考察、度量和测试等活动。检验是指对检验项目中的性能进行量测、检查、试验等，并将检查结果与标准规定要求进行比较，以确定每项性能是否合格。

2. 质量检查验收

验收是指公路工程在施工单位自行质量检查评定的基础上，由参建单位共同对建设项目、合同段、单位工程、分部工程、分项工程的质量进行抽样复验。根据相关标准，以书面形式对工程质量是否合格做出确认。公路工程验收分为交工验收和竣工验收两个阶段。

(1)交工验收是检查施工合同的执行情况，评价工程质量是否符合技术标准及设计要求，是否可以移交下一阶段施工或是否满足通车要求，并对各参建单位的工作进行初步评价。

公路工程(合同段)进行交工验收应具备以下条件：

①合同约定的各项内容已完成。

②施工单位按交通部颁布的《公路工程质量检验评定标准》(JTG F80—2004)及相关规定的要求对工程质量进行自检并认定合格。

③监理工程师对工程质量评定合格。

④质量监督机构按交通部规定的公路工程质量鉴定办法对工程质量进行检测(必要时可委托有相应资质的检测机构承担检测任务)，并出具检测意见。

⑤竣工文件已按交通部规定的内容编制完成。

⑥施工单位、监理单位对已完成本合同段的工作总结。

交工验收的主要工作内容有：

①检查合同执行情况。

②检查施工自检报告、施工总结报告及施工资料。

③检查监理单位独立抽检资料、监理工作报告及质量评定资料。

④检查工程实体，审查有关资料，包括主要产品质量的抽（检）测报告。

⑤核查工程完工数量是否与批准的设计文件相符，是否与工程计量数量一致。

⑥对合同是否全面执行、工程质量是否合格做出结论，按交通主管部门规定的格式签署合同段交工验收证书。

⑦按交通部规定的办法对设计单位、监理单位、施工单位的工作进行初步评价。

公路工程各合同段符合交工验收条件后，经监理工程师同意，由施工单位向项目法人提出申请，项目法人应及时组织对该合同段进行交工验收。工程各合同段交工验收结束后，由项目法人对整个工程项目进行工程质量评定，工程质量评分采用各合同段工程质量评分的加权平均值。公路工程各合同段验收合格后，项目法人应按交通部规定的要求及时完成项目交工验收报告，并向交通主管部门备案。国家、部重点公路工程项目中100km以上的高速公路、独立特大型桥梁和特长隧道工程应向省级人民政府交通主管部门备案，其他公路工程按省级人民政府交通主管部门的规定向相应的交通主管部门备案。

公路工程各合同段验收合格后，质量监督机构应向交通主管部门提交项目的检测报告。

交通主管部门在15日内未对备案的项目交工验收报告提出异议，项目法人可开放交通进入试运营期。试运营期不得超过3年。

（2）竣工验收是综合评价工程建设成果，对工程质量、参建单位和建设项目进行综合评价。对于工程规模较小、等级较低的小型项目，可将交工验收和竣工验收合并进行。

公路工程进行竣工验收应具备以下条件：

①通车试运营2年后。

②已处理完毕交工验收提出的工程质量缺陷等遗留问题，并经项目法人验收合格。

③已按交通部规定的办法编制完成工程决算，竣工决算已经审计，并经交通主管部门或其授权单位认定。

④已按交通部规定的内容完成竣工资料。

⑤对档案、环保等需进行单项验收的项目，已经有关部门验收合格。

⑥各参建单位已按交通部规定的内容完成各自的工作总结报告。

⑦质量监督机构按交通部规定的公路工程质量鉴定办法已对工程质量检测鉴定合格，并形成工程质量鉴定报告。

竣工验收的主要工作内容包括：

①成立竣工验收委员会。

②听取项目法人、设计单位、施工单位、监理单位的工作报告。

③听取质量监督部门的工作报告及工程质量鉴定报告。

④检查工程实体质量，审查有关资料。

⑤按交通部规定的办法对工程质量进行评分,并确定工程质量等级。

⑥按交通部规定的办法对参建单位进行综合评价。

⑦对建设项目进行综合评价。

公路工程符合竣工验收条件后,项目法人应按照项目管理权限及时向交通主管部门申请验收。交通主管部门应当自收到申请之日起30日内,对申请人递交的材料进行审查。对于不符合竣工验收条件的,应当及时退回并告知理由;对于符合验收条件的,应自收到申请文件之日起3个月内组织竣工验收。

交工验收阶段由项目法人组织监理单位按《公路工程质量检验评定标准》(JGT F80—2004)的要求对各合同段的工程质量进行评定。竣工验收阶段由质量监督机构按交通部规定的公路工程质量鉴定办法对工程质量检测鉴定。

3. 评定

评定是指依据检验结果对工程质量进行评分并确定其等级的活动。

工程完工后,施工单位应按《公路工程质量检验评定标准》(JTG F80—2004)(以下简称《质检标准》(JTG F80))和相关标准规范所列基本要求、实测项目和外观鉴定对各分项工程进行自检。按现行《分项工程质量检验评定表》及相关施工技术规范要求提交真实、完整的自检资料,对工程质量进行自我评定。

工程监理单位应按规定要求对工程质量进行独立抽检,对施工单位检评资料进行签认,对工程质量进行评定。

建设单位根据对工程质量的检查及平时掌握的情况,对工程监理单位所做的工程质量评分及等级进行审定。

质量监督部门、质量检测机构应按照《质检标准》(JTG F80)的要求和《公路工程质量鉴定办法》(交公路发[2004]4号附件1)对工程进行质量鉴定。

《质检标准》(JTG F80)中规定:“工程质量评定等级分为合格与不合格。”

三、公路工程质量检查与验收的依据

《中华人民共和国公路法》第二十六条规定:“公路建设必须符合公路工程技术标准。承担公路建设项目的设计单位、施工单位和工程监理单位,应当按照国家有关规定建立健全质量保证体系,落实岗位责任制,并依照有关法律、法规、规章以及公路工程技术标准的要求和合同约定进行设计、施工和监理,保证公路工程质量。”

公路工程质量检查与验收的依据主要是国家有关公路工程建设的法律、法规、规章,勘察、设计文件,工程施工、监理招投标文件和合同文件,交通部颁布的公路工程技术标准、规范、规程及国家有关部门的相关规定。其中工程技术标准分为公路工程建设标准强制性条文、公路工程行业标准和公路工程协会标准三类,包括公路工程技术标准、设计规范、施工技术规范、公路工程质量检验评定标准、试验规程、现场测试规程、公路工程施工监理规范和各种专用材料(产品、仪器设备)标准等。

1. 竣(交)工验收依据

《公路工程竣(交)工验收办法》规定,公路工程竣(交)工验收的依据是:

(1)批准的工程可行性研究报告。

(2)批准的工程初步设计、施工图设计及变更设计文件。

(3)批准的招标文件及合同文本。

(4)行政主管部门的有关批复、批示文件。

(5)交通部颁布的公路工程技术标准、规范、规程及国家有关部门的相关规定

(6)法律、行政法规。公路工程质量检查与验收的法律法规主要依据全国人民代表大会常务委员会通过的《公路法》、《建筑法》、《合同法》等法律,国务院发布的《建设工程质量管理条例》等行政法规,以及交通部公布的《公路工程竣(交)工验收办法》、《公路建设监督管理办法》、《公路建设市场管理办法》等规范性文件。进行竣工验收且验收合格,是法律规定的公路工程交付使用必不可少的条件。

(7)建设工程质量管理条例。

(8)《公路工程竣(交)工验收办法》及其配套文件。

2. 公路桥梁工程设计、施工和试验检测主要涉及的专业通用标准和专业专用标准

1)专业通用标准

(1)《公路工程地质勘察规范》(JTJ 064—98);

(2)《公路勘测规范》(JTJ 061—99);

(3)《公路桥涵设计通用规范》(JTG D60—2004);

(4)《公路圬工桥涵设计规范》(JTG D61—2005);

(5)《公路钢筋混凝土及预应力混凝土桥涵设计规范》(JTG D62—2004);

(6)《公路桥涵地基与基础设计规范》(JTJ 024—85);

(7)《公路桥涵钢结构及木结构设计规范》(JTJ 025—86);

(8)《公路工程抗震设计规范》(JTJ 004—89);

(9)《公路桥涵施工技术规范》(JTJ 041—2000);

(10)《公路工程质量检验评定标准》(JTG F80—2004);

(11)《公路工程沥青及沥青混合料试验规程》(JTJ 052—2000);

(12)《公路工程水泥及水泥混凝土试验规程》(JTG E30—2005);

(13)《公路工程岩石试验规程》(JTG E41—2005);

(14)《公路工程集料试验规程》(JTG E42—2005);

(15)《公路土工试验规程》(JTJ 051—93)。

(16)《公路工程水文勘测设计规范》(JTG C30—2003)

2)专业专用标准

(1)《公路斜拉桥设计规范(试行)》(JTJ 027—96);

(2)《公路桥梁板式橡胶支座》(JT/T 4—2004);

(3)《公路桥梁盆式橡胶支座》(JT 391—1999);

(4)《公路桥梁橡胶伸缩装置》(JT/T 327—1997);

(5)《预应力用锚具、夹具和连接器》(GB/T 14370—93);

(6)《公路桥梁预应力钢绞线用 YM 锚具、连接器规格系列》(JT 329.1—1997);

(7)《公路桥梁预应力钢绞线用锚具、连接器试验方法及检验规则》(JT 329.2—1997)。

3. 公路工程标准体系

交通部《公路工程标准体系》(JTG A01—2002)中对有关公路工程技术标准常用术语作了详细界定。

(1)标准:对材料、产品、行为、概念或方法所做的分类或划分,并对这些分类或划分所要满足的一系列指标和要求做出的陈述和规定,也可以是标准、规范、导则、规程等名称的统称。

(2)规范:对某一阶段或某种结构的某项任务的目的、技术内容、方法、质量要求等做出的系列规定。

(3)导则:对完成某项任务的方法、内容及形式等的要求。

(4)规程:对材料、产品的某种特性的测定方法或完成某项任务的操作过程或程序所做出的统一规定,包括对其仪器、试验、工艺或计算等操作步骤等的规定。

(5)行政标准:指由行政主管部门发布的标准。

(6)协会标准:指由协会发布并自愿采用的标准。

新的标准体系的结构层次为两层。一层为门类,包括综合、基础、勘测、设计、检测、施工、监理、养护管理等规范;另一层为专项内容,如设计类中桥涵部分的《公路圬工桥涵设计规范》、《公路钢筋混凝土及预应力混凝土桥涵设计规范》、《公路桥涵地基与基础设计规范》等专项规范。

公路工程材料(产品)标准有三种不同情况,钢材、水泥、石灰、混凝土用碎(卵)石、砂、外加剂等原材料和水泥混凝土、通用交通机电产品等都执行国家标准。石油沥青、交通标志标线等既有国家标准,也有行业标准;沥青混合料、沥青混合料用集料、无机结合料稳定材料、公路专用仪器设备、专用交通机电产品等都执行行业标准。

•第三节　公路工程质量检查与验收的基础资料•

一、质量保证资料

施工单位应有完整的施工原始记录、试验数据、分项工程自查数据等质量保证资料,并进行整理分析,负责提交齐全、真实和系统的施工资料和图表。工程监理单位负责提交齐全、真实和系统的监理资料。质量保证资料应包括以下几个方面:

(1)所用原材料、半成品和成品质量检验结果。

(2)材料配比、拌和加工控制检验和试验数据。

(3)地基处理、隐蔽工程施工记录和大桥、隧道施工监控资料。

(4)各项质量控制指标的试验记录和质量检验汇总图表。

(5)施工过程中遇到的非正常情况记录及其对工程质量影响分析。

施工自检报告是指施工单位在工程完工后,向建设单位或监理单位提交的,以证明工程项目已完成施工合同的全部内容,按照《公路工程质量检验评定标准》(以下简称《质检标准》)(JTG F80/1—2004)及相关规定对工程项目质量自检合格、具备验收条件的文件。

质量评定报告是指工程监理单位提交给建设单位的,证明工程项目已按照《质检标准》

（JTG F80/1—2004）的要求进行工程质量评定、工程质量合格、具备验收条件的文件。

验收备案资料（交工验收报告）是指公路工程各合同段验收合格后，项目法人按交通部规定的要求及时完成项目交工验收报告，并向交通主管部门备案的资料。

项目检测报告是指公路工程各合同段验收合格后，质量监督机构按交通部规定的公路工程质量鉴定办法对工程质量进行检测，向交通主管部门提交的检测报告。

工程质量鉴定报告是指质量监督机构按交通部规定的公路工程质量鉴定办法对工程质量检测鉴定合格，并形成的鉴定报告。

二、证书和报告

负责组织竣工验收的交通主管部门对通过验收的建设项目按交通部规定的要求签发《公路工程竣工验收鉴定书》。通过竣工验收的工程，由质量监督机构依据竣工验收结论，按照交通部规定的格式对各参建单位签发工作综合评价等级证书。

在交工验收和竣工验收过程中，质量监督机构和项目法人、勘察设计单位、工程监理单位、施工单位等各参建单位应按交通部规定的内容完成各自的工作报告。工作报告包括项目法人公路工程项目执行报告、设计单位公路工程设计工作报告、质量监督机构公路工程质量监督报告、工程监理单位公路工程监理工作报告、施工单位公路工程施工总结报告。其中设计单位公路工程设计工作报告、工程监理单位公路工程监理工作报告及施工单位公路工程施工总结报告内容要求如下：

1. 设计单位公路工程设计工作报告

1）概况

主要内容有：任务来源及依据；沿线自然地理概况及主要技术指标的运用情况。

2）设计要点

路线设计；路基、路面及防护工程设计；桥梁、涵洞、通道设计；隧道设计；立体交叉工程设计；环保、景观等工程设计；交通工程及沿线设施设计；房建等其他工程设计。

3）施工期间设计服务情况

4）设计变更情况

包括重大设计变更理由；设计中存在问题的变更及设计变更一览表（与原设计工程量和造价比较）。

5）设计体会

2. 工程监理单位公路工程监理工作报告

1）监理工作概况

包括合同段监理组织形式、管理结构、人员投入情况等。

2）工程质量管理

包括质量管理措施；施工过程中质量检查情况汇总；质量问题和事故处理情况总结；工程质量评定情况等。

3）计量支付、工程进度和合同管理情况

4）设计变更情况

5）交工验收中存在问题及处理情况

6)对设计单位、施工单位和建设单位的评价

7)监理工作体会

3. 施工单位公路工程施工总结报告

1)工程概况

包括合同段工程起止时间、主要工程内容。

2)机构组成

包括主要人员、设备投入情况、管理机构设置。

3)质量管理情况

主要有质量控制措施;施工中工程质量自检情况及工程质量问题的处理情况;对完工质量的评价。

4)施工进度控制

5)施工安全与文明施工情况

6)环境保护与节约用地措施

7)施工中新技术、新材料、新工艺的应用情况

8)对建设单位、设计单位和监理单位的评价

9)施工体会

公路工程竣工文件材料归档前,均需按要求由文件材料形成单位分别进行整理组卷。组卷应遵循公路工程文件材料的自然形成规律和成套性的原则进行,要求分类科学,便于查找利用。

(1)对于公路工程征地拆迁文件、招标文件、投标文件及评标文件、承包合同、合同谈判和工程交(竣)工验收阶段形成的竣工验收文件、工程决算及审计报告等有关文件材料,应分别由交通主管部门和建设单位根据文件材料形成的阶段、性质、内容分类整理组卷。

(2)公路工程设计文件包括地质勘察资料、初步设计、方案设计、技术设计、总体规划设计、工程概(预)算、施工图设计等,由设计单位按项目,阶段,单位和分部、分项工程,专业分别整理组卷。

(3)公路工程施工阶段形成的施工文件材料由施工单位负责组卷。其中开工报告、施工组织设计、施工计划、施工日志及中间验收等分别按合同段集中组卷。各项施工原始记录、监理工作记录按路线前进方向,结合单位工程(含分部、分项)及不同专业,分别整理组卷。

(4)公路工程监理工作形成的监理文件材料包括监理通知、开(停、复)工令、备忘录、有关会议纪要;施工质量检验分析、合同管理文件、计划进度管理文件、工程质量控制文件、工程技术管理文件、工程计量与支付文件、与总监及参建单位的来往函等由监理单位按阶段、问题分类整理组卷。

第四节 对试验检测人员的要求

为确保检测工作质量,试验检测人员应认真履行岗位职责,做好本职工作,确保工程质量,并应根据以下要求,努力提高自己的业务水平和工作能力。

(1)检测人员应熟悉检测任务、内容、项目,合理选择检测仪器,熟悉仪器的性能;使用精

密、贵重、大型检测仪器设备者，应经过培训，考核合格，取得操作证书后方可上岗操作；会进行日常维护，进行一般或常规仪器的检验与校正。

(2)检测人员应熟知与所检测项目相关的技术标准，了解本领域国内外测试技术、检测仪器的现状及发展方向，并具有学习与应用国内外最新技术进行检测的能力。

(3)检测人员应能正确如实地填写原始记录。原始记录不得用铅笔填写，必须有检测人员、计算和校核人员的签名。若原始记录确需更改，在作废数据上应画两条水平线，将正确数据填在上方，并盖更改人的印章且原始记录保管期不得少于2年。检测结果必须由在本专业领域5年以上工作经验者进行校核，校核者必须在检测记录和报告中签字，以示负责。

(4)检测人员应熟知计量法常识及国际单位制基本内容，能运用数理统计方面的知识对检测结果进行数据处理。

(5)检测人员要坚持原则，对检测工作、数据处理工作持严肃认真态度，要以真实数据为依据。

第二章

桥梁工程质量检测评定方法

知识目标

1. 工程质量评定方法；
2. 桥梁工程质量评定方法；
3. 涵洞工程质量评定方法。

技能目标

1. 划分桥涵分项工程；
2. 进行工程质量评分。

●第一节　桥涵单位、分部及分项工程的划分●

为使工程建设各有关部门对工程建设统一口径，国家计划和建设主管部门对建设项目的组成和划分原则作了统一规定。

一、建设项目

建设项目又称基本建设项目，一般指符合国家总体建设规划，能独立发挥生产功能或满足生活需要的项目，其项目建议书经批准立项和可行性研究报告经批准的建设任务。公路建设项目一般指建成后可以发挥其使用价值和投资效益的一条公路或一座独立大、中型桥梁或一座隧道。按国家计划及建设主管部门的规定，一个建设项目应有总体设计。在总体设计范围内，可以由若干个单项工程组成，也可以分期进行修建。

二、单项工程

单项工程又称工程项目，它是建设项目的组成部分，是具有独立的设计文件，在竣工后能独立发挥设计规定的生产能力或效益的工程。公路建设的单项工程一般指独立的合同段或桥梁工程等，也包括与已有公路的接线，建成后可以独立发挥交通功能。但是一条路线中的桥涵在整个路线未修通前并不能发挥交通功能，因而就不能作为一个单项工程。

三、单位工程

单位工程是单项工程的组成部分，它是指单项工程中具有单独设计，可以独立组织施工，并可

以单独作为成本计算对象的那部分工程。如大、中跨径桥梁,互通式立交可划分为单位工程。

四、分部工程

分部工程是单位工程的组成部分,是按结构部位、路段长度、施工特点或施工任务将单位工程划分为若干个分部工程。

五、分项工程

分项工程是分部工程的组成部分,是根据不同的施工方法、材料、工序及路段长度等,而再进一步将分部工程分成若干个分项工程。

桥涵单位、分部及分项工程的划分详见表 2-1 和表 2-2,其中小桥和涵洞被划分为路基单位工程中的分部工程。

单位工程、分部工程和分项工程的划分　　表 2-1

单位工程	分部工程	分项工程
桥梁工程①(特大桥、大桥、中桥)	基础及下部构造②(每桥或每墩、台)	扩大基础,桩基*,地下连续墙*,承台,沉井*,桩的制作*,钢筋加工安装及安装,墩台身(砌体)浇筑*,墩台身安装*,墩台帽*,组合桥台*,台背填土,支座垫石和挡块等
	上部构造预制和安装*	主要构件预制*,其他构件预制,钢筋加工及安装,预应力筋的加工和张拉*,梁板安装,悬臂拼装*,顶推施工梁*,拱圈节段预制,拱的安装,转体施工拱*,劲性骨架拱肋安装*,钢管拱肋制作*,钢管拱肋安装*,吊杆制作和安装*,钢梁制作*,钢梁安装,钢梁防护*等
	上部构造现场浇筑*	钢筋加工及安装,预应力筋的加工和张拉*,主要构件浇筑*,其他构件浇筑,悬臂浇筑*,劲性骨架混凝土*,钢管混凝土拱*等
	总体、桥面系和附属工程	桥梁总体*,钢筋加工及安装,桥面防水层施工,桥面铺装*,钢桥面铺装*,支座安装,搭板,伸缩缝安装,大型伸缩缝安装*,栏杆安装,混凝土护栏,人行道铺设,灯柱安装等
	防护工程	护坡,护岸*,导流工程*,石笼防护,砌石工程等
	引道工程	路基*,路面*,挡土墙*,小桥*,涵洞*,护栏等
互通立交	桥梁工程*(每座)	桥梁总体,基础及下部构造,上部构造预制、安装或浇筑*,支座安装,支座垫石,桥面铺装*,护栏,人行道等
	主线路基路面工程(1~3km 路段)	见路基、路面等分项工程
	匝道工程(每条)	路基*,路面*,通道*,护坡,挡土墙*,护栏等
路基工程	小桥及符合小桥标准的通道*,人行天桥,渡槽(每座)	基础及下部构造*,上部构造预制、安装或浇筑*,桥面*,栏杆,人行道等
	涵洞、通道(1~3km 路段)	基础及下部构造*,主要构造预制、安装或浇筑,填土,总体等

续上表

单位工程	分部工程	分项工程
路面工程(每20km或每标段)	路面工程(1~3km路段)*	底基层,基层*,面层*,垫层,联结层,路缘石,人行道,路肩,路面边缘排水系统等
交通安全设施(每20km或每标段)	标志*(5~10km路段)	标志*
	标线、突起路标(5~10km路段)	标线*、突起路标等
	护栏*、轮廓标(5~10km路段)	波形梁护栏*,缆索护栏*,混凝土护栏*,轮廓标等
	防眩设施(5~10km路段)	防眩板、网等
	隔离栅、防落网(5~10km路段)	隔离栅、防落网等

注:①斜拉桥和悬索桥可参照表1-2划分。

②评定单元划分中标注"＊"为主要工程,评分时给以2的权值;不带"＊"为一般工程,评分时权值为1。

特大斜拉桥和悬索桥为主体建设项目的工程划分 表2-2

单位工程	分部工程	分项工程
塔及辅助、过渡墩(每座)	塔基础*	钢筋加工及安装,扩大基础,桩基*,地下连续墙*,沉井*等
	塔承台*	钢筋加工及安装,双壁钢围堰*,封底,承台浇筑*等
	索塔*	索塔*
	辅助墩	钢筋加工,基础,墩台身浇(砌)筑,墩台身安装,墩台帽,盖梁等
	过渡墩	
锚碇	锚碇基础*	钢筋加工及安装,扩大基础,桩基*,地下连续墙*,沉井*,大体积混凝土构件*等
	锚体*	锚固体系制作*,锚固体系安装*,锚碇块体,预应力锚索的张拉与压浆*等
上部结构制作与防护(钢结构)	斜拉索*	斜拉索制作与防护*
	主缆(索股)*	索股和锚头的制作与防护*
	索鞍*	主索鞍和散索鞍制作与防护*
	索夹	索夹制作与防护
	吊索	吊索和锚头的制作与防护*
	加劲梁*	加劲梁段制作*,加劲梁防护*等
上部结构浇筑与安装	悬浇*	梁段浇筑*
	安装*	加劲梁安装*,索鞍安装*,主缆架设*,索夹和吊索安装*等
	工地防护*	工地防护*
	桥面系及附属工程	桥面防水层的施工,桥面铺装,钢桥面板上防水粘结层的洒布,钢桥面板上沥青混凝土铺装*,支座安装*,抗风支座安装,伸缩缝安装,人行道铺设,栏杆安装,防撞护栏等
	桥梁总体	桥梁总体*

续上表

单位工程	分部工程	分项工程
引桥	（参见表1-1“桥梁工程”）	
引道	（参见表1-1“路基工程”和“路面工程”）	
互通立交工程	（参见表1-1“互通立交工程”）	
交通安全设施	（参见表1-1“交通安全设施”）	

第二节　公路工程质量检验与等级评定

一、公路工程质量检验与等级评定的依据

公路工程质量检验和等级评定是依据交通部颁布的《质检标准》（JTG F80/1—2004）进行的，该标准是公路桥梁工程质量等级评定的标准尺度，是对公路工程质量进行管理、监控和验收的法规性技术文件。公路工程质量检验评定是竣工质量验收和技术档案的一项重要内容。

《质检标准》（JTG F80/1—2004）适用于四级及四级以上公路新建、改建工程的质量检验评定，其环保、机电工程部分按相应具体规定执行。

《质检标准》（JTG F80/1—2004）适用于公路工程施工单位、工程监理单位、建设单位、质量检测机构和质量监督部门对公路工程质量的管理、监控和检验评定。

公路工程质量检验评定应以《质检标准》（JTG F80/1—2004）为准。质量标准与其他规范不一致时，宜以颁布年份最新者为准。在公路施工、质量管理和工程质量检验评定中，除应符合《质检标准》（JTG F80/1—2004）外，尚应符合国家、交通部颁布的现行规范的相关规定。

二、工程质量评分方法

工程质量检验评分以分项工程为单元，采用百分制进行。在分项工程评分的基础上，逐级计算各相应分部工程、单位工程、合同段和建设项目评分值。

施工单位应对各分项工程按《质检标准》（JTG F80/1—2004）所列基本要求、实测项目和外观鉴定要求进行自查，按“分项工程质量检验评定表”及相关施工技术规范要求提交真实而完整的自检资料，并对工程质量进行自我评定。监理工程师应按规定要求对工程质量进行独立抽检，对施工自查资料进行签认和评分。建设单位根据对工程质量的检查及平时掌握的情况，对工程监理单位所做的工程质量评分。质量监督部门、质量检测机构可依据《质检标准》（JTG F80/1—2004）对工程质量进行检测评定。

1. 分项工程质量评分

分项工程质量检验内容包括基本要求、实测项目、外观鉴定和质量保证资料四部分。只有在其使用的原材料、半成品、成品及施工工艺符合基本要求，且无严重外观缺陷，质量保证资料真实和基本齐全时，才能对分项工程质量进行检验评定。

分项工程的评分值满分为100分，按实测项目采用加权平均法计算。存在外观缺陷或资料不全时，应予以减分。

$$分项工程得分=\frac{\sum[检查项目得分\times权值]}{\sum检查项目权值}$$

$$分项工程评分值=分项工程得分-外观缺陷减分-资料不全减分$$

1）基本要求检查

分项工程所列基本要求对施工质量优劣具有关键作用，应据此对工程进行认真检查。经检查，不符合基本要求时，不得进行工程质量的检验和评定。

2）实测项目计分

可对规定检查项目采用现场抽样方法，按照规定频率和计分方法对分项工程的施工质量直接进行检测计分。检查项目除按数理统计方法评定的项目以外，均应按单点（组）测定值是否符合标准要求进行评定，并按合格率计分。

$$检查项目合格率(\%)=\frac{检查合格的点(组)数}{该检查项目的全部检查点(组)数}\times100$$

$$检查项目得分=检查项目合格率\times100$$

涉及结构安全和使用功能的重要实测项目为关键项目，在《质检标准》（JTG F80）中以“△”标识，其合格率不得低于90%（属于工厂加工制造的交通工程安全设施及桥梁金属构件不低于95%，机电工程为100%），且检测值不得超过规定极限，否则必须进行返工处理。

实测项目的规定极值是指任一单个检测值不能突破的极限值。不符合要求时该实测项目为不合格。

3）外观缺陷减分

对工程外表状况应逐项进行全面检查，如发生外观缺陷，应进行减分。对于较严重的外观缺陷，施工单位须采取措施进行整修处理。

4）资料不全减分

分项工程的施工资料和图表残缺，缺乏最基本的数据，或有伪造涂改者，不予检验和评定。资料不全者应予减分，减分幅度视资料不全情况，每项减1～3分。质量保证资料应包括以下六个方面：

（1）所用原材料、半成品和成品质量检验结果；

（2）材料配合比、拌和加工控制检验和试验数据；

（3）地基处理、隐蔽工程施工记录和大桥施工监控资料；

（4）各项质量控制指标的试验记录和质量检验汇总图表；

（5）施工过程中遇到的非正常情况记录及其对工程质量的影响分析；

（6）施工过程中如发生质量事故，经处理补救后，达到设计要求认可的证明文件。

2. 分部工程和单位工程质量评分

表2-1中所列分项工程和分部工程可区分为一般工程和主要工程，分别给予1和2的权值。进行分部工程和单位工程评分时，采用加权平均值计算法确定相应的评分值。

$$分部(单位)工程评分值=\frac{\sum[分项(分部)工程评分值\times相应权值]}{\sum分项(分部)工程权值}$$

3. 合同段和建设项目工程质量评分

合同段和建设项目工程质量评分值按《公路工程竣（交）工验收办法》中的规定计算。

三、工程质量等级评定

工程质量等级评定分为合格与不合格，应按分项工程、分部工程、单位工程、合同段和建设项目逐级评定。

1. 分项工程质量等级评定

分项工程评分值不小于75分者为合格，小于75分者为不合格；机电工程、属于工厂加工制造的桥梁金属构件不小于90分者为合格，小于90分者为不合格。

评定为不合格的分项工程，经加固、补强或返工、调测，满足设计要求后，可以重新评定其质量等级，但计算分部工程评分值时按其复评分值的90%计算。

2. 分部工程质量等级评定

所属各分项工程全部合格，则该分部工程评为合格；所属任一分项工程不合格，则该分部工程为不合格。

3. 单位工程质量等级评定

所属各分部工程全部合格，则该单位工程评为合格；所属任一分部工程不合格，则该单位工程为不合格。

4. 合同段和建设项目质量等级评定

合同段和建设项目所含单位工程全部合格，其工程质量等级为合格；所属任一单位工程不合格，则合同段和建设项目为不合格。

第三节　桥梁工程质量评定

一、试验检测的依据

公路桥梁工程检测应以国家和交通部颁布的有关公路工程的法规、技术标准、设计或施工规范和材料试验规程为依据进行。对于某些新结构以及采用新材料和新工艺的桥梁，有关的公路工程规范、规程暂无相关条款规定时，可以借鉴执行国外或国内其他行业的相关规范、规程的有关规定。我国结构工程的标准和规范可以分为四个层次。

第一层次：综合基础标准，如《工程结构可靠度设计统一标准》(GB 50153—92)，是指导制定专业基础标准的国家统一标准。

第二层次：专业基础标准，如《公路工程技术标准》(JTG B01—2003)、《公路工程结构可靠度设计统一标准》(GB/T 50283—1999)，是指导制定专业标准的国家统一标准。

第三层次：专业通用标准。

第四层次：专业专用标准。

二、试验检测的内容

桥梁工程试验检测的内容随桥梁所处的位置、结构形式和所用材料的不同而异，应根据所建桥涵的具体情况按有关标准规范选定试验检测项目。一般常规试验检测的主要内容包括：

1. 施工准备阶段的试验检测项目

(1)桥位放样测量;

(2)钢材原材料试验;

(3)钢结构连接性能实验;

(4)预应力锚具、夹具和连接器试验;

(5)水泥性能试验;

(6)混凝土粗细集料试验;

(7)混凝土配合比试验;

(8)砌体材料性能试验;

(9)台后压实标准试验;

(10)其他成品、半成品试验检测。

2. 施工过程中的试验检测项目

(1)地基承载力试验检测;

(2)基础位置、尺寸和高程检测;

(3)钢筋位置、尺寸和高程检测;

(4)钢筋加工检测;

(5)混凝土强度抽样试验;

(6)砂浆强度抽样试验;

(7)桩基检测;

(8)墩、台位置,尺寸和高程检测;

(9)上部结构(构件)位置、尺寸检测;

(10)预制构件张拉、运输和安装强度控制试验;

(11)预应力张拉控制检测;

(12)桥梁上部结构高程、变形、内力(应力)监测;

(13)支架内力、变形和稳定性监测;

(14)钢结构连接加工检测;

(15)钢构件防护涂装检测。

3. 施工完成后的试验检测项目

(1)桥梁总体检测;

(2)桥梁荷载试验;

(3)桥梁使用性能监测。

三、桥梁工程评定方法

1. 桥梁质量等级评定单元的划分

《质检标准》(JTG F80)按桥梁工程建设规模大小、结构部位和施工工序将建设项目划分为单位工程、分部工程和分项工程(表2-1、表2-2)逐级进行工程质量等级评定。

2. 桥梁工程质量评定方法及等级评定

桥梁工程是一个单位工程,应先得出每个分项工程和分部工程的评定值。整座桥的评分

值、每一步评分方法详见第二节内容。

四、质量评分示例

【例】某地已建好一座 2×20m 的装配式预应力混凝土板桥，重力式桥台，桩柱式桥墩，试对此桥进行质量评分。

1. 分项工程质量评分

根据此桥的结构可以得出其分项工程包括：桩基、扩大基础、承台、柱子、台背填土、栏杆、人行道、板的预制、桥面铺装、砌石工程、支座垫石和挡块等。以基础为例，分项工程评分方法如下：

1）钻孔灌注桩

（1）基本要求

①桩身混凝土所用的水泥、砂、石、水、外掺剂及混合材料的质量和规格必须符合有关规范的要求，并按规定的配合比施工。

②成孔后必须清孔，测量孔径、孔深、孔位和沉淀层厚度，确认满足设计或施工技术规范要求后，方可灌注水下混凝土。

③水下混凝土应连续灌注，严禁出现夹层和断桩现象。

④嵌入承台的锚固钢筋长度不得低于设计规范规定的最小锚固长度要求。

⑤应选择有代表性的桩用无破损法进行检测，重要工程或重要部位的桩宜逐根进行检测。设计文件规定或对桩的质量有怀疑时，应采取钻取芯样法对桩进行检测。

⑥凿除桩头预留混凝土后，桩顶应无残余的松散混凝土。

（2）实测项目

钻孔灌注桩实测项目见表 2-3。

钻孔灌注桩实测项目　　表 2-3

<table>
<tr><th>项次</th><th colspan="3">检查项目</th><th>规定值和允许偏差</th><th>检查方法和频率</th><th>权值</th></tr>
<tr><td>1△</td><td colspan="3">混凝土强度（MPa）</td><td>在合格标准内</td><td>按混凝土强度评定方法检查</td><td>3</td></tr>
<tr><td rowspan="3">2△</td><td rowspan="3">桩位（mm）</td><td colspan="2">群桩</td><td>100</td><td rowspan="3">全站仪或经纬仪，每桩检查</td><td rowspan="3">2</td></tr>
<tr><td rowspan="2">排架桩</td><td>允许值</td><td>50</td></tr>
<tr><td>极值</td><td>100</td></tr>
<tr><td>3△</td><td colspan="3">孔深（m）</td><td>不小于设计值</td><td>测绳量，每桩测量</td><td>3</td></tr>
<tr><td>4△</td><td colspan="3">孔径（mm）</td><td>不小于设计值</td><td>探孔器，每桩测量</td><td>3</td></tr>
<tr><td>5</td><td colspan="3">钻孔倾斜度（mm）</td><td>1% 桩长，且不大于 500</td><td>用测壁（斜）仪或钻杆垂线法，每桩检查</td><td>1</td></tr>
<tr><td rowspan="2">6△</td><td rowspan="2" colspan="2">沉淀厚度（mm）</td><td>摩擦桩</td><td>按设计规定，设计未规定时按施工规范要求执行</td><td rowspan="2">沉淀盒或标准测锤，每桩检查</td><td rowspan="2">2</td></tr>
<tr><td>支承桩</td><td>不大于设计规定值</td></tr>
<tr><td>7</td><td colspan="3">钢筋骨架底面高程（mm）</td><td>±50</td><td>水准仪，测每桩骨架顶面高程后反算</td><td>1</td></tr>
</table>

(3)外观鉴定

①无破损检测桩的质量有缺陷,但经设计单位确认仍可用时,应减3分。

②桩顶面应平整,桩柱连接处应平顺且无局部修补,不符合要求时视情况减1~3分。

(4)质量保证资料

质量保证资料包括:混凝土用原材料、配合比、抗压强度试验报告,钢筋力学性能试验报告,钢筋焊接质量试验报告,钻孔、清孔和灌孔记录,特别是异常现象的处理方法和结果,泥浆性能检测报告,桩基无破损检测报告或钻芯检测,其他试验方法完成的桩基承载力检测报告等。

$$分项工程(钻孔灌注桩)得分=\frac{\sum[检查项目得分\times权值]}{\sum检查项目权值}$$

$$=\frac{混凝土强度得分\times3+桩位得分\times2+孔深得分\times3+孔径得分\times3+钻孔倾斜度得分\times1}{3+2+3+3+1}$$

分项工程(钻孔灌注桩)评分值=分项工程得分-外观缺陷减分-资料不全减分

2)扩大基础

(1)基本要求

①所用的水泥、砂、石、水、外加剂及混合材料的质量和规格必须符合有关规范的要求,按规定的配合比施工。

②不得出现露筋和空洞现象。

③基础的地基承载力必须满足设计要求。

④严禁超挖回填虚土。

(2)实测项目

扩大基础实测项目见表2-4。

扩大基础实测项目 表2-4

<table>
<tr><th>项次</th><th colspan="2">检查项目</th><th>规定值和允许偏差</th><th>检查方法和频率</th><th>权值</th></tr>
<tr><td>1△</td><td colspan="2">混凝土强度(MPa)</td><td>在合格标准内</td><td>按混凝土强度评定方法检查</td><td>3</td></tr>
<tr><td>2</td><td colspan="2">平面尺寸(mm)</td><td>±50</td><td>尺量,长、宽各检查3处</td><td>2</td></tr>
<tr><td rowspan="2">3△</td><td rowspan="2">基础底面高程(mm)</td><td>土质</td><td>±50</td><td rowspan="2">水准仪,测量5~8点</td><td rowspan="2">2</td></tr>
<tr><td>石质</td><td>+50,-200</td></tr>
<tr><td>4</td><td colspan="2">基础顶面高程(mm)</td><td>±30</td><td>水准仪,测量5~8点</td><td>1</td></tr>
<tr><td>5</td><td colspan="2">轴线偏位(mm)</td><td>25</td><td>全站仪或经纬仪,纵、横各检查2点</td><td>2</td></tr>
</table>

(3)外观鉴定

混凝土表面应平整,无明显施工接缝。不符合要求时视情况减1~3分。

(4)质量保证资料

质量保证资料包括砂浆用原材料、配合比、抗压强度实验报告,基坑底面高程检验报告及地基承载力检验报告等。采用与钻孔灌注桩同样的公式,即可得出扩大基础的评分值。其他分项工程的质量评分参照《质检标准》(JTG F80)的具体要求,同理可求出。然后,根据质量等级评定的分数规定,就可将各分项工程定为合格或不合格。

2. 分部工程质量评分

将以上得出的各分项工程（主要工程和一般工程）的评分值及相应权值（2 或 1）采用加权平均值计算法就能确定相应的评分值。即

$$\text{桥梁基础及下部结构的评分值}=\frac{\sum[\text{钻孔灌注桩的评分值}\times 2+\text{扩大基础的评分值}\times 1+\cdots]}{\sum(2+1+\cdots)}$$

其他分部工程（如上部构造预制和安装等）的评分值的求法同上。

3. 单位工程质量评分

已知各分部工程的评分值和评定标准中规定的权值即可求出单位工程的质量评分值，即

$$\text{桥梁的质量评分}=\frac{\text{分部工程评分值}\times\text{相应权值}}{\sum\text{分部工程权值}}$$

$$=\frac{\text{基础及下部构造的评分值}\times 1+\text{上部构造预制和安装}\times 1+\text{总体、桥面系和附属工程}\times 1+\text{防护工程}\times 1+\cdots}{\sum(1+1+1+\cdots)}$$

4. 等级评定

桥梁工程的等级分为合格或不合格，视评分值而定。

● 第四节　涵洞工程质量评定 ●

一、一般规定

《质检标准》（JTG F80）规定：

（1）每道涵洞为一个子分部工程，包含洞身各部分构件、洞口和填土等分项工程。

（2）带有急流槽的涵洞，急流槽作为涵洞的一个分项工程，按砌石工程评定。

（3）钢筋混凝土涵洞的评定应包括钢筋加工及安装分项工程。

（4）明涵的铺装按桥梁工程桥面系中的有关规定评定。

（5）涵台若设桩基础，按桥梁工程中的钻孔灌注桩或挖孔桩的规定评定。

二、涵洞工程的质量评定

涵洞工程的质量评定与桥梁工程基本相同，所不同的是一个桥梁工程一般是单位工程，而一个涵洞工程是分部工程。分部工程、分项工程的评分公式相同。

【例】现有 1 座 2×2m 石台钢筋混凝土盖板涵（暗涵），洞口为八字墙，试进行工程质量评定。此涵洞的分项工程包括：涵洞总体、涵台砌筑、盖板制作、钢筋加工及安装、盖板安装、八字墙砌筑等。

下面仅以涵台砌筑和盖板制作为例，说明其具体的质量评定方法。

1. 涵台

1）基本要求

（1）所用的水泥、砂、石、水、外掺剂、混合材料的质量和规格必须符合有关技术规范的要求，按规定的配合比施工。

（2）地基承载力及基础埋置深度须满足设计要求。

（3）混凝土不得出现露筋和空洞现象。

(4)砌块应错缝、坐浆挤紧,嵌缝料和砂浆饱满,无空洞、宽缝、大堆砂浆填隙和假缝。

2)实测项目

涵台实测项目见表 2-5。

涵台实测项目

表 2-5

项次	检查项目		规定值或允许偏差	检查方法和频率	权值
1△	混凝土或砂浆强度(MPa)		在合格标准内	按混凝土强度评定方法检查	3
2	涵台断面尺寸(mm)	片石砌体	±20	尺量,检查 3 ~ 5 处	1
		混凝土	±15		
3	竖直度或斜度(mm)		0.3% 台高	吊垂线或经纬仪,测量 2 处	2
4△	顶面高程(mm)		±10	水准仪,测量 3 处	2

3)外观鉴定

(1)涵台线条顺直,表面平整。不符合要求时视情况减 1 ~ 3 分。

(2)蜂窝、麻面面积不得超过外观面积的 0.5%。不符合要求时每超过 0.5% 减 3 分;深度超过 10mm 者必须处理。

(3)砌缝匀称,勾缝平顺、无开裂和脱落现象。不符合要求时视情况减 1 ~ 3 分。

4)质量保证资料

质量保证资料包括:涵台底面高程及地基承载力检验报告,砂浆所用原材料、配合比、抗压强度试验报告等。

分项工程(涵台工程)得分

$$=\frac{\text{砂浆强度得分}\times 3+\text{涵台断面尺寸得分}\times 1+\text{竖直度得分}\times 2+\text{顶面高程得分}\times 2}{3+1+2+2}$$

$$\text{涵台工程评分值}=\text{涵台工程得分}-\text{外观缺陷减分}-\text{资料不全减分}$$

2. 盖板制作

1)基本要求

(1)混凝土所用的水泥、砂、石、水、外掺剂及拌和料的质量和规格必须符合有关技术规范要求,按规定的配合比施工。

(2)分块施工时接缝应与沉降缝吻合。

(3)板体不得出现露筋和空洞现象。

2)实测项目

盖板制作的实测项目见表 2-6。

盖板制作实测项目

表 2-6

项目	检查项目		规定值或允许偏差	检查方法和频率	权值
1△	混凝土强度(MPa)		在合格标准内	按混凝土强度评定方法检查	3
2△	高度(mm)	明涵	+10,-0	尺量,抽查 30% 的板,每板检查 3 个断面	2
		暗涵	不小于设计值		
3	宽度(mm)	现浇	±20		1
		预制	±10		
4	长度(mm)		+20,-10	尺量,抽查 30% 的板,每板检查两侧	1

3)外观鉴定

(1)混凝土表面平整、棱线顺直,无严重啃边、掉角,不符合要求时视情况减 1 ~2 分。

(2)蜂窝、麻面面积不得超过外观面积的 0.5%。不符合要求时,每超过 0.5% 减 3 分;深度超过 10mm 者必须处理。

(3)混凝土表面出现非受力裂缝,减 1 ~3 分;裂缝宽度超过设计规定值,或设计未规定而裂缝宽度超过 0.15mm 时必须处理。

4)质量保证资料

质量保证资料包括混凝土用原材料、配合比、抗压强度试验报告,钢筋力学性能试验报告,钢筋焊接质量试验报告等。

$$\text{盖板制作得分}=\frac{\text{混凝土强度得分}\times 3+\text{高度得分}\times 2+\text{宽度得分}\times 1+\text{长度得分}\times 1}{3+2+1+1}$$

$$\text{盖板制作评分值}=\text{盖板制作得分}-\text{外观缺陷减分}-\text{资料不全减分}$$

同样可求出此涵洞其他分项工程(盖板安装等)的评分值,即可定出合格或不合格。然后,将每个分项工程的评分值代入下式即可得到分部工程(涵洞工程)的评分值,即

涵洞工程评分值

$$=\frac{\text{涵洞总体工程评分值}\times 1+\text{涵台工程评分值}\times 2+\text{盖板制作评分值}\times 2+\text{盖板安装评分值}\times 2+\text{钢筋加工及安装}\times 2+\cdots}{1+2+2+2+2+\cdots}$$

根据涵洞工程评分值,就可定出涵洞工程的质量评定等级。

复习思考题

1. 简述公路工程质量评分方法及等级评定方法。

2. 如何划分单位工程、分部工程、分项工程？它们的关系如何？

3. 常规桥涵工程试验检测包括哪些主要内容？试验检测的依据主要包括哪些标准、规范和规程？

4. 分项工程质量检验包括哪些内容？怎样给分项工程进行评分？

第三章

桥涵现浇混凝土结构检测

知识目标

1. 结构混凝土强度等级评定方法；
2. 回弹法检测混凝土强度的计算方法；
3. 超声—回弹综合法检测混凝土强度的方法；
4. 结构混凝土缺陷检测和分析方法。

技能目标

1. 用回弹仪测结构混凝土强度；
2. 采用钻芯法进行混凝土的半破损检测；
3. 用超声波检测结构混凝土缺陷。

●第一节　概　　述●

桥涵现浇混凝土构件的检验依据交通部的有关标准进行，主要内容有三个方面：一是施工阶段的质量控制，包括原材料的试验检测、混凝土浇筑前的检查等；二是外观质量检测，主要是在构件成型达到一定强度后检测结构实物的尺寸和位置偏差，混凝土表面平整度、蜂窝、麻面、露筋及裂缝等；三是构件混凝土强度等级，通常以立方体试件的抗压强度来反映。当对某一方面的检验内容产生怀疑时，如构件的强度离散大、强度不足、振捣不密实或存在其他缺陷时，通常还需要采用无破损和半破损检测的方法进行专项检验。一方面是检查混凝土的均匀性、连续性，另一方面是要推定现浇混凝土的强度，从而为新建工程的施工质量评价提供依据。

目前，对混凝土的检测主要用于结构的强度推定、施工质量检验、结构内部缺陷判断等方面。根据对混凝土强度检测方法与原理的不同可分为两种。

一、无损检测法

无损检测法是以混凝土强度与某些物理量之间的相关性为基础，在不影响混凝土任何性能的前提下，测试这些物理量，然后根据相关关系推算被测混凝土的强度。属于这类方法的有回弹法、超声脉冲法、超声—回弹综合法等。

回弹法是采用回弹仪测定混凝土强度，属于表面硬度法的一种。其原理是回弹仪中重锤以一定冲击动能撞击顶在混凝土表面的冲击杆后,测定重锤被反弹回来的距离,以回弹值作为与强度相关的指标来推定混凝土强度的一种方法。

超声波法检测混凝土强度的基本依据是超声波传播速度与混凝土弹性性质的密切关系。在实际检测中,通过混凝土弹性模量与其力学强度的内在联系,建立声速与混凝土抗压强度的相关关系,并藉以推定混凝土的强度。

综合法是采用两种或两种以上的无损检测方法,获得多种物理参量,并建立强度与多项物理指标的综合相关关系,从不同角度综合评价混凝土的强度。由于综合法采用多项物理参数,能较全面地反映构成混凝土强度的各种因素,并且还能抵消部分影响强度与物理量相关关系的因素,因此它比单一物理量的无损检测方法具有更高的准确性和可靠性。目前,已被采用的综合法有超声—回弹综合法、超声钻芯综合法等。其中超声—回弹综合法已在国内外获得广泛应用。

二、半破损法

半破损法是以不影响构件的承载能力为前提,在构件上进行局部破坏性试验,或在构件之间钻取芯样进行破损性试验。钻芯法等属于这类方法。这类方法的特点是以局部破坏性试验获得混凝土强度,因而较为直观可靠。其缺点是造成结构物的局部破坏,需进行修补,因而不宜用于大面积的全面检测。

钻芯法是利用专用钻机,从混凝土结构中钻取芯样以检测混凝土强度或观察混凝土内部质量的一种方法。钻芯法检测混凝土强度有直观准确的优点,但其缺点是对构件的损伤较大,检测成本较高。因此,一般将钻芯法与其他破损方法结合使用。

●第二节 结构混凝土强度无损检测●

一、结构混凝土等级评定

1. 取样原则

评定桥涵现浇混凝土的强度,应以标准养护28d龄期的抗压强度为准。试件选用边长150mm的立方体,3个为1组,制取组数应符合下列规定:

(1)不同强度等级及不同配合比的混凝土应在浇筑地点或拌和地点分别随机制取试件。

(2)浇筑一般体积的结构物(如基础、墩台等)时,每一单元结构物应制取2组。

(3)连续浇筑大体积结构时,每80~200m^3或每一工作班应制取2组。

(4)上部结构,主要构件长16m以下应制取1组,16~30m制取2组,31~50m制取3组,50m以上者应不少于5组,小型构件每批或每工作班组至少应制取2组。

(5)每根钻孔桩至少应制取2组;桩长20m以上者应不少于3组;桩径大、浇筑时间很长时,不少于4组。如换工作班时,每工作班应制取2组。

(6)构筑物(小桥涵、挡土墙)每座、每处或工作班制取不少于2组。当原材料和配合比相同,并由同一拌和站拌制时,可几座或几处合并制取2组。

(7)应根据施工需要,另制取几组与结构物同条件养护的试件,作为拆模、吊装、施加预应力、承受荷载等施工阶段的强度判断依据。

2. 混凝土抗压强度的评定方法

混凝土抗压强度的评定方法有数理统计法和非数理统计法两种。

1）数理统计法

当试件的组数大于或等于10组时，应以数理统计的方法按下述条件评定：

$$\overline{R}_n - K_1 S_n \geq 0.9R \tag{3-1}$$

$$R_{min} \geq K_2 R \tag{3-2}$$

式中：n——同批混凝土试件组数；

$\overline{R}_n$——同批 n 组试件强度的平均值（MPa）；

S_n——同批 n 组试件强度的标准差，当 $S_n < 0.06$MPa 时，取 $S_n = 0.06$MPa；

R——混凝土的设计强度等级（MPa）；

R_{min}——同批 n 组试件中强度最低的一组值（MPa）；

K_1、K_2——合格判定系数，详见表3-1。

K_1、K_2 值 表3-1

n	10～14	15～24	>25
K_1	1.70	1.65	1.60
K_2	0.9	0.85	

2）非数理统计法

当试件的组数小于10组时，应以非数理统计法按下述条件评定：

$$\overline{R}_n \geq 1.15R \tag{3-3}$$

$$R_{min} \geq 0.95R \tag{3-4}$$

实测项目中，混凝土的抗压强度评定为合格时得满分，不合格时得零分。

3. 注意事项

（1）同批试件是指梁可以每孔或每二、三孔（较窄桥上时）作为一批，中、小跨径桥的桩、盖梁，可以数孔作为一批。每批的混凝土试件组数也不宜太多，一般不超过80～100组。

（2）如果在一些构件浇筑后较长时间才浇筑另一些同类构件，或者时间虽不久，但温度等气候条件变化较大时，则不应视作同批，而应分别评定。

（3）只要材料和配合比不变，混凝土构件如桩、盖梁和梁的混凝土强度都应尽可能采用数理统计方法评定。

二、回 弹 法

1. 回弹法的基本原理

图3-1为回弹法的原理示意图。当重锤被拉到冲击前的起始状态时，若重锤的质量等于1，则这时重锤所具有的势能 e 为：

$$e = \frac{1}{2}E_s l^2 \tag{3-5}$$

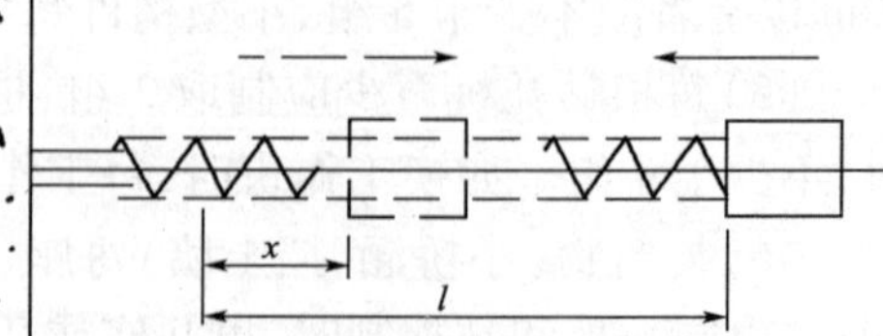

图3-1 回弹法的原理示意图

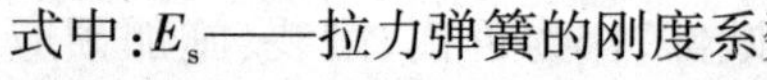
式中：E_s——拉力弹簧的刚度系数；

l——拉力弹簧起始拉伸长度。

混凝土受冲击后产生瞬时弹性变形，其恢复力使重锤回弹，重锤被弹回到 x 位置时所具有的势能 e_x 为

$$e_x = \frac{1}{2}E_s x^2 \tag{3-6}$$

式中：x——重锤反弹位置或重锤回弹时弹簧的拉伸长度。

在弹击过程中重锤所消耗的能量 Δe 为

$$\Delta e = e - e_x \tag{3-7}$$

将式(3-5)、式(3-6)代入式(3-7)得

$$\Delta e = \frac{E_s l^2}{2} - \frac{E_s X^2}{2} = e\left[1 - \left(\frac{x^2}{l}\right)\right] \tag{3-8}$$

令：

$$R = \frac{x}{l} \tag{3-9}$$

在回弹仪中，l 为定值，故 R 与 x 成正比，称为回弹值。将 R 代入式(3-9)得

$$R = \sqrt{1 - \frac{\Delta e}{e}} = \sqrt{\frac{e_x}{e}} \tag{3-10}$$

从式(3-10)可知，回弹值 R 是重锤冲击混凝土表面后剩余的势能与原有势能之比的平方根。简言之，回弹值是重锤冲击混凝土过程中能量损失的反映。能量损失愈小，说明混凝土表面硬度愈大，其相应的回弹值也就愈大，由于混凝土表面硬度与其抗压强度有一致性的变化关系，回弹值 R 的大小亦反映了混凝土抗压强度的大小。

2. 回弹仪

1）回弹仪的构造及工作原理

回弹仪的类型比较多，有重型、中型、轻型和特轻型，一般工程使用最多的是中型回弹仪，其构造见图3 2。

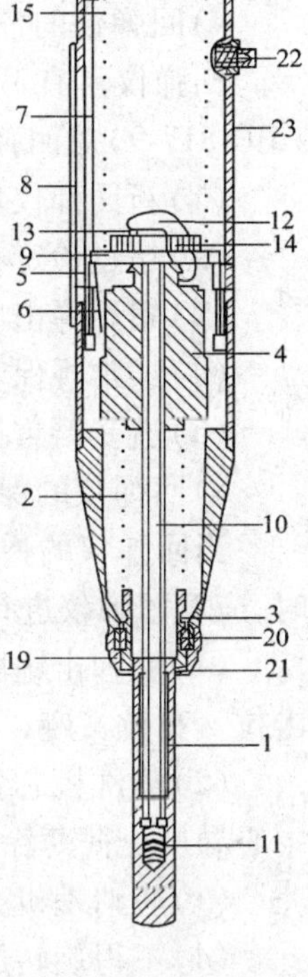

图 3-2 回弹仪的构造
1-弹击杆；2-弹击拉簧；3-拉簧座；4-弹击锤；5-指针块；6-指针片；7-指针轴；8-刻度尺；9-导向法兰；10-中心导杆；11-缓冲压簧；12-挂钩压簧；14-挂钩销子；15-压簧；16-调零螺钉；17-紧固螺母；18-尾盖；19-盖帽；20-卡环；21-密封毡帽；22-按钮；23-外壳

仪器工作时，随着对回弹仪施压，弹击杆 1 徐徐向机壳内推进，弹击拉簧 2 被拉伸，使连接弹击拉簧的弹击锤 4 获得恒定的冲击能量 e，当仪器水平状态工作时，其冲击能量 e 可由式(3-5)计算，其能量大小为 2.207J（标准规定弹击拉簧的刚度为 785.0N/m，单击拉簧工作时拉伸长度 0.075m）。

当挂钩 12 与调零螺钉 16 互相挤压时，使弹击锤脱钩，于是弹击锤的冲击面与弹击杆的后端平面相碰撞，此时弹击锤释放出来的能量借助弹击杆传递给混凝土构件，混凝土弹性反映的能量又通过弹击杆传递给弹击锤，使弹击锤获得回弹的能量后弹回，计算弹击锤回弹的距离 x 和弹击锤脱钩前距弹击杆后端平面的距离 l 之比，即得回弹值 R，它由仪器外壳上的刻度尺 8 示出。

2）对中型回弹仪的技术要求

(1)水平弹击时，弹击锤脱钩的瞬间，回弹仪的标准能量应是 2.207J；

(2)弹击锤与弹击杆碰撞的瞬间,弹击拉簧应处于自由状态,此时弹击锤起跳点应相应于指针刻度尺上“0”处;

(3)在洛氏硬度 HRC 为 60 ±2 的钢砧上,回弹仪的率定值应为 80 ±2,此值作为校检仪器的标准之一;

(4)回弹仪使用时的环境温度应为 -4 ~40℃。

3)回弹仪的率定方法

在工程检测前后,回弹仪应在钢砧上做率定试验。

回弹仪率定试验宜在干燥、室温为 5 ~35℃的条件下进行。率定时,钢砧应稳固地平放在刚度大的物体上。测定回弹值时,取连续向下弹击三次的稳定回弹值的平均值。弹击杆应分四次旋转,每次旋转宜为 90°。弹击杆每旋转一次的率定平均值应为 80 ±2。

4)回弹仪的校验

回弹仪具有下列情况之一时,应由法定部门按照国家现行标准《混凝土回弹仪检定规程》(JJG 817-9)对回弹仪进行校验。

(1)新回弹仪启用前;

(2)超过检定有限期限(有效期为半年);

(3)累计弹击次数超过 6000 次;

(4)经常规保养后钢砧率定值不合格;

(5)遭受严重撞击或其他损害。

5)回弹仪的保养方法

当回弹仪的弹击次数超过 2000 次,或者对检测值有怀疑以及在钢砧上的率定值不合格时,应对回弹仪进行保养。常规保养时应注意下列几点:

(1)使弹击锤脱钩后取出机芯,然后卸下弹击杆,取出里面的缓冲压簧,并取出弹击锤、弹击拉簧和拉簧座;

(2)清洗机芯各零部件,重点清洗中心导杆、弹击锤、弹击杆的内孔和冲击面,清洗后应在中心导杆上薄薄涂抹钟表油,其他零部件均不得抹油;

(3)应清理机壳内壁,卸下刻度尺,并应检查指针,其摩擦力应为 0.5 ~0.8N;

(4)不得旋转尾盖上已定位紧固的调零螺钉;

(5)不得自制或更换零部件;

(6)保养后应对回弹仪进行率定试验。

回弹仪使用完毕后,应使弹击杆伸出机壳,清除弹击杆、杆前端球面以及刻度尺表面和外壳的污垢、尘土。回弹仪不用时,应将弹击杆压入仪器内,经弹击后方可按按钮锁住机芯,将回弹仪装入仪器箱,平放在干燥阴凉处。

3. 检测方法

在正常情况下,混凝土强度的检验与评定应按现行国家标准《混凝土结构工程施工质量验收规范》(GB 50204—2002)及《混凝土强度检验评定标准》(GBJ 107—87)执行。但是,当出现标准养护试件或同条件试件数量不足或未按规定制作试件时;当所制作的标准试件或同条件试件与所成型的构件在材料用量、配合比、水灰比等方面有较大差异,已不能代表构件的混凝土质量时;当标准试件或同条件试件的试验结果不符合现行标准、规范规定的对结构或构件的强度合格要求,并且对该结果持有怀疑时,可以考虑采用回弹法来检测,检测结果可作为评价混凝土质量的一个依据。

一般来说,检测构件混凝土强度有两种方法:一种是逐个检测被测构件;另一种是抽样检测。逐个检测方法主要用于对混凝土强度质量有怀疑的独立结构或有明显质量问题的构件。抽样检测主要用于在相同的生产工艺条件下,强度等级相同、原材料和配合比基本一致且龄期相近的混凝土构件。被检测的试样应随机抽取不少于同类构件总数的30%,还要求测区总数不少于100个。其一般检测步骤如下:

1)检测前的准备

检测前应收集基本技术资料,包括:

(1)工程名称及设计、施工、监理(监督)和建设单位的名称。

(2)结构或构件名称、外形尺寸、数量及混凝土强度等级。

(3)水泥品种、强度等级、安定性、厂名;砂石种类、粒径;外加剂或掺合料的品种、掺量;混凝土配合比等。

(4)施工时材料计量情况,模板、浇筑、养护情况及成型日期等。

(5)必要的设计图纸和施工记录。

(6)检测原因。

2)选择符合规定的测区

(1)每一结构或构件测区数不应少于10个,对某一方向尺寸小于4.5m且另一方向小于0.3m的构件,其测区数量可适当减少,但不应少于5个。

(2)相邻两测区的间距应控制在2m以内,测区离构件端部或施工缝边缘的距离不宜大于0.5m,且不宜小于0.2m。

(3)测区应选在使回弹仪处于水平方向检测混凝土浇筑侧面。当不能满足这一要求时,可使回弹仪处于非水平方向检测混凝土构件的浇筑侧面、表面或底面。

(4)测区宜选在构件的两个对称可测面上,也可选在一个可测面上,且应均匀分布。在构件的重要部位及薄弱部位必须布置测区,并应避开预埋件。

(5)测区的面积不宜大于$0.04m^2$。

(6)检测面应为原状混凝土表面,并应清洁、平整,不应有疏松层、浮浆、油垢、涂层以及蜂窝、麻面,必要时可用砂轮清除疏松层和杂物,且不应有残留的粉末或碎屑。

(7)对弹击时产生颤动的薄壁、小型构件应进行固定。

(8)结构或构件的测区应标有清晰的编号,必要时应在记录纸上描述测区布置示意图和外观质量情况。

3)回弹值测量

按上述方法选取试样和布置测区后,先测量回弹值。

(1)回弹仪的操作　将弹击杆顶住混凝土的表面,轻压仪器,松开按钮,弹击杆徐徐伸出。使仪器对混凝土表面缓慢均匀施压,待弹击锤脱钩冲击弹击杆后即回弹,带动指针向后移动并停留在某一位置上,即为回弹值。继续顶住混凝土表面并在读取和记录回弹值后,逐渐对仪器减压,使弹击杆自仪器内伸出,重复进行上述操作,即可测得被测构件或结构的回弹值。操作中注意仪器的轴线应始终垂直混凝土构件的检测面,缓慢施压，准确读数，快速复位。

(2)测点布置　测点宜在测区范围内均匀分布，相邻两测点的净距不宜小于20mm；测点距外露钢筋、预埋件的距离不宜小于30mm。测点不应在气孔或外露的石子上，同一测点只应弹击一次。每一测区应记取16个回弹值。

4)碳化深度值测量

回弹值测量完毕后，应在有代表性的位置上测量碳化深度值，测点数不应小于构件测区数的30%，取其平均值为该构件每测区的碳化深度值。当碳化深度值大于2.0mm时，应在每一测区测量碳化深度值。

碳化深度值测量方法：采用适当的工具在测区表面形成直径约15mm的孔洞，其深度应大于预估混凝土的碳化深度，孔洞中的粉末和碎屑应除净，并不得用水擦洗。同时，采用浓度为1%的酚酞酒精溶液滴在孔洞内壁的边缘处，当已碳化与未碳化界限清楚时，再用深度测量工具测量已碳化与未碳化混凝土交界面到混凝土表面的垂直距离，测量不少于3次，取其平均值。每次读数精确至0.5mm。

5)回弹值计算

(1)计算测区平均回弹值。从该测区的16个回弹值中剔除3个最大值和3个最小值，计算余下的10个回弹值的平均值。

$$R_m = \frac{\sum_{i=1}^{10} R_i}{10} \tag{3-11}$$

式中：R_m——测区平均回弹值，精确至0.1；

R_i——第i个测点的回弹值。

(2)非水平方向检测混凝土浇筑面时，测区平均回弹值应按下式修正：

$$R_m = R_{ma} + R_{aa} \tag{3-12}$$

式中：R_{ma}——非水平方向检测时测区的平均回弹值，精确至0.1；

R_{aa}——非水平方向检测时测区的回弹值修正值，可由表3-2查取。

非水平方向检测时测区的回弹值修正表　　表3-2

R_{ma}	检测角度							
	向上				向下			
	90°	60°	40°	30°	-30°	-45°	-60°	-90°
20	-6.0	-5.0	-4.0	-3.0	+2.5	+3.0	+3.5	+4.0
21	-5.9	-4.9	-4.0	-3.0	+2.5	+3.0	+3.5	+4.0
22	-5.8	-4.8	-3.9	-2.9	+2.4	+2.9	+3.4	+3.9
23	-5.7	-4.7	-3.9	-2.9	+2.4	+2.9	+3.4	+3.9
24	-5.6	-4.6	-3.8	-2.8	+2.3	+2.8	+3.3	+3.8
25	-5.5	-4.5	-3.8	-2.8	+2.3	+2.8	+3.3	+3.8
26	-5.4	-4.4	-3.7	-2.7	+2.2	+2.7	+3.2	+3.7
27	-5.3	-4.3	-3.7	-2.7	+2.2	+2.7	+3.2	+3.7

续上表

R_{ma}	检测角度							
	向　上				向　下			
	90°	60°	40°	30°	-30°	-45°	-60°	-90°
28	-5.2	-4.2	-3.6	-2.6	+2.1	+2.6	+3.1	+3.6
29	-5.1	-4.1	-3.6	-2.6	+2.1	+2.6	+3.1	+3.6
30	-5.0	-4.0	-3.5	-2.5	+2.0	+2.5	+3.0	+3.5
31	-4.9	-4.0	-3.5	-2.5	+2.0	+2.5	+3.0	+3.5
32	-4.8	-3.9	-3.4	-2.4	+1.9	+2.4	+2.9	+3.4
33	-4.7	-3.9	-3.4	-2.4	+1.9	+2.4	+2.9	+3.4
34	-4.6	-3.8	-3.3	-2.3	+1.8	+2.3	+2.8	+3.3
35	-4.5	-3.8	-3.3	-2.3	+1.8	+2.3	+2.8	+3.3
36	-4.4	-3.7	-3.2	-2.2	+1.7	+2.2	+2.7	+3.2
37	-4.3	-3.7	-3.2	-2.2	+1.7	+2.2	+2.7	+3.2
38	-4.2	-3.6	-3.1	-2.1	+1.6	+2.1	+2.6	+3.1
39	-4.1	-3.6	-3.1	-2.1	+1.6	+2.1	+2.6	+3.1
40	-4.0	-3.5	-3.0	-2.0	+1.5	+2.0	+2.5	+3.0
41	-4.0	-3.5	-3.0	-2.0	+1.5	+2.0	+2.5	+3.0
42	-3.9	-3.4	-2.9	-1.9	+1.4	+1.9	+2.4	+2.9
43	-3.9	-3.4	-2.9	-1.9	+1.4	+1.9	+2.4	+2.9
44	-3.8	-3.3	-2.8	-1.8	+1.3	+1.8	+2.3	+2.8
45	-3.8	-3.3	-2.8	-1.8	+1.3	+1.8	+2.3	+2.8
46	-3.7	-3.2	-2.7	-1.7	+1.2	+1.7	+2.2	+2.7
47	-3.7	-3.2	-2.7	-1.7	+1.2	+1.7	+2.2	+2.7
48	-3.6	-3.1	-2.6	-1.6	+1.1	+1.6	+2.1	+2.6
49	-3.6	-3.1	-2.6	-1.6	+1.1	+1.6	+2.1	+2.6
50	-3.5	-3.0	-2.5	-1.5	+1.0	+1.5	+2.0	+2.5

注：①R_{ma}小于20或大于50时，均分别按20或50查表。

②表中未列入的相应于R_{ma}的修正值，可用内插法求得，精确至0.1。

(3)水平方向检测混凝土浇筑顶面或底面时，测区平均回弹值应按下式修正：

$$R_m = R_m^t + R_a^t \tag{3-13}$$

$$R_m = R_m^b + R_a^b \tag{3-14}$$

式中：R_m^t、R_m^b——水平方向检测混凝土浇筑表面、底面时测区的平均回弹值，精确至0.1；

R_a^t、R_a^b——混凝土浇筑表面、底面回弹值的修正值，按表3-3查取。

不同浇筑面的回弹值修正值

表 3-3

R_m^t 或 R_m^b	表面修正值 R_a^t	底面修正值 R_a^b	R_m^t 或 R_m^b	表面修正值 R_a^t	底面修正值 R_a^b
20	+2.5	-3.0	36	+0.9	-1.4
21	+2.4	-2.9	37	+0.8	-1.3
22	+2.3	-2.8	38	+0.7	-1.2
23	+2.2	-2.7	39	+0.6	-1.1
24	+2.1	-2.6	40	+0.5	-1.0
25	+2.0	-2.5	41	+0.4	-0.9
26	+1.9	-2.4	42	+0.3	-0.8
27	+1.8	-2.3	43	+0.2	-0.7
28	+1.7	-2.2	44	+0.1	-0.6
29	+1.6	-2.1	45	0	-0.5
30	+1.5	-2.0	46	0	-0.4
31	+1.4	-1.9	47	0	-0.3
32	+1.3	-1.8	48	0	-0.2
33	+1.2	-1.7	49	0	-0.1
34	+1.1	-1.6	50	0	0
35	+1.0	-1.5			

注:①R_m^t 或 R_m^b 小于 20 或大于 50 时,均分别按 20 或 50 查表。

②表中有关混凝土浇筑表面的修正系数是指一般原浆抹面的修正值。

③表中有关混凝土浇筑表面的修正系数是指构件底面与侧面采用同一类模板在正常浇筑情况下的修正值。

④表中未列入的相应于 R_m^t 或 R_m^b 的 R_a^t 和 R_a^b 值,可用内插法求得,精确至 0.1。

当检测时回弹仪为非水平方向且测试面为非混凝土浇筑面时,应先对回弹值进行角度修正,再对修正后的值进行浇筑面修正。

6)测区混凝土强度值的确定

结构或构件第 i 个测区混凝土强度换算值,根据每一测区的回弹平均值及碳化深度值,查阅全国统一测强曲线(附录中的附表 1)得出,当有地区测强曲线或专用测强曲线时,混凝土强度换算值应按地区测强曲线或专用测强曲线换算得出。表中未列入的测区强度值可用内插法求得。对于泵送混凝土还应符合下列规定:

(1)当碳化深度值不大于 2.0mm 时,每一测区混凝土强度换算值应按表 3-4 予以修正。

泵送混凝土强度换算值的修正值

表 3-4

碳化深度值(mm)	抗压强度值(MPa)				
0.1,0.5,1.0	f_{cu}^c(MPa)	≤40.0	45.0	50.0	55.0~60.0
	K(MPa)	+4.5	+3.0	+1.5	0.0
1.5,2.0	f_{cu}^c(MPa)	≤30.0	35.0	40.0~60.0	
	K(KPa)	+3.0	+1.5	0.0	

注:表中未列入的 $f_{cu,i}^c$ 值可用内插法求得其修正值,精确至 0.1MPa。

(2)当碳化深度值大于2.0mm时,采用同条件试件或钻取混凝土芯样进行修正。

7)构件混凝土强度计算

(1)结构或构件的测区混凝土强度平均值可根据各测区的混凝土强度换算值计算。当测区数为10个及以上时,应计算强度标准值。平均值及标准差应按下列公式计算:

$$mf_{cu}^{c}=\frac{\sum_{i=1}^{n}f_{cu,i}^{c}}{n} \tag{3-15}$$

$$sf_{cu}^{c}=\sqrt{\frac{\sum(f_{cu,i}^{c})^{2}-n(mf_{cu}^{c})^{2}}{n-1}} \tag{3-16}$$

式中:mf_{cu}^{c}——结构或构件测区混凝土强度换算值的平均值(MPa),精确至0.1MPa;

n——对单个检测的构件,取一个构件的测区数;对批量检测的构件,取被抽检构件的测区数之和;

sf_{cu}^{c}——结构或构件测区混凝土强度换算值的标准差(MPa),精确至0.01MPa。

(2)结构或构件的混凝土强度推定值($f_{cu,e}$)应按下列公式确定:

①当该结构或构件测区数少于10个时,有

$$f_{cu,e}=f_{cu;min}^{c} \tag{3-17}$$

式中:$f_{cu;min}^{c}$——构件中最小的测区混凝土强度换算值。

②当该结构或构件的测区强度值中出现小于10.0MPa时,则

$$f_{cu,e}<10.0\text{MPa} \tag{3-18}$$

③当该结构或构件测区数不少于10个或按批量检测时,混凝土强度推定值应按下式计算:

$$f_{cu,e}=mf_{cu}^{c}-1.645sf_{cu}^{c} \tag{3-19}$$

④对按批量检测的构件,当该批构件混凝土强度指标差出现下列情况之一时,该批构件应全部按单个构件检测:

a.当该构件混凝土强度平均值小于25MPa时

$$sf_{cu}^{c}>4.5\text{MPa} \tag{3-20}$$

b.当该构件混凝土强度平均值不小于25MPa时

$$sf_{cu}^{c}>5.5\text{MPa} \tag{3-21}$$

8)注意事项

(1)回弹法测强的误差比较大,因此对比较重要的构件或结构强度检测必须慎重使用。

(2)符合下列条件的混凝土才能采用全国统一测强曲线进行测区混凝土强度换算:

①混凝土采用的材料、拌和用水符合现行国家有关标准;

②不掺外加剂或仅掺非引气型外加剂;

③采用普通成型工艺;

④采用符合现行国家标准规定的钢模、木模及其他材料制作的模板;

⑤自然养护或蒸汽养护出池后经自然养护7d以上,且混凝土表层为干燥状态;

⑥龄期为14~1000d;

⑦抗压强度为10~60MPa。

(3)当有下列情况之一时,测区混凝土强度不得按全国统一测强曲线进行测区混凝土强度换算,但可制定专用测强曲线或通过试验进行修正。专用测强曲线的制定方法见《回弹法检测混凝土抗压强度技术规程》(JGJ/T 23—2001)。

①粗集料最大粒径大于60mm;

② 特种成型工艺制作的混凝土;

③检测部位曲率半径小于250mm;

④潮湿或浸水混凝土。

(4)当构件混凝土抗压强度大于60MPa时,应制定专用测强曲线进行检测。

三、超声—回弹综合法检验混凝土强度

1. 超声法检测技术基础

超声波检测法是混凝土无破损检测技术中的一项十分重要的检测方法,其应用主要有两个方面:一是推定混凝土强度;二是测定混凝土内部缺陷,如断裂面、孔洞的大小及形状分布等。随着计算机的广泛应用与超声检测技术、仪器设备的发展,混凝土超声检测逐步实现了数据处理、分析自动化,提高了检测技术的准确性和可靠性,将会在结构工程中发挥更大作用。

1)超声波仪

超声波仪是超声检测的基本装置。它的作用是产生重复的脉冲去激励发射换能器,发射换能器发射的超声波经耦合进入混凝土,在混凝土中经传播后被接收换能器所接受并转化成电信号,电信号被送至超声仪,经放大后显示在示波屏上。超声仪除了产生电脉冲,接收、显示超声波外,还具有测量超声波有关参数,如声传播时间,接收波振幅、频率等功能。

2)超声波仪的基本原理和组成

目前工程中应用的主要是智能型超声仪,其基本工作原理和组成框图如图3-3所示。它主要由计算机(主机)、高压发射系统、程控放大系统、数据采集及传输系统、电源系统五大部

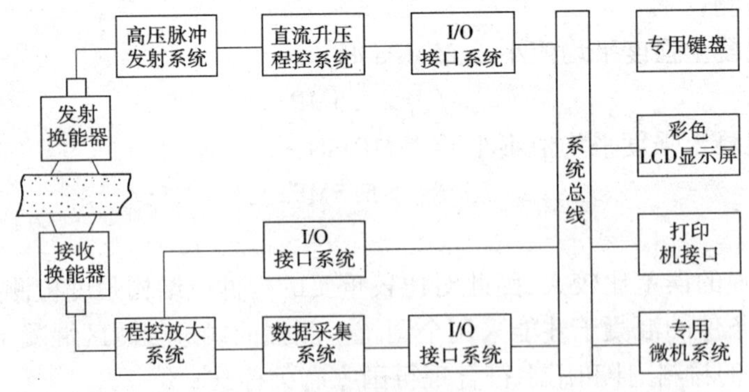

图3-3 超声波仪组成总体框图

分组成。其工作原理为:高压发射电路在主机控制下,产生高压脉冲,通过发射换能仪转换为声波信号并传入被测介质,接收换能器接受通过被测介质的声波信号并转换为电信号,受主机控制的程控放大系统对接受的电信号作为自动增益调整达到设定状态,经数据采集系统转换为数字信号,并将其高速地送入主机系统,然后在主机系统控制下进行波形显示、声参量的判读和储存,或者对所储存的声参量进行分析处理等。

超声换能器是混凝土超声检测设备中的重要组成部分，因为超声波的产生与接收是通过它来实现的。超声换能器的工作原理是通过声能与电能的相互转换产生和接收超声波的。发射换能器是将电能转换成声能，即产生并发射超声波，超声波在混凝土中传播后，被接收换能器接收并将超声波能量转换为电能，转换后的电信号送到主机进行处理。混凝土的超声换能器一般应用压电体材料的压电效应实现电能与声能的相互转换，因此常称为压电换能器。

换能器的种类很多，目前工程中应用最多的是平面换能器、径向换能器及一发多收换能器。

(1)对换能器的技术要求

①根据不同的测试需要，换能器有两种类型：厚度振动方式换能器和径向振动方式换能器。

②厚度振动方式换能器的频率宜选用20～250kHz；径向振动方式换能器的频率宜选用20～60kHz，换能器直径不宜大于32mm。当接收信号较弱时，宜选用带前置放大器的接收换能器。

③换能器的实测主频率与标准频率相差应不大于±10%。对用于水中的换能器，其水密性应在1MPa水压下不渗漏。

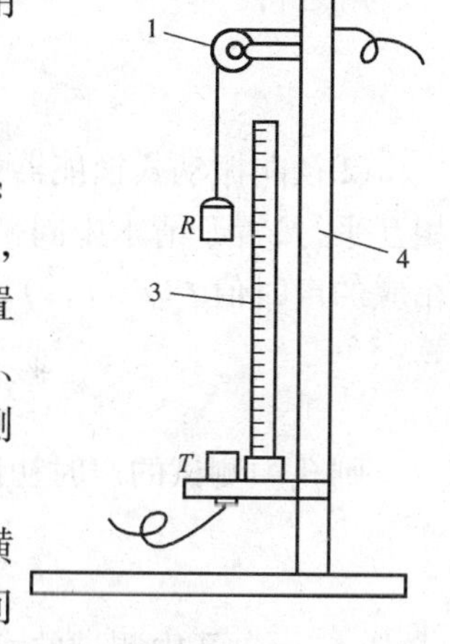

图3-4　换能器悬挂装置图
1-定滑轮；2-提升杆；3-直尺；4-支架

(2)设备使用前的检验

超声仪在使用前可通过测量空气声速进行自身校检，其方法为：

①取常用的厚度振动式(平面式)换能器一对，接于超声仪器上，开机预热10min，将两个换能器的辐射面相互对准，以一定间距放置在空气中(图3-4)，将接收信号尽量放大，依次在间距为50mm、100mm、150mm、200mm…时，读取此时相应声时值 t_1、t_2、t_3…，同时测量空气的温度 T(精确至0.5℃)。

②空气声速测量值计算。以测距 l_i 为纵坐标，以声时读数 t_i 为横坐标，绘制"时—距"坐标如图3-5所示，可用统计方法求出 l_i 与 t_i 之间的回归直线方程 $l=a+bt$(式中 a、b 为待求的回归系数)，坐标图中直线 AB 的斜率或直线方程回归系数 b 即为空气声速的测量值 v_c。

③空气声速值的计算。空气声速值应按下式计算：

$$v_j = 331.4\sqrt{1+0.00367T} \tag{3-22}$$

④空气中声速测量值的误差。空气声速测量值 v_c 与空气声速值 v_j 之间的相对误差 e_r 应按下式计算：

$$e_r = \frac{v_c - v_j}{v_c} \times 100\% \tag{3-23}$$

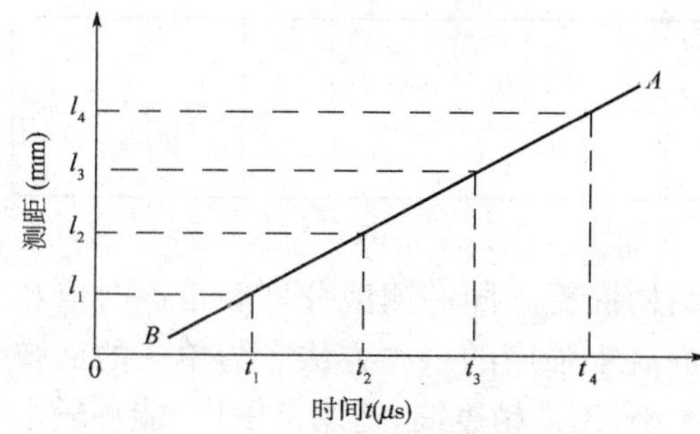

图3-5　测空气声速的"时—距"图

其计算的相对误差 e_r 不得大于±0.5%。

(3)零读数问题(t_0)

声时是目前应用超声波检测时最为普遍的测量参数。不管何种超声仪，不管何种测读方式，仪器上显示的时间都是由发射到接收这两个电信号之间的时间 t'，而并非超声波在被测物体中的传播时间 t。

这是因为超声波在被测物体中传播时,尚包含以下几部分时间:电延迟时间、电声能转换时间和声延迟时间。因此超声波在被测物体中的传播时间 t 与仪器测读到的时间不同,要准确求得超声波在被测体中传播时间 t,应首先标定出仪器零读数 t_0。不同的超声仪,不同的换能器,t_0 值均各不相同,应分别标定之。

①平面振动式换能器声时初读数 t_0 的标定方法如下:

a. 直接相对法。把发射、接收换能器隔着耦合剂层相对,直接用超声仪测量声时读数,此即为零读数 t_0,这种标定方法简单,仅适用于在精度要求不高或测距较大的情况下 t_0 的标定。

b. 长短测距法。利用某种均质材料(如有机玻璃)制成长方块或长度不同的两段,准确测量其长方向距离 l_1 和短距离 l_2,用超声波仪测量两方向的仪器读数 t_1 和 t_2(用耦合剂耦合)。因为材质均匀,两个方向的声速应相等,故有:

$$\frac{l_1}{t_1 - t_0} = \frac{l_2}{t_2 - t_0} \tag{3-24}$$

解之得:

$$t_0 = \frac{l_1 t_2 - l_2 t_1}{l_1 - l_2} \tag{3-25}$$

②径向振动式换能器声时初读数 t_0 的标定方法。将两个径向振动式换能器保持其轴线相互平行,置于清水中同一水平高度,逐次调节两个换能器轴线间距,并测量其距离 l_i 和读取相应的声时值 $t_i(i=1,2)$,由仪器、换能器及其高频电缆所产生的声时初读数 t_0 应按下式计算:

$$t_0 = (l_1 \times t_2 - l_2 \times t_1)/(l_1 - l_2) \tag{3-26}$$

则孔中测试的声时初读数 t_{00} 为:

$$t_{00} = t_0 + \frac{d_1 - d_2}{v_w} \tag{3-27}$$

式中:t_{00}——孔中测试的声时初读数(μs);

t_0——仪器设备的声时读数(μs);

d_1——钻孔直径(mm);

d_2——换能器直径(mm);

v_w——水中的声速,按表 3-5 取值。

水中声速与水温的关系 表 3-5

水温(℃)	5	10	15	20	25	30
声速(km/s)	1.45	1.46	1.47	1.48	1.49	1.50

2. 超声—回弹综合法

超声—回弹综合法是指采用超声仪和回弹仪,在结构混凝土同一测区分别测量声时值和回弹值,然后利用已建立起来的测强公式推算该测区混凝土强度的一种方法。与单一的回弹法或超声法相比,它具有受混凝土龄期和含水率的影响小、测试精度高、适用范围广、能够较全面地反映结构混凝土的实际质量等优点。

1)综合法测强曲线

超声—回弹综合法是先在实验室通过试验建立超声声速与混凝土抗压强度相关关系并藉以推定混凝土的强度的方法。超声测强以混凝土立方体试块28d龄期抗压强度为基准,把混凝土当作弹性体看待,通过大量试验研究原材料品种规格、配合比、施工工艺等因素对超声检测参数的影响,建立超声测强经验公式,其非线性数学表达式为:

$$f_{cu}=Av^{B} \tag{3-28}$$

或

$$f_{cu}=Ae^{Bv} \tag{3-29}$$

式中:f_{cu}——混凝土立方体抗压强度;

v——超声波声速;

A、B——经验系数。

用混凝土试块的抗压强度与非破损参数(混凝土声速)之间建立起来的相关曲线即为测强曲线。先对试块进行超声测试,然后进行回弹测试,最后将试块压至破坏。当取得超声声速值v、回弹值R和混凝土立方体强度f_{cu}之后,选择相应的数学模型来拟合它们之间的关系。综合法测强曲线按适用范围可分为以下三类:

(1)统一测强曲线(全国曲线)

统一测强曲线的建立是以全国许多地区的测验曲线为基础,经过大量的分析研究和计算汇总而成,适用于无地区测强曲线和专用测强曲线的单位。对全国大多数地区来说,具有一定的现场适应性,使用范围广,但精度略差。

(2)地区(部门)测强曲线

地区(部门)测强曲线是以地区或部门通常使用的有代表性的混凝土原材料、成型养护工艺和龄期作为基本条件,制作相当数量的试块进行试验建立的测强曲线。因此,对本地区或部门来说,其现场适应性和测试精度均优于统一测强曲线。

(3)专用测强曲线

以某一个具体工程为对象,采用与被测工程相同的原材料、配合比、成型养护工艺和龄期,制作一定数量的试块,通过非破损和破损试验建立的测强曲线称为专用测强曲线。这类曲线针对性较强,测试精度较地区(部门)曲线高。

2)综合法检测混凝土强度的方法

综合法检测混凝土强度的方法,实质上就是超声法和回弹法两种单一测强的综合测试,因此,有关仪器设备的技术要求、检测方法及规定与前述方法及规定基本相同。通常检测时应符合以下要求:

(1)检测准备

检测构件时布置测区应符合下列规定:

①按单个构件检测时,应在构件上均匀布置不少于10个测区;

②当对同批构件抽样检测时,构件抽样数应不少于同批构件的30%,且不少于4件,每个构件测区数不少于10个;

③对长度小于或等于2m的构件,其测区数量可适当减少,但不应少于3个。

当按批量抽样检测时,凡符合下列条件的构件才可作为同批构件:

①混凝土强度等级相同;

②混凝土原材料、配合比、成型工艺、养护条件及龄期基本相同;

③构件种类相同，在施工阶段所处状态相同。

每个构件的测区应满足以下的要求：

①测区的布置应在混凝土浇筑方向的侧面；

②测区应均匀布置，相邻两测区的间距不宜大于2m；

③测区应避开钢筋密集区和预埋钢板；

④测区尺寸为200mm×200mm，相对应的两个200mm×200mm方块应视为一个测区，测区应标明编号；

⑤测试面应清洁、平整、干燥，不应有接缝、饰面层、浮浆和油垢，并避开蜂窝、麻面部位，必要时可用砂轮片磨平不平整处。

（2）检测方法

每一测区宜先进行回弹测试，然后进行超声测试。对非同一测区的回弹值和超声声速值，不能按综合法计算混凝土强度。

①回弹值的测量与计算。用于综合法测强的回弹仪，必须处于标准状态，在钢砧上率定值为±2。用回弹仪测试时，宜使仪器处于水平状态测试混凝土浇筑侧面，此种情况修正值为0。如不能满足这一要求，也可以非水平状态测试或测试混凝土的浇筑顶面或底面，但其回弹值应进行修正。

回弹测点宜在测区范围均匀分布，但不得打在气孔或外露石子上。相邻两测点的间距一般不小于30mm，测点距构件边缘或外露钢筋铁件的距离不小于50mm，且同一测点只允许弹击一次。回弹仪的轴线方向应与测试面垂直。

②超声声时值的测量。超声测点应布置在回弹测试的同一测区内。测量超声声时值时，应保证换能器与混凝土耦合良好，测试的声时值应精确至0.1μs，声速值应精确至0.01km/s，超声波传播距离的测量误差应不大于±1%。在每个测区内的相对测试面上，应各布置3个超声测点，且发射和接收换能器的轴线应在同一直线上，如图3-6所示。

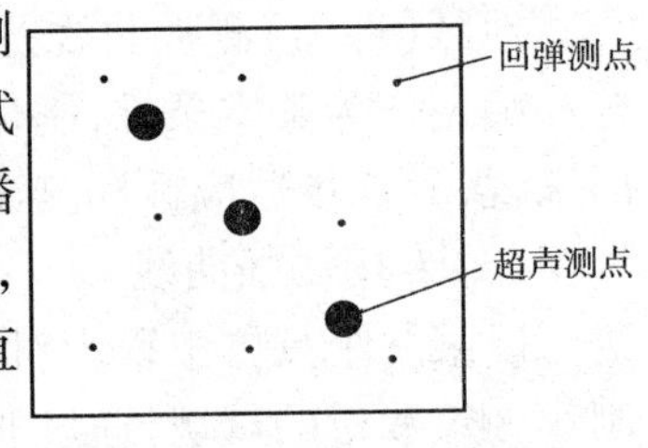

图3-6　测区测点分布

a. 声速值的计算。测区声速值应按下式计算：

$$v = l/t_m \tag{3-30}$$

$$t_m = (t_1 + t_2 + t_3)/3 \tag{3-31}$$

式中：v——测区声速值（km/s）；

l——超声测距（mm）；

t_m——测区平均声时值（μs）；

t_1、t_2、t_3——分别为测区中3个测点的声时值（μs）。

b. 声时值的修正。当在浇筑混凝土的顶面与底面测试时，由于上表面砂浆较多，强度偏低，底面粗骨料较多，强度较高，综合起来与成型侧面情况是有区别的。另浇筑表面不平整，也会使声速偏低，所以应按下式进行修正：

$$v_a = \beta v \tag{3-32}$$

式中：v_a——修正后的测区声速值（km/s）；

β——超声测试面修正系数，在混凝土浇筑顶面及底面时，$\beta = 1.034$，在混凝土浇筑侧面

时，$\beta=1$。

③混凝土强度的推定：

a. 构件第 i 个测区的混凝土强度换算值应采用修正后的测区声速值，优先采用专用或地区测强曲线推定。当无该类测强曲线时，可按附录中的附表 1 查阅混凝土强度值或按下式计算：

当粗集料为卵石时

$$f^{c}_{cu,i}=0.0038(v_{ai})^{1.23}(R_{ai})^{1.95} \tag{3-33}$$

当粗集料为碎石时

$$f^{c}_{cu,i}=0.008(v_{ai})^{1.72}(R_{ai})^{1.57} \tag{3-34}$$

式中：$f^{c}_{cu,i}$——第 i 个测区混凝土强度换算值（MPa），精确至 0.1MPa；

v_{ai}——第 i 个测区修正后的超声声速值（km/s），精确至 0.1km/s；

R_{ai}——第 i 个测区修正后的回弹值，精确至 0.1。

b. 当结构所用材料与制定测强曲线所用的材料有较大差异时，须用同条件试块或从结构构件测区钻取的混凝土芯样进行修正，试件数量应不少于 3 个。此时，测到的测区混凝土强度换算值应乘以修正系数。修正系数可分别按下式计算：

当有相同条件试块时

$$\eta=\frac{1}{n}\sum_{i=1}^{n}f_{cu,i}/f^{c}_{cu,i} \tag{3-35}$$

当有钻取混凝土芯样时

$$\eta=\frac{1}{n}\sum_{i=1}^{n}f_{cor,i}/f^{c}_{cu,i} \tag{3-36}$$

式中：η——修正系数，精确到 0.01；

$f_{cu,i}$——第 i 个混凝土立方体试件（边长为 150mm）的抗压强度值，精确到 0.1MPa；

$f_{cor,i}$——第 i 个混凝土芯样的抗压强度值，精确到 0.1MPa；

$f^{c}_{cu,i}$——对于第 i 个试件或芯样部位回弹值和碳化深度值的混凝土强度换算值，可按附录中的附表 1 采用；

n——试件数。

（3）结构或构件混凝土强度的推定

①当按单个构件检测时，单个构件的混凝土强度推定值 $f_{cu,e}$ 取该构件各测区中最小的混凝土强度换算值 $f^{c}_{cu;min}$。

$$f_{cu,e}=f^{c}_{cu;min} \tag{3-37}$$

式中：$f^{c}_{cu,min}$——构件中最小的测区混凝土强度换算值。

②当按批量检测时，应按下式计算：

$$f_{cu,e}=mf^{c}_{cu}-1.645sf^{c}_{cu} \tag{3-38}$$

式中各测区混凝土强度换算值的平均值 mf^{c}_{cu} 及标准差 sf^{c}_{cu} 应按下式计算：

$$mf^{c}_{cu}=\frac{1}{n}\sum_{i=1}^{n}f^{c}_{cu,i} \tag{3-39}$$

$$s f_{cu}^{c} = \sqrt{\frac{\sum_{i=1}^{n}(f_{cu,i}^{c})^2 - n(m f_{cu}^{c})^2}{n-1}} \tag{3-40}$$

③当同批区混凝土强度换算标准差过大，该批构件的混凝土强度推定值可按下式计算：

$$f_{cu,e} = m f_{cu,min}^{c} = \frac{1}{m}\sum_{i=1}^{m} f_{cu,min,i}^{c} \tag{3-41}$$

式中：$m f_{cu,min}^{c}$——该批每个构件中最小的测区混凝土强度换算值的平均值（MPa）；

$f_{cu,min,i}^{c}$——第 i 个构件中的最小测区混凝土强度换算值（MPa）；

m——抽取构件数。

④当属同批构件按批量抽样检测，若全部测区强度的标准差出现下列情况时，则该批构件应全部按单个构件检测：

a. 当该构件混凝土强度平均值小于 25MPa 时

$$s f_{cu}^{c} > 4.5\text{MPa} \tag{3-42}$$

b. 当该构件混凝土强度平均值不小于 25MPa 时

$$s f_{cu}^{c} > 5.5\text{MPa} \tag{3-43}$$

●第三节　结构混凝土强度半破损检测●

结构混凝土强度半破损检测方法是以不影响构件的承载能力为前提的，在构件上直接进行局部破坏性试验，或直接钻取芯样、拔出混凝土锥体等手段检测混凝土强度或缺陷的方法。钻芯法、拔出法、射击法、拔脱法、就地嵌注试件法等属于这类方法。这类方法的优点是以局部破坏性试验获得混凝土性能指标，因而较为直观。缺点是造成结构物的局部破坏，需进行修补，因而不宜用于大面积的检测。

在我国，钻取芯样法应用比较广泛。

一、使用条件

(1)对试块抗压强度的测试结果有怀疑时；

(2)因材料、施工或养护不良而发生混凝土质量问题时；

(3)混凝土遭受冻害、火灾、化学侵蚀或其他损害时；

(4)需检测经多年使用的建筑结构或构筑物中混凝土的强度时。

二、钻取芯样

1. 钻前准备资料

(1)工程名称（或代号）及设计、施工、建设单位名称；

(2)结构或构件种类、外形尺寸及数量；

(3)设计采用 的混凝土强度等级；

(4)成型日期、原材料（水泥品种，粗集料粒径等）和混凝土试块抗压强度试验报告；

(5)结构或构件质量状况和施工存在问题的记录；

(6)有关的结构设计图和施工图等。

2. 钻取芯样部位

(1)结构或构件受力较小的部位;

(2)混凝土强度质量具有代表性的部位;

(3)便于钻芯机安放与操作的部位;

(4)避开主筋、预埋件和管线的位置,并尽量避开其他钢筋;

(5)用钻芯法和非破损法综合测定强度时,应与非破损法取同一测区。

三、芯 样 要 求

1. 数量

按单个构件检测时,每个构件的钻芯数量不应少于3个,对于较小构件,钻芯数量可取2个;对构件的局部区域进行检测时,应有要求检测的单位提出钻芯位置及芯样数量。

2. 直径

钻取的芯样直径一般不宜小于骨料最大粒径的3倍,在任何情况下不得小于骨料最大粒径的2倍。

3. 高度

芯样抗压试件的高度和直径之比应在1~2的范围。

4. 外观检查

每个芯样应详细描述有关裂缝、分层、麻面或离析等情况,并估计集料的最大粒径、形状种类及粗细集料的比例与级配,检查并记录存在气孔的位置、尺寸及分布情况,必要时应进行拍照。

5. 芯样测量

(1)平均直径:用游标卡尺测量芯样中部,在相互垂直的两个位置上,取其二次测量的算术平均值,精确至0.5mm。

(2)芯样高度:用钢卷尺或钢板尺进行测量,精确至0.5mm。

(3)垂直度:用游标量角器测量两个端面与轴线的夹角,精确至0.1℃。

(4)平整度:用钢板尺或角尺紧靠在芯样端面上,一面转动钢板尺,一面用塞尺测量与芯样端面之间的缝隙(图3-7)。

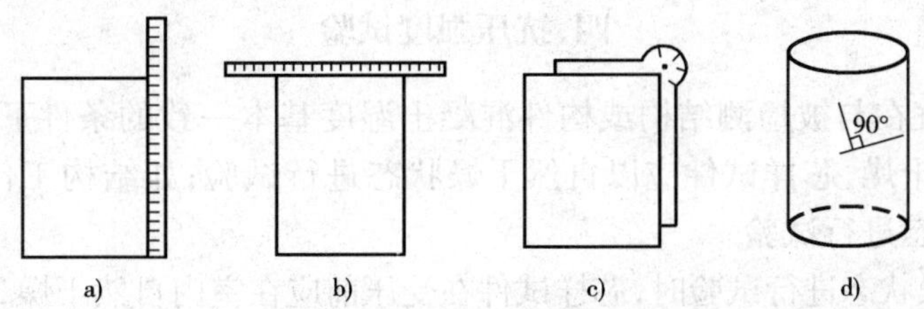

图3-7　芯样尺寸测量示意图

a)测高度;b)测平整度;c)测垂直度;d)测平均直径

6. 芯样端补平方法

当锯切后芯样端面的不平整度在100mm长度内超过0.1mm,芯样端面与轴线的不垂直度超过 2℃,宜采用在磨平机上磨平或在专用补平装置上补平的方法 进行加工。

1)硫磺胶泥(或硫磺)补平

(1)补平前先将芯样端面污物清除干净,然后将芯样垂直夹持在补平器的夹具中,并提升到一定高度(图 3-8)。

(2)在补平器底盘上涂上一层很薄的矿物油或其他脱模剂,以防硫磺胶泥与底盘粘结。

(3)将硫磺胶泥 、置于容器中加热融化。待硫磺胶泥溶液由黄色变成棕色时(约 150℃),倒入 3 平器底盘中。然后转动手轮使芯样下移并与底盘接触。待硫磺胶泥凝固后,反向转动手轮,把芯样提起,打开夹具取出芯样,然后,按上述步骤补平芯样的另一端面。

2)用水泥砂浆(或水泥净浆)补平

(1)补平前先将芯样端面污物清除干净,然后将端面用水湿润。

(2)在平整度为每长 100mm 不超过 0.05mm 的钢板上涂一薄层矿物油或其他脱模剂,然后倒上适量水泥砂浆摊成薄层,稍许用力将芯样压入水泥砂浆之中,并应保持芯样与钢板垂直。待两小时后,再补另一端面。仔细清除侧面多余水泥砂浆,在室内静放一昼夜后送入养护室内养护。待补平材料强度不低于芯样强度时,方能进行抗压强度试验(图 3-9)。

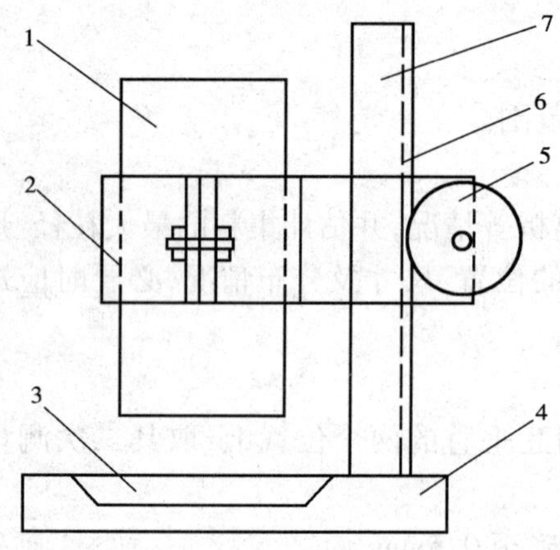

图 3-8 硫磺胶泥补平示意图

1-芯样;2-夹具;3-硫磺液体;4-底盘;5-手轮;6-齿条;7-立柱

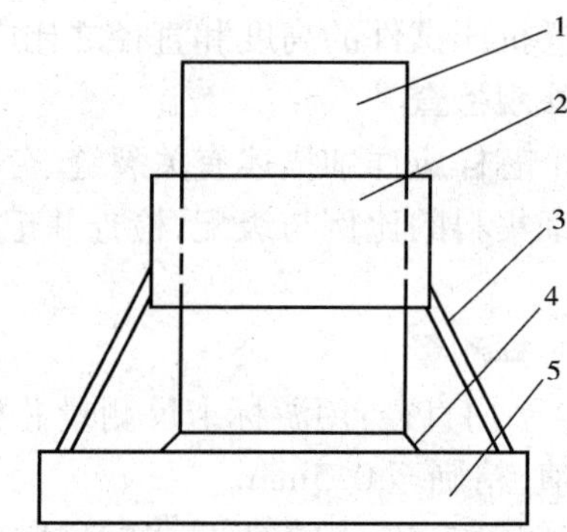

图 3-9 水泥砂浆补平示意图

1-芯样;2-套模;3-支架;4-水泥砂浆;5-钢板

四、抗压强度试验

(1)芯样试件宜在与被检测结构或构件混凝土湿度基本一致的条件下进行抗压试验。如结构工作条件比较干燥,芯样试件应以自然干燥状态进行试验;如结构工作条件比较潮湿,芯样试件应以潮湿状态进行试验。

(2)按自然干燥状态进行试验时,芯样试件在受压前应在室内自然干燥 3d,按潮湿状态进行试验时,芯样试件应在 20℃ ±5℃的清水中浸泡 40 ~48h,从水中取出后应立即进行抗压试验。

五、芯样强度计算

混凝土芯样试件的强度换算值系指用钻芯法测得的芯样强度,换算成相应测试龄期的边

长为150mm的立方体试块的抗压强度值。混凝土芯样试件的强度换算值,应按下式计算:

$$f_{cu}^{c}=\alpha\cdot\frac{P}{A}=\alpha\cdot\frac{4P}{\pi d_{m}^{2}} \tag{3-44}$$

式中:f_{cu}^{c}——混凝土芯样试件强度换算值(MPa),精确至0.1MPa;

P——芯样试件抗压试验测得的最大压力;

d_m——芯样试件的平均直径;

α——不同高径比的混凝土芯样试件强度换算系数,应按表3-6选用。

混凝土芯样试件强度换算系数　　表3-6

高径比 h/d	1.0	1.1	1.2	1.3	1.4	1.5	1.6	1.7	1.8	1.9	2.0
系数 α	1.00	1.04	1.07	1.10	1.13	1.15	1.17	1.19	1.21	1.22	1.24

单个构件或单个构件的局部区域,可取混凝土芯样试件强度换算值中的最小值作为其代表值。

六、注 意 事 项

(1)对混凝土强度等级低于C10的结构,不宜采用钻芯法检测。

(2)芯样试件内不应含有钢筋。如不能满足此项要求,每个试件内最多只允许含有2根直径小于10mm的钢筋,且钢筋应与芯样基本垂直并不得露出端面。

(3)将芯样取出并稍晾干后,应标上芯样的编号,并应记录取芯构件名称、取芯位置、芯样长度及外观质量等。必要时应拍摄照片。如发现不符合芯样试件的制作条件,应另行钻取。

(4)在搬运芯样之前应采用草袋、废水泥袋等材料仔细包装,以免碰坏。

(5)芯样有裂缝或有其他较大缺陷时,不得用作抗压强度试验。

(6)硫磺胶泥补平法一般适用于自然干燥状态下抗压强度试验的芯样试件补平,水泥砂浆补平法一般适用于潮湿状态下抗压试验的芯样试件补平。

(7)补平层应与芯样结合牢固,以使补平层与芯样的结合面受压时不致提前破坏。

(8)经端面补平后的芯样高度小于0.95 d(d为芯样试件平均直径),或大于2.05 d时,不得用作抗压强度试验。

•第四节　结构混凝土缺陷检验•

一、概　　述

在混凝土结构物的施工及使用过程中,往往会造成一些缺陷和损伤,其原因是多种多样的。一般而言,主要原因有四方面:其一是施工原因:如振捣不足、钢筋网过密而骨料最大粒径选择不当、模板漏浆等造成的内部孔洞、不密实区、蜂窝及保护层不足、钢筋外露等;其二是混凝土由于非外力作用形成的裂缝,如在大体积混凝土中因水泥水化热积蓄过多,在凝固及散热过程中的不均匀收缩而造成的温度裂缝,混凝土干缩及碳化收缩所造成的裂缝;其三是长期在腐蚀介质或冻融作用下由表及里的层状疏松;其四是受外力作用所产生的裂缝,如因龄期不足就进行吊装而产生的吊装裂缝等。这些缺陷和损伤往往会严重影响结构物的承载力和耐久性。因此,在事故处理、施工验收、旧有建筑物安全性鉴定、维修和补强设计时必须进行检测,以确定混凝土内部缺陷的大小、位置和性质。

目前,在诸多混凝土缺陷的无损检测方法中,应用最广泛、最有效的是超声波法。

1. 超声波法检测混凝土缺陷的基本原理

采用超声脉冲波法检测混凝土缺陷的基本依据是:利用超声波在技术指标相同(指混凝土原材料、配合比、龄期和测试距离一致)的混凝土中传播的时间(或速度)、接收波的振幅和频率等声学参数的变化,来判断混凝土的缺陷。因为超声脉冲波传播速度的快慢,与混凝土的密实程度有直接关系,对于技术指标相同的混凝土来说,声速高则混凝土密实、相反则不密实。当有空洞、裂缝等缺陷存在时,破坏了混凝土的整体性,由于空气的声阻率远小于混凝土的声阻抗率,超声波遇到蜂窝、空洞或裂缝等缺陷时,会在缺陷界面发生反射和散射,因此传播的路程会增大,测得的声时会延长,声速会降低。其次,在缺陷界面超声波的声能被衰减,其中频率较高的部分衰减更快,因此接收信号的波幅明显降低,频率明显减小或频率谱中高频成分明显减小。再次,经缺陷反射或绕过缺陷传播的超声波信号与直达波信号之间存在相位差,叠加后互相干扰,致使接收信号的波形发生畸变。根据上述原理,在实际测试中,可以利用混凝土声学参数测量值和相对变化综合分析,判别混凝土缺陷的位置和范围,或者估算缺陷的尺寸。

2. 超声波检测混凝土缺陷的方法

超声脉冲波检测混凝土缺陷技术一般根据被测结构的形状、尺寸及所处环境,确定具体测试方法。常用的测试方法大致为以下几种。

1)平面测试(用厚振动式换能器)

(1)对测法。将一对发射(T)和接收(R)换能器分别置于被测结构相互平行的两个表面,且两个换能器的轴线位于同一直线上。

(2)斜测法。将一对发射和接收换能器分别置于被测结构的两个表面,但两个换能器的轴线不在同一直线上。

(3)单面平测法。将一对发射和接收换能器分别置于被测结构同一表面进行测试。

2)测试孔测试(采用径向振动式换能器)

(1)孔中对测。将一对换能器分别置于两个对应测试孔中,位于同一高度进行测试。

(2)孔中斜测。将一对换能器分别置于两个对应测试孔中,但不在同一高度即保持一定高程差的条件下进行测试。

(3)孔中平测。将一对换能器分别置于两个对应测试孔中,以一定的高程差同步移动进行测试。

二、混凝土浅裂缝检测

所谓浅裂缝,系指局限于结构表层,开裂深度不大于500mm的裂缝。实际检测时一般可根据结构物的断面尺寸和裂缝在结构表面的宽度,大致估计被测的是浅裂缝还是深裂缝。一般工程结构中的梁、柱、板和机场跑道等出现的裂缝,都属于浅裂缝。在测试时,根据被测结构的实际情况,浅裂缝可分为单面平测法和对测法。

1. 平测法

当结构的裂缝部位只有一个表面可供检测时,可采用平测法进行裂缝深度检测。平测时

应在裂缝的被测部位以不同的测距同时按跨缝和不跨缝布置测点进行声时测量。如图 3-10 所示，首先将发射换能器 T 和接收换能器 R 置于被测裂缝的同一侧，并将 T 耦合好保持不动，以 T、R 两个换能器内边缘间距 l_i' 为 100mm、150mm、200mm…，依次移动 R 并读取相应的声时值 t。以 l_i' 为纵坐标、t 为横坐标绘制 $l_i'-t$ 时—距图，如图 3-11 所示。也可用统计方法求 l_i' 与 t 之间的回归直线式 $l'=a+bt$，式中 a、b 为待求的回归系数。

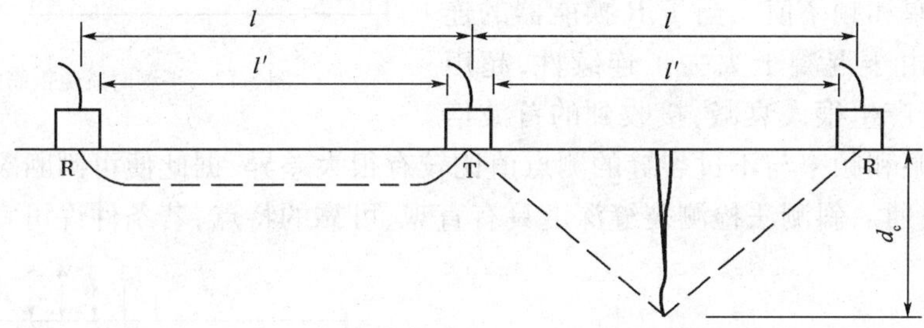

图 3-10　平测裂缝示意图

每一个测点的超声实际传播距离为

$$l_i = l_i' + a \tag{3-45}$$

式中：l_i——第 i 点的超声波实际传播距离（mm）；

l_i'——第 i 点的 T、R 换能器内边缘间距（mm）；

a——"时—距"图中 l_i' 轴的截距或回归所得的常数项（mm）。

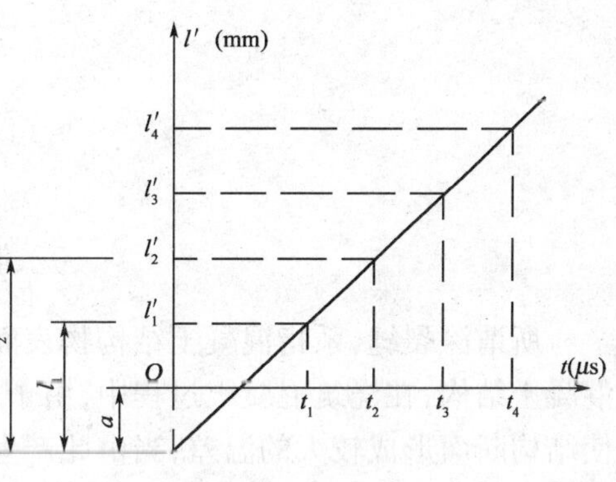

图 3-11　"时—距"图

进行跨缝的声时测量，将 T、R 换能器分别置于以裂缝为轴线对称的两侧，两换能器中心连线垂直裂缝走向，以 $l_i'=100\text{mm}$、150mm、200mm…分别读取声时值 t_i^0。该声时值便是超声波绕过裂缝末端传播的时间。根据几何关系，可推算裂缝深度，计算式为

$$d_{ci} = \frac{l_i}{2}\sqrt{\left(\frac{t_i^0}{t_i}\right)^2 - 1} \tag{3-46}$$

式中：d_{ci}——裂缝深度（mm）；

t_i、t_i^0——分别代表测距为 l_i 时不跨缝、跨缝平测的声时值（μs）。

以不同测距取得的 d_{ci} 的平均值作为该裂缝的深度值 d_c。如所得的 d_c 值大于原测距中任一个 l_i，则应该把由 l_i 距离对应的 d_{ci} 舍弃后重新计算 d_c 值。

以声时推算浅裂缝深度，是假定裂缝中充满空气，声波绕过裂缝末端传播。若裂缝中有水或泥浆，则声波经水介质耦合穿过裂缝而过，不能反映裂缝的真实深度。检测时，裂缝中不得有填充水和泥浆。当有钢筋穿过裂缝且与 T、R 换能器的连线大致平行靠近时，则沿钢筋传播的超声波首先到达接收换能器，测试结果也不能反映裂缝实际的深度。因此，布置测点时应注意使 T、R 换能器的连线至少与该钢筋的轴线相距 1.5 倍的裂缝预计深度，如图 3-12 所示，应使 $a \geqslant 1.5d_c$。

2. 斜测法

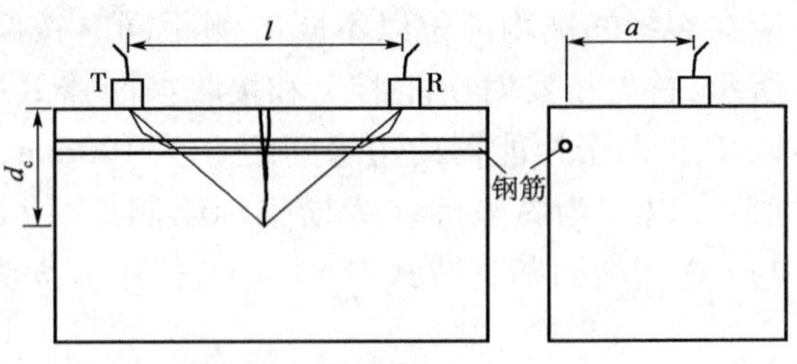

图 3-12　平测时避免钢筋的影响

当结构物的裂缝部位具有两个相互平行的测试表面时,可采用斜测法检测。按图 3-13 所示方法布置换能器,保持 T、R 换能器的连线和不通过缝的测试距离相等、倾斜角一致的条件下,读取相应的声时、波幅和频率值。当 T、R 换能器的连线通过裂缝时,由于混凝土失去了连续性,超声波在裂缝界面上产生很大衰减,接收到的首波信号很微弱,其波幅和频率与不过裂缝的测点值比较有很大差异,据此便可判断裂缝的深度及是否在水平方向贯通。斜测法检测裂缝深度具有直观、可靠的特点,若条件许可宜优先采用。

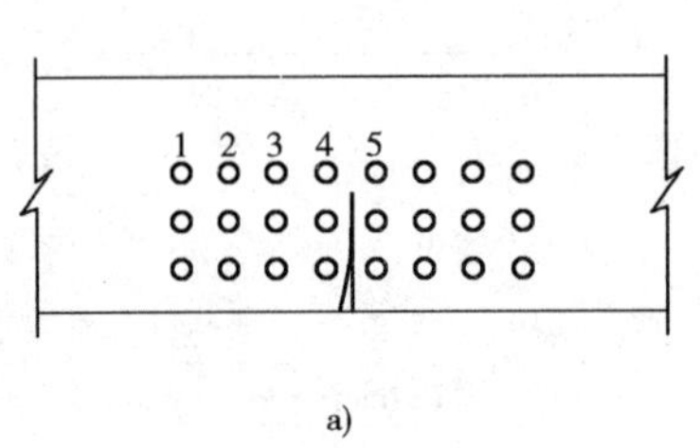

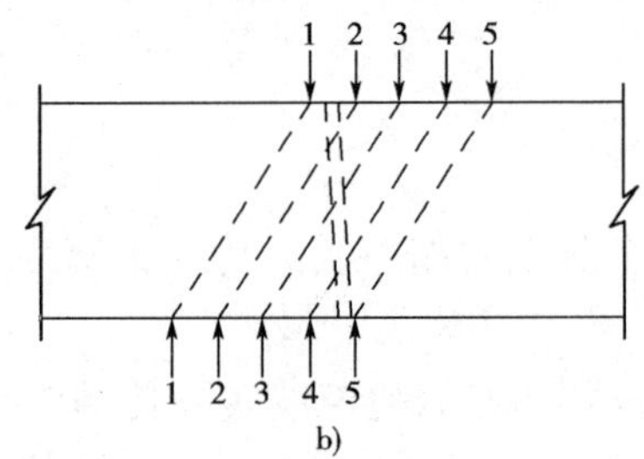

图 3-13　斜测裂缝深度示意图

a) 立面;b) 平面

三、混凝土深裂缝检测

所谓深裂缝,系指混凝土结构物表面开裂深度在 500mm 以上的裂缝。对于桥墩等大体积混凝土结构,在浇筑混凝土过程中,由于水泥的水化热散失较慢,混凝土的内部温度比表面高,使结构断面形成较大的温差,当由此产生的拉应力大于混凝土抗拉强度时,而使在混凝土中产生裂缝。

1. 测试方法

深裂缝的检测一般是在裂缝两侧钻测试孔,用径向振动式换能器置于测试孔中进行测试。如图 3-14 所示在裂缝两侧分别钻测试孔 A、B。应在裂缝一侧多钻一个较浅的孔 C,测试无缝混凝土的声学参数,用于对比判别之用。测试孔应满足下列要求:孔径应比换能器直径大 5 ~ 10mm;孔深应至少比裂缝预计深度深 700mm,经测试如浅于裂缝深度,则应加深测试孔;对应的两个测试孔,必须始终位于裂缝两侧,其轴线应保持平行;两个对应测试孔的间距宜为 2m,同一结构的各对应测孔间距应相同;孔中粉末碎屑应清理干净。

检测时应选用频率为 20 ~ 40kHz 的径向振动式换能器,并在其接线上作出等间距标志(一般间隔 100 ~ 500mm)。测试前要先向测试孔中注满清水作为耦合剂,然后将 T、R 换能器分别置于裂缝两侧的对应孔中,以相同高程等间距从上至下移动,逐点读取声时、波幅和换能器所处的深度。

2. 裂缝深度判断

以换能器所处深度 d 与对应的波幅值 A 绘制 d-A 坐标图(图 3-15),随着换能器位置的下移，波幅逐渐增大，当换能器下移至某一位置后，波幅达到最大并基本稳定，该位置所对应的深度便是裂缝深度 d_c。

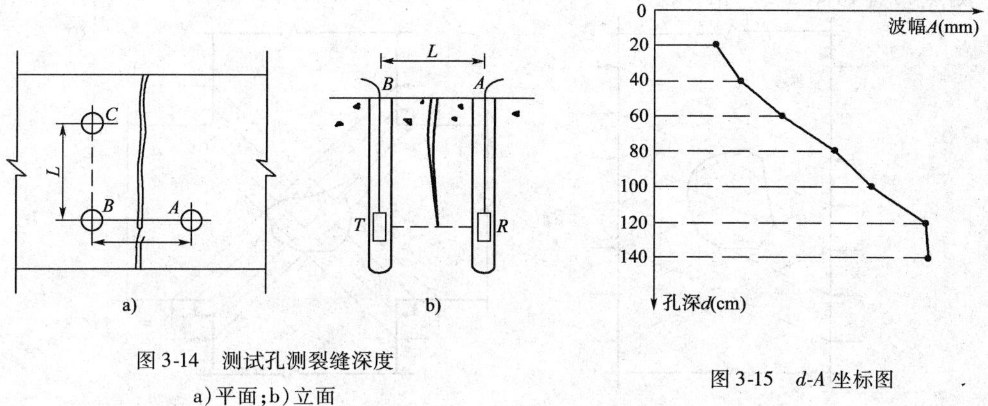

图 3-14　测试孔测裂缝深度

a）平面；b）立面

图 3-15　d-A 坐标图

四、混凝土不密实区和空洞检测

混凝土和钢筋混凝土结构物施工过程中，有时因漏振、漏浆或因石子架空在钢筋骨架上，导致混凝土内部形成蜂窝状不密实区或空洞。对于这种结构物内部的隐蔽缺陷，应及时检查并进行技术处理。

1. 测试方法

混凝土内部的隐蔽缺陷情况，无法凭直觉判断。因此，这类缺陷的测试区域一般总要大于所怀疑的有缺陷的区域。为此首先作大范围的粗测，根据粗测情况再着重对可疑区域进行细测。根据被测结构实际情况，可按下列方法进行：

1）平面对测法

当结构被测部位具有两对平行表面上时，可采用对测法。如图 3-16 所示，在测区的两对相互平行的测试面，分别画出间距为 200～300mm 的网格，并编号确定对应的测点位置，然后将 T、R 换能器分别置于对应测点上，逐点读取相应的声时（t_i）、波幅（A_i）和频率（f_i），并量取测试距离（l_i）。

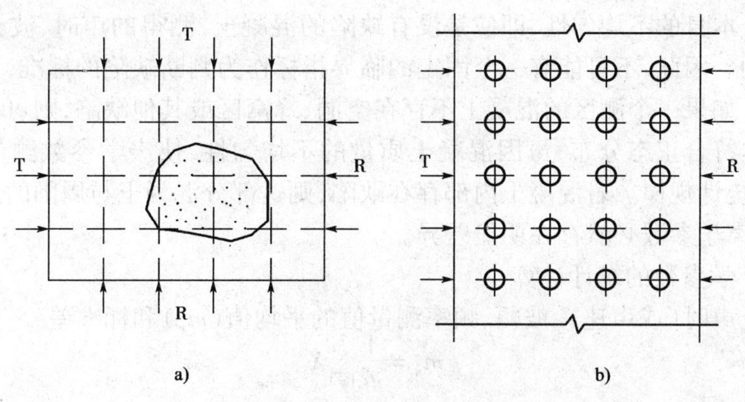

图 3-16　对测法换能器布置示意图

a）平面；b）立面

2)平面斜测法

结构中只有一对相互平行的测试面或被测部位处于结构的特殊位置,可采用斜测法进行检测。测点布置如图 3-17 所示。

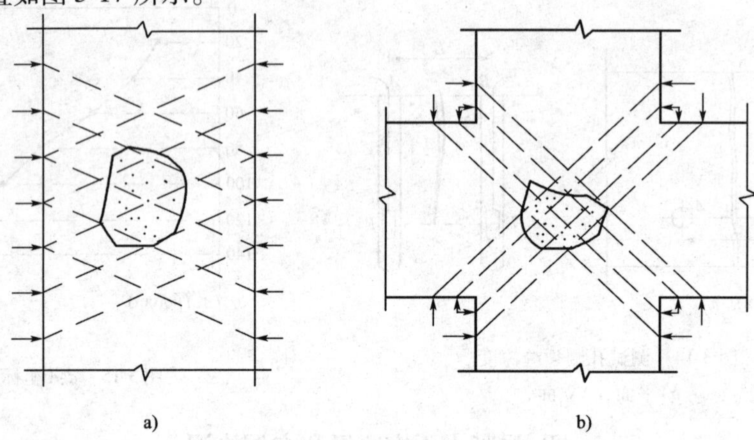

图 3-17　斜测法换能器布置示意图

a)一般部位;b)特殊部位

3)测试孔检测法

当结构的测试距离较大时,为了提高测试灵敏度,可在测区适当位置钻一个或多个平行于侧面的测试孔。测孔的直径一般为 45 ~ 50mm,测孔深度视检测需要而定。结构侧面采用厚度振动式换能器,一般用黄油耦合,测孔中用径向振动式换能器,用清水作耦合剂。换能器布置如图 3-18 所示。检测时根据需要,可以将孔中和侧面的换能器置于同一高度,也可将二者保持一定的高度差,同步上下移动,逐点读取声时、波幅和频率值,并记下孔中换能器的位置。

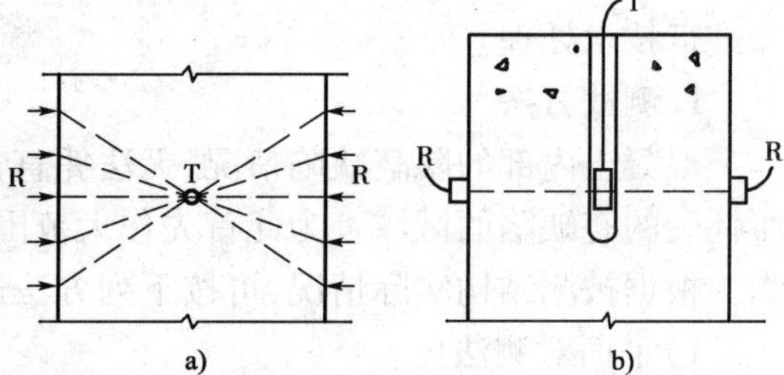

图 3-18　测试孔检测法换能器布置示意图

a)平面;b)立面

2. 不密实区和孔洞的判断

由于混凝土本身的不均匀性,即使是没有缺陷的混凝土,测得的声时、波幅等参数值也在一定范围内波动。因此,不可能有一个固定的临界指标作为判断缺陷的标准,一般都利用统计方法进行判别。如果一个测区的混凝土不存在空洞、蜂窝区或其他缺陷,则可认为这个测区的混凝土质量基本符合正态分布,虽因混凝土质量的不均匀性,使声学参数测量值产生一定离散,但一般服从统计规律。若混凝土内部存在缺陷,则这部分混凝土与周围的正常混凝土不属于同一母体,其声学参数必然存在明显差异。

1)混凝土声学参数的统计计算

测区混凝土声时(或声速)、波幅、频率测量值的平均值(m_x)和标准差(S_x)应按下式计算:

$$m_x = \frac{1}{n}\sum_{i=1}^{n} X_i \tag{3-47}$$

$$S_x = \sqrt{\left(\sum_{i=1}^{n} X_i^2 - n m_x^2\right)/(n-1)} \tag{3-48}$$

式中：X_i——第 i 点的声时（或声速）、波幅、频率测量值；

n——一个测区参与统计的测点数。

2）测区中异常数据的判别

将一测区中各测点的声时值由小到大顺序排列，即 $t_1 \leqslant t_2 \leqslant \cdots \leqslant t_n \leqslant t_{n+1} \cdots$，将排在后面明显大的数据视为可疑，再将这些可疑数据中最小的一个（假定为 t_n）连同其前面的数据按式（3-47）、式（3-48）计算出 m_t 及 S_t，并算出异常情况的判断值（X_0）：

$$X_0 = m_t + \lambda_1 S_t \tag{3-49}$$

式中：λ_1——异常值判断系数，按表 3-7 取值。

统计数的个数 n 与对应的 λ_1 值　　表 3-7

n	14	16	18	20	22	24	26	28	30
λ_1	1.47	1.53	1.59	1.64	1.69	1.73	1.77	1.80	1.83
n	32	34	36	38	40	42	44	46	48
λ_1	1.86	1.89	1.92	1.94	1.96	1.98	2.00	2.02	2.04
n	50	52	54	56	58	60	62	64	66
λ_1	2.05	2.07	2.09	2.10	2.12	2.13	2.14	2.16	2.17
n	68	70	72	74	76	78	80	82	84
λ_1	2.18	219	2.20	2.21	2.22	2.23	2.24	2.25	2.26
n	86	88	90	92	94	96	98	100	102
λ_1	2.27	2.28	2.29	2.30	2.30	2.31	2.32	2.32	2.33

把 X_0 值与可疑数据中的最小值（t_n）相比较，若 t_n 大于或等于 X_0，则 t_n 及排在其后的声时值均为异常值；当 t_n 小于 X_0 时，应再将 t_{n+1} 放进去重新进行统计计算和判别。

同样，将一测区测点的波幅、频率或由声时计算的声速值按大到小的顺序排列，即 $X_1 \geqslant X_2 \geqslant \cdots \geqslant X_n \geqslant X_{n+1} \geqslant \cdots$，将排在后面明显小的数据视为可疑，再将这些可疑数据中最大的一个（假定为 X_n）连同其前面的数据按式（3-47）、式（3-48）计算出 m_t 及 S_t 并代入式（3-49），算出异常情况的判断值（X_0）。

$$X_0 - m_t - \lambda_1 S_t \tag{3-50}$$

把判断值（X_0）与可疑数据中的最大值（X_n）相比较，若 X_n 小于或等于 X_0，则 X_n 及排在其后的各数据均为异常值。当 X_n 大于 X_0，应再将 X_{n+1} 放进去重新进行计算和判别。

3）不密实区和空洞范围判定

一个构件或一个测区中某些测点的声时（或声速）、波幅或频率被判为异常值，可结合异常测点的分布及波形状况，判定混凝土内部存在不密实区和空洞的范围。当判定缺陷是空洞时，其尺寸可按下面的方法估算。

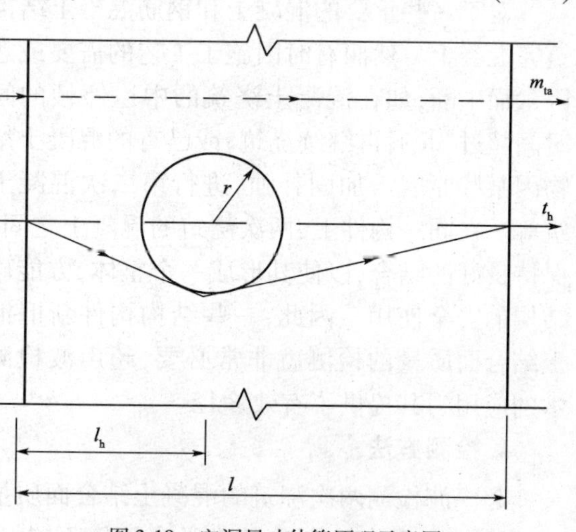

图 3-19　空洞尺寸估算原理示意图

如图 3-19 所示，设检测距离为 l，空洞中心（在另一对测试面上，声时最长的测点位置）

距一个测试面的垂直距离为 l_h，声波在空洞附近无缺陷混凝土中传播的时间平均值为 m_{ta}，绕空洞传播的时间（空洞处的最大声时）为 t_h，空洞半径为 r。

根据 l_h/l 值和 $(t_h - m_{ta})/m_{ta} \times 100\%$ 值，可由表 3-8 查得空洞半径 r 与测距 l 的比值，再计算空洞的大致尺寸 r。

如被测部位只有一对可供测试表面，空洞尺寸可按下式计算：

$$r = \frac{l}{2}\sqrt{\left(\frac{t_h}{m_{ta}}\right)^2 - 1} \tag{3-51}$$

式中：r——空洞半径（mm）；

l——T、R 换能器之间的距离（mm）；

t_h——缺陷处的最大声时值（μs）；

m_{ta}——无缺陷区的平均声时值（μs）。

空洞半径 r 与测区 l 的比值　　表 3-8

x \ z / y	0.05	0.08	0.10	0.12	0.14	0.16	0.18	0.20	0.22	0.24	0.26	0.28	0.30
0.10(0.9)	1.42	3.77	6.26										
0.15(0.85)	1.00	2.56	4.06	5.96	8.39								
0.2(0.8)	0.78	2.02	3.17	4.62	6.36	8.44	10.9	13.9					
0.25(0.75)	0.67	1.72	2.69	3.90	5.34	7.03	8.98	11.2	13.8	16.8			
0.3(0.7)	0.60	1.53	2.40	3.46	4.73	6.21	7.91	9.38	12.0	14.4	17.1	20.1	23.6
0.35(0.65)	0.55	1.41	2.21	3.19	4.35	5.70	7.25	9.00	10.9	13.1	15.5	18.1	21.0
0.4(0.6)	0.52	1.34	2.09	3.02	4.12	5.39	6.84	10.3	12.3	14.5	16.9	19.6	19.8
0.45(0.55)	0.50	1.30	2.03	2.92	3.99	5.22	6.62	8.20	9.95	11.9	14.0	16.3	18.8
0.5	0.50	1.28	2.00	2.89	3.94	5.16	6.55	8.11	9.84	11.8	13.8	16.1	18.6

注：表中 $x = (t_h - m_{ta})/m_{ta} \times 100\%$；$y = l_h/l$；$z = r/l$。

五、两次浇筑的混凝土结合面的质量检测

对于一些重要的混凝土和钢筋混凝土结构物，为保证其整体性，应该连续不间断地一次浇筑完混凝土。然而有时因施工工艺的需要或意外因素而中断，如在混凝土浇筑的中途停顿的间歇时间超过 3h 后再继续浇筑；或已有的混凝土结构物因某些原因需加固补强，进行第二次混凝土浇筑等。在同一构件上，两次浇筑的混凝土之间，应保持良好的结合，以使其形成一个整体，方能确保结构的安全使用。因此，一些结构构件新旧混凝土结合面质量的检测就非常必要，超声波检测技术的应用为其提供了有效途径。

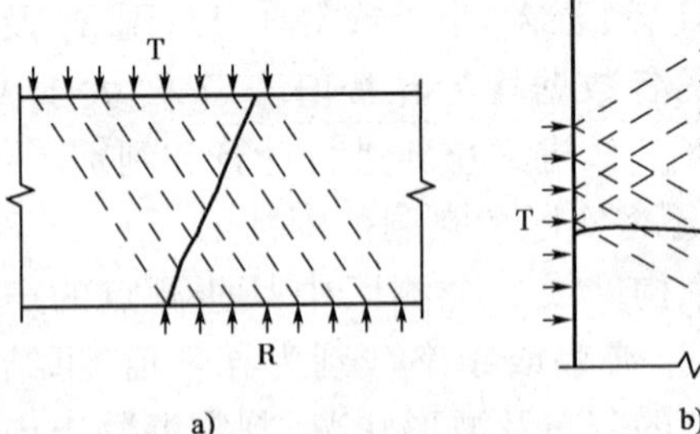

图 3-20　检测混凝土结合面时换能器布置示意图
a）梁平面图；b）柱侧面图

1. 检测方法

超声波检测两次浇筑的混凝土结合面质量一般采用斜测法，通过穿过与不穿过结合面的超声波声速、波幅和频率等声学参数相比较判断。超声测点的布置方法如图 3-20 所示。

2. 测点布置

布置测点时应注意以下几点：

（1）测试前应查明结合面的位置及走向，以正确确定被测部位及布置测点；

（2）所布置的测点应避开平行超声波传播方向的主钢筋或预埋钢板；

（3）使测试范围覆盖全部结合面或有怀疑的部位；

（4）为保证各测点具有一定的可比性，每一对测点应保持其测线的倾斜度一致，测距相等；

（5）测点间距应根据被测结构尺寸和结合面外观质量情况而定，一般为100～300mm，间距过大易造成缺陷漏检的危险。

3. 数据处理及判定

两次浇筑的混凝土结合面质量的判定与混凝土不密实区和空洞的判定方法基本相同。把超声波跨缝与不跨缝的声时（或声速）、波幅或频率的测量值放在一起，分别进行排列统计。当混凝土结合面中有局部地方存在缺陷时，该部位的混凝土失去连续性，超声脉冲波通过时，其波幅和频率会明显降低，声时也有不同程度增大。因此，凡被判为异常值的测点，查明无其他原因影响时，可以判定这些部位结合面质量不良。

六、混凝土表面损伤层检测

混凝土和钢筋混凝土结构物，在施工和使用过程中，其表面层会在火灾、冻害和化学侵蚀等物理和化学因素的作用下受到损害。从工程实测结果看，一般总是最外层损伤程度较为严重。越向内部深入，损伤程度越轻。在这种情况下，混凝土强度和超声声速的分布应该是连续的，如图3-21所示。但是为了计算方便，在进行混凝土表面损伤层厚度的超声波检测时，把损伤层与未损伤部分简单地分为两层来考虑，计算模型如图3-22所示。

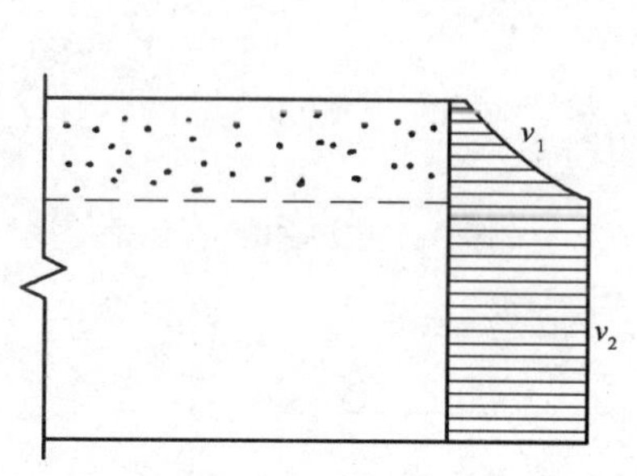

图3-21　实际混凝土声速分布

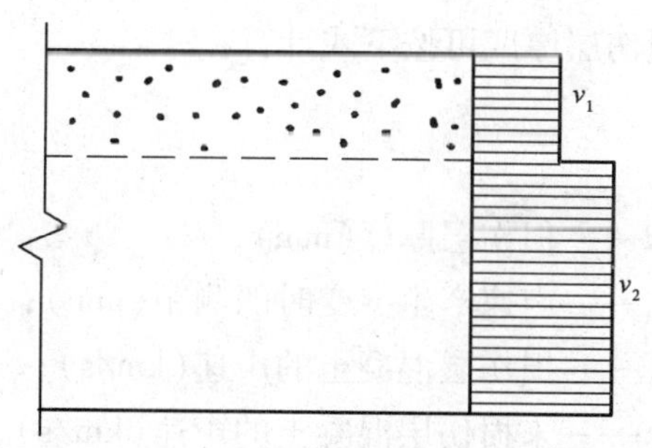

图3-22　假设混凝土声速分布

1. 测试方法

超声脉冲法检测混凝土表面损伤层厚度宜选用频率较低的厚度振动式换能器，采用平测法检测，如图3-23所示。将发射换能器T置于测试面某一点保持不动，再将接收换能器R以测距l_i = 100mm、150mm、200mm…置于各点，读取相应的声时值t_i。R换能器每次移动的距离不宜大于100mm，每一测区的测电数不得少于5个。

检测时测区测点的布置应满足以下要求：

（1）根据结构的损伤情况和外观质量选取有代表性的部位布置测区；

（2）结构被测表面应平整并处于自然干燥状态，且无接缝和装饰面层；

(3)测点布置时应避免 T、R 换能器的连线方向与附近主钢筋的轴线平行。

2. 损伤层厚度判定

以各测点的声时值 t_i 和响应测距值 l_i 绘制"时—距"坐标图,如图 3-24 所示。两条直线的交点 B 所对应的测距定为 l_0,直线 AB 的斜率便是损伤层混凝土的声速 v_1,直线 BC 斜率便是未损伤层混凝土的声速 v_2,则

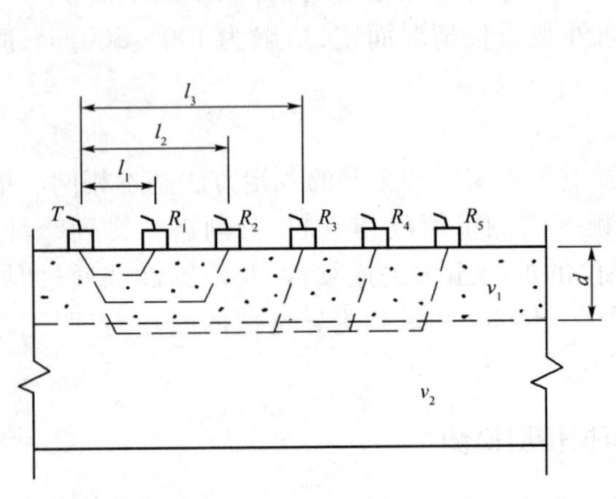

图 3-23　混凝土损伤层检测测点布置

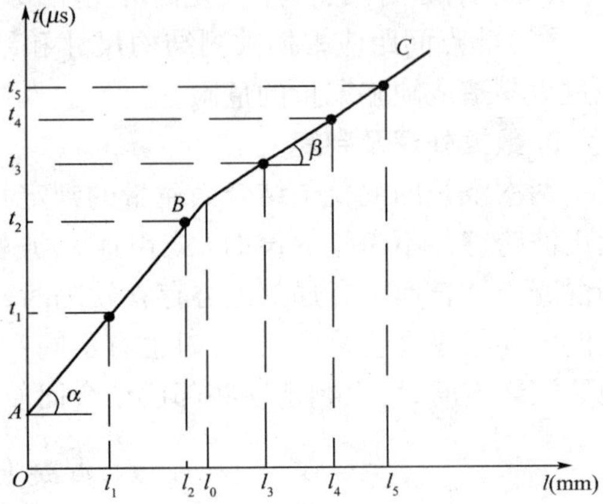

图 3-24　混凝土损伤层检测"时—距"图

$$v_1 = \cot\alpha = \frac{l_2 - l_1}{t_2 - t_1} \tag{3-52}$$

$$v_2 = \cot\beta = \frac{l_5 - l_3}{t_5 - t_3} \tag{3-53}$$

损伤层厚度可按下式计算:

$$d = \frac{l_0}{2}\sqrt{\frac{v_2 - v_1}{v_2 + v_1}} \tag{3-54}$$

式中:d——损伤层厚度(mm);

l_0——声速产生突变时的测距(mm);

v_1——损伤层混凝土的声速(km/s);

v_2——未损伤层混凝土的声速(km/s);

七、混凝土均匀性检测

所谓混凝土匀质性检测是对整个结构物或同一批构件的混凝土质量均匀性的检测。混凝土匀质性检测的传统方法是:在结构物浇筑混凝土现场取样制作混凝土标准试块,以其破坏强度的统计值来评价混凝土的匀质性。应该指出的是:这种方法存在一些局限性,如试块的数量有限,因结构的几何尺寸、成型方法等不同,结构物混凝土的密实程度与标准试块会存在较大差异,可以说标准试块的强度很难全面反映结构混凝土质量的均匀性。为克服这些缺点,通常采用超声脉冲法检测混凝土的匀质性。超声脉冲法直接在结构上进行检测,具有全面、直接、方便、数据代表性强的优点,是检测混凝土匀质性的一种有效方法。

1. 测试方法

一般采用厚度振动式换能器以穿透对测法检测结构混凝土的匀质性。要求被测结构应具备一对相互平行的测试表面，并保持平整、干净。先在两个测试面上分别画出等间距的网格，并编上对应的测点序号。网格的间距大小取决于结构的种类和测试要求，一般为200～500mm。对于测距较小、质量要求较高的结构，测点间距宜小些。测点布置时，应避开与超声波传播方向相一致的钢筋。

测试时，应使T、R换能器在对应的测点上保持良好的耦合状态，逐点读取声时值 t_i，并测量对应测点的距离 l_i 值。

2. 计算和分析

混凝土的声速值，混凝土声速的平均值、标准差及离差系数分别按下列公式计算：

$$v_i = \frac{l_i}{t_i} \tag{3-55}$$

$$m_v = \frac{1}{n}\sum_{i=1}^{n} v_i \tag{3-56}$$

$$S_v = \sqrt{(\sum_{i=1}^{n} v_i^2 - n \cdot m_v^2)/(n-1)} \tag{3-57}$$

式中：v_i——第 i 点混凝土声速值（km/s）；

l_i——超声检测距离（mm）；

t_i——混凝土声速平均值（km/s）；

S_v——混凝土声速的标准差（km/s）；

m_v——混凝土声速的离差系数（km/s）；

n——测点数。

根据声速的标准差和离差系数（变异系数），可以相对比较相同测距的同类结构或各部位混凝土质量均匀性的优劣。

附录　测区混凝土强度换算表（附表1）

回弹法测区混凝上强度换算表　　附表1

测区混凝土强度换算表（统一）

平均回弹值 R_m	测区混凝土强度换算值 f^c_{cui}（MPa）												
	平均碳化深度值 d_m（mm）												
	0	0.5	1.0	1.5	2.0	2.5	3.0	3.5	4.0	4.5	5.0	5.5	≤6.0
20.0	10.1	10.3											
20.2	10.5	10.3	10.0										
20.4	10.7	10.5	10.2										
20.6	11.0	10.8	10.4	10.1									
20.8	11.2	11.0	10.6	10.3									
21.0	11.4	11.2	10.8	10.5	10.0								
21.2	11.6	11.4	11.0	10.7	10.2								
21.4	11.8	11.6	11.2	10.9	10.4	10.0							

续上表

平均回弹值 R_m	测区混凝土强度换算值 $f_{cu,i}^c$(MPa)												
	平均碳化深度值 d_m(mm)												
	0	0.5	1.0	1.5	2.0	2.5	3.0	3.5	4.0	4.5	5.0	5.5	≤6.0
21.6	12.0	11.8	11.4	11.0	10.6	10.2							
21.8	12.3	12.1	11.7	11.3	10.8	10.5	10.1						
22.0	12.5	12.2	11.9	11.5	11.0	10.6	10.2						
22.2	12.7	12.4	12.1	11.7	11.2	10.8	10.4	10.0					
22.4	13.0	12.7	12.4	12.0	11.4	11.0	10.7	10.3	10.0				
22.6	13.2	12.9	12.5	12.1	11.6	11.2	10.8	10.4	10.2				
22.8	13.4	13.1	12.7	12.3	11.8	11.4	11.0	10.6	10.3				
23.0	13.7	13.4	13.0	12.6	12.1	11.6	11.2	10.8	10.5	10.1			
23.2	13.9	13.6	13.2	12.8	12.2	11.8	11.4	11.0	10.7	10.3	10.0		
23.4	14.1	13.8	13.4	13.0	12.4	12.0	11.6	11.2	10.9	10.4	10.2		
23.6	14.4	14.1	13.7	13.2	12.7	12.2	11.8	11.4	11.1	10.7	10.4	10.1	
23.8	14.6	14.3	13.9	13.4	12.8	12.4	12.0	11.5	11.2	10.8	10.5	10.2	
24.0	14.9	14.6	14.2	13.7	13.1	12.7	12.2	11.8	11.5	11.0	10.7	10.4	10.1
24.2	15.1	14.8	14.3	13.9	13.3	12.8	12.4	11.9	11.6	11.2	10.9	10.6	10.3
24.4	15.4	15.1	14.6	14.2	13.6	13.1	12.6	12.2	11.9	11.4	11.1	10.8	10.4
24.6	15.6	15.3	14.8	14.4	13.7	13.3	12.8	12.3	12.0	11.5	11.2	10.9	10.6
24.8	15.9	15.6	15.1	14.6	14.0	13.5	13.0	12.6	12.2	11.8	11.4	11.1	10.7
25.0	16.2	15.9	15.4	14.9	14.3	13.8	13.3	12.8	12.5	12.0	11.7	11.3	10.9
25.2	16.4	16.1	15.6	15.1	14.4	13.9	13.4	13.0	12.6	12.1	11.8	11.5	11.0
25.4	16.7	16.4	15.9	15.4	14.7	14.2	13.7	13.2	12.9	12.4	12.0	11.7	11.2
25.6	16.9	16.6	16.1	15.7	14.9	14.4	13.9	13.4	13.0	12.5	12.2	11.8	11.3
25.8	17.2	16.9	16.3	15.8	15.1	14.6	14.1	13.6	13.2	12.7	12.4	12.0	11.5
26.0	17.5	17.2	16.6	16.1	15.4	14.9	14.4	13.8	13.5	13.0	12.6	12.2	11.6
26.2	17.8	17.4	16.9	16.4	15.7	15.1	14.6	14.0	13.7	13.2	12.8	12.4	11.8
26.4	18.0	17.6	17.1	16.6	15.8	15.3	14.8	14.2	13.9	13.3	13.0	12.6	12.0
26.6	18.3	17.9	17.4	16.8	16.1	15.6	15.0	14.4	14.1	13.5	13.2	12.8	12.1
26.8	18.6	18.2	17.7	17.1	16.4	15.8	15.3	14.6	14.3	13.8	13.4	12.9	12.3
27.0	18.9	18.5	18.0	17.4	16.6	16.1	15.5	14.8	14.6	14.0	13.6	13.1	12.4
27.2	19.1	18.7	18.4	17.6	16.8	16.2	15.7	15.0	14.7	14.1	13.8	13.3	12.6
27.4	19.4	19.0	18.7	17.8	17.0	16.4	15.9	15.2	14.9	14.3	14.0	13.4	12.7
27.6	19.7	19.3	19.0	18.0	17.2	16.6	16.1	15.4	15.1	14.5	14.1	13.6	12.9
27.8	20.0	19.6	19.2	18.2	17.4	16.8	16.3	15.6	15.3	14.7	14.2	13.7	13.0
28.0	20.3	19.7	19.5	18.4	17.6	17.0	16.5	15.8	15.4	14.8	14.4	13.9	13.2

续上表

平均回弹值 R_m	测区混凝土强度换算值 $f_{cu i}^{c}$(MPa)												
	平均碳化深度值 d_m(mm)												
	0	0.5	1.0	1.5	2.0	2.5	3.0	3.5	4.0	4.5	5.0	5.5	≤6.0
28.2	20.6	20.0	19.7	18.6	17.8	17.2	16.7	16.0	15.6	15.0	14.6	14.0	13.3
28.4	20.9	20.3	20.0	18.8	18.0	17.4	16.9	16.2	15.8	15.2	14.8	14.2	13.5
28.6	21.2	20.6	20.2	19.1	18.2	17.6	17.1	16.4	16.0	15.4	15.0	14.3	13.6
28.8	21.5	20.9	20.5	19.4	18.5	17.8	17.3	16.6	16.2	15.6	15.2	14.5	13.8
29.0	21.8	21.1	20.8	19.6	18.7	18.1	17.5	16.8	16.4	15.8	15.4	14.6	13.9
29.2	22.1	21.4	21.1	19.9	19.0	18.3	17.7	17.0	16.6	16.0	15.6	14.8	14.1
29.4	22.4	21.7	21.3	20.2	19.3	18.6	17.9	17.2	16.8	16.2	15.8	15.0	14.2
29.6	22.7	22.0	21.6	20.4	19.5	18.8	18.2	17.5	17.0	16.4	16.0	15.1	14.4
29.8	23.0	22.3	21.9	20.7	19.8	19.1	18.4	17.7	17.2	16.6	16.2	15.3	14.5
30.0	23.3	22.6	22.2	21.0	20.0	19.3	18.6	17.9	17.4	16.8	16.4	15.4	14.7
30.2	23.6	22.9	22.5	21.2	20.3	19.6	18.9	18.2	17.6	17.0	16.6	15.6	14.9
30.4	23.9	23.2	22.8	21.5	20.6	19.8	19.1	18.4	17.8	17.2	16.8	15.8	15.1
30.6	24.3	23.6	23.1	21.9	20.9	20.2	19.4	18.7	18.0	17.5	17.0	16.0	15.2
30.8	24.6	23.9	23.4	22.0	21.2	20.4	19.7	18.9	18.2	17.7	17.2	16.2	15.4
31.0	24.9	24.2	23.7	22.4	21.4	20.7	19.9	19.2	18.4	17.9	17.4	16.4	15.5
31.2	25.2	24.4	24.1	22.4	21.7	20.9	20.2	19.4	18.6	18.1	17.6	16.6	15.7
31.4	25.6	24.8	24.3	23.0	22.0	21.2	20.5	19.7	18.9	18.4	17.8	16.9	15.8
31.6	25.9	25.1	24.6	23.3	22.3	21.5	20.7	19.9	19.2	18.6	18.0	17.1	16.0
31.8	26.2	25.4	24.9	23.6	22.5	21.7	21.0	20.2	19.4	18.9	18.2	17.3	16.2
32.0	26.5	25.7	25.3	23.9	22.8	22.0	21.2	20.4	19.6	19.1	18.4	17.5	16.4
32.2	26.9	26.1	25.6	24.2	23.1	22.3	21.5	20.7	19.9	19.4	18.6	17.7	16.6
32.4	27.2	26.4	25.9	24.5	23.4	22.6	21.8	20.9	20.1	19.6	18.8	17.9	16.6
32.6	27.6	26.8	26.2	24.8	23.7	22.9	22.1	21.3	20.4	19.9	19.0	18.1	16.8
32.8	27.9	27.1	26.5	25.1	24.0	23.2	22.3	21.5	20.6	20.1	19.2	18.3	17.0
33.0	28.2	27.4	26.8	25.5	24.3	23.4	22.6	21.7	20.9	20.3	19.4	18.5	17.2
33.2	28.6	27.7	27.1	25.7	24.6	23.7	22.9	22.0	21.2	20.5	19.6	18.7	17.6
33.4	28.9	28.0	27.4	26.0	24.9	24.0	23.1	22.3	21.4	20.7	19.8	18.9	17.8
33.6	29.3	28.4	27.7	26.4	25.2	24.2	23.3	22.6	21.7	20.9	20.0	19.1	18.0
33.8	29.6	28.7	27.7	26.6	25.4	24.4	23.5	22.8	21.9	21.1	20.2	19.3	18.2
34.0	30.0	29.1	28.0	26.8	25.6	24.6	23.7	23.0	22.1	21.3	20.4	19.5	18.3
34.2	30.3	29.4	28.3	27.0	25.8	24.8	23.9	23.2	22.3	21.5	20.6	19.7	18.4
34.4	30.7	29.8	28.6	27.2	26.0	25.0	24.1	23.4	22.5	21.7	20.8	19.8	18.6
34.6	31.1	30.2	28.9	27.4	26.2	25.2	24.3	23.6	22.7	21.9	21.0	20.0	18.8

续上表

平均回弹值 R_m	测区混凝土强度换算值 f^c_{cui}(MPa)												
	平均碳化深度值 d_m(mm)												
	0	0.5	1.0	1.5	2.0	2.5	3.0	3.5	4.0	4.5	5.0	5.5	≤6.0
34.8	31.8	30.5	28.2	27.6	26.4	25.4	24.5	23.8	22.9	21.9	21.2	20.2	19.0
35.0	31.8	30.8	29.6	28.0	26.7	25.8	24.8	24.0	23.2	22.3	21.4	20.4	19.2
35.2	32.1	31.1	29.9	28.2	27.0	26.0	25.0	24.2	23.4	22.5	21.6	20.6	19.4
35.4	32.5	31.5	30.2	28.6	27.3	26.3	25.4	24.4	23.7	22.8	21.8	20.8	19.6
35.6	32.9	31.9	30.6	29.0	27.6	26.6	25.7	24.7	24.0	23.0	22.0	21.0	19.8
35.8	33.3	32.3	31.0	29.3	28.0	27.0	26.0	25.0	24.3	23.3	22.2	21.2	20.0
36.0	33.6	32.6	31.2	29.6	28.2	27.2	26.2	25.2	24.5	23.5	22.4	21.4	20.2
36.2	24.0	33.0	31.6	29.9	28.6	27.5	26.5	25.5	24.8	23.8	22.6	21.6	20.4
36.4	34.4	33.4	32.0	30.3	28.9	27.9	26.8	25.8	25.1	24.1	22.8	21.8	20.6
36.6	34.8	33.8	32.4	30.6	29.2	28.2	27.1	26.1	25.4	24.4	23.0	22.0	20.9
36.8	35.2	34.1	32.7	31.0	29.6	28.5	27.5	26.4	25.7	24.6	23.2	22.2	21.1
37.0	35.5	34.4	33.0	31.2	29.8	28.8	27.7	26.6	25.9	24.8	23.4	22.4	21.3
37.2	35.9	34.8	33.4	31.6	30.2	29.1	28.0	26.9	26.2	25.1	23.7	22.6	21.5
37.4	36.3	35.2	33.8	31.9	30.5	29.4	28.3	27.7	26.5	25.4	24.0	22.9	21.8
37.6	36.7	35.6	34.1	32.3	30.8	29.7	28.6	27.5	26.8	25.7	24.2	23.1	22.0
37.8	37.1	36.0	34.5	32.6	31.2	30.0	28.9	27.8	27.1	26.0	24.5	23.4	22.3
38.0	37.5	36.4	34.9	33.0	31.5	30.3	29.2	28.1	27.4	26.2	24.8	23.6	22.5
38.2	37.9	36.8	35.2	33.4	31.8	30.6	29.5	28.4	27.7	26.4	24.0	23.9	22.7
38.4	38.3	37.2	35.6	33.7	32.1	30.9	29.8	28.7	28.0	26.8	25.3	24.1	23.0
38.6	38.7	37.5	36.0	34.1	32.4	31.2	30.1	29.0	28.3	27.0	25.5	24.4	23.2
38.8	39.1	37.9	36.4	34.4	31.7	31.5	30.4	29.3	28.5	27.2	25.8	24.6	23.5
39.0	39.5	38.2	36.7	35.7	33.0	31.8	30.6	29.6	28.8	27.4	26.0	24.8	23.7
39.2	39.9	38.5	37.0	35.0	33.3	32.1	30.8	29.8	29.0	27.6	26.2	25.0	24.0
39.4	40.3	38.8	37.3	35.3	33.6	32.4	31.0	30.0	29.2	27.8	26.4	25.2	24.2
39.6	40.7	39.1	37.6	35.6	33.9	32.7	31.2	30.2	29.4	28.0	26.6	25.4	24.4
39.8	41.2	39.6	38.0	35.9	34.2	33.0	31.4	30.5	29.7	28.2	26.8	25.6	24.7
40.0	41.6	39.9	38.3	36.2	34.5	33.3	31.7	30.8	30.0	28.4	27.0	25.8	25.0
40.2	42.0	40.3	38.6	36.5	34.8	33.6	32.0	31.1	30.2	28.6	27.3	26.0	25.2
40.4	42.4	40.7	39.0	36.9	35.1	33.9	32.3	31.4	30.5	28.8	27.6	26.2	25.4
40.6	42.8	41.1	39.4	37.2	35.4	34.2	32.6	31.7	30.8	29.1	27.8	26.5	25.7
40.8	43.3	41.6	39.8	37.7	35.7	34.5	32.9	32.0	31.2	29.4	28.1	26.8	26.0
41.0	43.7	42.0	40.2	38.0	36.0	34.8	33.2	32.3	31.5	29.7	28.4	27.1	26.2
41.2	44.1	42.3	40.6	38.4	36.3	35.1	33.5	32.6	31.8	30.0	28.7	27.3	26.5

续上表

平均回弹值 R_m	测区混凝土强度换算值 f^c_{cui}(MPa)												
	平均碳化深度值 d_m(mm)												
	0	0.5	1.0	1.5	2.0	2.5	3.0	3.5	4.0	4.5	5.0	5.5	≤6.0
41.4	44.5	42.7	40.9	38.7	36.6	35.4	33.8	32.9	32.0	30.3	28.9	27.6	26.7
41.6	45.0	43.2	41.4	39.2	36.9	35.7	34.2	33.3	32.4	30.6	29.2	27.9	27.0
41.8	45.4	43.6	41.8	39.5	37.2	36.0	34.5	33.6	32.7	30.9	29.5	28.1	27.2
42.0	45.9	44.1	42.2	39.9	37.6	36.3	34.9	34.0	33.0	31.2	29.8	28.5	27.5
42.2	46.3	44.4	42.6	40.3	38.0	36.6	35.2	34.3	33.3	31.5	30.1	28.7	27.8
42.4	46.7	44.8	43.0	40.6	38.3	36.9	35.5	34.6	33.6	31.8	30.4	29.0	28.0
42.6	47.2	45.3	43.4	41.1	38.7	37.3	35.9	34.9	34.0	32.1	30.7	29.3	28.3
42.8	47.6	45.7	43.8	41.4	39.0	37.6	36.2	35.2	34.3	32.4	30.9	29.5	28.6
43.0	48.1	46.2	44.2	41.8	39.4	38.0	36.6	35.6	34.6	32.7	31.3	29.8	28.9
43.2	48.5	46.6	44.6	42.2	39.8	39.3	36.9	35.9	34.9	33.0	31.5	30.1	29.1
43.4	49.0	47.0	45.1	42.6	40.2	38.7	37.2	36.3	35.3	33.3	31.8	30.4	29.4
43.6	49.4	47.4	45.4	43.0	40.5	39.0	37.5	36.6	35.6	33.6	32.1	30.6	29.6
43.8	49.9	47.9	45.9	43.4	40.9	39.4	37.9	36.9	35.9	33.9	32.4	30.9	29.9
44.0	50.4	48.4	46.4	43.8	41.3	39.8	38.3	37.3	36.3	34.3	32.8	31.2	30.2
44.2	50.8	48.8	46.7	44.2	41.7	40.1	38.6	37.6	36.6	34.5	33.0	31.5	30.5
42.4	51.3	49.2	47.2	44.6	42.1	40.5	39.0	38.0	36.9	34.9	33.3	31.8	30.8
44.6	51.7	49.6	47.6	45.0	42.4	40.8	39.3	38.3	37.2	35.2	33.6	32.1	31.0
44.8	52.2	50.1	48.0	45.4	42.8	41.2	39.7	38.6	37.6	35.5	33.9	32.4	31.3
45.0	52.7	50.6	48.5	45.8	43.2	41.6	40.1	39.0	37.9	35.8	34.3	32.7	31.6
45.2	53.2	51.1	48.9	46.3	43.6	42.0	40.4	39.4	38.3	36.2	34.6	33.0	31.9
45.4	53.6	51.5	49.4	46.6	44.0	42.3	40.7	39.7	38.6	36.4	34.8	33.2	32.2
45.6	54.1	51.9	49.8	47.1	44.4	42.7	41.1	40.0	39.0	36.8	35.2	33.5	32.35
45.8	54.6	52.4	50.2	47.5	44.8	43.1	41.5	40.4	39.3	37.1	35.5	33.9	32.8
46.0	55.0	52.8	50.6	47.9	45.2	43.5	41.9	40.8	39.7	37.5	35.8	34.2	33.1
46.2	55.5	53.3	51.1	48.3	45.5	43.8	42.2	41.1	40.0	37.7	36.1	34.4	33.3
46.4	56.0	53.8	51.5	48.7	45.9	44.2	42.6	41.4	40.3	38.1	36.4	34.7	33.6
46.6	56.5	54.2	52.0	49.2	46.3	44.6	42.9	41.8	40.7	38.4	36.7	35.0	33.9
46.8	57.0	54.7	52.4	49.2	46.7	45.0	43.3	42.2	41.0	38.8	37.0	35.3	34.2
47.0	57.5	55.2	52.9	50.0	47.2	45.2	43.7	42.6	41.4	39.1	37.4	35.6	34.5
47.2	58.0	55.7	53.4	50.5	47.6	45.8	44.1	42.9	41.8	39.4	37.7	36.0	34.8
47.4	58.5	56.2	53.8	50.9	48.0	46.2	44.5	43.3	42.1	39.8	38.0	36.3	35.1
47.6	59.5	57.1	54.7	51.8	48.8	47.0	45.2	44.0	42.8	40.5	38.7	36.9	35.7
48.0	60.0	57.6	55.2	52.2	49.2	47.4	45.6	44.4	43.2	40.8	39.0	37.2	36.0

续上表

平均回弹值 R_m	测区混凝土强度换算值 f_{cui}^{c} (MPa)												
	平均碳化深度值 d_m (mm)												
	0	0.5	1.0	1.5	2.0	2.5	3.0	3.5	4.0	4.5	5.0	5.5	≤6.0
48.2		58.0	55.7	52.6	49.6	47.8	46.0	44.8	43.6	41.1	39.3	37.5	36.3
48.4		58.6	56.1	53.1	50.0	48.2	46.4	45.1	43.9	41.5	39.6	37.8	36.6
48.6		59.0	56.6	53.5	50.4	48.6	46.7	45.5	44.3	41.8	40.0	38.1	36.9
48.8		59.5	57.1	54.0	50.9	49.0	47.1	45.9	44.6	42.2	40.3	38.4	37.2
49.0		60.0	57.5	54.4	51.3	49.4	47.5	46.2	45.0	42.5	42.5	40.6	38.8
49.2			58.0	54.8	51.75	49.8	47.9	46.6	45.4	42.8	41.0	39.1	37.8
49.4			58.5	55.3	2.1	50.2	48.3	47.1	45.8	43.2	41.3	39.4	38.2
49.6			58.9	55.7	52.5	50.6	48.7	47.4	46.2	43.6	41.7	39.7	38.5
49.8			59.0	56.2	53.0	51.0	49.1	47.8	46.5	43.9	52.0	40.1	38.8
50.0			59.9	56.7	53.4	51.4	49.5	48.2	46.9	44.3	42.3	40.4	39.1
50.2				57.1	53.8	51.9	49.9	48.5	47.2	44.6	42.6	40.7	39.4
50.4				57.6	54.3	52.3	50.3	49.0	47.7	45.0	43.0	41.0	39.7
50.6				58.0	54.7	52.7	50.7	49.4	48.0	45.4	43.4	41.4	40.0
50.8				58.5	55.1	53.1	51.1	49.8	48.4	45.7	43.7	41.7	40.3
51.0				59.0	55.6	53.5	51.5	50.1	48.8	46.1	44.1	42.0	40.7
51.2				59.4	56.0	54.0	51.9	50.5	49.2	46.4	44.4	42.3	41.0
51.4				59.9	56.4	54.4	52.3	50.9	49.6	46.8	44.7	42.7	41.3
51.6					56.9	54.8	52.7	51.3	50.0	47.2	45.1	43.0	41.6
51.8					57.3	55.2	53.1	51.7	50.3	47.5	45.4	43.3	41.8
52.0					57.8	55.7	53.6	52.1	50.7	47.9	45.8	43.7	42.3
52.2					58.2	56.1	54.0	52.5	51.1	48.3	46.2	44.0	42.6
52.4					58.7	56.5	54.4	53.0	51.5	48.7	46.5	44.4	43.0
52.6					59.1	57.0	54.8	53.4	51.9	49.0	46.9	44.7	43.3
52.8					59.6	57.4	55.2	53.8	52.3	49.4	47.3	45.1	43.6
53.0					60.0	57.8	55.6	54.2	52.7	49.8	47.6	45.4	43.9
53.2						58.3	56.1	54.6	53.1	50.2	48.0	45.8	44.3
53.4						58.7	56.5	55.0	53.5	50.5	48.3	46.1	44.6
53.6						59.2	56.9	55.4	53.9	50.9	48.7	46.4	44.9
53.8						59.6	57.3	55.8	54.3	51.3	49.0	46.8	45.3
54.0							57.8	56.3	54.7	51.7	49.4	47.1	45.6
54.2							58.2	56.7	55.1	52.1	49.8	47.5	46.0
54.4							58.6	57.1	55.6	52.5	50.2	47.9	46.3
54.6							59.1	67.5	56.0	53.2	50.5	48.2	46.6

续上表

平均回弹值 R_m	测区混凝土强度换算值 f^c_{cui}（MPa）												
	平均碳化深度值 d_m（mm）												
	0	0.5	1.0	1.5	2.0	2.5	3.0	3.5	4.0	4.5	5.0	5.5	≤6.0
54.8							59.5	57.9	56.4	53.6	50.9	48.5	47.0
55.0							59.9	58.4	56.8	54.0	51.3	48.9	48.3
55.2								58.8	57.2	54.4	51.6	49.3	47.7
55.4								59.2	57.6	54.8	52.0	49.6	48.0
55.6								59.7	58.0	55.2	52.4	50.0	48.4
55.8									58.5	55.6	52.8	50.3	48.7
56.0									58.9	56.0	53.2	50.7	49.1
56.2									59.3	56.4	53.5	51.1	49.4
56.4									59.7	56.8	53.9	51.4	49.8
56.6										57.2	54.3	51.8	50.1
56.8										57.6	54.7	52.2	50.5
57.0										58.0	55.1	52.5	50.8
57.2										58.4	55.5	52.9	51.2
57.4										58.9	55.9	53.3	51.6
57.6										59.3	56.3	53.7	51.9
57.8										59.7	56.7	54.0	52.3
58.0											57.0	54.4	52.7
58.2											57.4	54.8	53.0
58.4											57.8	55.2	53.4
58.6											58.2	55.6	53.8
58.8											58.6	55.9	54.1
59.0											59.0	56.3	54.5
59.2											59.4	56.7	54.9
59.4											59.8	57.1	55.2
59.6												57.5	55.6
59.8												57.9	56.0
60.0												58.3	56.4

复习思考题

1. 桥涵现浇混凝土结构检测的目的主要包括哪些方面？

2. 用于桥涵现浇混凝土强度无损检测的方法有哪些？

3. 用于桥涵上混凝土强度评定的指标是什么？当混凝土取样的数量不满足要求时，是否仍然可以进行评定？

4. 在进行桥涵混凝土强度评定时，什么情况下可以认为是同批试件？

5. 某钢筋混凝土预制空心板，采用 C25 的混凝土，若按照抽样频率的要求，获得了以下共16组混凝土标准强度试验结果：26.5、25.3、25.6、27.1、24.6、26.3、25.6、27.9、28.1、25.6、26.3、26.6、26.9、25.6、25.4、29.0，单位为 kPa，试判断该预制混凝土空心板的强度是否合格？

6. 简述回弹法检测混凝土强度的基本原理和检测原则。

7. 用回弹法检测混凝土强度应注意哪些问题？

8. 采用回弹法检测混凝土强度时常用哪几种测强曲线？它们的用途有何不同？

9. 用回弹法对混凝土矩形墩进行强度测定，其中某一测区（$\alpha=0$）回弹值分别为 37、35、33、37、38、35、36、35、34、36、35、37、36、35、34、36，弹化深度为 0.5mm，求该测区混凝土强度。

10. 钻芯取样法适用于什么情况？

11. 超声回弹综合法测混凝土强度较回弹法有什么优点？如何建立超声回弹综合法测混凝土强度的经验公式？

12. 形成桥涵现浇混凝土缺陷和损伤的原因一般有哪些方面？

第四章 桥涵地基检测

知识目标

1. 地基的检测方法；
2. 地基承载力检测方法；
3. 水泥搅拌桩强度检测方法；
4. 轻型动力触探试验方法。

技能目标

1. 进行地基承载力检测；
2. 进行水泥搅拌桩强度检测；
3. 进行轻型动力触探检测。

天然地基上的浅基础，由于埋入地层深度较浅，施工一般采用敞开挖基坑修筑基础的方法。基坑挖至基底设计高程，或已按设计要求加固、处理完毕后，须经过基底检验，才可以进行基础圬工施工。

基底检验必须及时，以免使待检验基底暴露时间过久而改变原状土的结构或风化变质。

一、检验内容

应检验基底平面位置、尺寸大小、基底高程是否符合设计要求，偏差值是否在现行相关规范规定的允许范围以内；检查基底地质情况和承载力是否与设计资料相符；检查基底处理和排水情况是否符合《公路桥涵施工技术规范》（JTJ 041—2000）的要求；检查施工记录及有关试验资料；检验地基经加固、处理后的效果是否达到设计要求。

二、检验方法

按桥涵大小、地基土质复杂（如溶洞、断层、软弱夹层、易熔岩等）情况及结构对地基有无特殊要求，可采用以下方法检查：

（1）桥涵地基检验可采用直观或触探方法，必要时可进行土质试验。

（2）大、中桥和地基土质复杂、结构对地基有特殊要求时一般采用触探和钻探（钻深至少4m）取样做土工试验，或按设计要求进行荷载试验。

（3）特大桥按设计要求处理。

三、基底平面位置和高程允许偏差

(1)平面周线位置不小于设计要求。

(2)基底高程,土质地基:±50mm;石质地基:+50mm,-200mm。

四、注 意 事 项

(1)如果地基经检验后认为需要加固处理时,加固处理完毕后应再进行检验,合格后才能进行基础施工。

(2)为具有较好的可比性,加固前后两次的测试项目应力求对应,甚至最好由同一组织、用同一仪器按同一标准进行。

(3)检验后应按规定格式填写“地基检验表”,由参加检验人员签名,作为竣工验收原始资料。

● 第一节　地基承载力检测 ●

地基容许承载力是指在保证建筑物安全可靠并符合正常使用要求的前提下,地基土在单位面积上所能承受荷载的能力,通常用荷载强度(kPa)表示。

地基容许承载力的确定要考虑两方面的要求,即基础沉降量不超过容许值和保证地基有足够的稳定性。

地基容许承载力的测定方法有:野外荷载试验法、理论公式法、邻近旧桥涵调查对比综合分析确定法、贯入试验法以及现行《公路桥涵地基与基础设计规范》推荐的方法。

地基承载力的理论公式法只考虑地基的强度,没有考虑沉降的要求,而且是在作了一定简化假定的条件下导得的,且多数只针对条形荷载而言,因此使用很少。

一、按规范推荐的方法确定地基容许承载力

《公路桥涵地基与基础设计规范》(JTG D63—2007)是根据大量的桥涵工程建筑经验和荷载试验资料,综合理论和试验研究成果,通过统计分析制订而成。

1. 地基土的分类

根据土的天然结构、天然含水量、颗粒级配及塑性指数划分为六类,每一类又进一步细分。

(1)黏性土。又分为一般黏性土、老黏性土、新近沉积黏性土和残积黏性土。

(2)砂土。根据颗粒组配可分为砾砂、粗砂、中砂、细砂与粉砂。

(3)碎石土。根据粒径与形状又分为:漂石、块石、圆砾、角砾。

(4)岩石。岩石名称根据岩块单轴抗压强度可分为:硬质岩、软质岩与极软岩。

(5)黄土。根据沉积年代的不同分为:新近堆积黄土、一般新黄土及老黄土等。

(6)多年冻土。多年冻土的分类此处略。

2. 确定地基容许承载力

当基础宽度 $b \leqslant 2\text{m}$,埋置深度 $h \leqslant 3\text{m}$ 时,查表确定地基容许承载力。根据地基土的类别查相应的表,实测查表所需指标。例如,老黏性土要测定压缩模量,而一般黏性土要实测孔隙

比与液性指数。实测所需土样一定要在现场取天然状态的有代表性的土样(一般每个基础的地基不少于4个土样)。细粒土的液限 W_L、液性指数 I_L,塑性指数 I_p 系指用76g平衡锥测定的数值。

1)黏性土地基容许承载力检测

老黏性土、残积黏性土取土样测压缩模量,然后查表4-1、表4-2确定容许承载力;一般黏性土,新近沉积黏性土取土样测天然含水率、天然密度、土粒密度与液塑限,计算孔隙比和液性指数,查表4-3、表4-4确定容许承载力。

老黏性土的容许承载力[σ_0] 表4-1

E_s(MPa)	10	15	20	25	30	35	40
[σ_0](kPa)	380	430	470	510	550	580	620

注:老黏性土是指第四纪晚更新世(Q_3)及其以前沉积的黏性土。一般具有较高的强度和较低的压缩性。

残积黏性土的容许承载力[σ_0] 表4-2

E_s(MPa)	4	6	8	10	12	14	16	18	20
[σ_0](kPa)	190	220	250	270	290	310	320	330	340

注:本表适用于西南地区碳酸盐类岩层的残积红土。其他地区可参照使用。

一般黏性土的容许承载力[σ_0] 表4-3

I/L [6] e	0	0.1	0.2	0.3	0.4	0.5	0.6	0.7	0.8	0.9	1.0	1.1	1.2
0.5	450	440	430	420	400	380	350	310	270	240	220	–	–
0.6	420	410	400	380	360	340	310	280	250	220	200	180	–
0.7	400	370	350	330	310	290	270	240	220	190	170	160	150
0.8	380	330	300	280	260	240	230	210	180	160	150	140	130
0.9	320	280	260	240	220	210	190	180	160	140	130	120	100
1.0	250	230	220	210	190	170	160	150	140	120	110	–	–
1.1	–	–	160	150	140	130	120	110	100	90	–	–	–

注:①一般黏性土是指第四纪全新世(Q_4)(文化期以前)沉积的黏性,一般为正常沉积的黏性土。

②土中含有粒径大于2mm的颗粒质量超过全部质量30%以上的[σ_0]可酌量提高。

③当 $e<0.5$ 时,取 $e=0.5$;$I_L<0$ 时,取 $I_L=0$。此外,超过表列范围的一般黏性土,[σ_0]可按下式计算:

$$[\sigma_0]=57.22E_s^{0.57} \tag{4-1}$$

式中:E_s——土的压缩模量。

新近沉积黏性土的容许承载力[σ_0] 表4-4

[σ_0](kPa) I/L e	≤0.25	0.75	1.25
≤0.8	140	120	100
0.9	130	110	90
1.0	120	100	80
1.1	110	90	—

注:新近沉积的黏性土是指文化期以来沉积的黏性土,一般为欠固结,且强度较低。

2）砂土地基的容许承载力检测

砂土地基容许承载力的检测要通过颗粒分析确定土名，如表4-5所示，并依据相对密度确定密实度（表4-6），再根据湿度（水上、水下）查表4-7。

砂土的分类表 表4-5

土的名称	颗粒组配
砾砂	粒径大于2mm的颗粒含量占总质量的25%～50%
粗砂	粒径大于0.5mm的颗粒含量超过总质量的50%
中砂	粒径大于0.25mm的颗粒含量超过总质量的50%
细砂	粒径大于0.1mm的颗粒含量超过总质量的75%
粉砂	粒径大于0.1mm的颗粒含量不超过总质量的75%

注：定名时应根据粒径分组由大到小以最先符合者确定。

砂土密实度表 表4-6

分级		相对密度 D_r	实测平均锤击数 $N_{63.5}$
密度		$D_r \geq 0.67$	30～50
中密		$0.67 > D_r \geq 0.33$	10～29
松散	稍松	$0.33 > D_r \geq 0.20$	5～9
	极松	$D_r < 0.20$	<5

砂土的容许承载力 $[\sigma_0]$ 表4-7

土名	密实度 湿度	密实	中密	松散
砾砂、粗砂	与湿度无关	550	400	200
中砂	与湿度无关	450	350	150
细砂	水上	350	250	100
	水下	300	200	—
粉砂	水上	300	200	—
	水下	200	100	—

3）碎石土容许承载力的检测

在确定碎石土的容许承载力时，首先要通过颗粒分析确定土名（表4-8），再根据土的天然骨架，开挖、钻探等的难易程度划分密实程度（表4-9），然后查表4-10确定容许承载力。

碎石土的分类表 表4-8

土的名称	颗粒形状	颗粒级配
漂石	圆形及亚圆形为主	粒径大于200mm的颗粒含量超过总质量的50%
块石	棱角形为主	
卵石	圆形及亚圆形为主	粒径大于20mm的颗粒含量超过总质量的50%
碎石	棱角形为主	
圆砾	圆形及亚圆形为主	粒径大于2mm的颗粒含量超过总质量的50%
角砾	棱角形为主	

注：定名时应根据粒径分组由大到小以最先符合者确定。

碎石土密实程度划分表 表 4-9

密实程度	骨架和充填物	天然坡和开挖情况	钻探情况
松散	多数骨架颗粒不接触而被充填物包裹，充填物松散	不能形成陡坎，天然坡接近于粗颗粒的安息角 用锹挖掘，坑壁易坍塌，从坑壁取出大颗粒后，砂土即塌落	钻进较容易，冲击钻探时，钻杆稍有跳动，孔壁易坍塌
中密	骨架颗粒疏密不均，部分不连续。孔隙，填满，充填物中密	天然坡不大稳定，或随坡下堆积物较多，但大于粗颗粒的安息角 用镐挖掘，坑壁有掉块现象，从坑壁取出大颗粒处砂大不易保持凹面形状	钻进较难，冲击钻探时，钻杆、吊锤跳动不剧烈，孔壁有坍塌现象
密实	骨架颗粒交错紧贴，孔隙填满充填物密实	天然陡坡较稳定，坎下堆积物较少 用镐挖掘困难，用撬棍不能松动；坑壁稳定，从坑壁取出大颗粒后，能保持凹面形状	钻进困难，冲击钻探时，钻杆、吊锤跳动剧烈、坑壁较稳定

碎石土的容许承载力[σ_0] 表 4-10

土名 \ [σ_0](kPa) \ 密实程度	密实	中密	松散
卵石	1200～1000	1000～600	500～300
碎石	1000～800	800～500	400～200
圆砾	800～600	600～500	300～200
角砾	700～500	500～300	300～200

4）黄十容许承载力的检测

黄土地基首先根据表 4-11 进行分类，并根据实测黄土地基土的天然密度、天然含水率、土粒密度计算出孔隙比与液限查表 4-12，表 4-13 与表 4-14 确定容许承载力。

黄土的分类表 表 4-11

<table>
<tr><th colspan="2">时代</th><th colspan="3">地层名称</th><th>特征</th></tr>
<tr><td rowspan="2">全新世 Q_4</td><td>近期</td><td>—</td><td rowspan="3">新黄土</td><td>新近堆积黄土</td><td>人类文化期内沉积物，多为坡、洪积层，不均匀，常含有砂砾、石块和杂物，一般有湿陷性，常具有高压缩性</td></tr>
<tr><td>早期</td><td>—</td><td rowspan="2">一般新黄土</td><td rowspan="2">大孔隙发育、壁立性好，部分含有砂姜石，有湿陷性</td></tr>
<tr><td colspan="2">晚更新世 Q_3</td><td>马兰黄土</td></tr>
<tr><td colspan="2">中更新世 Q_2</td><td>离石黄土</td><td rowspan="2">老黄土</td><td>—</td><td rowspan="2">经成岩作用，较密实，壁立性强，具有一定大孔隙，常夹有砂姜石层和古土层，一般无湿陷性</td></tr>
<tr><td colspan="2">早更新世 Q_1</td><td>午城黄土</td><td>—</td></tr>
</table>

新近堆积黄土的容许承载力[σ_0] 表 4-12

	0.4	0.5	0.6	0.7	0.8	1.0	1.2
[σ_0](kPa)	130	120	110	100	90	80	70

注:表列新近堆积黄土地为湿陷性黄土地基时、经人工处理后,其承载力按下列系数提高:

①人工夯实(用0.5kN的普通石夯,落距50cm,分别夯3遍),提高1.2;

②换土夯实(表层填卵石16cm,三七石灰土(体积比三分石灰七分土)4cm),电动蛙式机夯打3~4遍,提高1.3;

③重锤夯实(包括表层1~1.5m厚度的夯实和回填夯实),提高2.0;

④打石灰砂桩(基础底面地基加固),提高4.0。

一般新黄土容许承载力[σ_0] 表 4-13

[σ_0](kPa) W / w/e	≤10	13	16	19	22	25	28	31	34
22	190	180	170	150	130	110	90	70	50
25	200	190	180	160	140	120	100	80	60
28	210	200	190	170	150	130	110	90	70
31	230	210	200	180	160	140	120	100	80
34	250	230	210	190	170	150	130	110	100
37	—	250	230	210	190	170	150	130	110
40	—	—	250	230	210	190	170	150	130
43	—	—	—	250	230	210	190	170	150

老黄土的容许承载力[σ_0] 表 4-14

[σ_0](kPa) e / w/l	<0.7	0.7~0.8	0.8~0.9	>0.9
<0.6	700	600	500	400
0.6~0.8	500	400	300	250
>0.8	400	300	250	200

注:1. 山东老黄土性质较差,容许承载力[σ_0]应降低100~200kPa。

2. 岩石、多年冻土地基的容许承载力此处未列,可参阅现行《公路桥涵地基与基础设计规范》(JTG D63—2007)。

3. 计算修正后的地基容许承载力

地基容许承载力不仅与地基土的性质和状态有关,而且与基础底面尺寸和埋置深度有关。因此,当基底宽度 $b>2$m,基础埋置深度 $h>3$m,且 $h/b\leqslant4$ 时,地基的容许承载力应修正,修正后的地基容许承载力[σ],可按下式计算:

$$[\sigma]=[\sigma_0]+k_1\gamma_1(b-2)+k_2\gamma_2(h-3)+10h_w \tag{4-2}$$

式中:[σ_0]——前述查表所得地基容许承载力(kPa);

b——基础底面的最小边宽或直径(m),当 $b>10$m 时,按10m计算,当 $b<2$m 时,取 $b=2$m;

h——基础底面的埋置深度(m),对于受水流冲刷的基础,由一般冲刷线算起;不受水流冲刷者,由天然地面算起;位于挖方内的基础,由开挖后地面算起;当 $h\leqslant$ 3m 时,取 $h=3$m 计算;

γ_1——基底下持力层天然土的重度(kN/m^3),如持力层在水面以下,且为透水性土时,应按浮重度 r' 计算;

γ_2——基底以上土的重度(kN/m^3),如持力层在水面以下,且不透水,不论基底以上土的透水性质如何,应一律采用饱和重度;如持力层透水,则一律用浮重度计算;当基底以上土由多层土组成时,应按加权平均法计算换算重度($\gamma_2 = \sum\gamma_i h_i / \sum h_i$;其中 $\gamma_i h_i$ 为基底以上各层土的度重和厚度);

k_1、k_2——基础宽度和埋置深度的修正系数,按持力层土名查表 4-15;

h_w——平均常水位到一般冲刷线的深度(m),对水中基础,当持力层土不透水时考虑此项修正,若持力层透水,则不计此项。

地基土容许承载力宽度、深度修正系数

表 4-15

土的类别	黏性土			黄土					砂土								碎石土			
	老黏性土	一般黏性土		新近沉积黏性土	沉积黏性土	新近堆积黄土	一般新黄土	老黄土	粉砂		细砂		中砂		砾、粗砂		碎石圆砾角砾		卵石	
系数		$I_L \geq 0.5$	$I_L < 0.5$						中密	密实	中密	密实	中密	密实	中密	密实	中密	密实	中密	密实
K_1	0	0	0	0	0	0	0	0	1.0	1.2	1.5	2.0	2.0	3.0	3.0	4.0	3.0	4.0	3.0	4.0
K_2	2.5	1.5	2.5	1.0	1.5	1.0	1.5	1.5	2.0	2.5	3.0	4.0	4.0	5.5	5.0	6.0	5.0	6.0	6.0	10

对于强度低、压缩性高的软土地基,其容许承载力[σ]可按下式之一确定,但必须验证基础的沉降量,使之同时满足稳定和变形的要求。

$$[\sigma] = \frac{5.14}{m} K_p \cdot C_u + \gamma_2 h \tag{4-3}$$

式中:m——安全系数,可视软土灵敏度及基础长宽比等因素选用 1.5 ~2.4;

C_u——不排水抗剪强度(kPa),可用三轴仪,十字板剪切仪或无侧限抗压试验测得;

$$K_p = \left(1 + 0.2\frac{b}{a}\right)\left(1 - \frac{0.4}{a \cdot b} \cdot \frac{Q}{C_u}\right)$$

γ_2——基底以上土的重度(kN/m^3),地下水位以下为浮重度;

h——基础埋置深度(m),受水流冲刷由一般冲刷线算起;

b、a——基础的宽和长(m),当有偏心荷载时,b、a 分别由 b'、a' 代替,$b' = b - 2e_b$;$a' = a - 2e_a$,e_b、e_a 分别为荷载在基础宽度和长度方向的偏心距;

Q——荷载的水平分力(kN)。

对小桥、涵洞基础也可按下式计算[σ]:

$$[\sigma] = [\sigma_0] + r_2(h - 3) \quad (kPa) \tag{4-4}$$

式中:[σ_0]——查表 4-16。

软 土 的 [σ_0]

表 4-16

W(%)	36	40	45	50	55	65	75
[σ_0](kPa)	100	90	80	70	60	50	40

采用式(4-2),式(4-3)计算的基底容许承载力不再按宽、深修正。

4. 地基容许承载力的提高

用式(4-2)、式(4-3)及式(4-4)计算的[σ]值,适用于荷载组合 I 的情况,若计算荷载为其他荷载组合时,容许承载力可按表 4-17 予以提高。当受地震力作用时,应按现行《公路工程抗震设计规范》规定采用。

地基土容许承载力的提高系数　　表 4-17

序　号	荷载与使用情况	提高系数(k)
一	荷载组合	1.0
二	荷载组合 II、III、IV、V	1.25
三	经多年压实未受破坏的旧桥基	1.5

注:①荷载组合 V 中,当承受拱施工期间的单向恒载推力时,$k=1.50$;
②各项提高系数不得互相迭加;
③岩石旧桥基的容许承载力不得提高;
④容许承载力小于 150kPa 的地基,对于表列第二项情况,$k=1.0$;对于第三项及注①情况,$k=1.25$;
⑤表中荷载组合 I 如包括由混凝土收缩及徐变或水浮力引起的荷载效应,则与荷载组合 II 相同对待。

二、现场荷载试验确定地基容许承载力

现场荷载试验是将一块刚性承压板(常用面积是 0.25~0.50m^2 的方板或圆板)置于欲测定的地基表面(图 4-1)。在承压板上分级施加荷载,测定承压板变形稳定的沉降量,绘制荷载强度 P 与沉降量 S 的关系线,然后确定地基容许承载力。

分析荷载试验由开始加荷使地基变形到破坏的全过程,并结合 P-S 曲线(图 4-2),可以把地基变形分为三阶段。

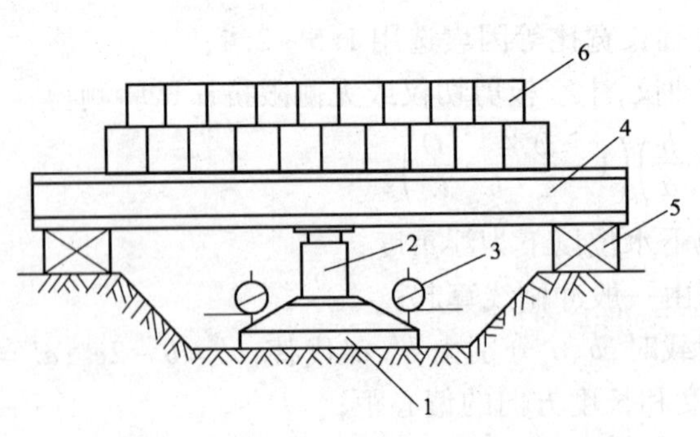

图 4-1　现场荷载试验

1-荷载板;2-千斤顶;3-百分表;4-反力梁;5-枕木垛;6-压重

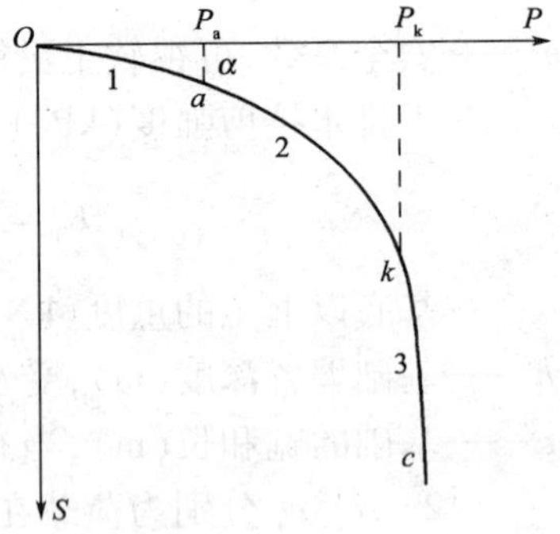

图 4-2　P-S 曲线

(1)压密阶段。该阶段 P-S 曲线接近于直线,沉降的主要原因是地基土被压缩。土中各点剪应力均小于土的抗剪强度,土体处于稳定的弹性平衡状态。见 P-S 曲线 Oa 段。

(2)局部剪切阶段。a 点后 P-S 曲线不再呈直线关系(ak 段),地基中已有局部区域(称为塑性变形区)的剪应力达到了土的抗剪强度,首先在基础边缘处出现。随着荷载的持续增加,地基土中塑性区的范围也逐步扩大,直到出现连续的滑动面,这一阶段,基础沉降有较大的增加。

(3)破坏阶段。超过 k 点后,塑性变形区已扩大到形成一个连续的剪裂面,促使地基土向基础四周挤出,地面隆起,基础急剧沉陷。以致完全丧失稳定性。

荷载作用下地基变形的三阶段见图 4-3、图 4-4 与图 4-5。

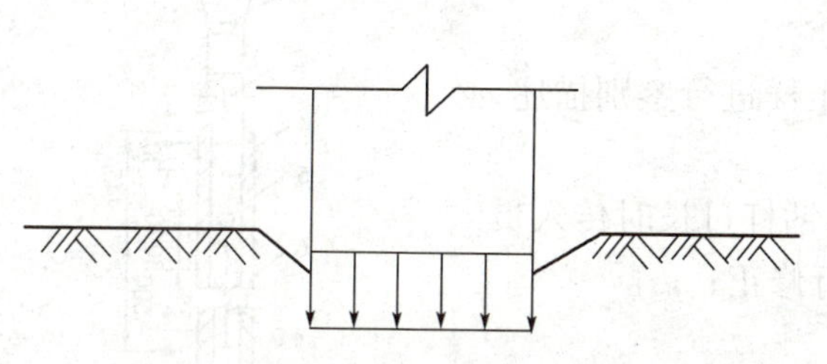

图 4-3 压密阶段

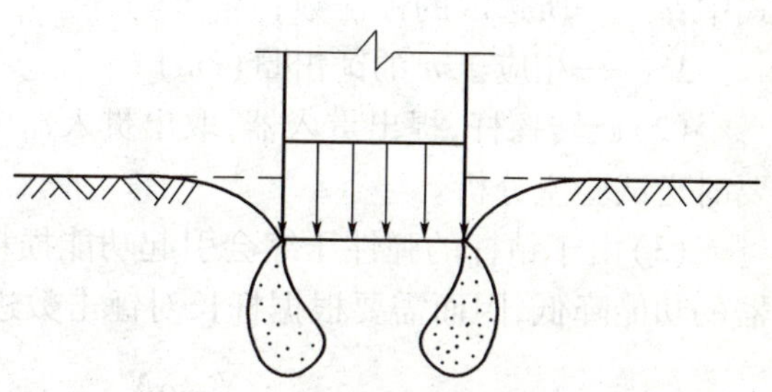

图 4-4 局部剪切阶段

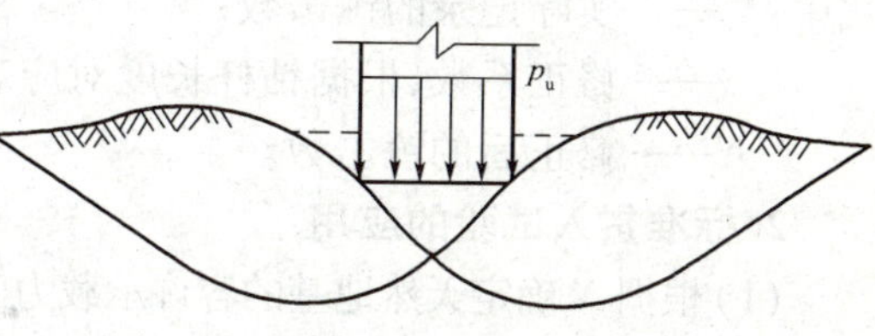

图 4-5 破坏阶段

由以上分析可见,a 点和 k 点是地基变形的两个特征分界点。与 a 点对应的荷载强度 P_a,称为临塑荷载;与 k 点相对应的荷载强度 P_k,称为极限荷载。与塑性区最大深度 Z_{max} 相应的荷载强度,称为临界荷载,如 $Z_{max}=b/4$(b 为基础宽度),临界荷载表示为 $P_{1/4}$。

对于典型的 P-S 曲线,能明显地找到临塑荷载 P_a,极限荷载 P_k 及临界荷载,地基容许承载力的确定如下:

(1)临塑荷载 P_a 或临界荷载(如 $P_{1/4}$),均能作为地基容许承载力;

(2)地基容许承载力取极限荷载除以安全系数,即取 P_k/K 值,K 一般取 1.5~2.0。

比较以上两种结果,取两者的较小值作为地基容许承载力。

若 P S 线无明显的 3 个阶段,可以取相应于沉降 S 等于承压板宽度或直径的 2% 时的荷载强度作为地基的容许承载力,或取对应于沉降等于建筑物基础的允许沉降量的荷载强度作为容许承载力。

现场荷载试验法的使用只有当基础底面积和埋置深度与承压板平面尺寸一致或接近时才较合理。

三、贯入试验确定地基容许承载力

由表 4-5 可看出,砂土层的密实度除了可用相对密度确定外,还可用实测平均锤击数 $N_{63.5}$ 来规定。$N_{63.5}$ 是标准贯入试验锤击数。标准贯入试验是一种重型动力触探法,采用质量为 63.5kg 的穿心锤,以 76cm 的落距,将一定规格的标准贯入器先打入土中 15cm,然后开始记录标准贯入器再打入土中 30cm 的锤击数,并以此作为标准贯入试验指标 N。试验设备见图 4-6。标准贯入锤击数 N,可用于确定砂土的密实度、黏性土的稠度,地基土的容许承载力,砂土的振动液化、桩基承载力等,也是检验地基处理效果的重要手段。

1. 操作要点

(1)将贯入器打入土中,贯入速率为 15~30 击/min,记录包括先打 15cm 的预打击数,后 30cm 中每 10cm 的锤击数以及 30cm 的累计锤击数 N。

如锤击数超过 50 次,则按下式换算锤击数 N':

$$N' = 30n/\Delta S$$

式中:n——所选取的锤击数;

ΔS——相应于 n 的锤击量(cm)。

(2)旋转探杆,提出贯入器,取出贯入器中土样进行鉴别描述,必要时送试验室分析。

(3)由于钻杆的弹性压缩会引起功能损耗,钻杆过长时传入贯入器的功能降低,因而需要根据杆长对锤击数进行修正;

$$N = \alpha N'$$

式中:N'——实际记录的锤击数;

α——修正系数,根据钻杆长度对应表 4-18 中的相应值选用;

N——修正后的锤击数。

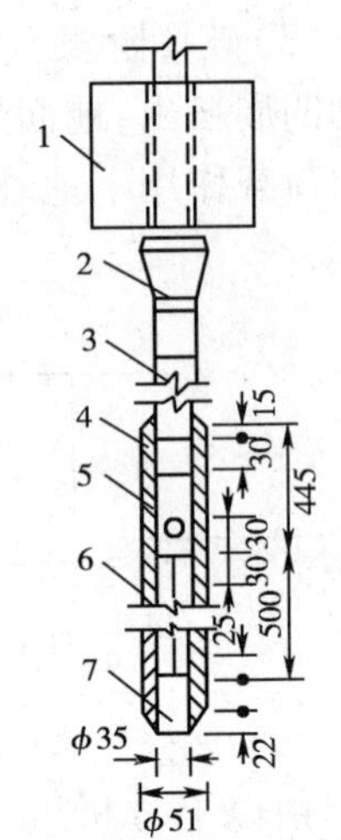

图 4-6 标准贯入试验设备(尺寸单位:mm)

1-穿心锤;2-锤垫;3-触探杆;4-贯入器头;5-出水孔;6-由两个圆形管合成之贯入器身;7-贯入器靴

2. 标准贯入试验的应用

(1)根据 N 确定天然地基的容许承载力[σ_0],见表 4-19、表 4-20;

(2)根据 N 确定砂土的密实度,见表 4-6。

标准贯入试验触探杆长度修正系数值 表 4-18

钻杆长度(m)	≤3	6	9	12	15	18	21
α	1.00	0.92	0.86	0.81	0.77	0.73	0.70

砂土承载力标准值(kPa) 表 4-19

土类 \ N	10	15	30	50
中、粗砂	180	250	340	500
粉、细砂	140	180	250	340

黏性土承载力标准值 表 4-20

N	3	5	7	9	11	13	15	17	19	21	23
[σ_0](kPa)	105	145	190	235	280	325	370	430	515	600	680

标准贯入试验因设备并不简单,因而使用受限。近几年轻便触探试验因设备操作方便,越来越多地受到检测人员的欢迎。轻便触探试验设备主要由探头、触探杆、穿心锤三部分组成,见图 4-7。触探杆采用直径 25mm 的金属管,每根长 1.0~1.5m,穿心锤质量 10kg。

穿心锤落距为 50cm,使其自由下落,将探头竖直打入土层中,每打入土层 30cm 的锤击数即为 N_{10};N_{10}经修正后查表 4-21、表 4-22 便可确定地基承载力标准值。

若需描述土层情况,可将触探杆拔出,取下钻头,换以轻便钻头,进行取样。

轻便触探仪一般用于贯入深度小于 4m 的土层。

黏性土承载力标准值　　表 4-21

N_{10}	15	20	25	30
$[\sigma_0]$(kPa)	105	145	190	230

素填土承载力标准值　　表 4-22

N_{10}	15	20	30	40
$[\sigma_0]$(kPa)	85	115	135	160

注：本表只适用于黏性土和粉土组成的素填土。

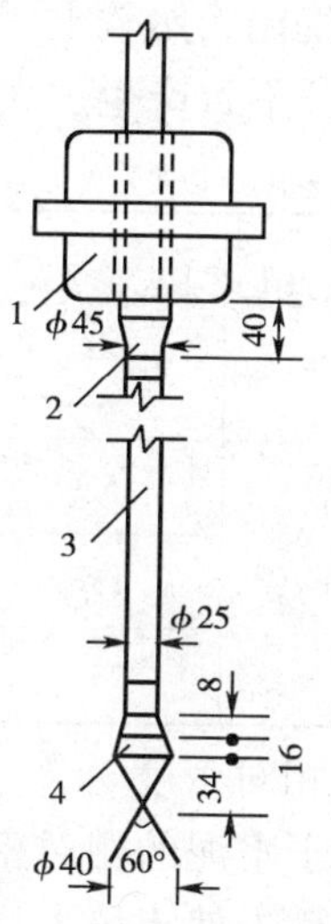

图 4-7　轻便触探试验设备
（尺寸单位：mm）
1-穿心锤；2-锤垫；3-触探杆；4-探头

贯入试验确定地基承载力说明：

（1）该部分主要参照《建筑地基基础设计规范》（GB 50007—2002），因此，有些提法与交通部标准不一致，使用时请注意。

（2）标准贯入轻便触探确定地基承载力标准值时，参加统计的数据不宜小于 6 个。

（3）当根据标准贯入试验锤击数 N，轻便触探试验锤击数 N_{10} 查表 4-19、表 4-22 确定地基承载力标准值时，现场试验锤击数应用下式修正：

$$N(\text{或}\ N_{10}) = \overline{N} - 1.645\sigma \tag{4-5}$$

●第二节　水泥土搅拌桩检测●

软土地基是指天然含水量高、孔隙比大、抗剪强度低、压缩性高、渗透性差、承载力小的淤泥沉积物及少量腐殖质所组成的十。由于软土地基白身工程性质差，不能满足桥涵基础的要求，因此需要进行人工加固。软土就地加固是基于最大限度地利用原土，经过适当的改性后作为地基，以承受相应的外力。常用的加固方法有置换、排水、压密、加筋、固化等。

在软土地基中搅拌掺入各类加固剂，使软土固化，是一种新颖的方法，它是利用水泥、石灰等材料作为固化剂的主试剂，通过特制的深层搅拌机械，在地基深处就地将软土和固化剂（浆液状或粉体状）强制搅拌，利用固化剂与软土之间所产生的一系列物理—化学反应，使软土硬结成具有整体性、水稳定性和一定强度的优质地基。

由固化剂（水泥）与软土搅拌形成的固结体在国内称为水泥搅拌桩。又由于历史原因和使用习惯，将水泥与软土搅拌形成的柱状固结体称为深层搅拌桩。将用水泥粉体与软土形成的柱状固结休称为粉喷桩。

一、水泥加固土的性质

1. 水泥土的物理性质

1）重度

由于拌入土中的水泥浆的重度与软土的重度相近，所以水泥浆的重度与天然软土的重度相近。表 4-23 为水泥土的重度试验结果，由表 4-23 可见，尽管水泥掺入比为 25%，水泥土的重度也仅比天然软土增加3%。因此采用搅拌加固厚层软土地基时，其加固部分对于下部未加固部分不致产生过大的附加荷载，也不会发生较大的附加沉降。

水泥土重度试验结果　　表4-23

软土天然重度 γ_0(kN/m^3)	水泥掺入比 α_w(%)	水泥土的重度 γ_0(kN/m^3)	$\frac{\gamma-\gamma_0}{\gamma_0}\times100\%$	软土天然重度 γ_0(kN/m^3)	水泥掺入比 α_w(%)	水泥土的重度 γ_0(kN/m^3)	$\frac{\gamma-\gamma_0}{\gamma_0}\times100\%$
17.1	5	17.3	1.1	17.5	7	17.6	0.6
	15	17.5	2.3		15	17.8	1.7
	25	17.6	2.9		20	17.8	1.7

2)相对密度

由于水泥的相对密度(3.1)比一般软土的相对密度(2.65～2.75)大，所以水泥土的相对密度也比天然土稍大。当水泥掺入比为15%～20%时，水泥土的相对密度比软土约增加4%。

2. 水泥土的力学性质

1)抗压强度及其影响因素

水泥土的无侧限抗压强度一般为0.3～4MPa，即比天然软土大几十倍至百倍。图4-7是由于水泥土无侧限压缩试验得到的应力—应变曲线。

由图4-8可见，当水泥土强度较低时，其应力—应变曲线表现为塑性材料的性质，随着强度的提高，应力—应变曲线逐渐趋向于脆性材料的性质。

由于水泥本身的不均质性，所以它不是纯弹性体，其应力—应变之间的关系是非线性的。

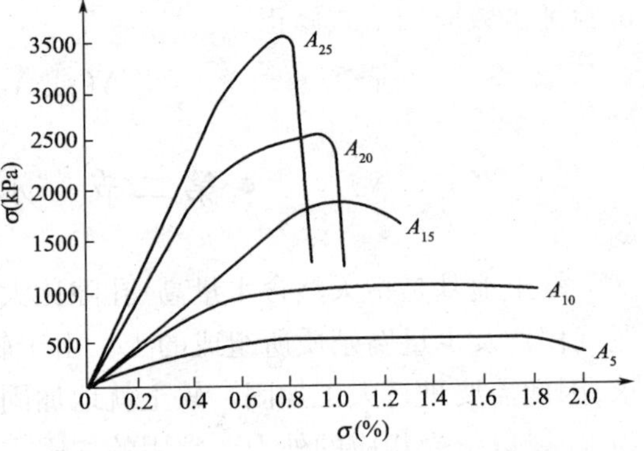

图4-8　水泥土的应力—应变曲线

A_5,A_{10},A_{15},A_{20},A_{25},表示水泥掺入比 a_w = 5%,10%,15%,20%,25%

在加荷开始阶段，应力应变大致呈直线关系；当应力达到某一数值时，应力应变曲线开始呈弯曲，较少的应力增加即会产生较大的应变增量。如果把应力应变曲线上开始呈弯曲的这一点对应的应力定为水泥土的“比例极限”，则测试结果表明，水泥土的比例极限是其强度的70%～90%。水泥土受压破坏时，轴向应变很小，一般为0.8%～1.2%。

影响水泥土抗压强度的因素很多，主要有：

(1)水泥掺入比 α_w

水泥土的抗压强度随着水泥的掺入量的增大而增大(图4-9)。当 $\alpha_w\leqslant5\%$ 时，由于水泥与土的反应过弱，水泥土固化程度低，强度离散性也较大，故在搅拌法的实际施工中，水泥掺入比应大于5%。当 $\alpha_w>5\%$ 时，每增加单位水泥掺入比所引起的强度增量在不同龄期是不同的，在0～90d范围内，龄期越长这种增量越高。经大量试验数据的分类数理统计，水泥的抗压强度与水泥掺入比例呈幂函数关系，其表达式是：

$$\frac{q_{u1}}{q_{u2}}=\left(\frac{\alpha_{w1}}{\alpha_{w2}}\right)^{1.6} \tag{4-6}$$

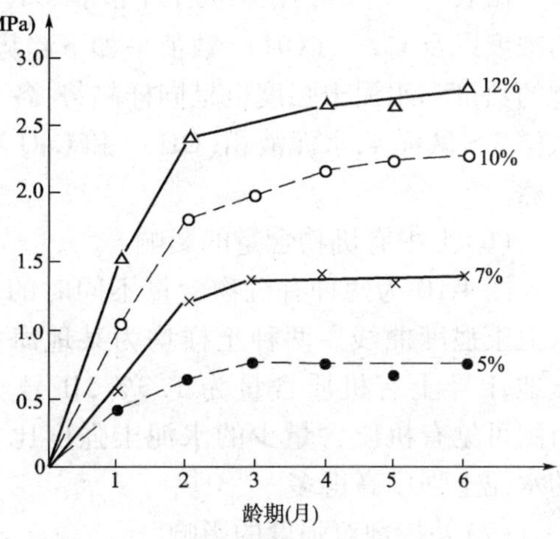

图 4-9 水泥土的抗压强度与掺入比的关系

式中：q_{u1}——水泥掺入比为α_{w1}的水泥土抗压强度；

q_{u2}——水泥掺入比为α_{w2}的水泥土抗压强度。

上式成立的条件是$\alpha_w=5\%\sim20\%$。

(2)龄期 T

水泥土强度随着龄期的增长而增大，一般在龄期超过28d后仍有明显的增加。当水泥掺入比为7%时，120d的强度为28d的2.03倍；180d抗压强度为28d强度的1.83倍。当龄期超过3个月，水泥的强度增长才减缓。另外，水泥掺入比越大，水泥土抗压强度提高速率也越大。

经大量试验数据和回归分析可发现，水泥土的抗压强度与龄期之间呈幂函数关系，其表达式为：

$$\frac{q_{u1}}{q_{u2}}=\left(\frac{T_1}{T_2}\right)^{0.4} \tag{4-7}$$

式中：q_{u1}——龄期为 T_1 的水泥土抗压强度；

q_{u2}——龄期为 T_2 的水泥土抗压强度。

上式成立的条件是龄期 $T=15\sim90$d。

(3)水泥强度等级

水泥土的抗压强度随水泥强度等级的提高而增加，水泥强度等级每提高10级，水泥土的强度 R_u 约增大20%~30%。

(4)土样含水率对强度的影响

水泥土的抗压强度随着土样含水率的增加而迅速降低，试验表明当土样的含水率增加3.3倍，水泥的强度会降低8.9倍。

(5)土质的影响

不同的土样掺入等量水泥之后，水泥土的强度可相差近一倍，这就意味着土质对水泥的硬化过程是有影响的，试验实例如表4-24所示。

等量水泥掺入不同土质的土样后的抗压强度 表4-24

土 样 编 号		1	2	3	4
土样名称		淤泥质黏土	淤泥质黏土	淤泥质粉质黏土	淤泥质粉质黏土
状态		流塑	流塑	流塑	流塑
重度(kN/m^3)		1.70	1.76	1.80	1.81
含水率(%)		55	50	34	36
孔隙比 e		1.48	1.43	1.03	1.01
土样中掺入10%的水泥后土样的吸收量(mg/100g)	CaO	332.3	289.4	274.3	265.9
	(OH)$^-$	520.9	481.7	471.4	458.2
水泥土抗压强度(kPa)	15d	536	778	1254	1289
	30d	818	1038	1479	1574

由表4-24可见，在水泥土中液相 $Ca(OH)_2$ 是不饱和的，各水泥土试样液相 $(OH)^-$ 和CaO的浓度以及 Ca^{2+}、$(OH)^-$ 数值呈如下趋势：试样1 < 试样2 < 试样3 < 试样4；水泥中水泥水化物的数量和水泥土强度也呈同样趋势，各土样对 $(OH)^-$ 和CaO吸收量则为：试样1 > 试样2 > 试样3 > 试样4，水泥液相 $(OH)^-$ 和CaO浓度高，则水泥水化物生成量大，水泥土强度高；反之亦然。

(6)土中有机物含量的影响

图4-10为两种有机物含量不同时的软土所配制的水泥土强度曲线。两种土样均为某地海相沉积的淤泥土地，I号土有机质含量为1.3%，II号土为10.01%。由图可见有机质含量少的水泥土强度比有机质含量多的水泥土强度高得多。

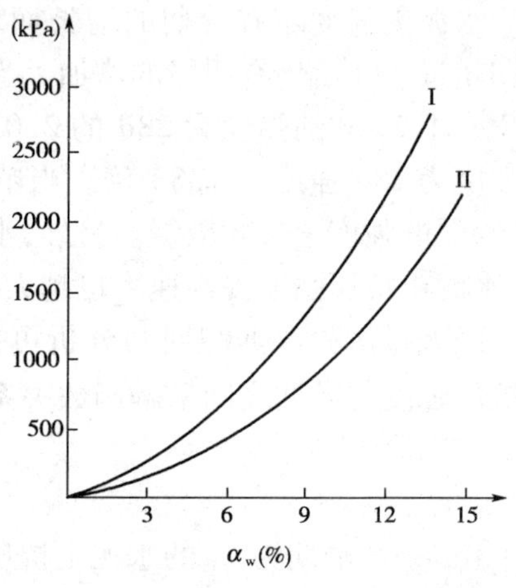

图4-10 有机质含量与水泥土强度关系曲线

(7)外掺剂对强度的影响

不同的外掺剂对水泥的强度有着不同的影响，例如木质素磺酸钙对水泥土的强度增长影响不大，主要起减水的作用。石膏、三乙醇胺对水泥土强度有增强作用，而其增强效果对不同土样和不同水水泥掺入比又有所不同，所以选择合适的外掺剂可以提高水泥土的强度并节省水泥用量。

(8)粉煤灰对强度的影响

粉煤灰是工业废料，但本身具有一定的活性，掺加粉煤灰的水泥土，其强度一般都比不掺粉煤灰的提高10%，因此，采用搅拌法加固软土时掺入粉煤灰，不仅可消耗工业废料，还可以稍微提高水泥的强度。

2)抗拉强度

水泥土的抗拉强度采用劈裂法测定。试验结果表明：试件破坏形式为脆性破坏，破坏面微呈波状起伏；水泥土的抗拉强度随其抗压强度的增大而增大，但远较抗压强度低，部分试验结果表明：抗拉强度约是抗压强度的1/10～1/15，与混凝土的性质很相近。

3)抗剪强度

水泥土的抗剪强度可由三轴不排水剪切试验和直接快剪试验进行测定。

4)变形模量

试验表明变形模量 E_{50} 一般为 q_u 的120～150倍，即 $E_{50}=(120\sim150)q_u$。

5)压缩系数和压缩模量

水泥土的压缩试验表明，其压缩系数 $d_{1\text{-}4}$ 随水泥掺量的增大而减小，约变化在 $(2.0\sim3.5)\times10^{-5}(kPa)^{-1}$ 范围内；其相应的压缩模量 $E_S=60\sim100MPa$。

6)水泥土的抗渗性能

当天然土的渗透系数为 $n\times10^{-7}cm/s$ 时，随着水泥掺量的增大，水泥土的渗透系数可能降低到 $n\times(10^{-10}\sim10^{-11})cm/s$。

3. 水泥土的抗冻和抗蚀性能

1)水泥土的抗冻性

在自然温度不低于 -15℃的条件下，冻胀对于水泥土的结构损害甚微。在负温时，由于水泥与黏土之间的反应减弱，水泥土强度增长缓慢；达到正温后，随着水泥水化等反应的继续深入，水泥土的强度可接近标准养护的强度。因此只要冬季的地温不低于 -10℃，就可以进行深层搅拌法的施工。

2）水泥土的抗腐蚀性

水泥土是水泥和土体的拌和均匀后的产物，现场水泥土搅拌施工工艺更使水泥土中存在大量孔隙。因此对于水泥有腐蚀性的土体（或土体中的水）均会对水泥土形成腐蚀作用，有两大类，即分解性腐蚀和结晶性腐蚀。

水泥水化产物—水化硅酸钙等都必须在一定的 CaO 浓度下才能得到平衡，稳定存在。分解性腐蚀的主要现象就是水泥土中的 $Ca(OH)_2$ 浓度不断下降，导致水化硅酸钙等水泥水化物分解，使水泥土逐步丧失强度。由于水泥土中水泥掺量一般不超过 25%。所以这种强度丧失对水泥土具有彻底的破坏性。因此，对于勘测报告提及地下水有分解性腐蚀时，必须特别慎重，只有在具有充分的抗分解腐蚀试验数据才能应用于工程实践。

对于结晶性腐蚀，由于水泥土的某些特殊性，在一定条件下，水泥土具有一定的抗蚀能力。因为水泥水化生成的氢氧化钙与土中（水中）硫酸盐生成硫酸钙，它进而又与水泥中的铝酸盐生成含有大量结晶水的硫酸钙晶体，析出后体积增大。由于水泥土中水泥的掺量较少，土中含水量高，黏土矿物对 $Ca(OH)_2$ 又有一定吸收能力，因此使水泥土常常处于 $Ca(OH)_2$ 不饱和状态。加之水泥土的多孔隙性又可为硫铝酸钙充填，反而可提高其强度。

二、水泥土搅拌桩的强度检测

1. 试验目的

水泥土搅拌桩的桩身材料与混凝土桩不同，它是由水泥等固化剂与当地的软土通过深层搅拌机械的强制拌和而成，经过水泥水解产物与土颗粒发生一系列的物理化学反应形成水泥土桩，它的强度除了与水泥品种、强度等级、掺入量有关外，与被加固土的性质亦有密切的关系。因此每一项水泥土搅拌桩的地基加固工程，都必须要先在室内标准条件下进行水泥土强度配合试验。

水泥土的室内试验主要是配合比试验，就是为了了解：

（1）用水泥（或石灰）加固不同种类的软土的可能性；

（2）确定加固各种软土最合适的水泥品种；

（3）加固某种软土所用水泥的掺入量、水灰比和最佳的外掺剂；

（4）根据水泥土强度增长的规律，推求龄期与强度的关系。

通过这些试验可为水泥土搅拌桩的设计计算和施工工艺提供可靠的参数。

2. 试验方法

1）试验设备

目前，水泥土的室内物理力学性质尚未制订出统一的操作规程，大部分利用现在有的土工试验仪器及砂浆混凝土试验仪器，参照土工或建筑材料的试验规程进行试验。

2）土样制备

制备水泥土的土样通常有两种方法：

(1)风干土样:将现场采取的原状软土经风干、碾碎、过筛而制成;

(2)原状土样:将现场挖掘的原状土立即封装在双层厚塑料袋内,基本保持天然含水量。

3)固化剂

制备水泥土的水泥可用不同的品种(普通硅酸盐水泥、矿渣水泥、火山灰水泥及其他物种水泥)和各种强度等级的水泥。水泥掺入比可根据要求选用7% ~20%。水泥掺入比 α_w 是指水泥质量与被加固软土质量之比,即

$$\alpha_w = \frac{\text{掺入的水泥质量}}{\text{软土的天然质量}} \times 100\% \tag{4-8}$$

4)外掺剂

为改善水泥土的性能和提高基强度,减少工业废料,可选用木质磺酸钙,天然石膏、三乙酸醇胺、氯化钠、氯化钙、硫酸钠等外掺剂。结合工业废料处理,可掺入不同比例的粉煤灰、工业废石膏(如磷石膏、排烟脱硫石膏钛石膏等)。

5)试件的制作与养护

按照拟定的试验计划,根据配方分别称量土、水泥、外掺剂和水,放在容器内搅拌均匀。然后在选定的试模内(50mm×50mm×50mm或70.7mm×70.7mm×70.7mm)装入一半试料,放在振动台上振动1min。再装入其余的试料后振动1min。最后将试件刮平,盖上塑料布防止水分挥发过快。

试件成型后,根据水泥土强度决定拆模时间,一般为1~2d。拆模后试件放入标准养护室(箱)进行养护,达到规定龄期即可进行各种试验。

6)压力机

加载试验的压力试验机系定型产品,但应满足下列要求:

(1)压力机应能连续加载且没有冲击,具有足够的加载能力,使能在总荷载的10% ~90%之间进行强度试验;

(2)压力机的承压板必须具有足够的刚度,其中之一具有球形座,板面须平整光滑;

(3)承压板直径应大于试件的直径;

(4)压力机的校正与检验应符合国家计量标准规定。

为消除受载时的端部效应,试样两端安放钢质垫块。垫块直径等于或略大于试样直径。其高度约等于试样直径。垫块的刚度和平整度应符合压力机承压板的要求。

7)加压方式

试验时,将试样(包括上下垫块)置于压力试验机承压中心,调整球座,使之均匀受荷,以每秒0.5~1.0MPa的速度加荷,直到试件破坏。

8)强度计算

用下式计算水泥土的抗压强度 R:

$$R = \frac{P}{A} \tag{4-9}$$

式中:R——水泥土抗压强度(MPa);

P——最大破坏荷载(N);

A——垂直于加荷方向的试样面积(mm^2)。

9）水泥土的变形试验

水泥土的变形试验是测量无侧限的试样在轴向压力作用下试样的轴向和横向变形（应变），计算水泥土的弹性模量的泊松比。

弹性模量是轴向应力与轴向应变之比。根据应力—应变曲线，可计算初始弹性模量、切线弹性模量和割线弹性模量，如图 4-11 所示。

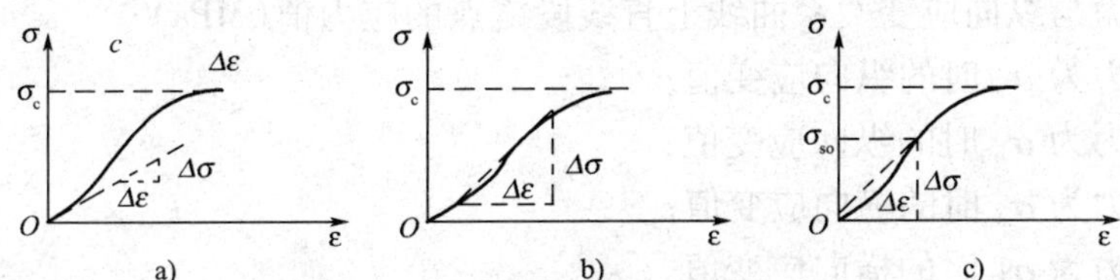

图 4-11　计算弹性模量的曲线图

a）初始模量；b）切线模量；c）割线模量

试样形态和含水状态与抗压强度试样相同。

变形量测：采用电阻应变片或其他量测仪表，只要精度和量距满足要求均可使用。

一般采用静态电阻应变仪量测。选用电阻片的质量应符合产品要求。电阻丝的长度应大于组成试样矿物最大粒径或斑晶的 10 倍以上。同一个试样使用的工作片和补偿片规格、灵敏系数等应相同，电阻值差应不超过 ±0.2Ω。

用电阻应变片法，可以测烘干或饱和试样的应变，每个试样在试样高度的中部贴轴向和圆周向电阻片各不少于 2 片，沿圆周向等距离相间布置，贴片处应避开显著裂隙或特大的土颗粒，对于烘干试样，采用一般胶合剂贴片，饱和试样，采用环氧树脂 55% 加聚酰胺 45% 配制成防潮剂贴片。

试样的防潮处理方法，先将烘干的称量的试样表面涂厚约 0.1mm 的防潮剂底层，贴片焊接导线后，再用防潮剂在电阻片上涂厚约 2mm 的外层，在防潮处理过程中，每一步骤应检查电阻片的绝缘电阻，一般要求大于 200MΩ。

当试样要求用水中称量法测吸水率和密度等指标时，试样应扣除贴片部分的质量。方法是用标准钢质圆柱体按上述防潮处理方法涂胶，贴片和焊接导线，用水中称量法求出这部分质量。

试验时将试样（包括上下垫块）置于压力试验机上对准中心，对试样施加少量荷载，不断调整承压板位置，使之均匀受载，直到轴向应变片的应变值接近为止。试验以每秒 0.5～0.8MPa 的加载速度对试样施加荷载直至破坏。

试验结束后，检查各电阻片读数，发现异常现象应查明其原因，按正常电阻片读数轴向和横向应变值，计算体积应变并给制如图 4-12 所示的应力应变曲线。

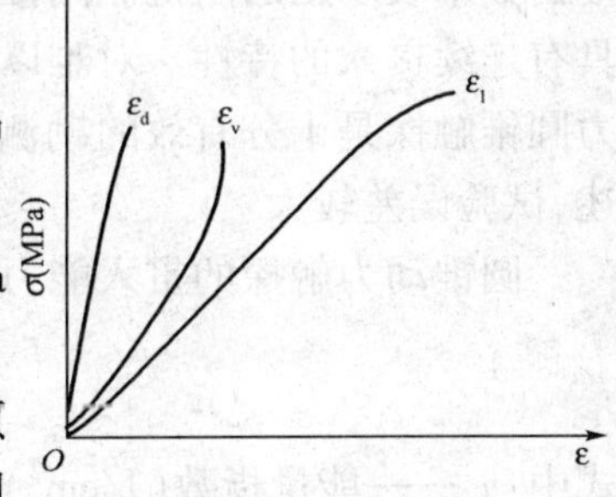

图 4-12　应变曲线

根据定义并参考图 4-11 计算弹性模量、泊松比。

$$E_{av} = \frac{\sigma_b - \sigma_a}{\varepsilon_{1b} - \varepsilon_{1a}} \tag{4-10}$$

$$\nu_{av}=\frac{\varepsilon_{ab}-\varepsilon_{da}}{\varepsilon_{1b}-\varepsilon_{1a}} \tag{4-11}$$

式中：E_{av}——芯样平均弹性模量(MPa)；

ν_{av}——芯样平均泊松比；

σ_a——应力与纵向应变关系曲线上直线段始点的应力值(MPa)；

σ_b——应力与纵向应变关系曲线上直线段终点的应力值(MPa)；

ε_{1a}——应力为 σ_a 时的纵向应变值；

ε_{1b}——应力为 σ_b 时的纵向应变值；

ε_{da}——应力为 σ_a 时的横向应变值；

ε_{ab}——应力为 σ_b 时的横向应变值。

3. 强度试验结果的检查

根据目前各个水泥土搅拌桩工程的特点，对于水泥土搅拌桩的强度应该重点检查：

(1)现场室内试验设备、试块制作与养护是否符合《软土地基深层搅拌加固法技术规程》(YBJ 225—91)或《粉体搅拌法加固软弱土层技术规范》(TB 10113—96)的要求。

(2)现场使用的不同牌号的水泥以及同牌号不同批次的水泥是否都进行了配合比试验。室内配合比试验与现场施工配合比是否一致。一般室内试验配合比应根据被加固土的重度和现场施工时每延米桩体水泥用量进行精确换算。

(3)室内试块强度是否满足设计的强度要求。一般标准龄期的试块强度应由质检单位负责试压；短龄期试块强度可由施工单位自行试压。要求标准龄期强度大于设计桩身强度；短龄期强度按经验要求 7d 强度达到设计强度的 40%；30d 强度达到设计强度的 70%。

三、轻型动力触探检测法

动力触探是工程地质勘测中一种常用的方法。它是利用一定的锤击动能，将一定规格的圆锥探头打入土中，根据打入土中的阻抗大小判断土层的变化，对土层进行力学分层，并确定土层的物理力学性质，对它们所处地基作出工程地质评价。通常以打入土中一定深度所需的锤击数来表示土的阻抗。圆锥动力触探的优点是设备简单、操作方便、工效较高、适应性广，并具有连续贯入的特性。对难以取样的砂土、粉土、碎石类土等，对静力触探难以贯入的土层，动力圆锥触探是十分有效的勘测手段。圆锥动力触探的缺点是不能采样对土进行直接鉴别描述，试验误差较大。

圆锥动力触探的贯入能力由能量指数 n_d 衡量。

$$n_d=\frac{m_1h_1}{A}g \tag{4-12}$$

式中：n_d——能量指数(J/cm^2)；

m_1——锤的质量(kg)；

h_1——锤的落距(m)；

A——探头截面积(cm^2)；

g——重力加速($9.8m/s^2$)。

能量指数越大，贯入能力越大。按贯入能力的大小，圆锥动力触探的分类情况见表 4-25。

我国圆锥动力触探分类和规格 表4-25

圆锥动力触探类型		轻型(DPL)	中型(DPM)	重型(DPH)	超重型(DPSH)
探头规格	直径(mm)	40	61.8	74	74
	截面积(cm^2)	12.6	30	43	43
	锥角(°)	60	60	60	60
落锤	锤质量(kg)	10 ±0.1	28 ±0.3	63.5 ±0.5	120 ±1
	落距(cm)	50 ±1	80 ±2	76 ±2	100 ±2
能量指数 n_d		39.7	74.7	115.2	279.1
探杆直径(mm)		25	33.5	42	60
触探指标		贯入30cm击数 N_{10}	贯入10cm击数 N_{28}	贯入10cm击数 $N_{63.5}$	贯入10cm击数 N_{120}
最大贯入深度(m)		4~6	15	12~16	20

1. 检验方法

1)检验设备

轻型动力触探检验设备主要由圆锥头、触探杆、穿心锤三部分组成,见图4-13。

2)检验时间

水泥土搅拌桩承成桩后7d内。

3)检验要点

(1)落锤方式对锤击能量的影响极大,应采用固定落距的自由落锤的锤击方式。

(2)先用轻便钻具在桩身中央从桩顶钻一个直径 ϕ50mm 的孔,至深度0.7m,放入轻型动力触探器后,将穿心锤提起0.5m后自由下落,将触探杆竖直打入桩身,记录每打入30cm的锤击数 N_{10}。

如此重复钻孔(0.7m)和贯入0.3m(记录 N_{10}),直至桩底。

(3)触探杆连接后最初5m的最大偏斜度不应超过1%,大于5m后的最大偏斜度不应超过2%。试验开始时,应保持探头与探杆有很好的垂直导向。锤击贯入应连续进行,不宜间断,锤击速率一般为每分钟15~30次。捶击过程应防止捶击偏心、探杆歪斜和探杆侧向晃动。每贯入1m,应将探杆转动约一圈半,使触探杆能保持垂直贯入,并减少探杆的侧阻力。当贯入深度超过10m,每贯入0.2m,即应旋转探杆。

(4)试验过程中锤击间歇时间应做记录。

(5)轻型动力触探(N_{10})的正常范围是3~70。贯入时,记录贯入深度,相应一定贯入量的锤击数或一锤击的贯入量和相应的锤击数。当击数超出正常范围,如遇特软层,可记录每锤击的贯入度;如遇硬层,可记录一定击数下的贯入量。

(6)当贯入15cm,N_{10} >50时即可停止试验。

(7)工程地质勘查中所用的轻型动力触探 N_{10} 是从土层顶面连

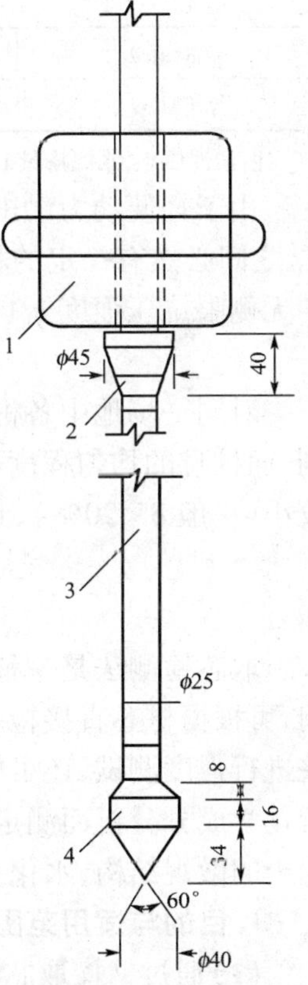

图4-13 轻型动力触探试验设备(尺寸单位:mm)

1-穿心锤;2-锤垫;3-触探杆;4-锥头

续贯入,由于锤击能量小,所以贯入深度一般不大于4m。

在水泥土桩桩身检验中,为了能够使检验深度达到全桩长,采用的是先钻孔(0.7m)再贯入(0.3m)的操作方法。这样,就可以防止在桩的上部遇到特硬层($N_{10}>70$ 击)时,无法再检查下部的桩身弊端。

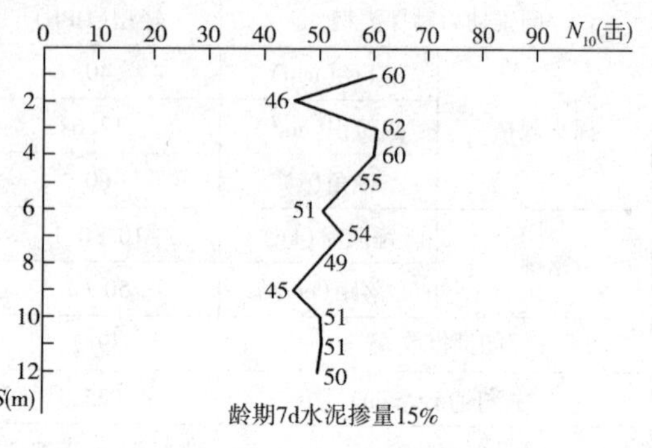

图 4-14 某桩轻便动力触探 N_{10}-S 关系曲线

2. 检验结果的分析

1)绘制动力触探贯入阻力曲线

可用锤击数 N_{10} 随深度的变化曲线表示。某水泥土搅拌桩工地的一根深层搅拌桩桩身用轻便动力触探(N_{10})检测结果如图 4-14 所示。

2)N_{10} 与 q_u 的关系

根据大量的现场轻便动力触探检测结果,龄期 7d 以内的 N_{10} 和相应的室内试验同龄期试块的无侧限抗压强度 q_u 的对照如表 4-26 示。

N_{10} 与强度的对应关系 表 4-26

N_{10}(击)	15	20	25	30	35	40	45	50
q_u(kPa)	200	260	330	390	450	510	570	630

注:淤泥质土,水泥掺量 15%。

由于轻便动力触击数 N_{10} 是桩身强度的直接反映。因此桩身水泥土无侧限抗压强度 q_u 与 N_{10} 之间必然有一定的相关关系,从上海、浙江、福建、天津等地区的统计结果来看,桩身 90d 龄期无侧限抗压强度 q_u(kPa)与 7d 龄期 N_{10} 的近似关系为:

$$q_u=(120\sim180)\ N_{10} \tag{4-13}$$

对同一场地中各桩身的 N_{10} 值进行统计分析,可以对整个场地中桩身的均匀程度做出评判,而桩身的均匀程度可以由桩 N_{10} 的变异系数 δ 来体现。一般说来,施工质量较好的桩体,δ 较小(一般 $\delta<20\%$),且分布集中;而施工质量较差的桩体,δ 变化范围较大,且分布离散。

四、取芯检测法

取芯检测法是一种直观准确的水泥土搅拌桩施工质量的检测方法。该法不受深度的限制,可根据桩芯直接检验桩的连续性、均匀性、密实度、桩长、支承条件等,也可以将桩芯制成试块进行强度测试,还可以通过对桩芯、相应位置原状土以及水泥采用 x 荧光定量分析法分别进行化学成分分析而测定水泥土中水泥含量。必要时,可采用扫描电镜等物相分析方法研究水泥土的微观结构、水化水解程度。

1. 目的与适用范围

(1)通过钻探取芯检验桩身是否存在孔洞、蜂窝、含泥、断桩等缺陷,并分析研究其产生原因、程度及处理措施;

(2)对在施工过程中出现异常或因特殊原因未能满足质量技术标准,以及在技术上采取特殊处理的桩,可通过取芯检测其成桩质量及对工程的影响程度;

(3)通过对水泥土钻探取芯,用于做室内水泥土力学试验,分析评定桩身水泥土强度。

2. 选择检测桩的原则

取芯钻探检测桩的数量,应根据总成桩数量、检测目的及其他检测需要等具体情况确定,一般不小于总桩数的0.5%,且不少于3根。检测桩的选择既要有一定的代表性,又同时满足针对性检测的需要,原则如下:

(1)对于正常施工的桩,应按同一等级水泥土及原料、配合比和生产工艺基本一致的条件,有代表性地分别进行随机选择;

(2)对在施工中出现异常或存在某些质量问题的桩,可根据情况取芯检验桩的质量和影响程度;

(3)对经轻便型动力触探或其他检测方法推测桩身局部可能存在缺陷的桩,可通过取芯进一步验证其缺陷部位或程度,以确定处理措施;

(4)对室内水泥土试块力学试验结果有怀疑时,可取芯进行抗压强度试验,以相互验证。取芯检测应在成桩28d以后进行。

3. 主要设备

取芯检测所用的钻机、钻具及芯样加工、试验等主要设备的技术性能,将直接影响到检测效果。因此,取芯检测所用的设备、机具均应满足水泥土桩检测目的的需要。

1)钻芯设备

(1)钻机。应具有稳固、运转平稳、操作灵活及移动方便的特点,并应有循环水冷却系统。日前工程中使用较多的地质勘探岩石钻机基本能满足水泥土桩芯样钻探要求。

(2)钻头。宜采用金刚石或人造金刚石薄壁钻头。在钻进中为使钻头与水泥土面均匀接触,受力均匀、钻进平稳、保证取芯质量,钻头胎体不得有裂缝、缺边、少角、倾斜或变形。

钻头直径应根据检测目的的确定,一般常用ϕ108mm。

(3)钻具。保证芯样采取率和完整性,以及桩身局部含泥或夹泥处不至于被循环水冲洗掉,应采用双管单动钻具。所用钻杆必须平直无弯曲,钻杆接头加工要满足国家统一质量标准。

2)芯样的加工设备

对采取的芯样进行加工,可按表4-27选用设备和仪器。

芯样加工试验设备 表4-27

设　备	性能与功能
切样机	为了把长芯样加成符合试验要求的试件,宜采用锯切办法;为了保证锯切质量,所用锯切机必须有夹紧固定装置。锯片应采用人造金刚石圆锯片
填补、磨平装置	由于抗压强度试验对芯样试件端面一整度和垂直度的要求很高而锯切下来的芯样往往不能满足试验要求,为此,尚需要采用专用设备对芯样端面局部凸凹部分进行填补、磨平。目前研磨设备(岩石研磨机)已有定型产品,补平装置一般都是各单位自制
压力机	芯样试件抗压强度试验采用的压力机,以及压板精度和试验步骤要求与混凝土立方体试块试验要求一样,应按现行国家标准《普通混凝土力学性能试验方法标准》(GB/T 50081—2002)中有关规定执行相关规定进行试验

4. 取芯钻探及技术要求

1)取芯前应具备的资料

(1)工程概况;

(2)桩的类型、几何尺寸、水泥土强度等级;

(3)成桩日期,桩顶、底高程,喷浆(灰)量等成桩参数及质量状况;

(4)施工时存在的质量问题及处量记录;

(5)桩端持力层岩性特征;

(6)检测目的和要求。

2)取芯工艺及技术要求

取芯钻探应满足水泥土桩质量检测目的和要求,应根据不同的检测目的采用合理的钻探方法和钻工艺,并应满足下列要求:

(1)桩位确定。由于水泥搅拌桩取芯钻探是在桩截面内有限的面积上进行,因此除在钻探中必须保证钻孔良好的垂直度外,检测桩中心位置(孔位)确定的准确与否是岩芯钻探成功与否的关键环节。实践证明,多数的钻探偏出桩外而导致检测失败,都是由于桩中心位置确定不准而造成。

(2)钻机安装。开钻前应对钻机的安装质量进行检查,包括钻机的稳固性、平整度及立轴角度等。必须满足岩芯钻探险要求,不得降低要求勉强开钻;对于车装钻机,由于轮胎着地钻进中晃动较大,易造成卡钻或钻孔偏斜,故应将钻车用枕木垫起,以保证其稳定。

(3)钻进过程中应随时注意进尺速度、操作感觉、孔内声音及钻具突然落下的起止深度,并设专人监视孔口回水颜色和岩粉的变化,并详细记录,以便间接检查桩的质量状况。质量良好的桩,在同一转速和压力下进尺速度平稳,回水颜色为灰白色。当进尺速度突然加快或钻具骤然落下,以及回水颜色呈黄泥色,说明该深度处桩身水泥土疏松或存在空洞,以及含泥、夹泥等质量缺陷。

(4)根据施工记录或轻便动力触探资料推测在桩身某深度范围可能存在断桩、空洞等质量问题,在钻进接近该深度时,应改用适当的钻探方法和工艺,控制转速和减少循环水量,限制回次进尺,必要时可采用无泵钻进,并随时观察钻进速度和回水颜色等变化,以便综合检验判断其缺陷位置和程度。

(5)在桩身质量正常情况下,钻进回次进尺不得超过岩心管净空长度。当桩身水泥土质量和完整性均较差,或对重点检测部位检测时,为避免芯样破碎和磨耗,应适当控制回次进尺和回次时间,并采用相应的措施保证芯样采取率和芯样完整性。

取芯时,应确认芯样卡住后再提钻,不要盲目提钻,尽量避免芯样脱落或残落。芯样脱落后应及时捞取后再钻进。为节省取芯时上、下钻杆时间,宜采用绳索取芯工艺。

(6)芯样取出后,应及时用清水洗净,稍晾干后在每段芯样上标注桩号、回次、段数、长度及钻进起止深度,按顺序整齐放入芯样盒内,以便长期保存、检验。对特殊有鉴证性的部位,必要时可拍摄照片。

3)芯样描述

通过对水泥土芯样外观检查、鉴定、描述,为评价桩的施工质量而提供可靠的原始依据。芯样描述的主要内容包括:颜色、硬度、孔隙度、结构完整性和是否有水泥富集区和原状土等,分析判定桩的施工质量及质量缺陷产生的原因和对工程使用的影响程度。同时,对钻取的芯样完整或破碎程度,以及芯样断口特征也应详细描述,以判断是由于成桩质量原因造成还是由于钻探原因造成的损坏。

芯样描述应与钻探密切配合，随时观察监测，详细记录。

4）钻孔回填

取芯钻探检测是一种半破损检测方法，为保证桩的原有工作性能，对钻取芯样后留下的钻孔应进行填补。填补钻孔的材料可采用水泥浆，必须灌满。

5）芯样抗压强度试验与强度计算

（1）芯样加工技术要求

①芯样试件的高度和直径之比应在1～2的范围内。

②锯切后的芯样，当不满足平整度和垂直度要求时，宜采用磨平机磨平或用水泥砂浆（或水泥净浆）材料补平；水泥砂浆（或水泥净浆）补平厚度不宜大于5mm。

③芯样试件在试验前应对其几何尺寸和外观质量进行检测。当芯样尺寸或质量不符合表4-28时，不得用作抗压强度试件。

抗压强度试验岩芯试样质量要求　　表4-28

岩芯试样	质量要求	岩芯试样	质量要求
经端面补平后的芯样高度	$0.95d \sim 2.05d$	芯样端面与轴线不垂直度	≤2°
芯样任一直径与平均直径相差	≤2mm	芯样外观质量	无裂缝和较大缺陷
芯样端面的不平整度	在100mm长度内≤0.1mm		

注：d为芯样试件的平均直径。

（2）抗压强度试验

①芯样试件的抗压强度试验应按现行国家标准《普通混凝土力学性能试验方法》的规定进行；

②芯样试件宜在潮湿状态下进行试验。试验前可将芯样试件用清水中浸泡4h，从水中取出后立即进行试验。

（3）强度计算

① 芯样试件水泥土强度可按式（4-14）计算。

$$f_{cu}^{c} = \alpha \frac{4F}{\pi d^2} \tag{4-14}$$

式中：f_{cu}^{c}——芯样试件水泥土强度值（MPa），精确至0.1 MPa；

F——芯样试件抗压试验测得的最大压力（N）；

d——芯样试件平均直径（mm）；

α——不同高径比的芯样长度换算系数，可按表4-29选用。

芯样试件水泥土强度换算系数　　表4-29

高径比	1.0	1.1	1.2	1.3	1.4	1.5	1.6	1.7	1.8	1.9	2.0
系数α	1.00	1.04	1.07	1.10	1.13	1.15	1.17	1.19	1.21	1.22	1.24

②单桩水泥土强度检测：每根桩取芯数量不宜少于3件，取样位置应取其具有代表性的部位。

（4）水泥土室内配合比强度和取芯强度

由于水泥土的室内配合比试块的制作、养护条件较好，而现场取芯试件的强度受水泥土搅拌桩施工的均匀性、地下养护条件、取芯设备和取芯技术的影响十分显著。因此,现场取芯强度往往要低于室内配合比试验强度,强度折减系数约为0.20~0.33。

五、竖向静力荷载试验

竖向静力荷载试验可以很好地模拟桩身实际受荷条件,受检测水泥搅拌桩承载能力最直观的方法。竖向静力荷载试验包括单桩荷载试验和单桩符合地基或多桩复合地基荷载试验。荷载试验必须在桩体强度满足试验荷载条件时,并宜在成桩28d后进行。检验数量为总桩数的0.5%~1.0%,且每项单体工程不应少于3点。

1.单桩竖向静力荷载试验

1)试验目的

(1)作为水泥土搅拌桩的竣工验算的一种手段,单桩竖向静力荷载试验的目的是检测单桩承载力是否达到设计要求。

(2)作为研究,在特殊条件下,可在桩身中设置应力、应变量测元件,间接测定桩侧各土层的极限摩阻力。

2)试验设备(图4-15)

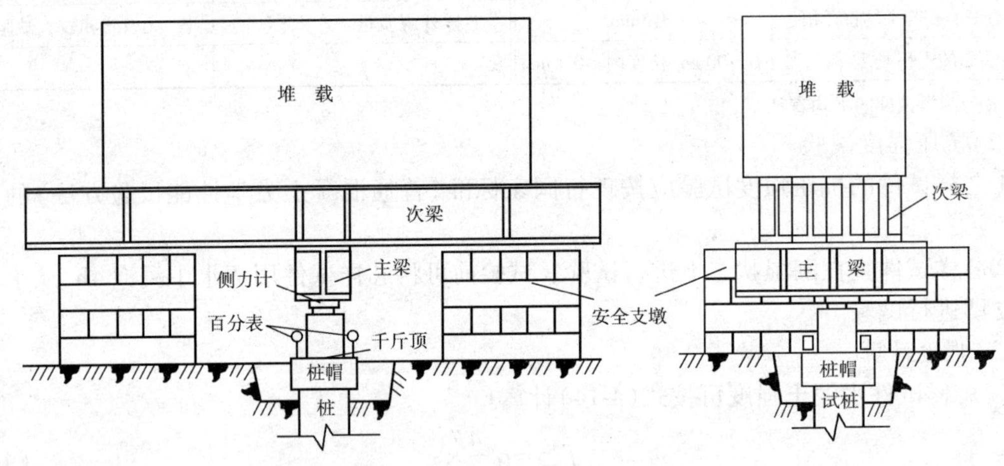

图4-15 水泥土单桩荷载试验装置

(1)反力装置

根据试桩要求的最大试验荷载和相关条件,试件的反力装置一般可分为堆重平台和锚桩两种。

由于水泥土搅拌桩的单桩承载力较低,在现场打锚桩的成本较高,所以搅拌桩的单桩荷载试验通常采用堆重平台试验装置。作为堆重可选用钢锭、混凝土预制块等。近年来为了降低试验成本,也采用工地常用的砂子、碎石装入聚乙烯编织袋(每袋300~400kN),用人工整齐码放在由型钢拼组而成的加荷平台上,作为反力装置。堆重应为估算的最大加荷量的1.2倍。

加荷平台的两端应搁置在稳定的支座(如枕木垛)上。支座的最里边和被试验桩的净距离不应小于1.5m。

(2)加载与量测设备

①加载装置。对桩顶施加荷载的加载装置宜选用油压千斤顶,其额定的加载量应大于估

算试桩加荷量的1.2倍。

②承压板。试验桩顶应铺垫1~2cm的薄层细砂以达到找平的目的，然后在桩顶与油压千斤顶之间放置一块圆形的承压钢垫板，其直径与试验桩的直径一致。厚度不小于25mm。

③量测装置。荷载与沉降量的量测仪表应符合计量精度要求，荷载大小可用放置于千斤顶上的应力环、压传感器直接测定，也可采用连接于千斤顶的压力表测定油压，根据千斤顶率定曲线换算荷载。试桩沉降一般采用百分表或电子位移计测量，一般可安放2~3个位移测试仪表，沉降测定平面离桩顶距离不应小于0.5倍桩径。固定和支承百分表的夹具和基准梁在构造上应确保不受气温影响而发生竖向变位。固定基准梁的基准桩与试桩或加荷台支座的净距离不应小于2.0m。

3）试验要求

（1）准备资料

试桩场地应有工程地质勘察资料（包括土工试验）。

（2）休置时间

试桩或者工程桩打设后应休置28d后再进行单桩静荷载试验。虽然水泥土桩身强度的标准值是取90d龄期时的强度值，但28d龄期强度R_{28}已达标准强度的60%以上，因此，只要估计的最大加载在桩身内产生的应力水平低于当时桩身水泥土的强度，就可以进行载荷试验。由于$R_{28}<R_{90}$，因此E_{28}也理应小于E_{90}。当桩与土的其他参数相同时，桩的承载力将因弹性模量E的改变而改变，弹性模量高，桩的承载力大，弹性模量低，桩的承载力就小，桩的承载力变化也将造成复合型地基承载力的变化。如果由桩身水泥土强度提供的单桩承载力大于由桩周土的抗力所提供的承载力，则单桩的最终承载力取决于桩周土所能提供的抗力（包括桩侧土的摩阻力和桩端土的承载力），而与桩身强度无关，在此情况下在龄期28d和龄期90d荷载试验的结果是一样的。

（3）试验方法

通常采用慢速维持荷载法。

该法是国内外已沿用很久的方法，具体做法是按一定要求将荷载分级加到试桩上，每级荷载维持不变直到桩顶下沉量增量达到某一规定的相对稳定标准，然后再继续加下一级荷载。当达到规定的终止试验条件时，便停止加荷，再分级卸载至零，该法试验周期较长，其试验要点如下：

①荷载分级。每一级荷载值大约为极限荷载的1/10~1/12，第一级可按2倍分级荷载加荷。

②测读桩沉降量的间隔时间。每级加载后第5、10、15（min）时各测读一次，以后每30min测读一次。

③相对稳定标准。每1h的沉降量不超过0.1mm，并连续出现两次（由1.5h内连续3次观测值计算），则认为已达到相对稳定，可加下一级荷载。

④终止加载条件。当出现下列情况之一，即可终止加载：

a.当荷载—沉降（Q-S）曲线上有可判定极限承载力的陡降段，且桩顶总沉降量超过40mm；

b.某级荷载作用下，桩的沉降量大于前一级荷载作用下沉降量的2倍，且经24h尚未达到相对稳定；

c.已达到锚桩最大抗拔力或压重平台的最大重力时。

⑤卸载与卸载沉降观测:每级卸载值为加载值的 2 倍。每级卸载后隔 15min 读一次残余沉降,读两次后,隔 30min 再读一次,即可卸下一级荷载,全部卸载后,隔 3 ~ 4h 再测读一次。

(4)资料整理和成果应用

①把桩的构造、尺寸、地层剖面、土的物理性质指标以及测试数据等整理成表(表 4-30、表 4-31),并对成桩和试桩过程中出现的异常现象作补充说明。

单桩垂直静载试验记录表 表 4-30

试桩号: 工程名称:

荷载(kN)	观测时间 月/日/时/分	间隔时间(min)	读数					沉降(mm)		备注
			表1	表2	表3	表4	平均	本次	累计	

试验负责人: 记录: 校核:

单桩垂直静载试验结果汇总表 表 4-31

试桩号: 工程名称:

序号	荷载(kN)	历时(min)		沉降(mm)		备注
		本级	累计	本级	累计	

②绘制荷载与沉降量关系曲线 Q-S 曲线(图 4-16);S-lg$Q$ 曲线(图 4-17)和沉降量与时间关系曲线 S-lg$t$ 曲线(图 4-18)。

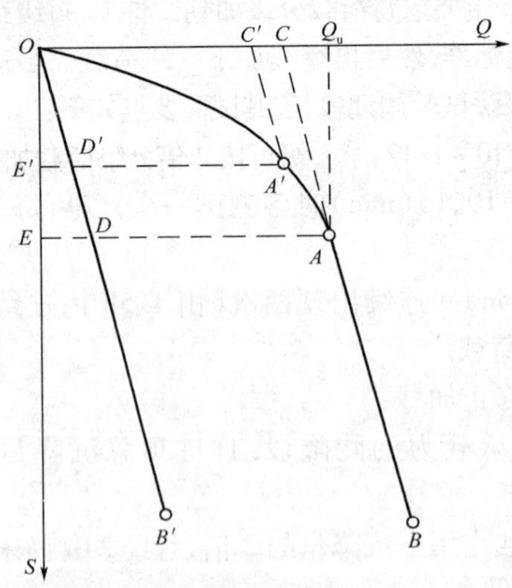

图 4-16 Q-S 曲线

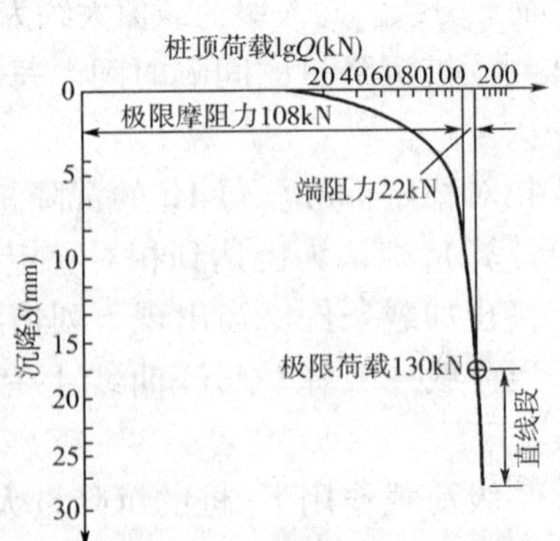

图 4-17 S-lg$Q$ 曲线

③确定极限荷载。

a. 根据沉降随时间的变化特征确定。取 S-lg$t$ 曲线尾部出现的明显下弯的前一级荷载为极限荷载。

b. 根据沉降随荷载的变化特征确定。

• 取 Q-S 曲线(采用 Q 轴与 S 轴成 2∶3的比例绘制)发生明显陡降的起始点(第二拐点)所对应的荷载为极限荷载。

• 取 S-lg$Q$ 曲线出现陡降直线段的起始点所对应的荷载为极限荷载。

• 取 S-lg$t$ 曲线第二段与第三段直线的交点所对应的荷载为极限荷载。

c. 根据桩顶沉降量确定:沉降量取值标准可根据地区经验确定。《建筑地基基础设计规范》(GB 50007—2002)中规定取桩顶总沉降量 $S = 40$mm 所对应的荷载值作为单桩竖向极限承载力。

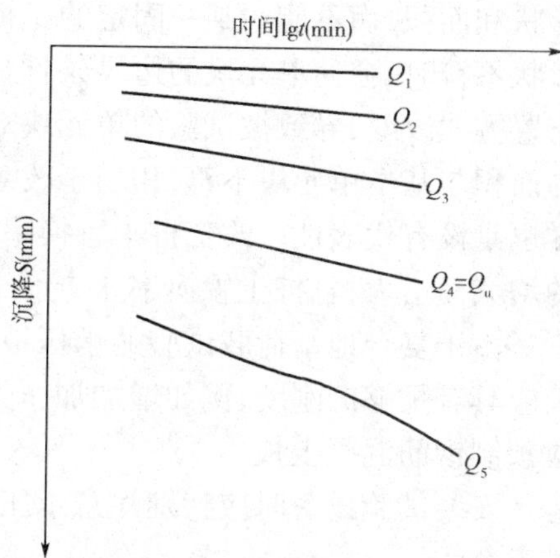

图 4-18　S-lg$t$ 曲线

d. 当有多根试桩资料时,当满足其极差不超过平均值的 30% 时,可取其平均值为单桩竖向极限承载力。极差超过平均值的 30% 时,宜增加试桩数量并分析离差过大的原因。

④确定单桩竖向承载力。单桩竖向极限承载力除以安全系数 2,即为单桩竖向承载力标准值。

2. 复合地基竖向荷载检验法

由水泥等固化剂拌入软弱地基形成的水泥土搅拌与周围原先的地基土组成软硬交错的复合地基,在外荷载的作用下协同变形,共同承载。因此,检测复合地基的支承力是水泥土搅拌桩检测的重点之一。

按《建筑地基处理技术规范》(JGJ 79—2002)的规定执行。复合地基荷载试验包括单桩复合地基荷载试验和多桩复合地基荷载试验。单桩或多桩荷载试验是指由一根桩或两根以上的桩与周围地基土分别组成的复合地基。

虽然单桩荷载试验与单桩或多桩复合地基荷载试验方法大致相同,但由于复合地基的荷载引入桩周围地基土一起参与承载,所以与单桩荷载仍有些区别。

1)试验目的

复合地基荷载试验用于测定承压板下应力主要影响范围内复合土层(水泥土搅拌桩和桩周土层)的承载力和变形参数。

在水泥土搅拌桩顶和周围土中埋设应力、应变量测元件即可测得某级荷载下的桩土应力分担比,了解上部荷载作用下土中应力和桩身受力的转换情况。

2)试验设备

复合地基竖向荷载试验的试验设备中的加荷平台、加载设备、量测装置等与单桩竖向荷载试验设备基本一样,只是前者的试验总加荷一般会大于后者,因此堆荷量、千斤顶容量都要考虑加大。

复合地基检验用的承压板面积与单桩荷载承压板不同。单桩复合地基承压板形状可为圆形或方形，其面积为一根桩所承担的处理面积。即由设计桩径和桩土置换率 m 来确定承压板面积，由桩的布置方式来确定承压板的形状：正三角形布桩则压板应为圆形，矩形布桩时压板应为矩形，并视它为复合地基的一个基本单元块，即不同面积和形状的基本单元块将组合成不同布桩方式的地基。对不同设计条件下的水泥土多桩复合地基荷载试验，应采用相应的压板形状和面积，而不能用某一固定的压板。当压板的形状与实际设计复合地基中的基本单元块形状不符时，会使单元块的边界条件（周桩和土对单元块的约束条件）改变，即相当于使桩的布置方式改变，导致被试验的单元块对于原设计来讲无代表性，使试验结果出现偏差。若压板的面积与基本单元块不符，相当于改善了原设计的 m 值，即桩间距发生了改变，这时的试验同样也是没有代表性。改变桩土置换率 m 时，对于复合地基承载力 f_{sp} 的影响，将随桩土应力比的增大而增大，且桩土置换率 m 越大，f_{sp} 随 m 的变化也越大。

由于复合地基荷载试验的承压板面积较单桩荷载试验时的大，所以应该特别注意承压钢板应具有足够的刚度，例如增加加压力肋板。对于多桩复合地基荷载的承压板也可采用现浇或预制钢筋混凝土板。

安装试验设备时应特别注意承压板中心（或形心）应与桩中心保持一致，且与荷载作用点相重合。

3）试验深度

一般情况下，应尽量使荷载试验压板的底面高程与未来基础底面高程一致，据此确定试验深度。

如果在地基压缩层范围内的桩向上呈现上硬下软的双层结构，基础砌置在上部硬层中，基础宽度又比试验压板宽度大得多（例如筏基）时，可采用下述方法之一：

（1）当技术条件可行（地下水埋藏较深）且有足够的经费与试验时间时，可分层进行试验。

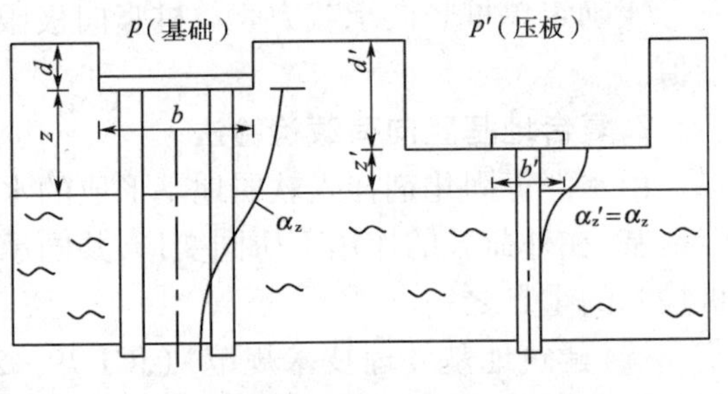

图 4-19　应力模拟试验深度设计

（2）适当降低试验深度的应力模拟法（图 4-19）。既先根据预定的基础宽度和基础底面至下部软层顶面的深度 z，查表求出下部软层顶面处的附加压力系数 α_z；再按 α_z 值，反查出与拟采用的压板宽度相应深度 z'，然后在该高程进行试验，即可获得近似于实际基础工作条件的结果，具有较好的适用性。计算公式为：

$$d' = d + z - z' \tag{4-15}$$

$$\alpha'_z = \alpha_z \tag{4-16}$$

式中：d'——满足双层结构下应力模拟条件的试验板埋置深度；

d——基础预定埋置深度（应与 d' 自同一平面起算）；

z——基础底面至下部软层顶面的距离；

z'——压板底面至下部软层顶面的距离；

α_z——基础在下部软层顶面处的附加压力系数；

α'_z——试验压板在下部软层顶面处的附加压力系数。

当分层试验受技术因素或经济因素制约而不能进行,可用此法进行试验。如因技术原因使 d'增大而达不到式(4-16)的要求可增大试验荷载 P,使 $\alpha'_z p' \geqslant \alpha_z p$,运用双层地基应力应变理论对试验结果进行分析,确定判断下部软层的影响。

4)复合地基荷载试验要点

(1)试验仪表(百分表、压力表或压力传感器)在安装之前应进行标定和检查。

(2)试坑底边最小宽度不小于3倍压板宽度,坑壁距压板边缘距离最小宽度不小于1倍压板宽度。有地下水时,坑壁四周应挖排水坑和抽水坑,及时抽排。雨天试验时,试坑地面四周亦应挖排水坑,防止雨水流入试坑。亦应防止试坑被阳光曝晒或刮风引起表土水分蒸发,因为桩周土层被水浸泡使含水量增加,或者被阳光曝晒而使含水量降低,会引起土层强度的虚降或虚增,使复合地基的承载力试验结果发生偏差。

(3)预计安装压板部位应预留10~20cm厚度保护层,待安装压板时再挖除并仔细检查整平,再铺设厚度1~2cm的中粗砂,然后安置或浇注压板。支撑基准梁应距压板边缘1倍压板宽度以上,并确保其试验期间的稳定性。

(4)试验反力应按预期破坏荷载的1.1~1.2倍估计。试验能力达不到时,可适当降低,但不能低于设计要求承载力(承载力标准值)的2倍。

(5)加荷等级可分为8~12级。第1级加荷应计入设备自重。荷载施加后的第一个小时内的第5min、10min、15min、30min、60min各测记一次沉降,以后每隔30min测记一次。当连续2h内,沉降量均小于0.1mm/h时,则认为沉降已达到稳定标准,可施加下一级荷载。

(6)终止试验的标准:

①达到了破坏荷载(沉降急骤,土被挤出或压板周围出现明显和裂缝)。

②未达破坏,但累计沉降量已大于压板宽度或直径的6%。

③当受试验设备能力限制达不到上述标准时,总加载量已为设计要求的2倍以上。有些多桩复合荷载试验因受反力限制,有时可能难以达到上述标准,此时可根据具体情况和经验研究确定。

(7)当需要进行回弹观测时,可按加载等级的2倍进行卸荷,每级卸载观测1h,全部荷载卸除后连续观测3h。

5)复合地基承载力标准值的确定

根据单桩或多桩复合地基荷载试验的结果,绘制荷载(Q)-沉降(S)曲线,可由此曲线来确定复合地基承载力:

(1)当曲线上有明显的比例极限时,可取比例极限所对应的荷载作为承载力。

(2)当极限荷载能确定,其值又小于对应比例极限荷载值的2.0倍时,可取极限荷载的一半作为承载力。

(3)按相对变形值确定。由于复合地基荷载试验的 Q-S 曲线大多是非线性的,同时桩与土在复合地基中要满足变形条件,所以 Q-S 曲线坡度随着荷载的增加而增加,曲线无明显的拐点。因此,通常可按照相对变形值来确定承载力。该相对变形可按地区经验来确定。当缺乏经验时,也可按 $S/b(S/d)=0.06\sim0.08$(S 为沉降量,b、d 为承压板的宽度或直径)来确定。

但是,按上述第3条的标准确定的承载力,不应大于最大加载值的一半。

(4)复合地基荷载试验的数量不应少于3点,当满足其极差不超过平均值30%时,可取其平均值作为复合地基承载力的标准值。

第三节 碎石桩检测

碎石桩是一种加固软基的方法,它的加固原理是按一定间距和分布在软基中设置一群碎石桩体,碎石桩体和原来的软基共同组成一个"复合地基"。这种复合地基的承载力比原地基高,压缩性比原地基小。

选择包含一根碎石桩的复合地基进行荷载试验,称作单桩复合地基荷载试验;选择包含一根以上碎石桩的复合地基进行荷载试验,称作多桩复合地基荷载试验。由于受客观条件的制约,多桩复合地基荷载试验中常用的桩数为2~4根,其中更多采取4根碎石桩复合地基做试验。

1. 荷载试验

1)试验类型

试验类型有单桩荷载试验、单桩复合地基荷载试验和多桩复合地基荷载试验三种。单桩荷载试验[图4-20a)]和单桩复合地基荷载试验[图4-20b)]。多数采用钢筋混凝土或钢质圆形压板。

前者压板直径与碎石桩的桩径相等;后者压板直径与等效影响直径相等。等效影响直径按照面积与一根碎石桩所承担的处理面积推算。

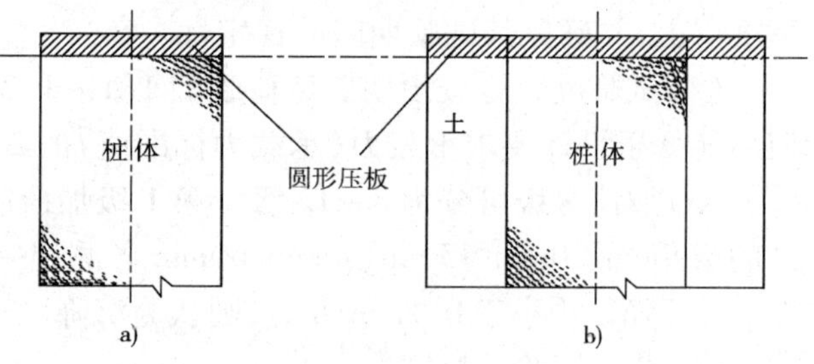

图4-20 单桩和单桩复合地基荷载试验

a)单桩荷载试验;b)单桩复合地基荷载试验

多桩复合地基荷载试验多数采用钢筋混凝土或钢质方形或矩形压板。压板尺寸取决于桩的布置和间距(图4-21)。其中最常用的为两倍桩距见方、覆盖四根桩的压板,若桩间距1.5m,正方形布置,则压板尺寸为3m×3m。有时为比较地基处理前后变化,也用同一尺寸的压板在天然地基上进行荷载试验。

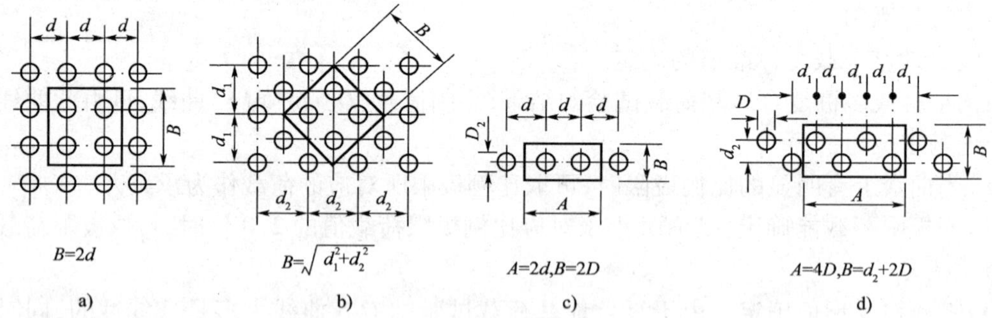

图4-21 多桩复合地基荷载试验压板尺寸

a)满堂桩正方形布置;b)满堂桩三角形布置;c)条形基础单排桩;d)条形基础双排桩

2)试验要点

复合地基荷载试验和天然地基标准荷载试验比较,压板的尺寸和地基的性能都有较大差别。因此,标准荷载试验的一些主要规定已不再适用。目前国内外还没有一个统一的有关在复合地基上进行荷载试验的规程。以下为国内采用过的一些试验要点和判别标准。

(1)试验工作量

以检验加固效果为目的的单桩或多桩复合地基大型荷载试验，一般选择有代表性的，或原地基土质较差的地点进行一至四组，加固面积大、土质条件复杂、宜多做几组，否则做一、二组就够了。有条件时尽量做多桩复合地基荷载试验。为积累资料，宜用同一尺寸的压板在天然地基上进行一、二组荷载试验。天然地基荷载试验宜在加固区外土质有代表性的地点进行，试验尽可能进行到地基土发生破坏。

(2)恢复期

由于制桩，原土的结构受到不同程度的扰动，强度有所降低。因此制桩结束后必须静置一段时间，待强度恢复后方可进行荷载试验。这段时间称为恢复期。对以黏性土为主的地基，恢复期不少于20d。

(3)试验

①压板底高程。压板底高程应和基础底面设计高程相同，压板下面设30cm厚的碎石垫层和5cm厚的中粗砂找平层。板面要保持水平。

②加荷。总加载量至少为设计要求值的一倍。荷载分级等量施加，级数控制在8～12级。当上一级荷载引起的沉降量一小时内小于0.25mm时方可加下一级荷载。

③读数。加荷前和加荷后各测读一次。以后，每隔半小时读一次数。当读数变化较小时，可放长至每隔1h读一次数。

④终止试验条件。试验过程中出现下列现象之一时，可终止试验。

a. 压板突然下沉，下面的土被挤出，周围的土出现明显的裂缝。

b. 累计沉降量已超过0.1b(b为压板宽度)或0.1D(D为压板直径)。

c. 压力已超过设计值的1倍。

⑤卸荷。分三级等量卸荷。每卸一级荷载，读记回弹量，直至变形结束。

(4)确定容许承载力

从大量的复合地基荷载试验资料发现，压力(P)-沉降(S)关系线是一条比较平缓的光滑曲线，看不出有明显的拐点，相邻两级压力所对应的沉降量之比亦无一定规律。根据上述情况，考虑到国外对天然地基标准荷载试验多数按控制变形方法确定容许承载力的趋向，建议按规定的沉降比(ρ)确定复合地基的容许承载力。所谓沉降比是指S/b或S/D(b和D分别为压板宽度和直径)的值。对以黏性土为主的地基，规定ρ为0.02～0.03；对以粉土或砂土为主的地基，规定ρ为0.015～0.02。

2. 动力触探检测桩身密实度

前湖北省综合勘测院曾提出用标准贯入试验设备在碎石桩轴心处进行动力触探以检验桩的密实程度，采用的判别准则如表4-32所示。并且规定连续出现大于7cm沉降量的桩长达0.5m的桩，或间断出现大于7cm下沉量的累积桩长在1m以上的桩，应采取补强措施。

碎石桩密实程度判别准则　　表4-32

连续5击下沉量	密实程度	连续5击下沉量	密实程度
<7	密实	10～13	不密实
7～10	不够密实	>13	松散

复习思考题

1. 常用的地基检测方法有哪些?
2. 现行《公路桥涵地基与基础设计规范》(JTG D63—2007)确定地基承载力的步骤是什么?
3. 如何用现场荷载试验绘制的 P-S 关系曲线确定地基容许承载力?
4. 水泥掺入比 α_w、龄期 T 对水泥加固土的强度有什么影响?
5. 简述轻型动力触探检测水泥土搅拌桩质量的检验要点。
6. 取芯检测法检测的目的是什么?
7. 单桩竖向静荷载试验如何确定地基极限荷载?
8. 复合地基承载力是如何确定的?
9. 复合地基荷载试验检测碎石桩容许承载力的步骤是什么?

第五章

钻(挖)孔灌注桩检测

知识目标

1. 基桩静载试验;
2. 反射波法检测;
3. 机械阻抗法检测;
4. 灌注桩声波检测。

技能目标

1. 用常规方法进行钻(挖)孔灌注桩成孔、清孔质量检测;
2. 进行泥浆性能质量检测。

钻(挖)孔灌注桩在施工中容易出现各种质量问题,因此试验检测工作非常重要。试验检测工作主要包括施工前原材料、配合比、混合料技术性质及施工机具检验;施工过程水泥混凝土混合料与成孔质量检验;施工后的验收与评估检验及桩承载力与完整性检验。根据《公路工程基桩动测技术规程》(JTC/T F81-01 2004)规定,公路工程基桩应进行100%的完整性检测,各种方法的选定应具有代表性和满足工程检测的特定要求;重要工程的钻孔灌注桩应埋设声测管,检测的桩数不应少于50%。

●第一节 原材料与配合比●

《道路材料》已介绍过普通水泥混凝土原材料的技术性质与检验方法,此处重点介绍钻(挖)孔灌注桩对原材料的技术要求与配合比要求。

一、原材料检测项目

1. 水泥

(1)水泥应符合现行国家标准,并附有制造厂的水泥品质试验报告等合格证明文件。水泥进场后,应按其品种、强度、证明文件以及出厂时间等情况分批进行检查验收。对所用水泥应进行复查试验。为快速鉴定水泥的现有强度,也可用促凝压蒸法进行复验。

(2)通常检验水泥的细度、水泥浆的标准稠度、凝结时间、体积、稳定性和强度。

(3)水泥如受潮或存放时间超过3个月,应重新取样检验,并按其复验结果使用。

(4)水下灌注混凝土可采用火山灰水泥、粉煤灰水泥、普通硅酸盐水泥或硅酸盐水泥,使用矿渣水泥时应采取措施防止离析。水泥的初凝时间不早于2.5h,水泥的强度等级不宜低于42.5。

2.细集料

(1)桥涵混凝土的细集料,应采用级配良好、质地坚硬、颗粒洁净、粒径小于5mm的河砂,河砂不易得到时,也可采用山砂或用硬质岩石加工的机制砂。细集料不宜采用海砂。对于钢筋混凝土不得不采用海砂时,其氯离子的含量应符合有关规定。

(2)砂的筛分析应符合下列规定:

①砂的分组见表5-1。

砂的分组　　表5-1

砂组	粗砂	中砂	细砂
细度模数	3.7~3.1	3.0~2.3	2.2~1.6

②砂的级配应符合表5-2中任何一个级配区所规定的级配范围。

砂的分区及级配范围　　表5-2

标准筛筛孔尺寸(mm)	级配区		
	Ⅰ区	Ⅱ区	Ⅲ区
	累计筛余(%)		
10.00	0	0	0
5.00	10~0	10~0	10~0
2.50	35~5	25~0	15~0
1.25	65~35	50~10	25~0
0.63	85~71	70~41	40~16
0.315	95~80	92~70	85~55
0.16	100~90	100~90	100~90

注:①表中除5mm、0.63 mm、0.16 mm筛孔外,其余各筛孔累计筛余允许超出分界线,但其总量不得大于5%。

②I区砂宜提高砂率以配低流动性混凝土;II区砂宜优先选用以配不同等级的混凝土;Ⅲ区砂宜适当降低砂率以保证混凝土的强度。

③对于高强泵送混凝土用砂宜选用中砂,细度模数为2.9~2.6。2.5mm筛孔的累计筛余量不得大于15%,0.315mm筛孔的累计筛余量宜在85%~92%范围内。

(3)当对河砂、海砂或机制砂的坚固性有怀疑时,应用硫酸盐进行坚固性试验,试验循环5次,砂的总质量损失应符合表5-3中的规定。

砂的坚固性指标　　表5-3

混凝土所处的环境条件	循环后的质量损失(%)
在寒冷地区室外使用,并经常处于潮湿或干燥交替状态下的混凝土	≤8
在其他条件下使用的混凝土	≤12

注:①寒冷地区系指最寒冷月份的月平均温度为0~-10℃,且日平均温度≤5℃的天数不超过145d的地区。

②对同一产源地的砂,在类似的气候条件下使用已有可靠经验时,可不做坚固性检验;

③对于有抗疲劳、耐磨、抗冲击要求的混凝土用砂,或有腐蚀介质作用或经常处于水位变化区的地下结构混凝土用砂,其循环后的质量损失率应小于8%。

(4)砂中杂质的含量应通过试验测定,其最大含量不宜超过表 5-4 中的规定。

砂中杂质的最大含量　　表 5-4

项　　目	≥C30	<C30
含泥量(%)	≤3	≤5
其中泥块含量(%)	≤1.0	≤2.0
云母含量(%)	<2	
轻物质含量(%)	<1	
硫化物及硫酸盐折算 SO_3(%)	<1	
有机质含量(用比色法试验)	颜色不应深于标准色,如深于标准色,应以水泥砂浆进行抗压强度对比试验,加以复核	

注:①对有抗冻、抗渗或其他特殊要求的混凝土用砂,总含泥量应不大于 3%,其中泥块含量应不大于 1.0%,云母含量不应超过 1%。

②对有机质含量进行复核时,用原状砂配制的水泥砂浆抗压强度不低于用洗除有机质的砂所配制的砂浆的 95% 时为合格。

③砂中如含有颗粒状的硫酸盐或硫化物,则要进行混凝土耐久性试验,满足要求时方能使用。

④杂质含量均按质量计。

3. 粗集料

(1)桥涵混凝土的粗集料:应采用坚硬的卵石或碎石,应按产地、类别、加工方法和规格等不同情况,分批进行检验。机械集中生产时,每批不宜超过 400m^3;人工分散生产时,每批不宜超过 200 m^3。粗集料的试验可按现行《公路工程集料试验规程》(JTJ 058—2005)执行。

(2)粗集料的颗粒级配:可采用连续级配或连续级配与单粒级配合使用。在特殊情况下,通过试验证明混凝土无离析现象时,也可采用单粒级。粗集料的级配范围应符合表 5-5 碎石或卵石颗粒级配规格的要求。

碎石或卵石的颗粒级配规格　　表 5-5

级配情况	公称粒径(mm)	累计筛余(按质量百分率计,%)											
		圆孔筛筛孔尺寸(mm)											
		2.5	5	10	15	20	25	31.5	40	50	63	80	100
连续级配	5～10	95～100	80～100	0～15	0	—	—	—	—	—	—	—	—
	5～16	95～100	90～100	30～60	0～10	0	—	—	—	—	—	—	—
	5～20	95～100	90～100	40～70	—	0～10	0	—	—	—	—	—	—
	5～25	95～100	90～100	—	30～70	—	0～5	0	—	—	—	—	—
	5～31.5	95～100	90～100	70～90	—	15～45	—	0～5	0	—	—	—	—
	5～40	—	95～100	75～90	—	30～60	—	—	0～5	0	—	—	—
单粒级	10～20	—	95～100	85～100	—	0～15	0	—	—	—	—	—	—
	16～31.5	—	95～100	—	85～100	—	—	0～10	0	—	—	—	—
	20～40	—	—	95～100	—	80～100	—	—	0～10	0	—	—	—
	31.5～63	—	—	—	95～100	—	—	75～100	45～75	—	0～10	0	—
	40～80	—	—	—	—	95～100	—	—	70～100	—	30～60	0～10	0

(3)粗集料最大粒径应按混凝土结构情况及施工方法选用,但最大粒径不得超过结构最小边尺寸的1/4和钢筋最小净距的3/4。在两层或多层密布钢筋结构中,不得超过钢筋最小净距的1/2,同时最大粒径不得超过100mm。用混凝土泵运送混凝土时的粗集料最大粒径,除应符合上述规定外,对碎石不宜超过输送管径的1/3;对于卵石不宜超过输送管径的1/2.5,同时应符合混凝土泵送制造厂的规定。

(4)粗集料的技术要求及有害物质含量的规定见表5-6与表5-7。

粗集料的技术要求 表5-6

项　次	混凝土强度等级			
	C55 ~ C40	≤C35	≥C30	<C30
石料压碎指标值(%)	≤12	≤16	—	—
针片状颗粒含量(%)	—	—	≤15	≤25
含泥量(按质量计)(%)	—	—	≤1.0	≤2.0
泥块含量(按质量计)(%)	—	—	≤0.5	≤0.7
小于2.5mm的颗粒含量(按质量计)(%)	≤5	≤5	≤5	≤5

注:①混凝土强度等级为C60及以上时应进行岩石抗压强度检验;其他必要的情况下,也可进行岩石的抗压强度检验。对于大于或等于C30的混凝土,岩石的抗压强度与混凝土强度等级之比不应小于2,其他不应小于1.5,且火成岩强度不宜低于80MPa,变质岩不宜低于60 MPa,水成岩不宜低于30 MPa。

②混凝土强度在C10及以下时,针片状颗粒最大含量可为40%。

碎石或卵石中的有害物质含量 表5-7

项　次	品质指标
硫化物及硫酸盐折算为SO_3(按质量计)不大于(%)	不大于1%
卵石中有机质含量(用比色法试验)	颜色不应深于标准色;如深于标准色,则应配制混凝土进行强度试验。抗压强度应不低于95%

注:如含有颗粒硫酸盐或硫化物,则要进行混凝土耐久性试验,确认能满足要求时方能使用。

(5)混凝土结构物处于表列条件时,应对碎石或卵石进行坚固性试验,试验结果应符合表5-8的规定。

碎石或卵石的坚固性试验 表5-8

混凝土所处环境条件	在溶液中循环次数	试验后质量损失不宜大于(%)
寒冷地区,经常处于干湿交替状态	5	5
严寒地区,经常处于干湿交替状态	5	3
混凝土处于干燥条件,但粗集料风化或软弱颗粒过多时	5	12
混凝土处于干燥条件,但有抗疲劳、耐磨、抗冲击要求或强度大于C40	5	5

注:有抗冻、抗渗要求的混凝土用硫酸钠法进行坚固性试验不合格时,可再进行直接冻融试验。

(6)施工前应对所用的碎石或卵石进行碱活性检验,在条件许可时尽量避免采用有碱活性反应的骨料,或采取必要的措施。

4. 拌和用水

拌制混凝土用的水,应符合下列要求:

(1)水中不应含有影响水泥正常凝结与硬化的有害杂质或油脂、糖类及游离酸类等。

(2)污水、pH 值小于 5 的酸性水及含硫酸盐按 SO_4^{2-} 计算超过水的质量 0.27mg/cm^3 的水不得使用。

(3)不得用海水拌制混凝土。

(4)供饮用的水,一般能满足上述条件,使用时可不经试验。

5. 外加剂

(1)应根据外加剂的特点,结合使用目的,通过技术、经济比较来确定外加剂的使用品种。如果使用一种以上的外加剂,必须经过配比设计,并按要求加入到混凝土拌和物中。在外加剂的品种确定后,掺量应根据使用要求、施工条件、混凝土原材料的变化进行调整。

(2)所采用的外加剂,必须是经过有关部门检验并附有检验合格证明的产品,其质量应符合现行《混凝土外加剂》(GB 8076—2008)的规定,使用前应复验其效果。使用时应符合产品说明及现行《公路桥涵施工技术规范》(JTJ 041—2000)关于混凝土配合比、拌制、浇筑等各项规定以及外加剂标准中的有关规定。有关混凝土外加剂现场复试检测项目及标准见《公路桥涵施工技术规范》(JTJ 041—2000)附录。不同品种的外加剂应分别存储,做好标记,在运输与存储时不得混入杂物和遭受污染。

(3)在混凝土中掺用外加剂时,除应符合上述要求外,还应符合下列规定:

①在钢筋混凝土中不得掺用氯化钙、氯化钠等氯盐。

②位于温暖或严寒地区、无侵蚀性物质影响及与土直接接触的钢筋混凝土构件,混凝土中的氯离子含量不宜超过水泥用量的 0.30%;位于严寒和海水区域、受侵蚀环境和使用除冰盐的桥涵,氯离子含量不宜超过水泥用量的 0.15%。从各种组成材料引入的氯离子含量(折合氯盐含量)如大于上述数值时,应采取有效的防锈措施(如掺入阻锈剂、增加保护层厚度、提高混凝土密实性等)。当采用洁净水和无氯集料时,氯离子含量可主要以外加剂或混合材料的氯离子含量控制。

③无筋混凝土的氯化钙或氯化钠掺量,以干质量计,不得超过水泥用量的 3%。

④掺入加气剂的混凝土的含气量宜为 3.5% ~5.5%。

⑤对由外加剂带入混凝土的含碱量应进行控制。每立方米混凝土的总含碱量,对一般桥涵不宜大于 3.0kg/m^3,对特殊大桥、大桥和重要桥梁不宜大于 1.8kg/m^3;当处于受严重侵蚀的环境,不得使用有碱活性反应的集料。

6. 混合材料

(1)混合材料包括粉煤灰、火山灰质材料、粒化高炉矿渣等,应由生产单位专门加工,进行产品检验并出具产品合格证书,其技术条件应分别符合现行《用于水泥和混凝土中的粉煤灰》(GB/T 1596—2005)、《用于水泥中的火山灰质混合料》(GB/T 2847—2005)、《用于水泥中的粒化高炉矿渣》(GB/T 203—2008)等标准的规定。使用单位对产品质量有怀疑时,应对其质量进行复查。

(2)混合材料在运输与存储中,应有明显标志,严禁与水泥等其他粉状材料混淆。

二、配合比要求

1. 普通水泥混凝土的配合比要求

(1)混凝土的配合比,应以质量比计,并应通过设计和试配选定。试配时应使用施工实际采用的材料，配制的混凝土拌和物应满足和易性、凝结速度等施工技术条件，制成的混凝土应符合强度、耐久性（抗冻、抗渗、抗侵蚀）等质量要求。

（2）普通混凝土的配合比，可参照现行《普通混凝土配合比设计规程》（JGJ/T 55—2000），通过试配确定。对于有特殊要求的混凝土的配合比设计（包括抗渗混凝土、抗冻混凝土、高强混凝土、泵送混凝土、大体积混凝土），亦可参照上述规程，经过试配确定。在施工过程中，应及时积累资料，为合理调整混凝土配合比提供依据。

（3）配制混凝土时，应根据结构情况和施工条件确定混凝土拌和物的坍落度，浇筑时的坍落度可按施工规范规定选用。

当工程需要获得较大的坍落度时，可在不改变混凝土的水灰比，不影响混凝土的质量的情况下，适当掺加外加剂。

（4）混凝土的最大水灰比和最小水泥用量应符合有关的规定。

（5）混凝土的最大水泥用量（包括代替部分水泥的混合材料）不宜超过 $500kg/m^3$，大体积混凝土不宜超过 $350kg/m^3$。

2. 水下混凝土的配制

（1）可采用火山灰水泥、粉煤灰水泥、普通硅酸盐水泥或硅酸盐水泥，使用矿渣水泥时应采取防离析措施。水泥的初凝时间不宜早于 2.5h，水泥的强度等级不宜低于 42.5。

（2）粗集料宜优先选用卵石，如采用碎石宜适当增加混凝土配合比的含砂率。集料的最大粒径不应大于导管内径的 1/6 ~ 1/8 和钢筋最小净距的 1/4，同时不应大于 40mm。

（3）细集料宜采用级配良好的中砂。

（4）混凝土配合比的含砂率宜采用 0.4 ~ 0.5，水灰比宜采用 0.5 ~ 0.6。有试验依据时含砂率和水灰比可酌情增大或减小。

（5）混凝土拌和物应有良好的和易性，在运输和灌注过程中应无显著离析、泌水现象。灌注时应保持足够的流动性，其坍落度宜为 180 ~ 220mm，混凝土拌和物中宜掺用外加剂、粉煤灰等材料。

（6）每立方米水下混凝土的水泥用量不宜小于 350kg，当掺有适宜数量的减水缓凝剂或粉煤灰时，可不少于 300 kg。

（7）对沿海地区（包括有盐碱腐蚀性地下水地区）应配制防腐蚀混凝土。

●第二节　施工过程检测●

钻（挖）孔灌注桩可采用不同的钻孔（或挖孔）方法，在土中形成一定直径的井孔并达到设计高程后，将钢筋骨架吊入井孔中，灌注混凝土（或水下混凝土）成为桩基础的一种施工工艺，目前虽然有比较成熟的施工方法，但由于地质情况复杂或其他原因，容易出现质量事故，因此其检测项目较多。

一、检验项目

检验筑岛：筑岛的面积应按钻孔方法、机具大小等要求决定；高度应高于最高施工水位 0.5 ~ 1.0m；筑岛材料及岛面与地基承载力应满足设计要求；岛体应稳定。

检验护筒:应检验护筒内径;护筒中心竖直线;护筒高度;埋置深度及护筒的连接处。

泥浆检验:泥浆的要求与检验后述。

灌注混凝土质量的检测:详见本书第六章。

成孔质量检验、清孔检验及灌注桩质量检验。

此外,还有钢筋笼与导管检验。

二、成孔质量检验及质量标准

钻、挖孔在终孔和清孔后,应进行孔位、孔深、孔径、孔形和倾斜度等检查。

混凝土灌注桩的成孔施工分为干作业(如人工挖孔)和湿作业(钻孔、冲孔等)。由于干作业施工的成孔桩成孔后人可以接近孔壁、孔底,桩孔的孔深、孔径、垂直度、沉渣厚度等可通过钢尺等简单方法测量。因此,本节主要介绍的是湿作业施工的灌注桩的成孔质量检测。

1. 桩位偏差检查

桩位偏差,即实际成桩位置偏离设计位置的差值。由于上部结构作用在基础上的荷载位置是不能变动的,桩偏位后,桩的受力状态发生了改变,即使采取补桩,加大基础底梁或承台等补救措施,也往往难以达到桩的原设计要求。桩偏位后造成的后果导致桩的可靠性降低、工程造价增加与工期延长等。

施工中,由于各种因素的影响(如测量放线误差、护筒埋设时的偏差、钻机对位不正、钢筋笼下设时的偏差等),都会造成桩位偏离设计位置。因此,要保证桩位的正确性,首先在施工中就应将每一个环节的偏差控制在最小范围内。

在桩基施工前按设计桩位平面图放出桩的中心位置,施工后对全部桩位进行复测,检查桩中心位置并在复测平面图上标明实际桩位坐标。复测桩位时,桩位测点选在新鲜桩头面的中心点(基坑开挖前测量护筒中心),然后测量该点偏移设计桩位的距离,并按坐标位置,分别标明在桩位复测平面图上。测量仪器选用精密经纬仪或红外测距仪。

桩位中心位置的偏差要求,应满足桩的相关设计规定或相关的规范标准。

2. 桩孔径、垂直度检测

桩孔径、垂直度检测是成孔质量检测中的两项重要内容。目前,用于孔径检测的仪器大多可同时测量桩的垂直度。桩孔径、垂直度检测的方法大致分为:简易法检测,伞形孔径仪检测和声波法检测。

1)简易法检测

工程技术人员在多年的灌注桩施工、检测中,研究总结出了一些简易的孔径、垂直度的检测方法和手段。它们适合于在没有专用孔径、垂直度仪条件下的成孔质量检测。检测设备为制作简单的器具,如钢筋笼式、圆球式、六边木条铰链式、卡尺式等类型的检孔器。其中钢筋笼式是简易法检测中使用较广泛的一种检孔器具,其设备制作简单,检测方法方便、可行。

(1)检孔器

钢筋笼孔径器形似小形钢筋笼(图 5-1),其尺寸根据检测桩的设计桩径大小设计,外径 D 可参照表 5-9 设计(外径不大于钻头直径),长度 L 为 3.0~5.0m(桩径较大时 L 取大值,还可适当加长)。孔径器采用钢筋制作,有一定的刚度,防止在使用过程中发生变形;同时,孔径器必须规则,减少周壁突出,防止在检孔过程中对孔壁造成破坏。

检孔器外径尺寸表　　表 5-9

设计桩径(cm)	100	120	150	200	250	280	300
检孔器外径 D(cm)	98	118	148	197	246	276	296

(2)孔径、垂直度检测

①孔径检测。在钻孔成孔后,当孔深、清孔泥浆指标合格后,钻机移位,利用钻孔三角架或吊车、龙门架等设备将孔径器放入孔内,孔径器进入孔内后,利用在护筒顶放样十字线,通过吊绳进行孔径器对中,如图 5-1 所示。孔径器对中后,上吊点(吊车、三角架、龙门架下落钢丝绳点)必须位置固定且在整个检孔过程中不能变位,否则重新对中。孔径器在孔内下落时,靠自重下沉,不得借助其他外力。如果孔径器能在自重作用下顺利下至孔底(孔径器系有测绳),则表明孔径能满足设计桩径要求。如果在自重作用下不能下至孔底,则表明孔径小于设计桩径,则应重新扫孔或重新钻至设计孔径。

②垂直度检测。当孔径器在孔顶对中下落后,通过在护筒顶观测吊绳相对于放样中心点偏移情况,可计算成孔后孔的倾斜度,如图 5-2 所示。

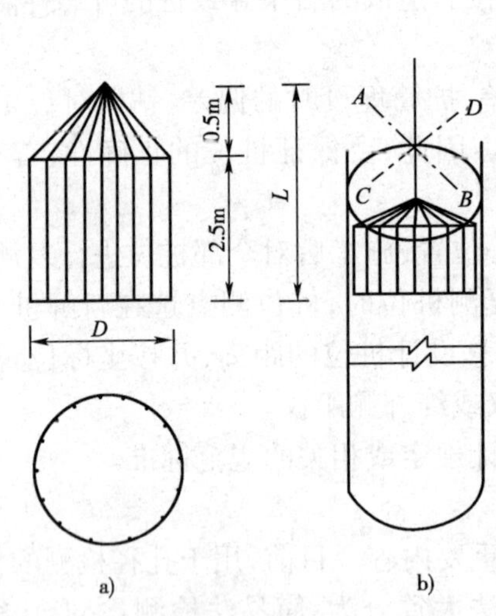

图 5-1　钢筋笼检孔器测量孔径

a)检孔器;b)孔径测量

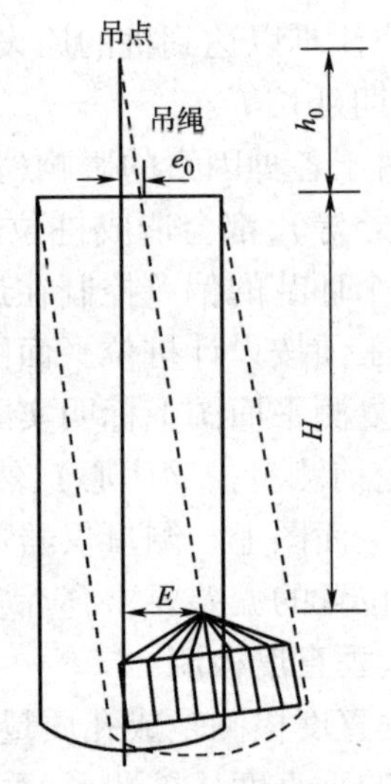

图 5-2　钢筋笼检孔器测量孔斜

桩孔垂直度

$$K = E/H \times 100 \tag{5-1}$$

式中:K——桩孔垂直度(%);

E——桩孔偏心距(m);

H——孔径器下落深度(m)。

由图 5-2 及几何关系式得到

$$\frac{e_0}{E} = \frac{h_0}{h_0 + H} \tag{5-2}$$

$$E = \frac{e_0(h_0 + H)}{h_0} \tag{5-3}$$

$$K=\frac{e_0(h_0+H)}{h_0\cdot H}\times 100 \tag{5-4}$$

式中：e_0——护筒放样中心点与吊绳偏差值（m）；

h_0——吊点到护筒顶高度（m）；

其余符号意义同前。

由以上公式可很方便地测得桩孔垂直度。为保证检测的精确性，可视情况对 $H/2$、$H/4$ 等处进行检测，计算相应孔深垂直度。

类似钢筋笼式的另一种方法是圆球式检孔器检测，如图 5-3 所示。孔径器为一钢筋弯制的圆球，直径比孔径略小。检测孔径时，若圆球可以顺利放入孔底，表明孔径正常。当检测桩孔倾斜度时，在孔口沿钻孔直径方向设一标尺，标尺上 0 点与钻孔中心重合，并使滑轮、标尺 0 点和钻孔中心在同一铅垂线上，滑轮到标尺中点距离为 H。穿过滑轮的测绳一端连接圆球，另一端通过转向滑轮用手拉住。将圆球慢慢放入钻孔中，并测读测绳在标尺上的偏距 e，则倾斜角 $\alpha=\arctan(e/H)$。该方法工具简单，操作方便。

2）伞形孔径仪检测

伞形孔径仪是由孔径仪、孔斜仪、沉渣厚度测定仪三部分组成的一个测试系统，由于系统中孔径仪的孔中探测头部分形似伞形，而它也是系统中的主要部分，因此常俗称该系统为伞形孔径仪。伞形孔径仪中测量孔径、孔斜、沉渣的孔中仪器部分是独立的，地面仪器为共用的。

（1）孔径测量

伞形孔径仪（也称井径仪，如图 5-4 所示）是国内目前采用较多的一种孔径测量仪器。仪器由孔径测头、自动记录仪、电动绞车等组成。仪器通过放入到桩孔中的一专用测头测得孔径的大小，通过在测头上安装的电路将孔径值转化为电信号，由电缆将电信号送到地面被仪器接收、记录，根据接收、记录的电信号值可计算或直接绘出孔径。

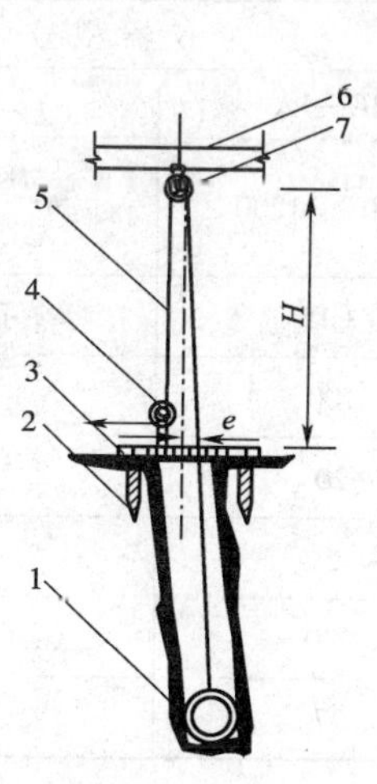

图 5-3　圆球检孔器测量孔径、孔斜

1-圆球；2-定位桩；3-标尺；4-转向滑轮；5-钢丝绳；6-横梁；7-滑轮

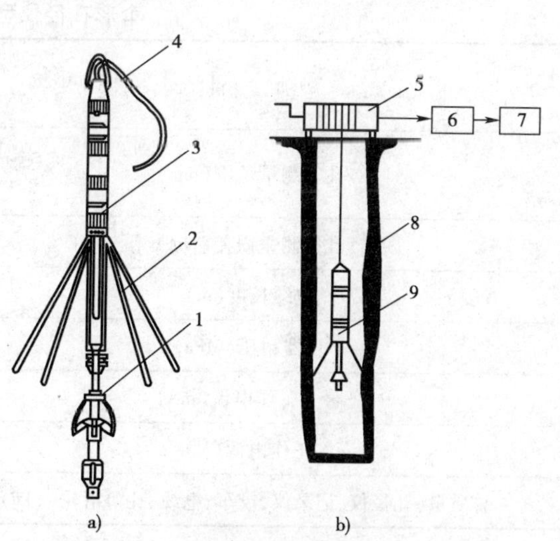

图 5-4　伞形孔径仪

a）测头；b）测量原理

1-锁腿架；2-测腿；3-密封筒；4-电缆；5-电缆绞车；6-放大器；7-记录仪；8-桩孔；9-测头

仪器工作原理如下：

①孔径丈量。如图5-4所示，孔径仪测头前端有4条测腿，测腿可在弹簧和外力的作用下自动张开、合拢，如同一把自动伞。测头放入孔中后，弹簧力使测腿自然张开并以一定的压力与孔壁接触，孔径变大会测腿张开角也变大，孔径缩小会孔壁压迫测腿收拢，测腿的张开角变小，4条测腿成两组正交分别测量两个方向的孔径值，取平均值作为某测点的孔径。当将测腿从孔底提升至孔口，随着孔径的变化，测腿如一把尺子可量出孔中各高程的孔径。

②电信号转换。在孔径仪测头密封筒内安装有串联滑动电阻（测量电位器），测腿随孔径的变化张开、合拢，电位器上的触点位置也发生相应滑动导致电阻值的改变，当供给滑动电阻以恒定的电流时，孔径的改变则转化为电压值的变化。用数字电压表读出测量系统的电压，就可求出供电电流。测量孔径时，只要测得电压，利用式（5-5）就可计算出实际的孔径值。

$$\phi = \phi_0 + K\frac{\Delta V}{I} \tag{5-5}$$

式中：ϕ——被测孔径（m）；

ϕ_0——初始孔径（m）；

ΔV——电压变化（V）；

I——电流（A）；

K——率定系数（m/Ω）。

采用自动记录仪记录孔径信号。记录仪在绘出孔径大小的同时，通过控制记录仪的走纸系统来实现深度的同步测量。

（2）检测仪器

常用的伞形孔径仪的主要型号有JJC—1A型灌注桩孔径检测系统和JJY—5型大口径孔径仪。仪器的主要技术指标见表5-10。

伞形孔径仪型号、技术指标 表5-10

项　目	仪器型号	
	JJC—1A	JJY—5
孔径测量范围（mm）	$\phi500 \sim \phi1200$	$\phi800 \sim \phi1500$ $\phi1300 \sim \phi2200$
孔径测量误差（mm）	±15	不大于±20
电缆长度（m）	100	100
仪器耐压（MPa）	20	300
最大工作电流（mA）	5	10
工作电源（V）	220	220
总质量（孔径仪、记录仪、绞车、电缆、孔口滑轮）（kg）	77	80

上述两种仪器的工作原理基本相同。为了适应测量的要求，JJY—5型大口径孔径仪在测头、测腿构造上进行了特殊处理。测头仪器内注满变压器油，其下端装有压力平衡装置且与密封筒贯通，从而使仪器在深桩孔中不致因外压力不平衡而损坏。为了测量1500mm以上桩孔，4条测腿的前端装有扩展腿，扩展腿还可以长。仪器的电缆长度也可根据测量桩孔深度要求

由厂家进行特殊定制。JJC—1A、JJY—5 型孔径仪的一个特点是在检测的同时,可打印绘出检测的结果图。

(3)测量及操作方法

测量之前,需对仪器进行全面的刻度校正。校正方法可采用与仪器配套的校正架。因校正架携带不方便,在工地现场一般使用仪器所附的"现场刻度器"进行校正。将"现场刻度器"套在孔径仪张开的 4 条测腿上,用尺量出刻度值,调整记录仪记录笔到相应的刻度位置。如记录仪"测程"为 10mV/cm,测腿量出的刻度值为 ϕ800mm,则可把记录幅度调节为 80mm,此时记录的横向比例为 1:10。

仪器校正后将测头 4 条测腿合拢套上开腿盒锁定,开动绞车将测头放入孔内,当电缆上特殊标志下到钻进深度的起算面时停止,将深度显示值预置为 5.00m,并在对应电缆上的某一深度记号处,在地面上钉下标志杆作为标准点,此后深度显示将直接指示仪器在孔中的测点位置。

测头到达孔底后电缆就会松弛,在孔口快速上提电缆,泥浆的反力将使开腿盒与测腿脱开,测腿随即自动弹开并贴住孔壁,记录笔也随之右移。开动绞车上提电缆开始孔径测量。测量过程中,记录纸随电缆走动,记录笔随孔径大小变化左右移动。当电缆上的每一个深度记号经过标准点时,都要按动仪器的深度记号器,直到测头被提到孔口为止,这样带有深度标志的孔径曲线就会被自动描绘下来。

如果作孔径的点测,可将测头提到每一预定的测点深度,在仪器上读出对应的孔径电压值,按照仪器厂家提供的电流设值 I 和仪器常数 K,根据式(5-5)计算出实际的孔径值。

测量时如孔底泥浆密度过大,阻碍测腿顺利弹到其相应位置,孔底测量值会偏小,如孔底冲刷时间过长,孔径将偏大,测量时要结合桩孔施工情况对测量结果加以判断。

3)垂直度测量

(1)测量原理与方法

采用伞形孔径仪测试系统中配套的专用测斜仪,在孔内不同深度连续多点测量其顶角和方位角(图 5-5a)),根据所测得的顶角、方位角可计算孔的倾斜度。

测斜仪的顶角测量利用铅垂原理,测量系统由顶角电阻(电阻值已知)、顶角测量杆组成。顶角测量杆上装有一重块可自由摆动,并使重块始终垂直于水平面,当钻孔倾斜时,顶角电阻和测量杆间就有一角度,仪器内部机构使得测量杆和顶角电阻接触,短路了一部分电阻,剩下的电阻值就是被测点的顶角。方位角测量依靠磁定向机构系统完成,系统中有定位电阻、接触片等,接触片始终保持指北状态,方位角变化时,接触片短路了一部分电阻,剩下的电阻值就是被测点的方位角。

桩孔垂直度主要取决于桩孔在垂直方向上的偏移量。在实际工程检测中,一般以测量桩孔的顶角参数值为主,通过顶角值计算得到桩孔的垂直度。桩孔的垂直度计算方法如图5-5b)所示,其计算公式如下:

$$E=\sum_{i=1}^{n}E_i=\sum_{i=1}^{n}(H_i-H_{i-1})\sin\left(\frac{\theta_i-\theta_{i-1}}{2}\right) \tag{5-6}$$

$$K=\frac{E}{H}\times 100 \tag{5-7}$$

式中：K——桩孔垂直度(%)；

E——桩孔总偏移量(m)；

H——桩孔深度(m)；

i——第 i 个测点；

n——测点总数；

H_i——测头在第 i 点的读尺深度(m)；

E_i——桩孔在读尺深度 H_{i-1} 至 H_i 的偏移量(m)；

θ_i——i 测点的顶角值(°)。

工程中桩孔的倾斜并非如图 5-5b)所示为一条平直的倾斜线，而常常是弯曲线，要求出 H_i 的真实值较为复杂，因此式(5-6)采用以相邻测点 i 和 $i-1$ 的顶角 θ 和 θ_{i-1} 的平均值推算偏移量 E_i，这是一种较为简便、实用的方法。当然，假如将测点间距缩小，则两测点之间可近似为一条直线，计算的偏移量也会越准确，但测量的工作量会增大。

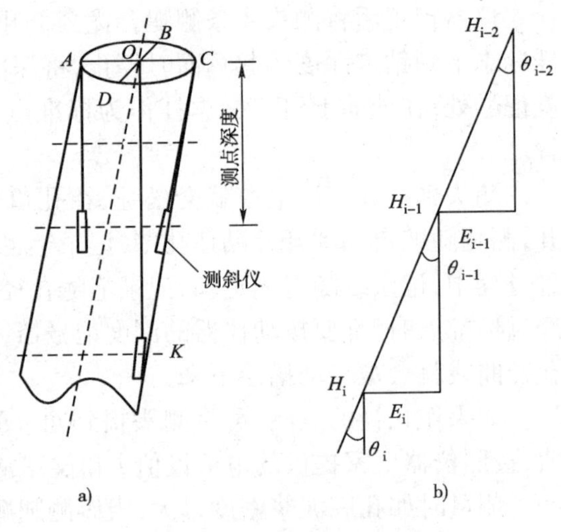

图 5-5 测斜仪测量垂直度

a)测斜方法；b)测斜计算

测量中测斜仪测头可沿孔壁或孔的中心向下逐点测量(图 5-5a))，测点深度可等间距也可任意间距。假设测头是沿孔壁(或孔中心)向下测量，若测量至孔底顶角值均为 0°，则表示桩孔的偏移量小于孔的直径(或半径)。反之，则桩孔的偏移量大于桩孔的直径(或半径)。若测头沿孔壁向下测量，孔斜仪一开始就发生非零的顶角读数，则表示孔已经偏移了某个距离。

孔斜仪一般外加扶正器放人孔中测量，如果要求更准确的测量，可在成孔刚结束而钻杆尚未提起时，将专用高精度测斜仪放入钻杆内分点测斜，并将各点数值在坐标纸上描点作图，得到桩孔偏斜情况。

(2)检测仪器

根据用途、测量精度要求的不同，测斜仪有多种型号，以下仅介绍较常用的两种测斜仪。

JJX—3 型测斜仪适用于直径大于 65mm 的非磁性钻孔内连续多点测量方位角和顶角。仪器主要技术指标如下：

顶角(θ)测量范围：0°～15°；

顶角(θ)测量误差：≤6′；

方位角(α)测量范围：4°～356°；

方位角(α)测量误差：≤±3°(顶角 3°～15°)；

电源：直流 9～18V；

密封性能：承受液压不低于 15MPa；

下孔仪器：外径 55mm，长度 1450mm，质量 20kg。

JJM—1 型高精度测斜仪：采用高分辨率传感器并以计算机进行数据处理的精密测斜系

统。使用时将仪器放入钻杆中逐点测量,并要求钻杆与孔壁的斜度保持一致。该仪器顶角测量精度优于一般测斜仪,但不作方位测量,仪器主要技术指标如下:

顶角(θ)测量范围:$0° \sim 10°$;

顶角(θ)测量误差:$\leqslant 10'$;

分辨率:36″;

可存贮255个测量数据;

电源:220V;

密封性能:耐压10MPa;

下孔仪器:外径50mm,长度1050 mm;

仪器质量:20 kg。

3. 桩位检测

复测桩位时,桩位测点选在新桩顶面的中心点处,然后测量该点偏移设计桩位的距离,并按坐标位置,分别标明在桩位复测平面图上。测量仪器选用精密经纬仪或红外测距仪。

钻、挖孔成孔的质量标准见表5-11。

钻、挖孔成孔质量标准　　表5-11

项目	允许偏差
孔的中心位置(mm)	群桩:不大于100;单排桩:不大于50
孔径(mm)	不小于设计桩径
倾斜度	钻孔:小于1%;挖孔:小于0.5%
孔深	摩擦桩:不小于设计规定 支承桩:比设计深度超深不小于50mm
沉淀厚度(mm)	摩擦桩:符合设计要求,当设计无要求时,对于直径≤1.5m的桩,≤300mm;对于桩径>1.5m或桩长>40m或土质较差的桩,≤500mm 支承桩:不大于设计要求
清孔后泥浆指标	相对密度:1.03~1.10;黏度:17~20Pa·s;砂率:<2%;胶体率:>98%

注:清孔后的泥浆指标,是从桩孔的顶、中、底部分分别取样检验的平均值。本项指标的测定,限指大直径桩或有特定要求的钻孔桩。

4. 声波法检测

声波法检测是目前灌注桩孔径、垂直度检测中使用较多的一种方法。国外、国内已有较为成熟的声波孔壁测定仪。声波孔壁测定仪由超声仪、声波探头(由发射和接收换能器组成)、记录仪(或由计算机组成的数据采集系统)、提升机构等组成。

声波测量孔径、垂直度的原理如图5-6所示。超声仪振荡器产生一定频率的电脉冲并同时打开计时门,电脉冲经放大后由发射换能器转换为声波并射入钻孔内的泥浆中向孔壁方向传播,当声波穿过泥浆达到孔壁后,由于泥浆的声阻抗远小于土层(或岩石)介质的声阻抗,声波几乎从孔壁产生全反射,反射波经过泥浆传播后被接受换能器接收,超声仪在接受到第一个声波信号后,计时门关闭并记录下声波从发射到接收所经过的时间,该时间就是声波在孔内泥浆中传播时间 t(简称声时)。

声波探头上共布置4组换能器(一发、一收为一组),4组探头成正交十字探测钻孔两个方向的孔壁剖面。以一个剖面上的两组探头测量为例,探头下到孔内某一高程测点,声波探头两方向相反的换能器至孔壁的距离为l_1、l_2,测得声波在路径上的往返传播时间分别为t_1、t_2,假定泥浆的声波速度为c(c可通过实测得到),则有$l_1=(c\,t_1)/2$、$l_2=(c\,t_2)/2$,桩孔在该断面测点的孔径即为$D=l_1+l_2+d$,其中d为两方向相反换能器的发射(接收)面之间的距离。同样方法可测定钻孔在该断面另一方向测点剖面的孔径。

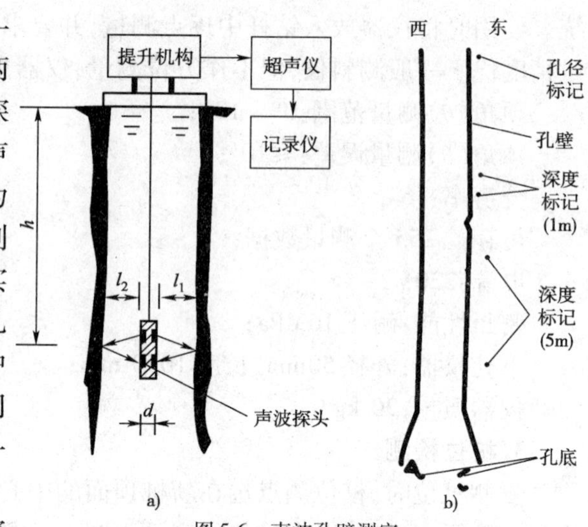

图5-6 声波孔壁测定

a)声波孔壁测定;b)声波孔壁测定孔壁剖面图

声波孔壁测定仪的提升结构可使声波探头从孔口下降至孔底(或从孔底提升至孔口),超声仪在下降(或提升)过程中,每隔一定深度间距测量一组(4个)声时值作为该断面测点声时,记录仪(或计算机)记录下不同高程的测点声时值并计算断面直径。当声波探头完成一次下降(或提升)过程,记录仪(或计算机)即可绘出测量孔的孔壁剖面图(图5-6b))。

当声波孔壁测定仪提升机构在提升探头的过程中保持其吊点不变且钢丝绳及电缆垂直,那么通过所测的桩孔壁剖面图可以得到桩的垂直度。

1)泥浆波速的测定

声波孔径检测中的一项重要工作是测定泥浆的波速。根据经验设定会产生一定的误差,因而可在所测桩的孔口进行实测,一般孔口的尺寸是容易测量的。根据孔口所测的声时值和丈量的孔径,就可以得到泥浆的波速值。

2)孔径、垂直度计算

声波法测量孔径、垂直度主要通过两种方法对测量结果进行判断。一种是直接利用测量所得到的孔径剖面图判断孔径的大小和垂直度结果。由于孔径剖面图上一般都有刻度尺寸,孔径的大致尺寸可以直接读出。垂直度可在图上量取某位置深度H的偏移量E,然后以偏移量E与深度值H之比的值乘以100,即得到桩孔在深度H处的垂直度K。该方法比较简便、快速,但得到的结果比较粗糙。另一种方法,可利用测量得到的声学参数值,通过计算得到桩孔深度上每一测点的孔径、垂直度的具体值。该方法的优点是比较精确。下面介绍的是后一种孔径、垂直度的计算方法。

(1)孔径计算

前面介绍的孔径计算方法是基于声波探头处于桩孔的中心点位置上。在实际测量中,探头大多数情况下是偏离桩孔中心的,此时测量的孔径剖面测点并未通过孔的直径,即实测孔径要小于实际孔径。因此,需要通过一定的计算方法求得实际孔径值。

如图5-7所示,假设已测得桩孔某位置深度上探头中心与4个方向孔壁的距离l_1、l_2、l_3、l_4值,O为桩孔中心点,O'点为探头中心点。

当$l_1 \geqslant l_2$,$l_3 \geqslant l_4$时

$$R_1=\sqrt{\left(l_3-\frac{l_3+l_4}{2}\right)^2+\left(\frac{l_1+l_2}{2}\right)^2} \tag{5-8}$$

$$R_2=\sqrt{\left(l_1-\frac{l_2+l_2}{2}\right)^2+\left(\frac{l_3+l_4}{2}\right)^2} \tag{5-9}$$

$$D=R_1+R_2 \tag{5-10}$$

式中:l_1——探头换能器方向 I 至孔壁的水平距离;

l_2——探头换能器方向 II 至孔壁的水平距离;

l_3——探头换能器方向 III 至孔壁的水平距离;

l_4——探头换能器方向 IV 至孔壁的水平距离;

R_1、R_2——桩孔半径;

D——桩孔的平均直径。

当 $l_2 \geqslant l_1$,$l_4 \geqslant l_3$ 或其他情况时,同上述方法一样可以求得孔径。只要在计算机处理数据时,依程序中对 l_1、l_2、l_3、l_4 的大小加以判别,就可以采用相应的公式求得桩孔的平均直径 D。

(2)垂直度计算

计算方法如图 5-7 所示,图中 O 为探头中心点,O_0 为第一测点桩孔中心点,O_n 为第 n 测点桩孔中心点。设第一个测点时声波探头中心相对于桩孔中心点的偏离坐标为 X_0、Y_0,第 n 个测点时声波探头中心相对于桩孔中心点的偏离坐标为 X_n、Y_n,则:

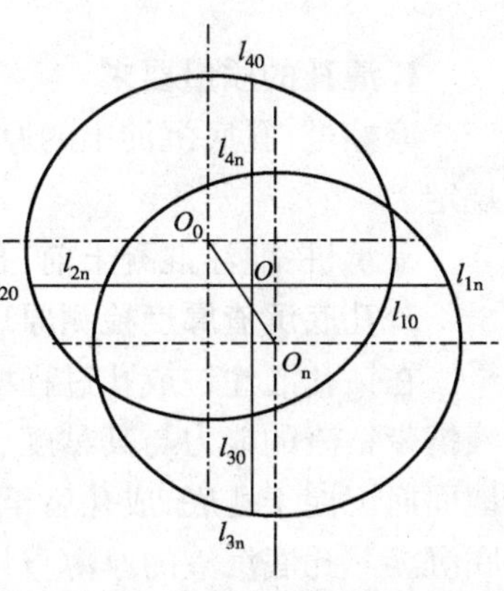

图 5-7　桩孔垂直度计算

$$X_0=l_{10}-(l_{10}+l_{20})/2 \tag{5-11}$$

$$Y_0=l_{30}-(l_{30}+l_{40})/2 \tag{5-12}$$

$$X_n=l_{1n}-(l_{1n}+l_{2n})/2 \tag{5-13}$$

$$Y_n=l_{3n}-(l_{3n}+l_{4n})/2 \tag{5-14}$$

式中:l_{10}、l_{20}、l_{30}、l_{40}——第一个测点时,探头中心沿水平方向至孔壁的 4 个方向的测距值;

l_{1n}、l_{2n}、l_{3n}、l_{4n}——第 n 个测点时,探头中心沿水平方向至孔壁的 4 个方向的测距值。

设桩孔的第 n 个测点时的偏心距为 E_n,则

$$E_n=\sqrt{|X_0-X_n|^2+|Y_0-Y_n|^2} \tag{5-15}$$

那么桩孔在第 n 个测点时的垂直度 K_n 为

$$K_n=\frac{E_n}{H_n}\times 100 \tag{5-16}$$

式中:H_n——为第 n 个测点的孔深值。

3)测量中应注意事项

(1)声波孔壁量测距离大小和泥浆密度密切相关,泥浆密度太大或含砂量多,声传播路径中反射、散射增加,声波信号难于接收。当采用信号前置放大或增加仪器灵敏度后,反射波还是杂乱的,无法判别。遇到这种情况,应继续清孔以减小泥浆相对密度。

(2)刚钻完的孔,泥浆中含有大量气泡,而微量的气泡也影响声波的传播,只有待气泡消

失后才能进行测试。当泥浆很稠时，气泡长期不能消失的就难于测试。

(3)孔口提升机构的安装必须使其牢固、稳定，在测量过程中不能产生移动，以保证测量结果的一致性、准确性。

(4)当桩孔倾斜导致探头下降过程中与孔壁相碰时，应调整探头的吊点位置从孔口重新开始测量，使探头能从孔口顺利下降至孔底。发生上述情况后为避免重复测量工作，可采用另一种测量方式，即首先将探头下降至孔底，在下降过程中进行位置调整，然后在提升探头时进行测量。

三、清孔质量要求和检查方法

1. 清孔的质量要求

摩擦桩：孔底沉淀土的厚度不大于设计规定；清孔后的泥浆性能指标应满足表 5-11 中的规定。

支承桩：灌注混凝土前，孔底沉淀土的厚度不应大于设计规定。

2. 孔底沉渣厚度检测原理与方法

在钻孔灌注桩成孔过程中，采用循环泥浆液清洗孔底、护壁，将钻渣携带回到地面。泥浆液携带钻渣的能力与其黏度、胶体率、含砂量等指标有关。桩成孔后总有一部分钻渣未被带上地面而沉淀于孔底，成孔后至灌注混凝土的间隙过长以及可能产生的孔壁坍塌等也会造成孔底沉淀。孔底沉渣的厚薄直接影响桩端承载能力，沉渣太厚将使桩的承载能力大大降低。因此在灌注桩孔混凝土之前必须对沉渣厚度进行检测，必要时须进行再次清孔，直到沉渣厚度满足要求。目前，测量沉渣厚度的方法大致有测锤法、电阻率法、电容法、声波法等。

1)测锤法

(1)测量方法

测锤法原理如图 5-8 所示，测量工具为一锥形锤，锤底直径约 15cm，高度约 22cm，质量约 5kg。测锤顶端系上测绳，把测锤慢慢沉入孔内，凭人的手感判断沉渣的顶面位置，此时，读出测绳上的深度值 h，则桩孔的深度 H 与测锤测量深度之差即为沉渣厚度值。测锤法因其设备简单、操作容易、成本低，在沉渣厚度检测中一直被广泛采用。

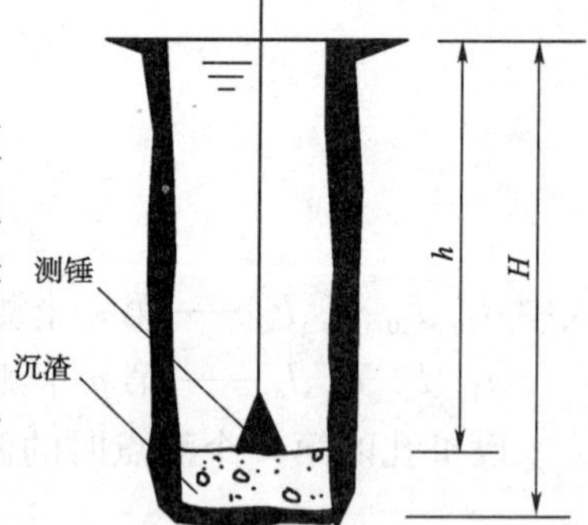

图 5-8　测锤法测量沉渣厚度

由于测锤法测量需要靠人的手感来判断沉渣的顶面位置，易产生人为误差。另一方面沉渣位置深度值是通过测绳量取，而测绳的长短、松紧以及读数等也都会产生误差。总之，使用测锤法检测的精确度较低、误差较大。

(2)检测仪器

与测锤法相似，有一种通过报警装置来判断沉渣顶面的仪器。这种仪器的名称为 X—1 型孔底沉渣厚度测定仪。该测定仪通过测定沉渣表面位置和孔底深度，测得孔底沉渣厚度。探头接触沉渣时具有报警功能，可以消除人为误差。探头内装有振动装置，可穿透 1m 厚较坚硬的沉渣层到达孔底。仪器操作简便，测试误差小于 1cm，能在施工现场恶劣环境下作业。

使用时，将探头沉入孔中，接近孔底缓缓下落。当探头接触到沉渣时，蜂鸣器响起、红灯发

亮以确定沉渣表面位置,再启动振动装置,使探头边振动边沉入沉渣底部,从而测出沉渣厚度。

2)电阻率法

电阻率法测量沉渣厚度的原理是根据不同介质(如水、泥浆和沉渣颗粒具有不同的导电性能)的导电性差异,通过测量介质的电阻值变化判断沉渣厚度。

电阻率法测量沉渣厚度有两种方式:第一种方式是利用不同介质电阻率所产生的电压值的改变,通过测量电压值的变化来判断沉渣厚度(图5-9)。

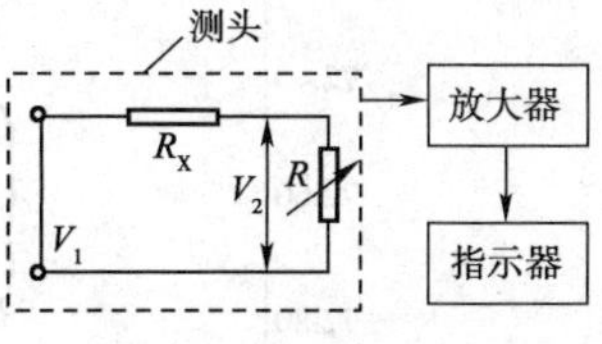

测头　放大器　指示器　R_X　V_2　R　V_1

图5-9　电阻率法测量沉渣厚度

由欧姆定律

$$V_2 = V_1R/(R_x + R) \tag{5-17}$$

式中:V_1——恒定交流电压(V);

V_2——量测电压(V);

R——可调电阻(Ω);

R_x——反映延性电阻值(Ω)。

电阻 R_x 随不同介质而变化,不同 R_x 相应不同电压值 V_2,V_2 经放大后由记录仪或表头显示。

测量时将测头放入孔中,在接近孔底位置处将测头慢慢下沉,观察记录仪(或表头)读数的变化,当出现突变时记录深度 h_1,继续下沉测头,当再次突变时记录深度 h_2,直到测头不能下沉为止记录深度 h_3,设施工深度为 H,则各沉淀层厚度为(h_2-h_1)、(h_3-h_2)和$(H-h_3)$…,沉渣厚度的确定需根据测量结果、钻孔地质及施工等情况分析后判断。

另一种是直接测量介质的电阻率,根据所测介质的电阻率变化曲线确定沉渣厚度。

由介质电阻　$$R=\rho l/S \tag{5-18}$$

得到介质电阻率　$$\rho = R\,S/l \tag{5-19}$$

式中:ρ——介质电阻率(Ω·m);

R——介质电阻值(Ω);

S——介质横截面(m^2);

l——介质长度(m)。

测量时将测头放至孔底,通过绞盘将测头匀速慢慢地往上提,记录仪记录下孔底不同深度的介质电阻率值,并在记录纸上绘出电阻率变化曲线。图5-10为沉渣厚度测量的电阻率变化曲线,图中 P 点为曲线的拐点,它为两种介质的分界点,拐点以下部分为沉渣,其厚度可由记录纸上的深度坐标量得。

3)电容法

电容法测定沉渣厚度是利用水、泥浆和沉淦等介质介电常数的差异,导致测头电容的改变,根据测头电容值的变化量测定沉渣厚度。

电容法测定如图5-11所示,由测头、放大器、蜂鸣器和电机驱动源等组成。测头装有电容极板和小型电机,电机带动偏心轮可产生水平振动。一旦测头极板接触到沉渣表面,蜂鸣器发出声响,同时面板上的红灯亮,当依靠测头重力不能继续沉入沉渣深部时,可开启电机使水平激振器产生振动,把测头沉入更深的部位。

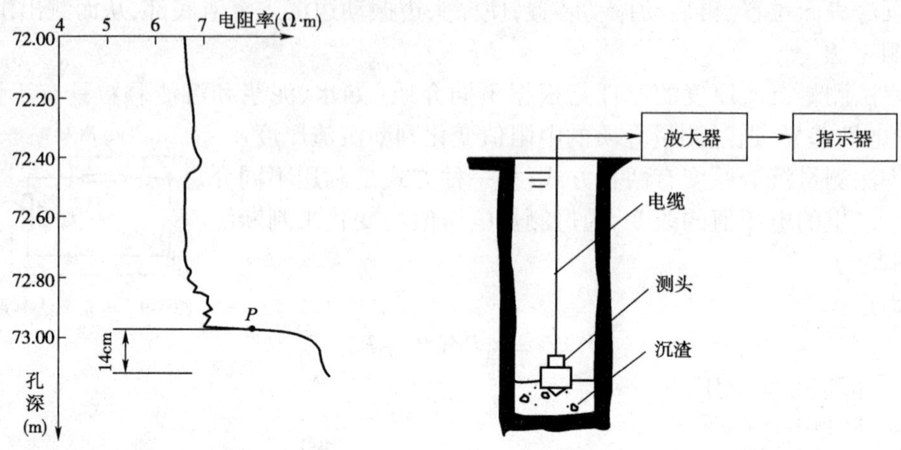

图 5-10　介质电阻率曲线　　图 5-11　电容法测量沉渣厚度

例如,一泥浆护壁钻孔,孔深 13m,测头在泥浆中其电容值为 19μF,测头进入沉渣时,电容降为 5μF,开启电机使测头继续下沉,电容显示为 4 ~ 6μF 变化,则沉渣厚度为施工孔深和电容突然减小时的孔深之差。

4)声波法

声波法测定沉渣厚度的原理是利用声波在传播中遇到不同界面产生反射而制成的测定仪。测头向桩底发射声波,当声波遇到沉渣表面时,一部分声波反射回来被测头接收,另一部分声波穿过沉渣继续向孔底传播,当遇到孔底持力层原状土后,声波再次被反射回来。测头从发射至接收到第一次反射波的相隔时间为 t_1,测头从发射至接收到第二次反射波的相隔时间为 t_2,那么沉渣厚度为

$$H = (t_2 - t_1) \cdot c/2 \tag{5-20}$$

式中:H——沉渣厚度(m);

c——沉渣声波波速(m/s)。

四、泥浆性能指标检测

1. 灌注桩泥浆性能

钻孔灌注桩调制的护壁与浮渣泥浆及经过循环净化的泥浆,应根据钻孔方法和地层情况采用不同性能的指标。泥浆性能指标要求见表 5-12。

直径大于 2.5m 的大直径钻孔灌注桩对泥浆的要求较高,泥浆的选择应根据钻孔的工程地质情况、孔位、钻机性能、泥浆材料条件等确定。在地质复杂,覆盖层较厚,护筒下沉不到岩层的情况时,宜使用丙烯酰胺即 PHP 泥浆。此泥浆的特点是不分散、低固相、高黏度。

2. 泥浆原料性能及外加剂剂量的计算

1)泥浆原料黏土的性能要求

泥浆原料宜尽可能使用膨润土,使用黏土时应符合下列要求:

(1)自然风干后,用手不易掰开捏碎。

(2)干土破碎时,断面有坚硬的尖锐棱角。

(3)用力切开时,切面光滑,颜色较深。

灌注桩泥浆性能指标选择　　表5-12

钻孔方法	地层情况	泥浆性能指标							
		相对密度	黏度(Pa.s)	含砂率(%)	胶体率(%)	失水率(mL/30min)	泥皮厚(mm/30min)	静切力(Pa)	酸碱度(PH)
正循环	一般地层	1.05~1.20	16~12	8~4	≥96	≤25	≤2	1.0~2.5	8~10
	易坍地层	1.20~1.45	19~28	8~4	≥96	≤15	≤2	3~5	8~10
反循环	一般地层	1.02~1.06	16~20	≤4	≥95	≤20	≤3	1~2.5	8~10
	易坍地层	1.06~1.10	18~28	≤4	≥95	≤20	≤3	1~2.5	8~10
	卵石土	1.10~1.15	20~35	≤4	≥95	≤20	≤3	1~2.5	8~10
推钻冲抓	一般地层	1.10~1.20	18~24	≤4	≥95	≤20	≤3	1~2.5	8~11
冲击	易坍地层	1.20~1.40	22~30	≤4	≥95	≤20	≤3	3~5	8~11

注:①地下水位高或其流速大时,指标取高限,反之取低限。

②地质状态较好,孔径或孔深较大的取低限,反之取高限。

③在不易坍塌的黏质土层中,使用推钻、冲抓、反循环回转钻进时,可用清水提高水头(≥2m)维护孔壁。

④若当地缺乏优良黏质土,远运膨润土亦很困难,调制不出合格泥浆时,可掺用添加剂改善泥浆性能。各种添加剂掺量可按现行《公路桥涵施工技术规范》(JTJ 041—2000)执行。

⑤泥浆的各种性能指标测定方法见后。

(4)水浸湿后有黏滑感,加水和成泥膏后,容易搓成1mm的细长泥条,用手指揉捻,感觉砂粒不多,浸水后能大量膨胀。

(5)胶体率不低于95%。

(6)含砂率不大于4%。

(7)制浆能力不低于2.5L/kg。

一般可选用塑性指数大于25,小于0.005mm的黏粒含量大于50%的黏土制浆。略差的黏土,可掺入30%的塑性指数大于25的黏土。若用亚黏土时,其塑性指数不宜小于15,大于0.1mm的颗粒不宜超过6%。所选黏土中不应含有石膏、石灰或钙盐类化合物。

若采用较差的黏土或亚黏土调剂泥浆,其性能指标不符合要求时,可在泥浆中掺入碳酸钠(Na_2CO_3,通称碱粉或纯碱)、氢氧化钠(NaOH)或膨润土粉末,以提高泥浆性能指标,掺入量与原泥浆情况有关,最好是由试验确定。一般碳酸钠的掺入量约为孔中泥浆的0.1%~0.4%。

2)泥浆原料膨润土的性能和用量

膨润土有钠和钙质两种。钠质膨润土较钙质为优,大量用于炼钢、铸造中,钻孔泥浆中用量也很大。膨润土泥浆具有相对密度低、黏度好、含砂量大、失水量少、泥浆薄、稳定性强、固壁能力高、钻具回转阻力小、钻进率高、造浆能力大等优点。

膨润土作为泥浆原料的一般用量为水的8%,即8kg膨润土可掺入100L的水。对于黏土地层,可降低到3%~5%。较差的膨润土用量为水的12%左右。

3)泥浆外加剂及其掺量

(1)泥浆外加剂及其掺量见表5-13。

泥浆外加剂及其掺量　　表5-13

序号	外加剂名称	作　用	掺入量
1	CMC,全名羟基纤维素	具有使地基土表面形成薄膜而使之强化和降低失水量的作用	普遍在0.1%以下
2	FCI,又称铬铁木质素磺酸钠盐	分散剂可改善因混杂有土、粉砂、混凝土及盐分等而变质的稳定液的性能,可使钻渣颗粒聚集而加速沉淀,使稳定液重复使用仍具有高质量性能	0.1%～0.3%
3	硝基腐殖酸钠盐,简称煤碱剂	由褐煤中提炼出来的腐殖酸,用硝酸和氢氧化钠处理后的产物。其作用与FCI相似,具有很强的吸附能力,在黏土颗粒表面形成结构性溶剂水化膜,阻止自由水渗透,使失水量降低,而黏度增加。若掺入量少,可使黏度不上升,具有部分稀释作用	掺入量同上,序号2、3可任选一种
4	碳酸钠(Na_2CO_3),又称碱粉或纯碱	可使酸碱度平pH值增大,使黏土颗粒分散,使黏粒表面负电荷增加,为黏土吸收外界的正离子颗粒提供条件,可增加水化膜厚度,提供泥浆的胶体率和稳定性,降低失水量	约为孔中泥浆的0.1%～0.4%
5	PHP,聚丙烯酰胺絮凝剂	在泥浆循环中能清楚劣质钻屑,保存造浆的膨润土粒;具有低固相、低相对密度、低失水性、低矿化性、泥浆触变性能强等特点	掺入量为孔内泥浆的0.003%
6	重晶石细粉($BaSO_4$)	可将泥浆的相对密度增加到2.0～2.2,提高泥浆护壁作用,为提高掺入重晶粉后泥浆的稳定性,降低其失水性,可同时掺入0.1%～0.3%的氢氧化钠和0.2%～0.3%的橡胶粉。掺入上述两种外加剂后,泥浆最适用于膨胀的黏质塑性土层和泥质页岩土层	重晶石粉掺量根据原泥浆相对密度和土质情况决定

上列各种掺入剂用量,最好先作试配,试验其配合液各项性能指标是否符合要求。

各种掺入剂宜先制成小剂量溶剂,按循环周期均匀加入,并及时测定泥浆指标,防止掺入剂过量。每循环周期相对密度差不宜超过0.01。

(2)泥浆原料性能要求及用量计算法

在黏质土中钻孔时,事先只要调制不多的泥浆,以后可在钻进过程中利用地层黏土造浆补浆。

在砂土、砂砾或卵石中钻孔,事先须备足黏土,其数量可按下列公式和原则计算。每立方米泥浆所需黏土质量$q(t)$:

$$q = V \times \rho_1 = (\rho_2 - \rho_1) \times \rho_3 / (\rho_1 - \rho_3) \tag{5-21}$$

式中:V——每立方米泥浆所需黏土体积(m^3);

ρ_1——黏土的密度(t/m^3);

ρ_2——要求的泥浆密度(t/m^3),

$$\rho_2 = V \times \rho_1 + (1 - V) \times \rho_3; \tag{5-22}$$

ρ_3——水的密度,$\rho_3 = 1(t/m^3)$。

若造成的泥浆的黏度η为20～22,则各种黏土的造浆能力为:黄土胶泥1～3t/m^3,白土、陶土、高岭土3.5～8 t/m^3,次膨润土9 t/m^3,膨润土为15 t/m^3。基于上述,则膨润土的造浆能

力将较黄土胶泥高 3 ~4 倍,即准备原料数量只需要普通黏土的 1/4 ~1/5。

3. 泥浆性能指标检测

1)相对密度 γ_x

泥浆的相对密度是泥浆与 4℃时同体积水的质量之比。相对密度可用泥浆相对密度计测定。将泥浆装满泥浆杯,加盖并洗净从小孔溢出的泥浆,然后置于支架上,移动游码,使杠杆呈水平状态(即气泡处于中央),读出游码左侧所示刻度,即为泥浆的相对密度。

如工地没有以上仪器,可用一个口杯先称其质量,设为 m_1,再装满清水称其质量为 m_2,再倒去清水,装满泥浆并擦去杯周溢出的泥浆,称其质量为 m_3,则 $\gamma_x = (m_3 - m_1)/(m_2 - m_1)$。

2)黏度 η

黏度是液体或混合液体运动时各分子或颗粒之间产生的内摩阻力。工地用标准漏斗黏度计测定,黏度计如图 5-12 所示。用两端开口量杯分别量取 200mL 和 500mL 泥浆,通过滤网滤去大砂砾后,将泥浆 700mL 均注入漏斗,然后使泥浆从漏斗流出,流满 500mL 量杯所需时间(s),即为所测泥浆的黏度。

校正方法:漏斗中注入 700mL 清水,流出 500mL,所需时间应是 15s,其偏差如超过 ±1s,测量泥浆时应校正。

3)含砂率(%)

含砂率是泥浆内所含的砂和黏土颗粒的体积百分比。工地用含砂率计(图 5-13)测定。量测时,把调制好的泥浆 50mL 倒进含砂率计,然后再倒入 450mL 清水,使总体积为 500mL,将仪器口塞紧,摇动 1min,使泥浆与水混合均匀,再将仪器竖直静放 3min,仪器下端沉淀物的体积(由仪器上刻度读出)乘 2 即为含砂率(%)(有一种大型的含砂率计,容积 1000mL。从刻度读出的数不乘 2 即为含砂率)。

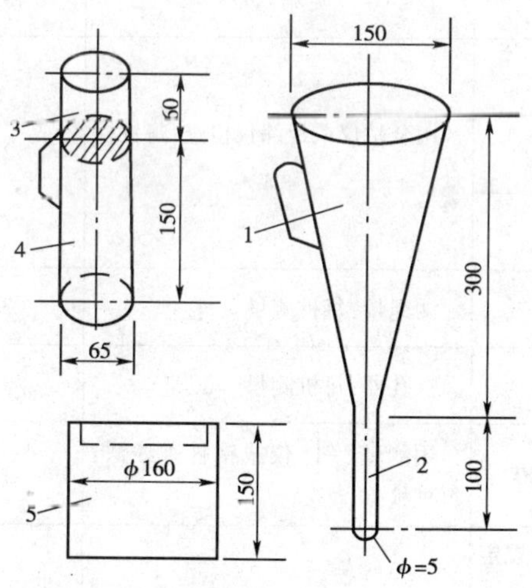

图 5-12　黏度计(尺寸单位:mm)

1-漏斗;2-管子;3-量杯 200mL 部分;4-量杯 500mL 部分;5-筛网及杯

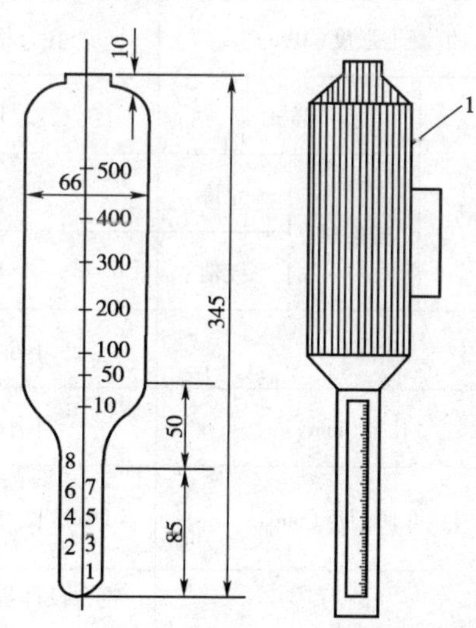

图 5-13　含砂率计(尺寸单位:mm)

4)胶体率(%)

胶体率是泥浆静止后,其中呈悬浮状态的黏土颗粒与水分离的程度,以百分比表示。反映泥浆中土粒保持悬浮状态的性能。测定方法为将100mL的泥浆放入干净的量杯中，用玻璃板盖上，静置24h后，量杯上部的泥浆可能澄清为透明的水，量杯底部可能有沉淀物。假如测量出透明水的体积为5mL，则胶体率为95%。

5）失水量（mL/30min）和泥皮厚（mm）

失水量是泥浆在钻孔内受内外水头压力差的作用在一定时间内渗入地层的水量，以mL/30min为单位。工地可用滤纸法测定，用一张120mm×120mm的滤纸，置于水平玻璃板上，中央画一个直径30mm的圆圈，将2mL的泥浆滴于圆圈中心，30min后，量算湿润圆圈的平均半径，减去泥浆坍平成为泥饼的平均半径（mm）即失水量。在滤纸上量出泥饼厚度（mm）即为泥皮厚。泥皮愈平坦、愈薄，则泥浆质量愈高，一般厚度不宜超过2～3mm。

五、钻、挖孔灌注桩的混凝土质量检测

1）桩身混凝土抗压强度应符合设计规定；每根桩取混凝土抗压强度试件组数为2～4组，检验结果应满足混凝土质量检验要求。

2）检验方法和数量应符合设计要求。

无破损法检测见本章第三节与第四节。

六、钻、挖孔灌注桩质量评定实测项目

钻、挖孔灌注桩质量评定实测项目与评分见表5-14与5-15。

钻孔灌注桩实测项目　　表5-14

<table>
<tr><th>项次</th><th colspan="3">检查项目</th><th>规定值或允许偏差</th><th>检查方法和频率</th><th>权值</th></tr>
<tr><td>1△</td><td colspan="3">混凝土强度（MPa）</td><td>在合格标准内</td><td>见第六章</td><td>3</td></tr>
<tr><td rowspan="3">2△</td><td rowspan="3">桩位（mm）</td><td colspan="2">群桩</td><td>100</td><td rowspan="3">用全站仪或经纬仪检查：每桩检查</td><td rowspan="3">2</td></tr>
<tr><td rowspan="2">排架桩</td><td>允许</td><td>50</td></tr>
<tr><td>极值</td><td>100</td></tr>
<tr><td>3△</td><td colspan="3">孔深（m）</td><td>不小于设计</td><td>测绳量：每桩测量</td><td>3</td></tr>
<tr><td>4△</td><td colspan="3">孔径（mm）</td><td>不小于设计</td><td>探孔器：每桩测量</td><td>3</td></tr>
<tr><td>5△</td><td colspan="3">钻孔倾斜度（mm）</td><td>1%桩长，且不大于500</td><td>用测壁（斜）仪或钻杆垂线法：每桩检查</td><td>1</td></tr>
<tr><td rowspan="2">6△</td><td rowspan="2">沉淀厚度（mm）</td><td colspan="2">摩擦桩</td><td>符合设计规定，设计未规定时参照《公路桥涵施工技术规范》（JTJ 041—2000）中的要求</td><td rowspan="2">沉淀盒或标准测锤：每桩检查</td><td rowspan="2">2</td></tr>
<tr><td colspan="2">支承桩</td><td>不大于设计要求</td></tr>
<tr><td>7</td><td colspan="3">钢筋骨架底面高程（mm）</td><td>±50</td><td>水准仪：测每桩骨架顶面高程后反算</td><td>1</td></tr>
</table>

挖孔桩实测项目　　表5-15

项次	检查项目			规定值或允许偏差	检查方法和频率	权值
1△	混凝土强度(MPa)			在合格标准内	见第六章	3
2△	桩位(mm)	群桩		100	用全站仪或经纬仪检查:每桩检查	2
		排架桩	允许	50		
			极值	100		
3△	孔深(m)			不小于设计	测绳量:每桩测量	3
4△	孔径(mm)			不小于设计	探孔器:每桩测量	3
5	钻孔倾斜度(mm)			0.5%桩长,且不大于200	垂线法:每桩检查	1
6	钢筋骨架底面高程(mm)			±50	水准仪测骨架顶面高程后反算:每桩检查	1

•第三节　桩基静载试验•

确定基桩承载力的检测方法有多种,静荷载试验是最可靠的一种方法,各种桩的观测方法,要在与桩静荷载试验结果大量对比的基础上,找出对比系数,才能推广使用。

钻孔灌汗桩的试验除了鉴定桩的承载能力,还可以验证基桩的设计参数,检查选用的钻孔施工工艺是否合理和完善,以便对设计文件规定的桩长、直径和承载能力进行复核,对钻孔施工工艺和机具进行改善和调整。因此,对于特大桥和地质复杂的钻孔灌注桩必须进行试桩。

工艺性试桩应在基桩开工前进行。根据试验结果,制定实施性的、完善的施工工艺。

鉴定性试桩一般在实际工程的桩上进行。加载到设计荷载的1.2~1.5倍,检验桩的承载力是否符合设计要求。

破坏性试桩要在专供破坏试验的桩上进行,取得桩达到破坏荷载时的试验资料,以确定桩的承载能力和相关计算参数,为设计工作提供准确的计算资料。

工艺性试验也可兼作鉴定性试桩和破坏性试桩,但设置试桩时,应考虑力学性能试验的要求。

对于一项工程中进行静载试验桩的数量,不同的部门规定不一样。《建筑地基基础设计规范》(GB 50007—2002)规定:同一条件下的试桩数量不宜少于总桩数的3%,并不少于3根;《公路桥涵施工技术规范》(JTJ 041—2000)规定:在相同地质条件下,按总桩数的1%计,并不得少于2根。实际测试时,可根据工程具体情况参考相关规范进行测试。

一、竖向抗压静载试验

1.竖向抗压静载试验的加荷装置

垂直静载试验是在桩顶上分级施加静荷载直到可以满足试验设计要求达到的状态为止,就地灌注桩的静载试验应在混凝土强度达到能承受预定荷载后开始。斜桩作静载试验时,荷载方向应与斜桩轴线相同。

基本要求:要保证有足够的加载量。不能因加载量不足而中途停止试验。应选用经济而又合适的加载系统，试验始终要保证安全可靠。

加载量的确定：根据不同试验类别的（工艺性、鉴定性或者是破坏性）不同要求，确定试桩的破坏荷载或最大试验荷载（即最大加载量）。试验系统的加载能力至少不低于破坏荷载（或最大加载量）的1.5倍，最好能达到1.5～2.0倍。

试验加载装置：一般选用单台或多台同型号的千斤顶并联加载。千斤顶加载反力装置可根据现有条件选取下述三种形式之一。

1）锚桩横梁反力装置

一般锚桩至少需要4根。用灌注桩作锚桩时，其钢筋笼要通长配置。如用预制长桩，要加强接头的连接。锚桩按抗拔桩的规定计算确定，并应对试验过程中锚桩上拔量进行监测。横梁的刚度、强度与锚桩拉筋断面在试验前要进行验算，试验布置如图5-14所示。在大承载力桩试验中，横梁自重很大，需要以其他工程桩作支承点，且基准梁亦应放在其他工程桩上较为稳妥。该方案不足之处是进行大吨位灌注桩试验时无法随机抽样。

2）堆重平台反力装置

堆载材料一般为铁锭、混凝土块或砂袋，堆载重力不得小于预估试桩破坏荷载的1.2倍。堆载最好在试验前一次加上，并均匀稳固地放置于平台上，如图5-15所示。在软土地基上大量堆载将引起地面较大下沉，基准梁要支撑在其他工程桩上，并远离沉降影响范围。作为基准梁的工字钢应尽量长些，但其高跨比宜大于1/40。堆载的优点是可对试桩随机抽样，适合不配或少配筋的桩。

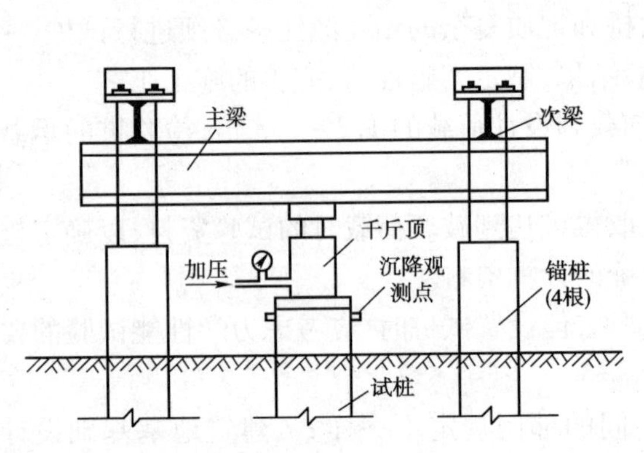

图5-14　锚桩横梁反力装置示意图

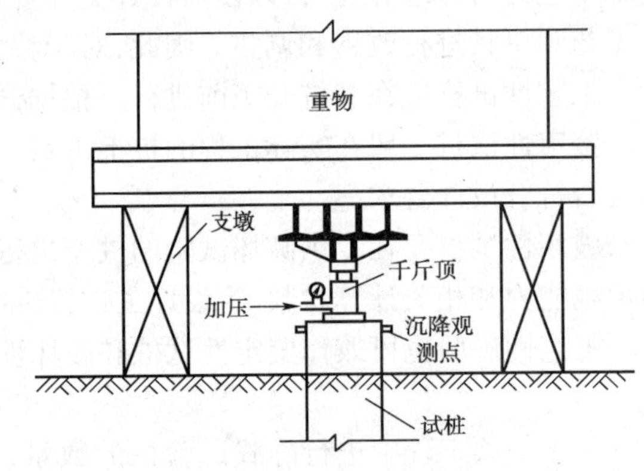

图5-15　堆重平台反力装置示意图

3）锚桩堆重联合反力装置

当试桩最大加载重力超过锚桩的抗拔能力时，在锚桩上或横梁上配重，由锚桩与堆载共同承受千斤顶反力。千斤顶应严格进行物理对中。多台千斤顶并联加载时，其上、下部应设置足够刚度的钢垫箱，并使千斤顶合力通过试桩中心。

2. 基准点和基准梁的设置

用于观测下沉量的基准点和基准梁原则上应该是不动的，但是由于外界因素的影响，基准点或基准梁将产生一定的变位。这时观测所得的下沉量将是不可靠的。

基准点的设置应保证：

（1）基准点本身不变形；

(2)没有被接触或遭破损的危险;

(3)附近没有震源;

(4)不受直射阳光与风雨的干扰;

(5)不受试桩下沉的影响。

基准梁一般采用型钢。受温度变化的影响,基准梁会产生一定的挠度。为保证测试精度需采取下列措施:

(1)基准梁的一端固定,另一端必须自由支承;

(2)防止基准梁受日光直接照射;

(3)基准梁附近不设照明及取暖炉;

(4)必要时基准梁可用聚苯乙烯等隔热材料包裹起来,以消除温度影响。

3. 测试仪器设备

1)加荷装置

目前多用液压千斤顶、锚桩、横梁等设备。液压千斤顶的压力表应定期检验,根据检验换算值求出千斤顶实际压力,写上纸条贴在压力表面上,以便直接读出压力数。如使用2~3台千斤顶时,应将各台千斤顶的油管连通,以平衡压力。

2)测试仪器装置

沉降测量一般采用百分表或电子位移计,设置在桩的2个正交直径方向,对称安装4个;小直径桩可安装2个或3个。沉降测定平面离开桩顶的距离不应小于0.5倍桩径。固定和支承百分表的夹具和横梁在构造上应确保不受气温、振动及其他外界因素的影响而发生竖向变位。为了防止堆载引起的地面下沉影响测读精度,应用水准仪对基准梁系统进行监控。

《公路桥涵施工技术规范》(JTJ 041—2000)规定,试桩、锚桩和基准桩之间的中心距离如表5-16所示。

基准桩中心与试桩、锚桩中心(或压重平台支承边)的距离 表5-16

反力系统	基准桩与试桩	基准桩与锚桩(或压重平台支承边)
锚桩承载梁反力装置	≥4d	≥4d
压重平台反力装置	≥2.0m	≥2.0m

注:表中为试桩的直径或边长 $d \leqslant 800$mm 的情况;若试桩直径 $d > 800$mm 时,基准梁中心至试桩中心(或压重平台支承边)的距离不宜小于4.0m。

仪器安装前应予校定,擦干并润滑。

4. 试验加载方式

试验加载方式分为三类(表5-17),可根据具体情况选择采用。

在所有基桩尚未沉入前作试验时,有可能根据试桩结果改变桩基结构(沉桩深度、桩的数量等)。因此,试桩荷载一般应达到破坏荷载,或试桩下沉量大大超过建筑物的容许限度,或达到基桩本身材料的破坏。

在所有基桩均已沉入完毕,试验仅是为了检验基桩是否符合设计要求,试桩荷载可等于设计荷载乘以安全系数。如果试验条件限制时,这一荷载可减少10%。

试桩加载应分阶段进行,每阶段加载量可以相等或者递变。每一阶段荷载的大小,应按要求试验的精确度确定:等量加载时,一般为预计极限荷载的1/10~1/15;递变加载时,开始阶段为 1/2.5 ~1/5；终了阶段为 1/10 ~1/15。

试验加载方式 表 5-17

序号	试验顺序	试验方式			序号	试验顺序	试验方式		
		第一类	第二类	第三类			第一类	第二类	第三类
1	加至计算静力	-	+	+	6	加至计算主力加附加力	-	-	+
2	全部卸载	-	+	+	7	卸至计算静力	-	-	+
3	加至计算主力加附加力	-	+	+	8	加至破坏荷载	+	+	+
4	全部卸载	-	+	-	9	全部卸载	+	+	+
5	卸至计算静力	-	-	+					

注：①"+"表示采用，"-"表示不采用。

②第二、三类为反复加卸载方式，埋设在桩内的仪器的标定要考虑到反复加卸载试验方式的影响。

下沉量观测间隔时间，视桩尖土质和每阶段加载量而定，一般可按累计 0min、2min、5min、10min、30min 观测一次，以后每隔 30min 测读一次，黏性土在后阶段可延长到每小时测读一次。每阶段的测读间隔次数不少于 5 次。

每一阶段荷载的下沉量，在下列时间内，如不大于 0.1 mm，即可视为休止：

对于砂类土最后 30min；

对于黏性土最后 1h。

这一阶段下沉休止后，即可进行下一阶段的加载。

5. 破坏荷载、极限荷载及容许荷载的确定

(1)破坏荷载：当试桩全部下沉量已大于 40mm，同时这一阶段下沉量大于前一阶段下沉量的 5 倍，或者这一阶段的下沉量大于前一阶段下沉量的 2 倍但下沉在 24h 仍不休止时，其荷载即为破坏荷载(此标准不适用于对下沉量有特殊规定者)。

(2)极限荷载：破坏荷载前一阶段的累计荷载即为极限荷载。

(3)容许荷载：极限荷载除以安全系数(相关规范规定为 2)为容许荷载。如因结构对桩的下沉量有特殊要求时，则应按下沉量确定容许荷载。

对于先作静载试验后挖基的桩，应从试验所得的极限荷载值中减去从地面至开挖后的基底一段高度内的土对桩身的摩擦力临界值，再据以计算容许荷载。对于高桩承台的桩，也应扣除从地面至最大冲刷线间的一段高度内土的摩擦力。

6. 卸除荷载

卸载应分阶段进行，每阶段卸载量可为两个阶段的加载量。如加载阶段为奇数时，第一阶段的卸载量可为最后三个阶段的加载量。

每次按顺序卸除荷载后，应将桩的回弹量在各仪器的读数分别记录。开始两次每隔 15min 记录一次到回弹休止为止，回弹休止标准与沉降休止标准相同。回弹稳定后即可进行下一次卸载。荷载完全卸除后，至少应于 2h 内每隔 30min 记录一次。

7. 试验操作注意事项

(1)利用已完成的桩作锚桩，当用常备式钢梁、工字钢叠合梁或用高强钢材特殊设计的钢

梁时,应根据最大试验荷载验算反力梁的强度和挠度。一般钢梁挠度要求不大于1/100跨度。

(2)如利用已有的基桩当作锚桩,不允许损伤桩身。

(3)验算锚桩抗拔能力时的极限摩阻力值,应采用比桩受压时极限摩阻力值为低的值。

(4)当采用堆重平台时,每件压重以及平台自重均应标定,需要时可以用颜色标明,易于计算。为了操作安全,在专设的防护垛上置有楔块,在传递荷载时将楔块撤除。

(5)使用的千斤顶必须逐台加以标定。在标定时所使用的压力表、油管、电动油泵、人工手摇泵等应与试验时基本相同。

(6)观测桩的沉降量一般采用百分表测量。桩身下沉量超过百分表量程范围时,应及时调整百分表位置。调整前和调整后的读数应取得联系。应随时检查百分表是否灵敏,支架是否稳定。

(7)预计千斤顶的顶起量,尽量避免在一次试验的中途松顶加垫。估计时应考虑0.5~1倍的观测余量。

(8)为减少千斤顶有效顶程的耗损,可采取以下措施:

①试验前先用千斤顶加压,消除垫材、栓孔等处的压缩变形及空隙,然后将千斤顶松回,加填垫材,填补空隙。

②加强试验设备的结构刚度。

③锚桩的受拔力应小于其极限摩阻力,其拔起量一般应小于20mm。

(9)锚桩拔起的休止应先于试桩下沉的休止。

(10)对锚桩的拔起应同时进行观测,以便从拔起的均衡程度及拔起与时间关系曲线中分析其对试桩的可能影响。

(11)试桩的下沉和锚桩的拔起都将使千斤顶降压,必须不断观察压力表,随时加压,以维持其每阶段的加载量不变。最好安设液压补偿器(图5-16),使千斤顶自动保持恒压。

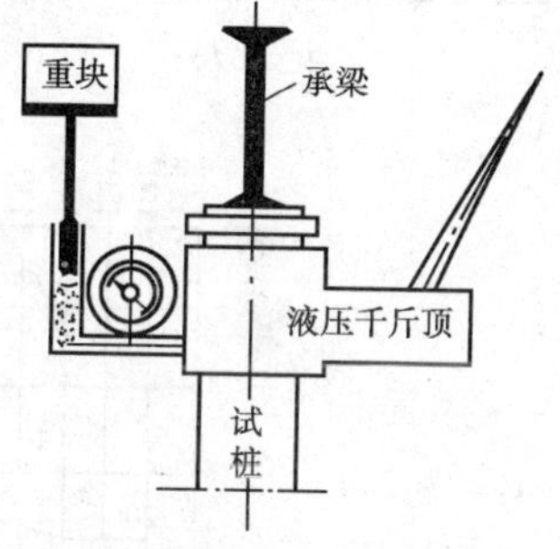

图5-16 液压补偿器作用示意

(12)应随时检查加载设备情况,注意有无变形等异状。随时检查观测设备的转动与指示部分的灵敏度,有无障碍,以及固定部分的稳定性。

(13)一个或几个千斤顶的中轴线,必须与试桩的中轴线相吻合,否则容易由于偏压易产生压坏桩头及偏斜的事故。

(14)应防止试验地点附近的震动干扰、装置自身的温度变形及土的冻胀影响。

8. 记录及资料整理

所有试验观测读数均应随时填入记录(表5-18),并根据记录资料整理绘制桩的下沉与荷载关系曲线及桩的下沉与时间关系曲线(图5-17)。

9. 快速加载试验法

一般桩的垂直静载试验系采用慢速循环加载(维持荷载法)。静载试验工作时间长,配备人员多,慢速试验的"休止"标准缺乏理论依据,基准梁和测读精度也存在一些问题。除了临界承载力(即极限承载力)外,静载试验得出桩的沉降资料与以后桩群的长期下沉量的差别很大。若静载试验仅仅为了检验桩的承载力,亦可采用国内外已取得一定成果的"快速加载法"(即贯入速率法)中的垂直静载试验法。

试桩试验报告 表5-18

<table>
<tr><td colspan="10">工程名称： 文件号：
地点： 桩号：
地质情况：
复打次数及日期：
冲击试验日期：
试桩位于第××号：
制桩材料、时间、桩截面积(mm^2)：</td></tr>
<tr><td colspan="10">静载试验记录
建筑物名称： 桩 号：
加载平台类型： 桩的重力(kN)：
测量仪器类别： 号 码：
加载顺序：
桩设计荷载(kN)： 极限荷载(kN)：</td></tr>
<tr><td rowspan="2">荷载阶段编号</td><td rowspan="2">起止日时分</td><td rowspan="2">间歇时间(min)</td><td rowspan="2">每阶段荷载(kN)</td><td colspan="2">仪器读数(mm)</td><td rowspan="2">平均读数(mm)</td><td rowspan="2">下沉量(mm)</td><td rowspan="2">温度(°C)</td><td rowspan="2">备注</td></tr>
<tr><td>仪器号</td><td>仪器号</td></tr>
<tr><td></td><td></td><td></td><td></td><td></td><td></td><td></td><td></td><td></td><td></td></tr>
<tr><td></td><td></td><td></td><td></td><td></td><td></td><td></td><td></td><td></td><td></td></tr>
<tr><td>其他记录</td><td></td><td></td><td></td><td></td><td></td><td></td><td></td><td></td><td></td></tr>
</table>

记录人： 施工负责人：

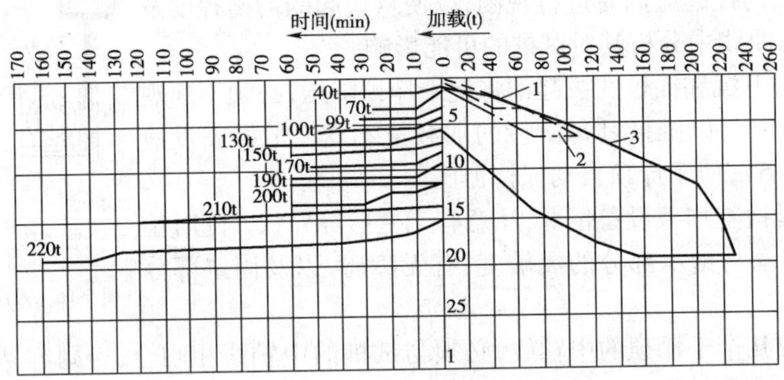

图5-17 基桩垂直静载试验曲线图

快速加载法的特点是将临界荷载(极限荷载)分为10~15级，每45min加载一级，其间不必等待下沉的"休止"，到达45min即继续加载，直到加载完毕。一般总的试验时间为450~675min，测读时间是0、1、2、5、10、15、30、45min各一次。

实践证明，对摩擦桩的临界荷载值，快速试验值与慢速试验值基本上相同。对设计荷载阶段(一般是小于临界荷载的1/2)，快速试验与慢速试验的桩下沉量基本一致。

桩的静荷载试验是检测基桩承载力的可靠方法，是各种动测法的对照标准。然而桩的静载试验费时、费力、费用高，检测桩数也不可能太多，对整个基础工程不能进行概率统计分析。所以，静载试验的代表性不高。动力测桩方法简便、快速，是一种实用的方法。就一根桩而言，静载试验结果的精度高于动测法，而就整个工程而言，由于桩基工程的复杂性，其保证率反而不如抽检率高的动测结果。

二、单桩竖向抗拔静荷载试验

当桩基础承受较大的水平力时,导致部分桩承受上拔力,承台也会承受较大水浮力,因此,有必要时应该做现场原位抗拔试验。

1. 试验装置、仪表和量测元件

1)试验加载装置

单桩竖向抗拔承载力试验装置如图5-18所示,一般采用千斤顶加载,其反力装置一般采有两根锚桩和承载梁组成,试桩和承载梁用拉杆连接,将千斤顶置于两根试桩之上,顶推承载梁,引起试桩上拔。应尽量利用工程桩为反力锚桩,若灌注桩作锚桩,宜沿桩身通长配筋,以免出现桩身的破损。试桩与锚桩间距可按表5-16确定。

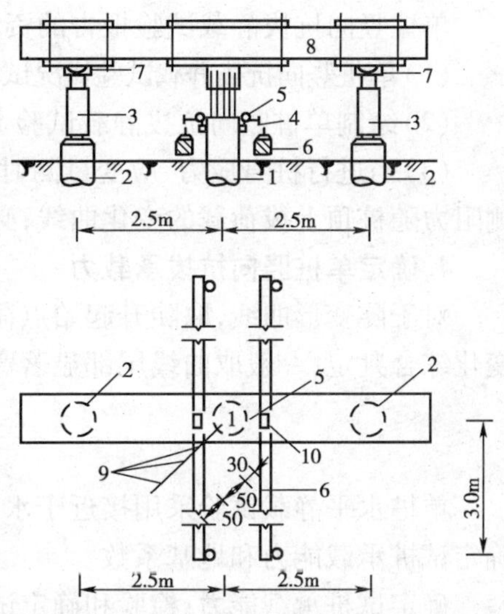

图5-18　单桩竖向抗拔静荷载试验示意图

1-试桩;2-锚桩;3-液压千斤顶;4-表座;5-测微表;6-基座;7-球铰;8-反力梁;9-地面变形测点;10-10cm×10cm薄铁板

2)测试仪表、元件

荷载可用并联于千斤顶上的高精度压力表测定油压,并根据率定曲线核算荷载。也可用放置在千斤顶上的应力环、压力传感器直接测定。上拔量一般用百分表量测,其布置方法与单桩抗压试验相同。桩身量测元件与单桩抗压试验相同。

2. 试验方法

1)试验要求

试桩应按最大加载力计算桩身钢筋,且钢筋应沿桩身通长布置。从成桩到开始试验的间隔:在桩身强度达到设计要求的前提下,对于砂类土,不应少于10d;对于粉土和黏性土,不应少于15d;对于淤泥或淤泥质土,不应少于25d。

2)加载和卸载方式

抗拔试验一般采用慢速维持荷载法。施加的静拔力必须作用于桩的中轴线。加载应均匀、无冲击。每级加载为预计最大荷载的1/10~1/15,达到相对稳定后加下一级荷载,直到试桩破坏,然后逐级卸载到零。可结合工程桩实际受荷情况采用多循环加载法,即每级荷载上拔量达到相对稳定后卸载到零,然后再加下一级荷载。

3)变形观测

进行单桩竖向抗拔静载试验时,除了要对试桩的上拔量进行观测外,尚应对桩周地面土的变形情况以及桩身外露部分裂缝开展情况进行观测记录。

试桩的上拔量观测,应在每级加载后间隔5、10、15(min)各测读一次,以后每隔15min测读一次,累计1h后每隔30min测读一次,每次测读值记录在试验记录表中。

4)上拔稳定标准

单桩竖向抗拔静载试验上拔量相对稳定标准应以1h内的变形量不超过0.1mm为准。

5)终止加载条件

试验过程中，当出现下列情况之一时，即可终止加载：

(1)桩顶荷载为桩受拉钢筋总极限承载力的90%；

(2)某级荷载作用下，桩顶上拔位移量为前一级荷载作用下的5倍；

(3)建筑部门试桩的累计上拔量超过100mm，桥桩则规定累计上拔量超过25mm。

3. 试验资料整理

单桩竖向抗拔静载试验报告的资料整理应包括以下一些内容：

(1)单桩竖向抗拔静载试验概况试验记录、汇总，并对试验过程中出现的异常现象作补充说明；

(2)绘制单桩竖向抗拔静载试验上拔荷载和上拔量之间的曲线；

(3)当进行桩身应力、应变量测时，尚应根据量测结果整理出有关表格，绘制桩身应力、桩侧阻力随桩顶上拔荷载的变化曲线；必要时绘制桩土相对位移。

4. 确定单桩竖向抗拔承载力

对于陡变形曲线，取陡升起始点荷载为极限承载力，对于缓变形曲线，根据上拔量和曲线变化综合判定，一般取曲线尾部显著弯曲的前一段荷载为极限荷载承载力。

三、单桩水平静载试验

单桩水平静载试验采用接近于水平受荷桩实际工作条件的试验方法。试验目的主要为了确定试桩承载能力和地基系数。

确定试桩承载能力：检验和确定试桩的水平承载能力可直接由水平荷载和水平位移曲线判定，亦可根据实测桩身应变来判定。

确定试桩在各级荷载下弯矩分布规律：当桩身埋设有量测元件时，可以较精确求得各级水平荷载作用下桩身弯矩的分布情况，从而为检验桩身强度，推求不同深度弹性地基系数提供依据。

确定弹性地基系数：进行水平荷载作用下单桩分析时，弹性地基系数的选取至关重要。目前，常用的C法、M法、K法各自假定了地基反力系数沿深度不同分布的模式，因此都有一定的适用范围。通过试验，可选择比较符合实际情况的计算图式及地基系数。

推求实际地基反力系数：虽然使用弹性地基系数比较方便，但误差较大。实际地基反力系数沿深度的分布图式是比较复杂的，且随侧向位移的变化是非线性的。因此，通过试验直接获得不同深度处抗力和侧向位移之间的关系，用它分析工程桩的受力情况更符合实际要求。

1. 试验装置

单桩水平静载试验装置通常包括加载装置、反力装置、量测装置三部分，如图5-19所示。

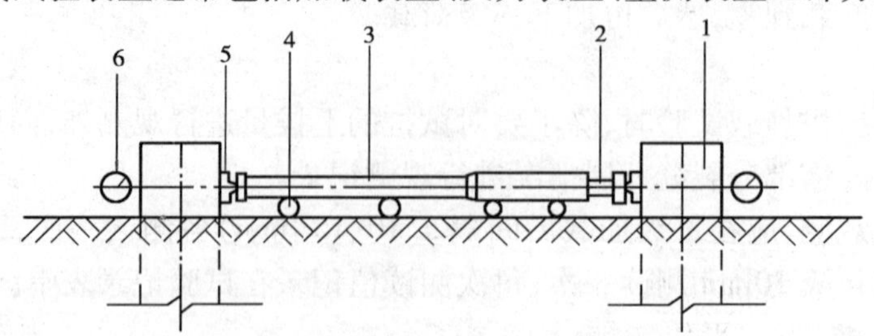

图5-19 单桩水平静荷载试验装置

1-桩；2-千斤顶；3-位力杆；4-滚轴；5-球支座；6-百分表

1)加载装置

试桩时,一般采用卧式千斤顶加载,用测力环或测力传感器确定施加荷载值,对往复式循环试验可采用双向往复式油压千斤顶。水平荷载试验,特别是悬臂较长的试桩,作用点位移较大,所以要求千斤顶有较大行程。为保证千斤顶施加作用力水平通过桩身轴线,千斤顶与试桩接触面处安置球形铰座。在试桩时,为防止力作用点处产生局部挤压破坏,须用钢垫板进行局部补强。

2)反力装置

最常用的方法是利用试桩周围的工程桩或垂直加载力试验用的锚桩作为反力墩。根据需要可把2根甚至4根桩连成一整体作为反力座。有条件时,也可利用周围现有结构物作反力座。必要时,可浇筑专门的支座来作反力架。

3)量测装置

桩顶水平位移量测:桩的水平位移采用大量程百分表来量测。每一试桩应在荷载作用平面和该平面以上50cm左右各安装一只或两只百分表,下表量测桩身在地面处的水平位移,上表量测桩顶水平位移,根据两表位移差与两表距离的比值求出地面以上桩身的转角。如果桩身露出地面较短,也可只在荷载作用水平面上安装百分表量测水平位移。固定百分表的基准桩宜打设在试桩影响范围之外,这个距离一般不小于$5D$。

当基准梁设置在与加荷轴线垂直方向上或试桩位移反方向时,间距可适当减小,但不应小于2m。在陆地上试桩时可用入土1.5m以上的钢钎或型钢作为基准点。同组试桩的基准点一般不少于2个。搁置在基准点上的基准梁要有一定的刚度,以减少晃动。整个基准装置系统应保持相对独立。为减少温度对量测的影响,基准梁应采取简支形式,顶上有篷布遮阳。

桩身弯矩量测:水平荷载作用下桩身的弯矩并不能直接量测得到,它只能通过量测得到的桩身应变来推算。因此,当需要研究桩身弯矩的分布规律时,应在桩身粘贴应变量测元件。为量测桩身的弯矩和有关的弯曲应变,各测试断面测点应成对布置在远离中性轴的地方。

在地面下$10 \sim 15D$主要受力部分应加密测试断面,断面间距一般不超过$(1 \sim 1.5)D$。在此深度以下,间距可适当加大。

2. 试验方法

1)试桩要求

(1)试桩位置应根据场地地质、设计要求综合选择具有代表性的地点;

(2)试桩周边2~6m范围内布置钻孔,并取土样进行土工试验;

(3)试桩数量一般不少于2根;

(4)成桩到开始试验时间间隔,钻孔灌注桩成桩后一般不少于28d。

2)加载、卸载方式

一般可分为单循环连续加卸载法和多循环加卸载法。

《公路桥涵施工技术规范》(JTJ 041—2000)采用单向多循环加载法,取预计最大试验荷载的1/10~1/15作为每级加载量。每级荷载施加后,恒载4min后测读水平位移,然后卸载到零,停2min后测读残余水平位移,至此完成一个加、卸载循环,如此循环5次便完成一级荷载的试验观测。为保证试验结果的可靠性,加载时间尽量缩短,测量位移的时间间隔应准确,试验不得中途停歇。

3)终止试验条件

当试验过程出现下列情况之一时,即可终止试验。

(1)桩顶水平位移超过 20~40mm(软土取 40mm);

(2)桩身已断裂;

(3)桩侧地表明显裂纹或隆起;

(4)已达到试验要求的最大荷载或最大位移量。

3. 单桩水平荷载和极限荷载的确定

1)绘制荷载试验曲线

绘制单桩水平静载试验水平力(H)-时间(t)-位移(X)、水平力-位移梯度(H-$\Delta X/\Delta H$)、水平力-位移双对数($\lg H$-$\lg X$)曲线。其中,H-t-X 曲线(图5-20)和 H-$\Delta X/\Delta H$ 曲线(图 5-21)是比较常用的。

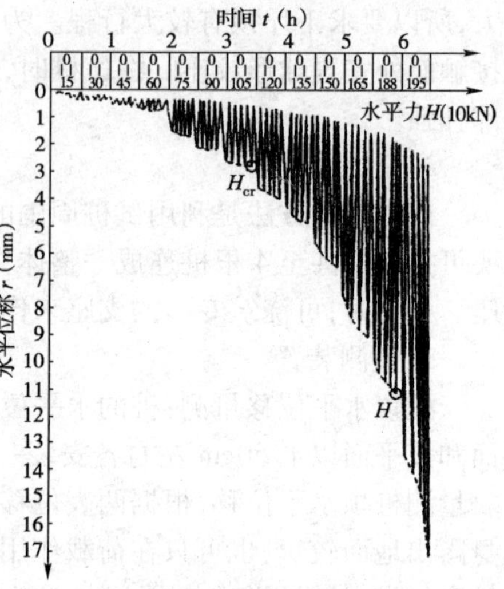

图 5-20 单桩水平静荷载试验 $H-t-X$

2)单桩水平临界荷载的确定方法

单桩水平临界荷载(桩身受拉区混凝土明显退出工作前的最大荷载),一般按下列方法综合确定:

(1)取 $H-t-X$ 曲线出现突变点的前一级荷载为水平临界荷载 H_{cr}(图 5-20);

(2)取 $H-\Delta X/\Delta H$ 曲线第一直线段的终点所对应的荷载为水平临界荷载 H_{cr}(图 5-21);

(3)当桩身埋设有量测元件时,取 $H-\sigma_g$ 第一突变点所对应的荷载为水平临界荷载(图 5-22)。

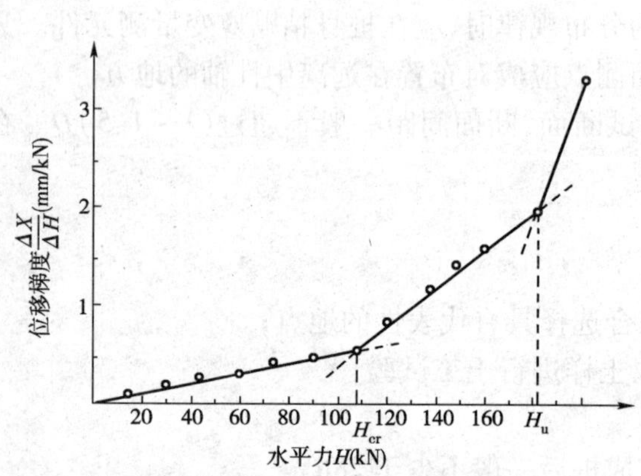

图 5-21 单桩 $H-\Delta X/\Delta H$ 曲线

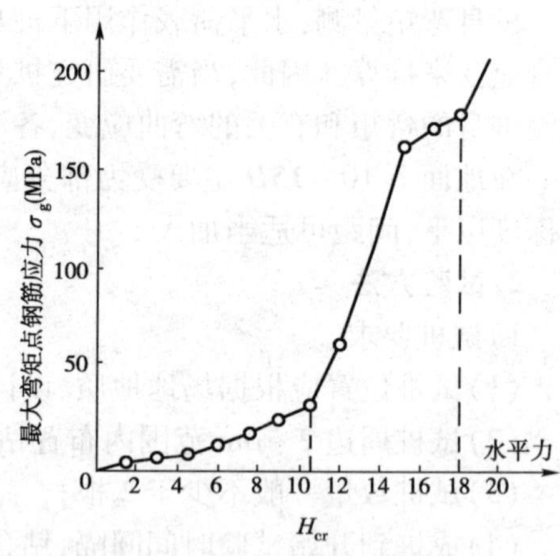

图 5-22 根据 $H-\sigma_g$ 确定单桩的水平临界荷载

3)单桩水平极限荷载的确定方法

单桩水平极限荷载可根据下列方法综合确定:

(1)取 $H-t-X$ 曲线明显陡降的前一级荷载为极限荷载 H_u;

(2)取 $H-\Delta X/\Delta H$ 曲线第二直线段的终点所对应的荷载为极限荷载 H_u;

(3)取桩身折断或钢筋应力达到流限的前一级荷载为极限荷载 H_u;

(4)当试验项目对加荷方法或桩顶位移有特殊要求时,可根据相应的方法确定水平极限

荷载 H_u。

当作用于桩顶的轴向荷载达到超过其竖向极限荷载的 0.2 时,单桩水平临界荷载、极限荷载都将有一定程度的提高。因此,当条件许可时,可模拟实际荷载情况,桩顶同时进行施加轴向压力的水平静荷载试验,以更好地了解桩身的受力情况。

根据需要也可绘制出桩身弯矩图。

●第四节　桩基低应变动力检测●

一、概　　述

《公路桥涵施工技术规范》(JTJ 041—2000)规定,钻孔灌注桩一般选有代表性的桩用无破损法进行检测,重要工程或重要部位的桩宜逐根进行检测。灌注桩的质量检测方法可归纳如下:

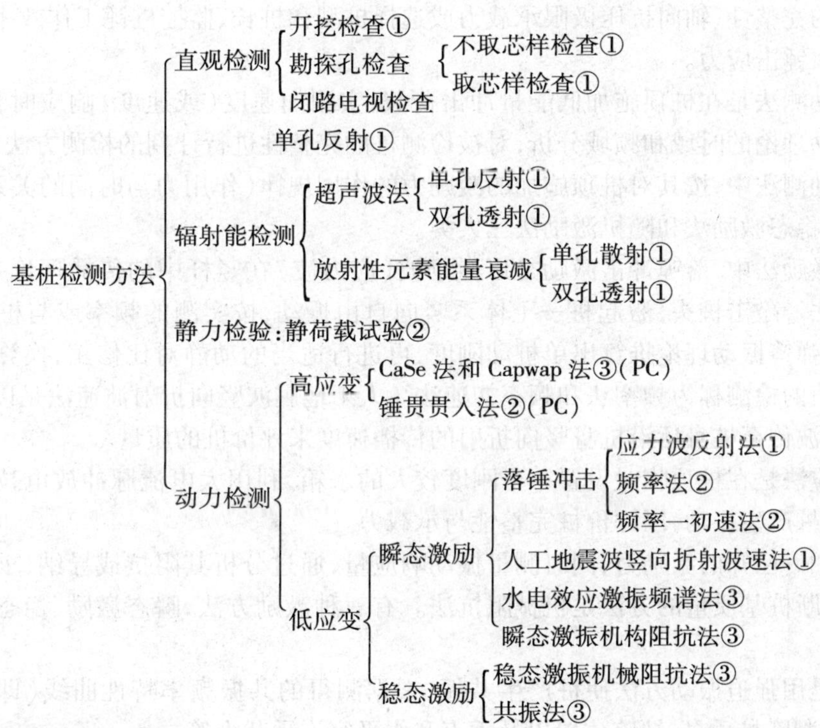

注:①——主要检验桩身完整性;

②——主要估算单桩承载力;

③——具有检验桩身完整性和单桩承载力的功能;

PC——主要用于检验预制桩。

开挖检查能将桩身混凝土的灌注质量直接暴露,可供详细目测,但要受地下水位的限制(如在地下水位以下进行,即不经济,也不安全)。一般在经其他方法检验后,怀疑在桩身不深处存在缺陷需要验证时才用此法。

勘探孔检查法是利用工程地质钻芯机在桩身中心竖向勘探检查桩身混凝土质量。可以在钻孔时不取混凝土芯样，靠小心仔细地监视钻进速率和回水中带出的钻渣的颜色和成分来判别混凝土强度的高低和有无夹层及其他性质。较可靠的方法是钻孔时取混凝土芯样检查。沿混凝土桩身取出混凝土芯样，按上下次序排列，可判断出混凝土离析、蜂窝、断裂、夹层等各种缺陷的形态、性质、位置和上下范围。将芯样分别做强度试验可以评定混凝土强度及整桩混凝土强度的均匀性。但钻孔检查只局限于钻孔孔道上的部位，对于大直径桩，难以评定整个截面的情况，而且费用高。因此，只适用于有特殊需要的个别桩。

闭路电视检查法，先在桩身中钻一工作孔，供摄像探头深入桩身内部探视。因此常配合不取芯样的勘探孔法进行。

放射性元素能量衰减法是利用放射性同位素释放出来的高能量 r - 射线在混凝土介质中穿透时，由于混凝土质量的不同而产生不同的辐射效应来检查桩身的完整性和均匀性。超声脉冲法和放射性元素能量衰减法均需在桩身中设置检查孔道（设预埋管道或钻孔）。超声脉冲法使用较普遍，而放射性同位素法在国内应用较少。

高应变动测法是在桩顶施加高能量冲击荷载，实测力和速度信号，运用波动理论反演来推算被检测桩的完整性、轴向抗压极限承载力或选择桩型和桩长、监控桩锤工作效率和打入桩桩身承受的最大锤击应力。

低应变动测法是在桩顶施加低能量冲击荷载，实测加速度（或速度）响应时程曲线，运用一维线形波动理论的时域和频域分析，对被检测桩的完整性进行评判的检测方法。

低应变动测法中，按其对桩顶施加的激励力的作用规律（作用力与时间的关系）可划分为瞬态激励法、稳态激励法和随机激励法三大类。

在瞬态激励法中，落锤冲击激励是以激励波（应力波）在竖杆中的传播理论为基础，称为应力波反射法。敲击桩头，激起桩—土体系竖向自由振动，按实测的频率或与桩头振动初速度，根据质量弹簧振动理论推算出单桩动刚度，再进行适当的动静对比修正，换算成单桩竖向承载力标准值的检测称为频率法和频率初速法。人工地震波竖向折射波速法是以人工地震为震源，利用震波传至桩身后沿桩身竖向折射的传播速度来评价桩的质量。

水电效应法是在桩顶临时设置一个刚度较大的水箱，利用大电流脉冲放电技术在水中产生冲击波，使桩产生振动，以评价桩完整性与承载力。

对桩施加一已知的激励力，同时测量振动响应量，通过分析其阻抗或导纳，求得桩的动力特性参数，判断桩基质量的方法是机械阻抗法。有三种激励方法，瞬态激励、稳态激励和随机激励。

共振法是用强迫振动方法使桩产生共振，根据测得的共振频率特性曲线（即桩顶响应的幅频曲线）来判断桩质量、缺陷位置以及垂直和水平容许承载力等。

二、动力检测法测量系统

测量系统往往由许多功能不同的器件组成，典型的系统可用图 5-23 所示的三框图来表示。3 个方框代表 3 种功能器件。

传感器是一个能量变换器，它接收被测量（常称其为被测物理量），并将其变换成便于测量的其他量。例如，将速度变成电压，将应变变换成了电阻等。

信号调节器又称中间转换器，它将传感器输出信号进行再转换、放大（或衰减）、阻抗匹配

图 5-23 基本测量系统方框图

等处理,使其转换成合乎需要、容易记录和显示的信号。

有些记录器或显示装置本身附有一些信号变换器件,对其输入量有变换作用。例如,电磁或电压表把输入电压变换成指针相对刻度表盘的位移。

如果用方框图来分析体温表可叙述为:温度"变换"成水银球的体膨胀,毛细管"调节"膨胀的水银,刻度使温度测量能折合为长度的测量。

1. 传感器

传感器的组成环节为敏感元件和变换器或控制元件,可用图 5-24 表示。

图 5-24 表示典型传感器的框图

敏感元件的作用是将被测非电量预先变换为另一种易于被变换器感受并转换成电量的非电量。由于敏感元件直接感受到被测量并加以变换,所以也常称为传感器。有些敏感元件(如应变片、热电偶)输出的是电量,即兼有变换元件的作用,这样的敏感元件本质上同传感器就毫无差别。

变换器是将感受到的非电量直接变换成电量的器件。有些变换器可直接感受被测的量,所以变换器有时也称为传感器。

传感器的灵敏度是选择传感器的主要指标,传感器灵敏度是指在稳态情况下,传感器输出变化对于相应的输入变化的比值,用 k_t 表示。

$$k_t = \text{输出量的变化量}/\text{输入量的变化量}$$

通常传感器灵敏度由制造单位供给,是已知的,在实际测量中就可用测量输出量的办法来获得被测的输入量。对于输出与输入之间具有线性关系的线性传感器,输入量 = 输出量/k_t。

传感器有许多种类。动力检测常用的传感器有电容式传感器、电感式传感器、电磁感应式传应器、压电式传感器等。

1)电容式传感器

电容式传感器是将被测物理量转换为电容量变化的装置。是一个具有可变参数的电容器。由两个平行极板组成的电容器的电容量为

$$C = \varepsilon_o \varepsilon_r A/d \tag{5-23}$$

式中:ε_o——真空介电常数,$\varepsilon_o = 8.854 \times 10 - 12$(F/m);

ε_r——两极板间介质的相对介电常数,对于真空 $\varepsilon_r = 1$,空气 $\varepsilon_r = 1.0006$;

A——两极板重叠的有效面积(m^2);

d——两极板间的距离(m)。

当 d、A、ε_r 发生变化时,则电容量 C 随之变化,如果保持其中两个参数不变而仅改变其中一个参数,则分别构成极距变化型、面积变化型、介质变化型三类电容器传感器。面积变化型、

介质变化型的输出与输入成线性关系，而极距变化型的输出与输入成双曲线关系，只有在很小的极距变化范围内才近似成线性关系。图 5-25 所示为常见的电容式传感器。

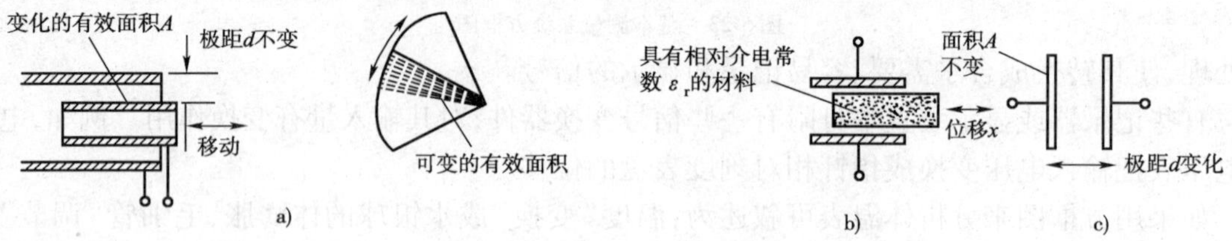

图 5-25　几种电容式传感器

a）面积变化型；b）介质变化型；c）极距变化型

2）电感式传感器

电感式传感器是把被测量如位移等，转换为电感量变化的一种装置，其交换原理基于电磁感应。

$$L = \mu_0 \mu_r N^2 A/L \qquad (H) \tag{5-24}$$

式中：μ_0——真空磁导率，$\mu_0 = 4\pi \times 10^{-7}$（H/m）；

μ_r——导磁物质的相对磁导率；

N——线圈匝数；

L——磁路的长度（m）；

A——磁路的截面积（m^2）。

由式（5-24）可见，相对磁导率 μ_r 变化或磁路长度 L 变化会使电感发生变化。

3）电磁感应式传感器

当通过任意闭合回线中的磁通发生变化时，在回线中必定产生感应电势，其大小与磁通的变化率成正比。磁通变化率与磁场强度、磁路磁阻、导线的运动速度有关，只要改变其中一个因素，都会使感应电动势的大小发生变化。凡基于电磁感应原理的传感器称为电磁感应式传感器。按照变换方式的不同，电磁感应式传感器常有磁阻式和动圈式两种形式。

磁阻式传感器中，线圈和磁铁都是静止的，由运动着的物体（导磁材料）改变磁路的磁阻，因而改变了贯穿线圈的磁通，在线圈中产生感应电动势，感应电动势用 e 表示。

$$e = -N\frac{d\phi}{dt} \qquad (V) \tag{5-25}$$

式中：N——线圈匝数；

$d\phi/dt$——穿过线圈的磁通变化率（wb/s）。

动圈式又可分为线速度型和角速度型两种。以线速度型为例，当在永久磁铁产生的直流磁场内放置一个可动线圈，线圈作直线运动时，线圈中就产生感应电动势，其大小由下式确定：

$$e = NBLV \qquad (V) \tag{5-26}$$

式中：B——磁感应强度、特斯拉（T）；

L——单匝线圈有效长度（m）；

V——线圈垂直于磁场方向的运动速度（m/s）。

也可以将传感器设置为线圈不动而永久磁铁作直线运动，其工作原理与上述相同。

4)压电式传感器

压电式传感器既可以将机械能转换为电能,又可以将电能转换为机械能,是一种可逆型换能器。当沿着一定方向对某些晶体施加外力时,晶体不仅发生形变(压缩或伸长),而且内部被极化,两相对表面上出现异性电荷,形成电场。当外力去掉时,又重新回复到原来状态,这种现象称为压电效应。如果将这些晶体置于电场中,则晶体会发生形变的现象,称为逆压电效应。

压电材料能产生同所施加的力成正比的输出电荷量,所以压电式传感器非常适用于测量力、压力、荷重和加速度。

2. 信号调节器

传感器输出的信号,往往难以直接用来显示或记录,需要进行再转换、放大(或衰减)、阻抗匹配等处理,才能输入记录与显示装置。信号在显示或记录前所进行的这种预处理称为信号调节,也称为中间转换,所用的器件则称为信号调节器(中间转换器)。信号调节器的功能主要有放大、信号转换及阻抗匹配(可能具备一种或几种)。

放大器是一种对输入信号值进行放大的装置。有机械式放大机构(如杠杆机构)与电子放大器等。

许多电传感器输出的电信号太小,不能直接输入显示记录装置,因此常利用电子放大器来增大传感器输出信号的幅值。测试用的电子放大器可分为交流放大器与直流放大器。交流放大器不能放大稳态(频率为零)信号或频率很低的信号,而直流放大器即能放大较高频率的信号,还能放大稳态信号或频率很低的信号。

信号转换器用于对传感器输出的信号或已经过放大的信号在输入到记录与显示装置前在形式上再作转换。常见的信号转换器有齿轮齿条、传动装置、电荷放大器,调制系统与桥接电路等,齿轮齿条传动装置能把直线运动转换成回转运动,或者由回转运动转换成直线运动。电荷放大器的主要功能是可以把压电式传感器产生的输出电荷变换成电压。压电式传感器的输出阻抗非常高,而输出电荷量很小,与之配套的电荷放大器需采用输入阻抗极高的高增益电压放大器。有些被测信号(如力、位移等),经传感器转换后常常是呈现变化缓慢的电信号,用直流放大有零漂和级间耦合等问题,因此常常将缓变信号先变为频率适当的交流信号,然后利用交流放大器放大,最后再恢复为原来的直流缓变信号。缓变信号加到高频“载波”上,变成频率适当的交流信号的过程称为“调制”,而恢复原来信号的过程称为“解调”。调制方法有调幅、调频与调相。桥接电路在工程检测仪表中应用很广泛。桥接电路可利用电阻、电容或电感组成。其原理此处不再叙述。

3. 记录与显示装置

记录与显示装置是测量系统中的最后一个环节。记录装置与显示装置的差别在于前者的输出信号可永久记录下来,而后者却不能。

模拟记录器可分类如下:

目前最常用的是光线示波器和模拟磁带记录器,及打印机。各种记录器的工作原理,请参阅有关书籍。

三、反射波法

反射波法适用于检测桩身的缺陷位置及影响程度,判断桩身完整性类别。

- 模拟记录器
  - 直动式记录器
    - 连续式-笔式、笔示波式、光线示波式
    - 间歇式-打点式
  - 自动平衡式记录器
    - 电位差计式、电桥平衡式
    - X-Y 记录仪
  - 模拟磁带记录器

- 数字记录器
  - 行式打印机
    - 数字打印记录器
    - 输出打印机
  - 控制台打印机
  - 穿孔机(纸带卡片)
    - 穿孔机
    - 输出穿孔机
  - 复合机
  - 数字磁带机、磁盘机、磁鼓

1. 基本原理

反射波法源于应力波理论,基本原理是在桩顶进行竖向激振,弹性波沿着桩身向下传播,在桩身存在明显波阻抗界面(如桩底、断桩或严重离析等部位)或桩身截面积变化(如缩径或扩径)部位,将产生反射波。经接收、放大滤波和数据处理,可识别来自桩身不同部位的反射信号。据此,计算桩身波速、判断桩身完整性。如果桩身介质密度、纵波波速、横截面面积和弹性模量分别用 ρ、c、A、E 表示,令:

$$Z = \rho Ac = EA/c \tag{5-27}$$

式中:Z——广义波阻抗;

A——桩的截面积(m^2);

c——纵波在桩中的传播速度(m/s),$c^2 = E/\rho$;

ρ——桩身混凝土密度(kg/m^3);

E——桩身混凝土弹性模量(N/m^2)。

当桩身几何尺寸或材料物理性质发生变化时,相应的 ρ、c、A 发生变化,其变化发生处称为波阻抗界面,将波阻抗的比值表示为 $n = Z_1/Z_2$。当纵波在无限长直杆内传播时,它将沿某一方向前进,把能量输送到无限远处,若杆长有限,当波和杆端面相遇时,根据边界条件,能量将在端部边界产生反射或透射。反射系数用 F 表示,透射系数用 T 表示。

单桩动测的应力波法中典型的端面边界是固定端边界和自由端边界。在固定端边界,入射波和反射波的位移大小相等、方面相反、叠加的结果互相抵消,总波场在固定端处的位移恒为零。由此可知,固定端使入射波的正向位移改转为负向位移。而对于应力波,情况恰恰相反,入射应力波和反射应力波传播方向相反,在固定端处反射应力与入射应力的大小和方向均相同,总应力为入射应力的两倍。

自由端边界和固定端边界相反。位移波在边界处大小和方向相同,总位移为入射位移的两倍;应力波在边界处大小和方向相反,即在自由端的反射形成拉压互变。

基桩检测中常会遇到桩几何尺寸为扩颈或缩颈现象。我们可以假设为两个物理性质不同的半无限直杆在交界处共轴密接,如图 5-26 所示。

桩身各种性状以及桩底不同的支承条件均可归纳成以下三种波阻抗变化类型:

1)波阻抗近似不变($Z_1 \approx Z_2$)

桩底支承介质与桩身阻抗近似,桩身完整、均匀、无缺陷都属于这种类型:

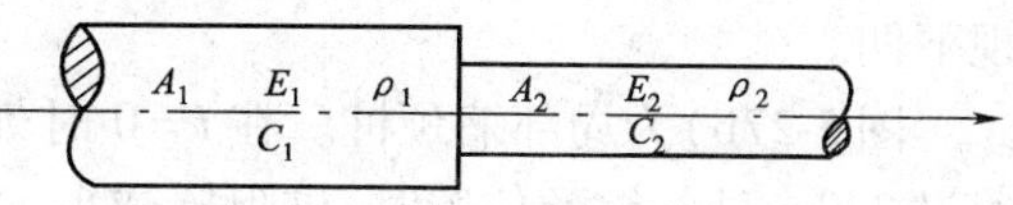

图 5-26　弹性波在两个共轴半无限长直杆中传播的交界

$Z_1 \approx Z_2$,则 $n=1$,$F=0$,$T=1$,由此可知应力波为全透射,无反射信号产生。因此,若桩底岩石与桩身混凝土阻抗接近时,将无法得到桩底反射信号。

2)波阻抗减小($Z_1 > Z_2$)

桩底支承介质较桩身材料较软以及桩身断裂、缩径、离析、疏松、裂缝、裂纹等缺陷都属于这种类型。

$Z_1 > Z_2$,则 $n>1$,$F<0$,H 恒大于0,用传感器在桩顶检测出的反射波速度和初始入射波速度符号相同。即反射波速度、应力均与入射波信号极性一致。

当桩底支承介质的阻抗远小于桩身阻抗或桩身完全断裂时,$Z_1 >> Z_2$。

由于透射波为0,桩身完全断裂处发生全反射,应力波仅在断裂位置以上多次反射,无法检测断裂部位以下的桩身质量。

3)波阻抗增大($Z_1 < Z_2$)

桩底支承介质较桩身材料硬,桩身扩颈、鼓肚都属于这种类型。

$Z_1 < Z_2$,则 $n<1$,$F>0$,T 恒大于0,在桩顶检测出的反射波速度、应力均与入射波信号极性相反。

当桩底支承介质的阻抗远大于桩阻抗,桩底近似为固定时,$Z_1 << Z_2$,桩底处的速度为零,而应力加倍。

图 5-27 给出了三组塑料模型桩的速度波形曲线,分别代表完整桩、局部缩颈桩和局部扩颈桩,与上述三种波阻抗变化类型相对应。由于材料特性均匀,且无土阻抗,因此,这些曲线非常容易从理论上加以解释。

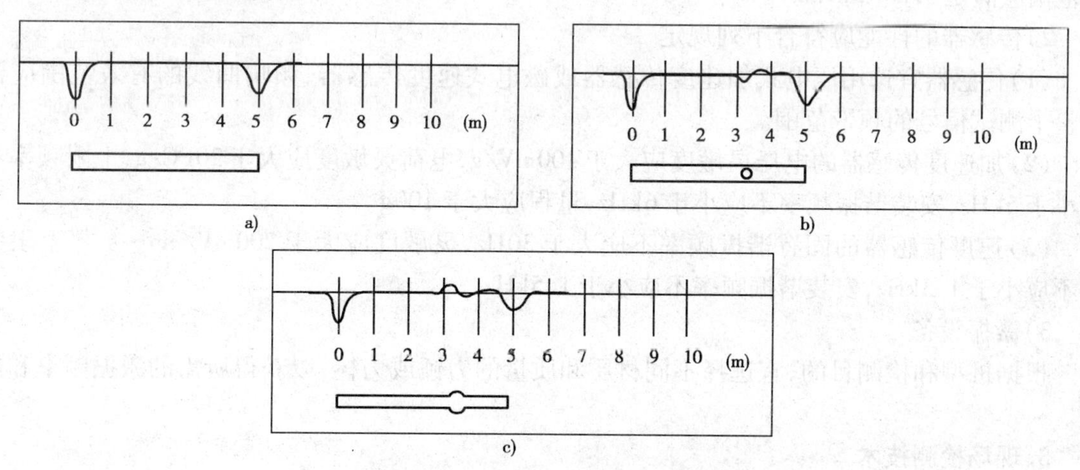

图 5-27　塑料模型桩的速度波形曲线

a)完整桩;b)缩颈桩;c)扩颈桩

图 5-27a)为完整桩。在 $t=0$ 时刻,锤击桩头产生压缩波,在曲线 0.0m 处出现下凹。该波不间断地沿桩长向下传播直到桩底,桩底反射一个上行拉力波,与入射波同相,在 5.0m 处出

现下凹。

图 5-27b)为局部缩颈桩。在 $t=0$ 时刻为起始压缩波,在曲线 0.0m 处出现下凹。应力波通过 3.0m 处的缩颈位置时,桩阻抗减小,产生上行拉力反射波,与入射波极性一致,曲线出现下凹,下凹程度取决于阻抗下降幅度。接着由于应力波通过缩颈后回到原截面,阻抗又相对增加,曲线又上凸至零线水平,最后在 5.0m 处测得桩底的响应。

图 5-27c)为局部扩颈桩。在 $t=0$ 时刻为起始压缩波,在曲线 0.0m 处出现下凹。应力波通过 3.0m 处的扩颈位置时,桩阻抗增加,产生上行压缩反射波,与入射波极性相反,曲线出现上凸,上凸程度取决于阻抗增加的幅度。接着由于应力波通过扩颈后回到原截面,阻抗又相对减小,曲线下凹至零线水平,最后在 5.0m 处测得桩底的响应。

2. 仪器设备及要求

基桩检测所用仪器设备的主要技术性能和工作环境条件应符合《基桩动测仪》(JG/T 3055)的规定,并具有良好的波形现场显示、记录和贮存功能。

检测仪器设备必须由法定计量单位定期进行标定和年检,合格要求后方能使用。

检测系统包括信号采集及处理仪、传感器、激振设备和专用附件。

反射波法检测系统基本组成见图 5-28。

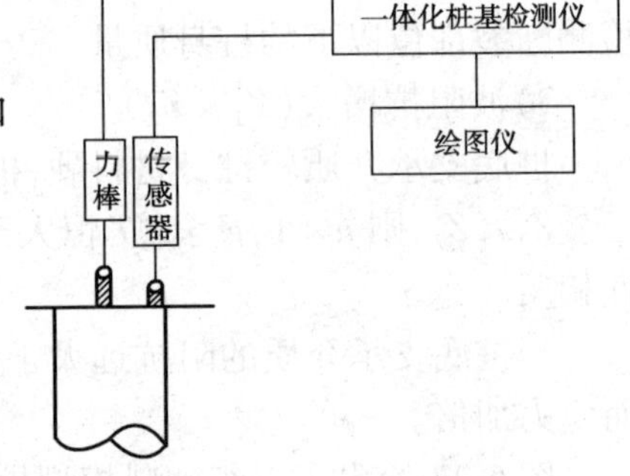

图 5-28 反射波法检测系统

1)信号采集及处理仪应符合下列规定

(1)数据采集装置的模-数转换器不得低于 12bit。

(2)采样间隔宜为 10 ~ 500μs,可调。

(3)单通道采样点不少于 1024 点。

(4)放大器增益宜大于 60dB,可调,线性度良好,其频响范围应满足 5Hz ~ 5kHz。

2)传感器的性能应符合下列规定

(1)传感器宜选用压电式加速度传感器或磁电式速度传感器,频响曲线的有效范围应覆盖整个测试信号的频带范围。

(2)加速度传感器的电压灵敏度应大于 100mV/g,电荷灵敏度应大于 20PC/g,上限频率不应小于 5kHz,安装谐振频率不应小于 6kHz,量程应大于 100g。

(3)速度传感器的固有谐振频率不应大于 30Hz,灵敏度应大于 $200\mathrm{mV/cm \cdot s^{-1}}$,上限频率不应小于 1.5kHz,安装谐振频率不应小于 1.5kHz。

3)激振设备

根据桩型和检测目的,宜选择不同材质和质量的力锤或力棒,以获得所需的激振频率和能量。

3. 现场检测技术

1)检测前准备工作应符合下列规定

(1)检测前应收集其工程地质资料、基桩设计图纸和施工记录、监理日志等,了解施工工艺及施工过程中出现的异常情况。

(2)根据现场实际情况选择合适的激振设备、传感器及检测仪,检查测试系统各部分之间

是否连接良好,确认整个测试系统处于正常工作状态。

(3)桩顶应凿至新鲜混凝土面,并用打磨机将测点和激振点磨平。

(4)应测量并记录桩顶截面尺寸。

(5)混凝土灌注桩的检测宜在成桩 14d 以后进行。

(6)打入或静压式预制桩的检测应在相邻桩打完后进行。

2)传感器安装应符合下列规定

(1)传感器的安装可采用石膏、黄油、橡皮泥等耦合剂,粘结应牢固,并与桩顶面垂直。

(2)对混凝土灌注桩,传感器宜安装在距桩中心 1/2 ~ 2/3 半径处,且距离桩的主筋不宜小于 50mm。当桩径不大于 1000mm 时不宜少于 2 个测点;当桩径大于 1000mm 时不宜少于 4 个测点。

3)激振时应符合下列规定

(1)混凝土灌注桩、混凝土预制桩的激振点宜在桩顶中心部位。

(2)激振锤和激振参数宜通过现场对比试验选定。短桩或浅部缺陷桩的检测宜采用轻锤短脉冲激振;长桩、大直径桩或深部缺陷桩的检测宜采用重锤宽脉冲激振,也可采用不同的锤垫来调整激振脉冲宽度。

(3)采用力棒激振时,应自由下落;采用力锤敲击时,应使其作用力方向与桩顶面垂直。

4)检测工作应遵守下列规定

(1)采样频率和最小的采样长度应根据桩长和波形分析确定。

(2)各测点的重复检测次数不应少于 3 次,且检测波形具有良好的一致性。

(3)当干扰较大时,可采用信号增强技术进行重复激振,提高信噪比;当信号一致性差时,应分析原因,排除人为和检测仪器等干扰因素,重新检测。

(4)对存在缺陷的桩应改变检测条件重复检测,相互验证。

4. 检测数据分析与判定

桩身完整性分析宜以时域曲线为主,辅以频域分析,并结合施工情况、岩土工程勘察资料和波型特征等因素进行综合分析判定。

1)桩身波速平均值的确定

当桩长已知、桩端反射信号明显时,选取相同条件下不少于 5 根 I 类桩的桩身波速按下式计算其平均值:

$$c_m = \frac{1}{n}\sum_{i=1}^{n} c_i \tag{5-28}$$

式中:c_m——桩身波速平均值(m/s);

c_i——第 i 根桩的桩身波速计算值(m/s),$c_i = \frac{2L \times 1000}{\Delta T} = 2L \cdot \Delta f$;

L——完整桩桩长(m);

ΔT——时域信号第一峰与桩端反射波峰间的时间差(ms);

Δf——幅频曲线桩端相邻谐振峰间的频差(Hz),计算时不宜取第一与第二峰;

n——基桩数量($n \geqslant 5$)。

当桩身波速平均值无法按上式确定时,可根据本地区相同桩型及施工工艺的其他桩基工程的测试结果,并结合桩身混凝土强度等级与实践经验综合确定。

2)桩身缺陷位置确定

(1)缺陷存在可能性的判断

判断桩身缺陷存在与否,需要分辨实测曲线中有无缺陷的反射信号及分辨桩底反射信号。这有助于定性及定量解释桩身缺陷。桩底反射明显,一般表明桩身完整性好,或缺陷轻微、规模小。另外,可按式(5-28)换算桩身平均纵波速 c_m,从而评价桩身是否有缺陷及其严重程度。缺陷段参考波速值见表5-19。

此外,还应分析地层等资料,排除由于桩周土层波阻抗变化过大等因素造成的“假反射”现象。

缺陷段参考波速值 表5-19

缺陷种类	离析	断层	缩扩颈	裂缝(空洞)
纵波速度 V_p(m/s)	1500~2700	600~1000	正常桩混凝土纵波速	≤500

(2)多次反射及多层反射问题

当实测曲线中出现多个反射波时,应判别它为同一缺陷面的多次反射,还是桩间多处缺陷的多层反射,前者即缺陷反射波在桩顶面与缺陷面间来回反射,主要特征是反射波至时间成倍增加(倍程),反射波能量有规律递减。后者往往杂乱,不具有上述规律性。

多次反射现象出现,一般表明缺陷在浅部,或反射系数较大(如断桩),它是桩身存在严重离析或断裂(断层)的有力证据。多层反射不只表明缺陷可能有多处,而且由下层缺陷反射波在能量上的相对差异,可推测上部缺陷的性质及相对规模。

(3)桩身缺陷位置应按下列公式计算:

$$x = \frac{1}{2000} \cdot \Delta t_x \cdot c = \frac{1}{2} \cdot \frac{c}{\Delta f_x} \tag{5-29}$$

式中:x——测点至桩身缺陷之间的距离(m);

Δt_x——时域信号第一峰与缺陷反射波峰间的时间差(ms);

Δf_x——幅频曲线所对应缺陷的相邻谐振峰间的频差(Hz);

c——桩身波速(m/s),无法确定时用 c_m 值替代。

缺陷厚度 $L_c = \Delta t' c_{po}/2$。c_{po} 为缺陷段的纵波速,$\Delta t'$ 为缺陷段顶、底面反射波的波至时差。

采用时域信号分析混凝土灌注桩时,应结合有关施工和岩土工程勘察资料,正确区分由扩径处产生的二次同相反射与因桩身截面渐扩后急速恢复至原桩径处的一次同相反射,以避免对桩身完整性的误判。

对于嵌岩桩,当桩端反射信号为单一反射波且与锤击脉冲信号同相时,应结合岩土工程勘察和设计等有关资料以及桩端同相反射波幅的相对高低来推断嵌岩质量,必要时采取其他合适方法进行核验。

由于桩身缺陷种类复杂,实测曲线判读人员的技术水平所限,实测资料的解释是一项较为困难的工作。下面通过对桩身各种常见缺陷的反射波特征,结合一些典型的实测波形如图5-29,对反射波法的实测曲线的解释方法加以归纳。

3)桩身完整性类别判定

(1)桩身完整性类别划分

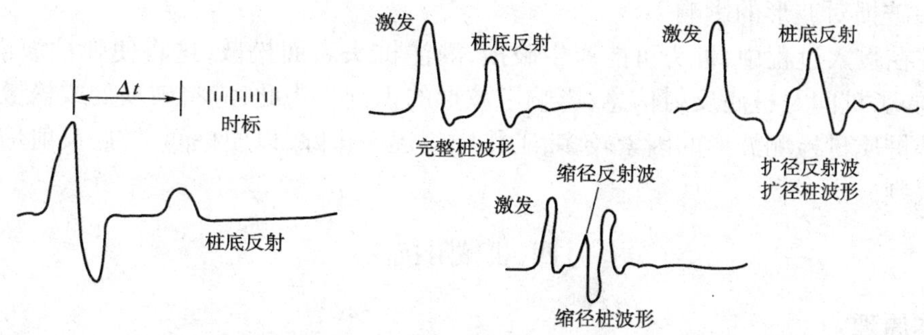

图 5-29　反射波法实测记录

I 类桩:桩身完整,可正常使用。

II 类桩:桩身基本完整,有轻度缺陷,不影响正常使用。

III 类桩:桩身有明显缺陷,对桩身结构承载力有影响。

IV 类桩:桩身有严重缺陷,对桩身结构承载力有严重影响。

(2)桩身完整性类别判定原则

I 类桩:桩端反射较明显,无缺陷反射波,振幅谱线分布正常,混凝土波速处于正常范围。

II 类桩:桩端反射较明显,但有局部缺陷所产生的反射信号,混凝土波速处于正常范围。

III 类桩:桩端反射不明显,可见缺陷二次反射波信号,或有桩端反射但波速明显偏低。

IV 类桩:无桩端反射信号,可见因缺陷引起的多次强反射信号,或按平均波速计算的桩长明显短于设计桩长。

(3)桩身完整性分析

桩身完整性分析当出现下列情况之一时,宜结合其他检测方法:

①超过有效检测长度范围的超长桩,其测试信号不能明确反映桩身下部和桩端情况。

②桩身截面渐变或多变,且变化幅度较大的混凝土灌注桩。

③当桩长的推算值与实际桩长明显不符,且又缺之相关资料加以解释或验证。

④实测信号复杂、无规律,无法对其进行准确的桩身完整性分析和评价。

(4)检测报告

检测报告应符合《公路工程基桩动测技术规程》(JTJ/T F81-01—2004)的规定,并应包括下列内容:

①桩身混凝土波速值。

②桩身完整性描述,包括缺陷位置、性质及类别。

③时域曲线图,并注明桩底反射位置。

④桩位编号及平面布置示意图,地质柱状图。

5. 影响基桩质量检测波形的因素分析

1)露出于桩头的钢筋对波形的影响

由于灌注桩要考虑到承台的设置,桩头均有钢筋露头,这会对实测波形有一定影响,严重时会影响反射信息的识别。这是因为在桩头激振时,钢筋所产生的回声极易被检波器接收,之后又与反射信息迭加在一起。克服这一影响因素的方法是,将检波器用细砂或黏土屏蔽起来,使检波器收不到声波信息。

2)桩头破损对波形的影响

预制桩在贯入过程中,桩头可能产生破损,灌注桩头表面松散,这将使弹性波能量很快衰减,从而削弱了桩间及桩底反射信息,影响了波形的识别。为此,应将破损处或松散处铲去。

影响基桩质量检测波形的因素较多,工作中应逐一排除,以便桩间、桩底反射信息的识别,避免产生误判。

四、机械阻抗法

1. 基本原理

某结构物上受到动力 F 激励后,系统必产生响应 X,机械阻抗是激励力与其所产生的振动响应之比,即 $Z=F/X$。响应 X 既可以是位移、速度、又可以是加速度,对应的阻抗分别称为位移阻抗,速度阻抗与加速度阻抗。机械阻抗的倒数称为导纳 N 既 $N=1/Z$。在基桩检测中通常观测的响应量是速度响应,亦称速度阻抗。

如果在桩头施加一正弦激励力 $f(t)$ 时,必产生一稳态响应 $v(t)$,并且是同频率的简谐振动。

$$f(t)=F\sin(\omega t+\varphi_1) \tag{5-30}$$

$$v(t)=V\sin(\omega_t+\varphi_2) \tag{5-31}$$

式中:F——激励力的力幅;

V——稳态响应速度的振幅;

ω——稳态响应的圆频率;

φ_1——激励力的初相角;

φ_2——稳态响应速度的初相角。

上述两式中有两点不同:一是幅值不同($F/V\neq1$),二是相角不同,其相位差为 $\varphi=\varphi_1-\varphi_2$,滞后时间 $t=\varphi/\omega$。

激励与响应之间的幅值比 F/V 及相位差 $\varphi_1-\varphi_2$ 不仅与激振频率 ω 有关,主要取决于系统本身的固有特性(不随时间变化)。系统的这种固有特性,一般是指惯性、弹性及阻尼特性。所以,在进行基桩质量检测时,采用激励与响应之间的幅值比 F/V 及相位差作为判据。从整体上描述桩—土系统在 ω 频率条件下的频响特性或传递特性。

2. 仪器设备及要求

机械阻抗法测试仪器根据激振方式的不同分为稳态激励和瞬态激励。测试仪器由激振系统、传感系统和放大与分析系统组成。

(1)稳态激振设备及瞬态冲击装置应符合下列要求:

稳态激振应采用电磁激振器,并宜选择永磁式激振器。

激振器的技术要求应符合下列规定:

频率范围宜为5~1500Hz;

最大输出力:当桩径小于1.5m时,应大于200N;当桩径为1.5~3.0m时,应大于400N,当桩径大于3.0m时,应大于600N。非线性失真应小于1%。

悬挂装置可采用柔性悬挂(橡皮绳)或半刚性悬挂。采用柔性悬挂时应避免高频段出现横向振动。采用半刚性悬挂当激振频率在10~1500Hz的范围内时,激振系统本身特性曲线出现的谐峰值(共振及反共振)不应超过1个。

瞬态激振应通过试验选择不同材质的锤头进行冲击,使可用于计算的谱宽度大于1500Hz。在冲击桩头时,冲击锤应保持为自由落体。

激振装置初次使用或经长距离运输,在正式使用前进行调整,使横向振动系数控制在10%以下,其谐振时的最大值不应超过25%。

(2)传感系统应符合下列要求:

接收传感器的力传感器频率响应宜为5~1500Hz,其幅度畸变应小于1dB,灵敏度不应小于1.0pC/N。量程按激振力的最大值确定(稳态激振时)或按冲击力最大值确定(瞬态冲击时)。

测量响应的传感器频率响应宜为5~1500Hz;对小桩径,速度传感器的灵敏度S_r应大于300mV/(cm/s),加速度传感器的灵敏度S_a应大于1000pC/g,当桩径较大时,S_r应大于800mV/(cm/s),S_a应大于2000pC/g。横向灵敏度不应大于5%。对于加速度传感器的量程,稳态激励时不应小于5g;瞬态激振时,不应小于20g。

接收传感器的灵敏度应每年标定一次。力传感器可采用振动台进行相对标定,或采用压力试验机进行用准静态标定。进行准静态标定所采用的电荷放大器,其输入电阻不应小于$10^{11}\Omega$。测量响应的传感器可采用振动台进行相对标定。

(3)放大与分析系统应符合下列要求:

压电传感器的信号放大应采用电荷放大器,磁电式传感器应采用电压放大。频带宽度宜为5~2000Hz,增益应大于80dB,动态范围应在40dB以上,折合到输入端的噪声应小于10μV。在稳态测试中,应选用跟踪滤波器或在放大器内设置性能相似的滤波器。滤波器的阻滞衰减不应小于40dB。在瞬态测试中分析仪器的选择,应具有频域平均和计算相干函数的功能。当采用数字化仪器进行数据采集时,其模/数转换器位数不应小于12bit。

机械阻抗法检测系统基本组成见图5-30。

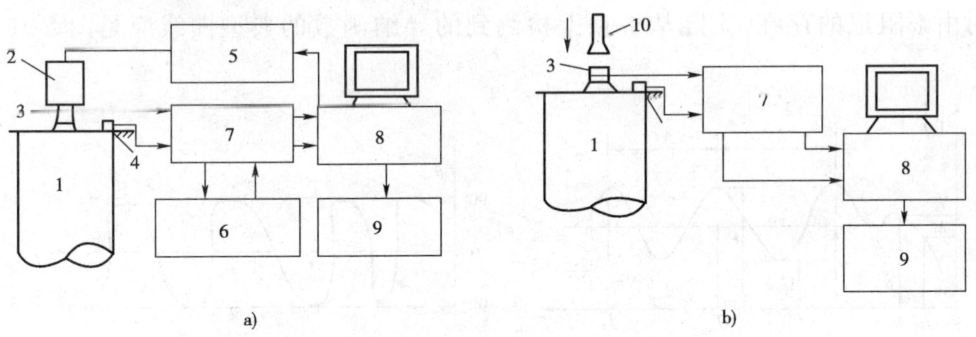

图5-30 机械阻抗法检测系统基本组成图

a)机械阻抗(稳态)测试;b)机械阻抗(瞬态)测试

1-桩;2-激振器;3-力传感器;4-速度传感器;5-功率放大器;6-跟踪滤波器;7-信号采信前端;8-微计算机;9-打印机;10-力棒、锤

信号处理分析的记录设备可采用磁记录器、X-Y函数记录器、与计算机配合的笔式绘图仪或打印机。磁带记录器不得少于两个通道、信噪比不得低于45dB,频率范围不得低于5kHz。采用的各类记录仪的系统误差应小于1%。

3. 现场检测及注意事项

(1)桩的振动响应测试点应按下列原则布置:

在桥梁桩基础测试中,可布置一个测点;当布置2个测点时,其测点应位于顺流向的两侧;布置4个测点时,应在顺流向两侧和顺流纵轴方向两侧各布置2个测点。

(2)激振力应位于桩头顶面正中,采用半刚性悬挂时,则粘贴在桩头顶面中心的钢板必须保持水平。

(3)现场测试基本程序如下:

①安装全部测试设备,并确认各仪器装置处于正常工作状态;

②在测试前应正确选定系统的各项工作参数,使仪器在设定的状态下试验;

③在瞬态激振试验中,重复测试的次数应大于4次;

④在测试过程中应观察各设备的工作状态,只有当全部设备均处于正常状态时,该次测试有效。

4. 各种激振下桩的典型导纳曲线

机械阻抗法得到的导纳函数或频响函数描述了桩—土系统的动力特性。它与激励和响应量的性质无关,即不论是简谐稳态激励、瞬态冲击激励或随机激励,得到的导纳函数都是一样的,都能得到相同的导纳曲线。差别仅仅在于激振方法不同、检测仪器不同和分析原理不同可能导致精度不同。如稳态扫频激振的能量比较集中,是阻抗法中最可靠的方法,但逐个频率依次递增,需时间长、工效不高。瞬态阻抗法检测系统轻便简单,便于现场工作,但受多种因素会影响分析结果。其可靠性不如稳态扫频激振。

可以把桩看成一根埋入土中的细长弹性竖杆,周围土对桩身起着弹性支承和阻尼作用,当桩身不是很细长($L/d \leqslant 30 \sim 50$),土质不是很刚硬,则桩顶从低频升至高频依次逐个频率激振,桩的竖向振动首先在低频时出现刚体运动,当激振频率增大后,将导致桩身材料内发生压缩和拉伸变形,即"波动"。因此,一般情况下,桩的竖向振动包含了低频的刚体运动和高频的波动。同时由于阻尼的存在,实际从桩顶上检测到的导纳函数的典型曲线应是图5-31的形式。

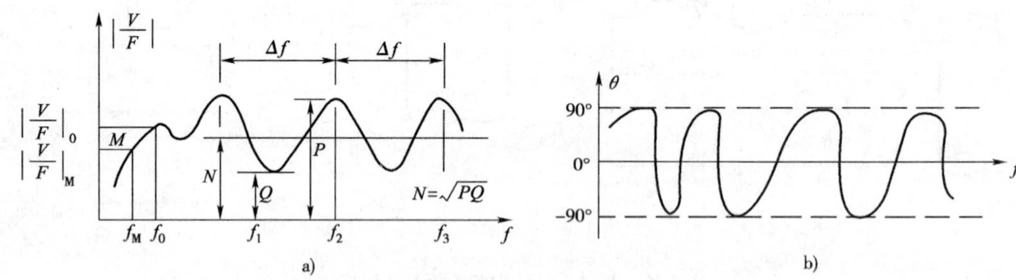

图5-31 典型的速度导纳曲线

a)幅频图;b)相频图

在幅频图上,f_n 可理解为桩身作刚体运动的谐振频率,后面 f_1、f_2、f_3…是桩身波动的各阶谐振频率。

各谐振频率点之间的频率差均相等。应注意的是,当达到谐振时,在相频曲线上,各谐振点的相角都应是零度。这一特性可用来鉴别实测导纳曲线上哪些是真正的谐振峰,哪些是测试过程中因各种干扰引起的“假峰”,“假峰”可不予考虑。

桩的刚体运动和波动两种状态之间是一种过渡状态,没有明显的分界频率。一般说来,桩周土质愈软,或者说土的支承刚度愈小,两者在导纳曲线图上区分愈明显。如果桩底支承在岩层上或嵌入岩层中,则桩身将不会发生刚体运动而只有波动,导纳曲线上亦不存在 f_n 及其相应的导纳峰。

5. 判别基桩质量的数据

既然导纳函数反映了桩—土系统的动力特性,那么导纳曲线所具备的各种特征,都可作为判别基桩质量、包括完整性和承载力的数据。导纳曲线频率差、波速 v_P 和桩长 L_m 之间具有下列关系:

$$\Delta f = \frac{u_{pm}}{2 \cdot L_m} \tag{5-32}$$

式中 f 可由导纳曲线上实测,利用三者关系可判别桩身质量,确定桩长。

由理论分析计算完整桩的理论平均导纳 N

$$N = \frac{1}{v_{pm} \cdot A \cdot \rho} \tag{5-33}$$

式中:v_{pm}——完好桩波速的平均值,无数据时(4000m/s);

ρ——正常混凝土的密度;

A——桩的设计截面积。

在被检测的导纳曲线上,可求得实测的平均导纳 N

$$N = \sqrt{PQ} \tag{5-34}$$

式中:P——导纳曲线上量得导纳的极大值;

Q——导纳曲线上量得导纳的极小值。

根据 N 与 N',可判别桩身混凝土的质量。

由导纳曲线计算桩顶的动刚度 K_d 和桩周土的静刚度 K_0 动刚度也称位移阻抗值。在速度导纳曲线的低频段(近似直线部分)任取一点 M,则动刚度 K_d 为:

$$K_d = 2\pi f_M / |V/F| \tag{5-35}$$

M 作为静力参数的桩周土支承刚度 K 为:

$$K = 2\pi f_m / |V/F| \tag{5-36}$$

式中 f_m 和 $|V/F|_m$ 分别为导纳曲线的原点切线上(低频段)任意一点 m 对应的频率和导纳值。

动刚度与静刚度在数值上的差别取决于 M 点位置,由于低频段数据可靠性差,为得到较可靠的数据,可通过原点画其渐近线代替导纳曲线的原点切线。

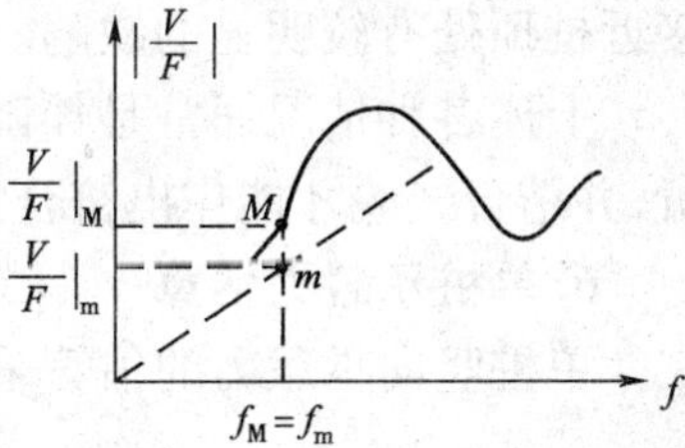

图 5-32 动刚度和静刚度的计算

但须注意,如果桩身存在严重缺陷而使桩不能出现整桩的刚体运动,或桩在某一深度全截面断裂,这时用 K 估算桩的承载力便会出错。

根据以上各项指标可以判断桩基质量。

质量完好桩的判定:

由 $L_m=\frac{v_{pm}}{2\Delta f}$ 计算的桩长，与实际桩长相近，实测导纳 N_m 小于各桩的平均值，并与理论值接近即：$N_m \approx N$；动刚度 K_d 接近各桩的平均值；波速 $v_p \geqslant 3500\text{m/s}$，曲线形状无异常，此时可判定为质量良好的完整桩。

如存在下列情况之一，便判为有缺陷桩：

(1)桩长不足或测不出 Δf。同一工地的大多数正常桩计算出的波速应是大体接近的。取其平均值作为参考值，然后代入同一公式反求桩长，如果与建筑实际长度差别较大或测不出 Δf，桩身可能出现断裂、鼓胀或严重离析。

如果测出的桩长偏小，而动刚度 K_d 小于各桩平均值较多，导纳测量值大于各桩平均值和理论值较多，即可判断为桩身断裂。反之，如桩身出现鼓肚，承载力得到加强，其动刚度就偏大，测量导纳值就偏小了。

如果桩身严重离析，波动的传播受到不规则的漫反射，桩顶传感器测不出规律的谐振峰值，Δf 难以辨认。

(2)导纳的实测平均值大于理论值并大于同一工地各桩的平均值较多。如出现以上的情况怀疑整桩或局部截面缩小，即有缩颈现象，或混凝土质量不合要求。当实测导纳随频率而变化时，则表示桩的断面沿轴向变化。

(3)声波在混凝土中的传播速度小。传播速度 $v_P < 3500\text{m/s}$，认为混凝土质量不佳，可能出现离析、贫混凝土等缺陷，v_P 与混凝土的抗压强度有明确的相关关系。

(4)K_d 值降低。桩的各种不利缺陷最终都表现为承载力下降。当桩身混凝土完好时，K_d 值的降低意味着桩底持力层不强，或有较厚的沉渣等。

(5)导纳曲线与典型曲线相差较大。如果曲线类似调制波形(图 5-33)则大峰之间的 Δf_2 表示了桩身缺陷处的反射，小峰之间的 Δf_1，表示了桩底的反射或桩身更深部位缺陷的反射。如果导纳曲线各峰值逐渐加大或减小，而各峰之间的 Δf 均相等，则桩身横截面可能沿深度向下扩大或缩小。

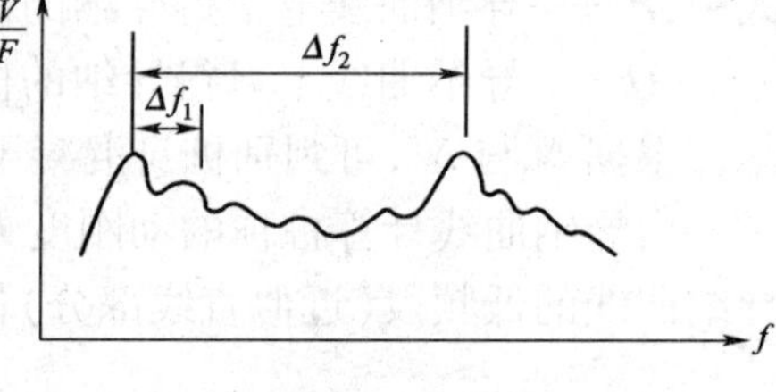

图 5-33　调制波形

(6)导纳曲线各峰值有较大差异，其间 Δf 又有较大差异。在通常情况下，最大峰幅值往往出现在较高的频率上。此时，可认为最大的峰幅值表示接近桩顶处有较明显的缺陷。

上述各种情况通常是伴随出现的。因此，在判别桩可能出现的缺陷时，必须进行综合分析，并结合经验才能作出符合实际的结论。

6. 单桩承载力估算

单桩竖向承载力的估算采用在容许荷载作用下的容许沉降值来确定。

$$R=[S]K_d/\eta \tag{5-37}$$

式中：R——单桩轴向承载力的推算值；

K_d——单桩的动刚度(kN/mm)；

η——桩的动静刚度测试对比系数，宜为 0.9～2.0；

$[S]$——单桩的容许沉降量(mm)。

动力检测法还有频率法与频率—初速法,该两种方法是将桩—土体系视为单自由度振动系统。在桩顶施加瞬时冲击荷载,激起桩—土系统产生自由衰减振动。在桩顶将这一速度响应信号记录下来,获得桩顶振动速度与时间的关系曲线,称为“时域曲线”。据此曲线求得系统的固有频率,计算出系统的竖向刚度(弹簧常数)K,最后由经验公式估算出基桩的承载力。频率法必须有详细的地质资料和土工试验数据。若此资料不全或不准确会影响承载力的准确判断。频率—初速法是根据重物撞击桩头时冲击前后动量不变的原理提出的,唯一的优点是不再需要借助地质土工资料计算桩—土体系参振重力,其他方面两者均相同,具体检测与计算方法从略。

●第五节 灌注桩声波检测●

钻孔灌注桩超声脉冲检测法的基本原理与超声测缺和测强技术基本相同。但是,在桩内预埋几根声测管作为检测通道,将超声脉冲发射换能器(又称发射探头)和超声脉冲接收换能器(又称接收探头)置于声测管中,管中需充满清水,作为耦合剂。由仪器中的脉冲信号发生器发出一系列周期性电脉冲,加在发射换能器的压电体上,转换成超声脉冲。该脉冲穿过待测的桩体混凝土,为接收换能器所接收,再转换成电信号。由仪器中的测量系统测出超声脉冲穿过混凝土所需的时间、接收波幅值(或衰减值)、接收脉冲主频率、接收波波形和频谱等参数。然后由数据处理系统,按判断软件对接收信号的各种参数进行综合判断和分析,即可对混凝土各种内部缺陷的性质、大小、位置做出判断,并给出混凝土总体均匀性和强度等级的评价指标。

声波检测方法适用于直径不小于800mm的混凝土灌注桩的完整性检测,它包括跨孔透射法和单孔折射法。

一、检测方法

1. 根据声测管埋置的不同情况,可以有如下三种检测方法

1)双孔检测

在桩内预埋两根以上的管道,把发射探头和接收探头分别置于两根管道中(图5-34),检

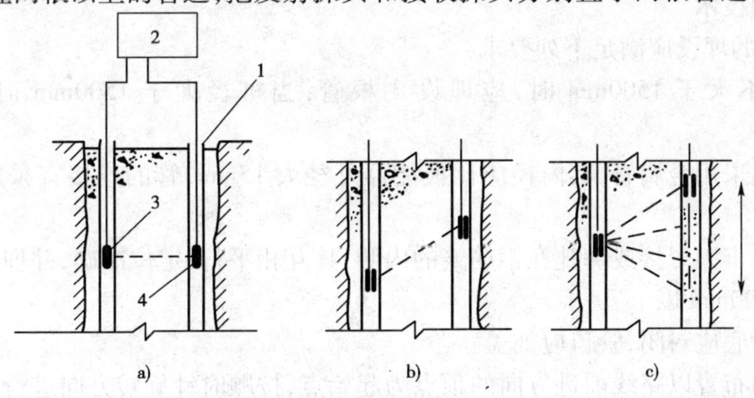

图5-34 双孔检测方法

a)双孔平测;b)双孔斜测;c)扇形扫测

1-声测管;2-超声仪;3、4-发射和接收换能器

测时超声脉冲穿过两管道之间的混凝土。这种检测方法的实际有效范围为超声脉冲从发射换能器到接收换能器所穿过的范围。

随着两换能器沿桩的纵轴方向同步升降，使超声脉冲扫过桩的整个纵剖面，从而得到各项声参数沿桩的纵剖面的变化数据。为扩大在桩横截面上的有效检测控制面积，必须使声测管的布置合理。双孔测量时，根据两探头相对高程的变化，可分为平测、斜测、扇形扫测等方式如图5-34a)、b)、c)所示，在检测时根据实际需要灵活掌握。

2）单孔检测

在某种特殊情况下，只有一个孔道可供检测使用。例如在钻孔取芯后需进一步了解芯样周围混凝土的质量，以扩大取芯检测后的观察范围，这时可利用此法（图5-35）。换能器放置在一个孔中，中间以隔声材料隔离。这时声波从水中及混凝土中分别绕射到接收换能器，接收信号为从水及混凝土等不同声通路传播而来的信号的叠加，分析这一叠加信号，测出不同声通路的声音参数，即可分析孔道周围混凝土的质量。

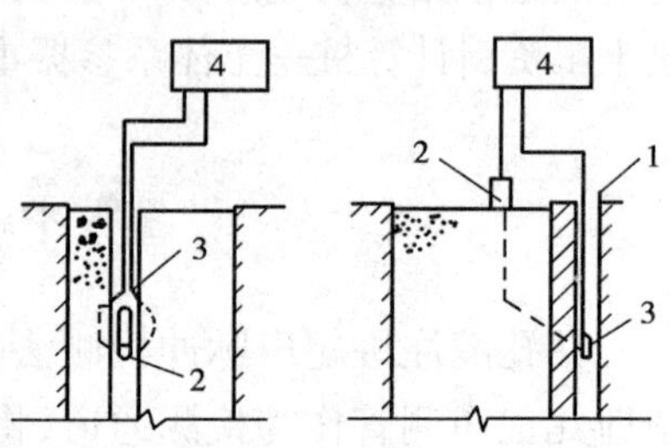

图5-35 单孔检测与桩外孔检测

1-声测管；2-发射探头；3-接收探头；4-超声波检测仪

运用这一检测方法时，必须运用信号分析技术，排除管中的混响干扰，当孔道中有钢质套管时，不能用此法进行检测。

3）桩外孔检测

当桩的上部结构已施工或桩内未预埋管道时，可把桩外的土基中钻孔作为检测通道。检测时在桩顶上放置一较强功率的低频平探头，向下沿桩身发射超声脉冲，接收探头从桩外孔中慢慢放下，超声脉冲沿桩身混凝土向下传播，并穿过桩与测孔之间的土层，进入接收探头，逐点测出声时、波高等系数作为判断依据（图5-35）。这种方式的可测深度受仪器发射功率的限制，一般只能测到10m左右。

以上三种方式中，双孔检测是桩基超声脉冲检测的基本检测方式，其他两种方法在检测和结果分析上都比较困难，只能作为特殊情况下的补救措施。

2. 现场检测技术

（1）声测管的埋设应满足下列要求：

①当桩径不大于1500mm时，应埋设3根管；当桩径大于1500mm时，应埋设四根管。

②声测管宜采用金属管，其内径应比换能器外径大15mm，管的连接宜采用螺纹连接，且不漏水。

③声测管应牢固焊接或绑扎在钢筋笼的内侧，且互相平行、定位准确，并埋设至桩底，管口宜高出桩顶面300mm以上。

④声测管管底应封闭，管口应加盖。

⑤声测管的布置以路线前进方向的顶点为起始点，按顺时针旋转方向进行编号和分组，每两根编为一组。

（2）检测前的准备应符合下列规定：

①被检桩的混凝土龄期应大于14d。

②声测管内应灌满清水,且保证畅通。

③标定超声波检测仪发射至接收的系统延迟时间 t_0。

④准确量测声测管的内、外径和两相邻声测管外壁间的距离,量测精度为±1mm。

⑤取芯孔的垂直度误差不应大于0.5%,检测前应进行孔内清洗。

(3)检测方法应符合下列要求:

①测点间距不宜大于250mm。发射与接收换能器应以相同高程同步升降,其累计相对高差不应大于20mm,并随时校正。

②在对同一根桩的检测过程中,声波发射电压应保持不变。

③对于声时值和波幅值出现异常的部位,应采用水平加密、等差同步或扇形扫测等方法进行细测,结合波形分析确定桩身混凝土缺陷的位置及其严重程度。

二、判断桩内缺陷的基本物理量

1. 检测仪器与设备

(1)检测仪系统应包括信号放大器、数据采集及处理存储器、径向振动换能器等。

(2)检测仪应具有一发双收功能。

(3)声波发射应采用高压阶跃脉冲或矩形脉冲,其电压最大值不应小于1000V,且分档可调。

(4)接收放大与数据采集器应符合下列规定:

①接收放大器的频带宽度为5~200kHz,增益不应小于100dB,放大器的噪声有效值不大于2μV;波幅测量范围不小于80dB,测量误差小于1dB。

②计时显示范围应大于2000μs,精度优于0.5μs,计时误差不应大于2%。

③采集器模—数转换精度不应低于8bit,采样频率不应小于10MHz,最大采样长度不应小于32kB。

(5)径向振动换能器应符合下列规定:

①径向水平面无指向性。

②谐振频率宜大于25kHz。

③在1MPa水压下能正常工作。

④收、发换能器的导线均应有长度标注,其标注允许偏差不应大于10mm。

⑤接收换能器宜带有前置放大器,频带宽度宜为5~60kHz。

⑥单孔检测采用一发双收一体型换能器,其发射换能器至接收换能器的最近距离不应小于30cm,两接收换能器的间距宜为20cm。

2. 判断桩内缺陷的基本物理量

1)声时值

如果两声测管基本平行,则当混凝土质量均匀,没有内部缺陷时,各横截面所测得的声时值基本相同。当存在缺陷时,缺陷区的泥、水、空气等内含物的声速远小于完好混凝土的声速,所以使穿越时间明显增大,当缺陷中的物质与混凝土的声阻抗不同时,界面透过率很小,声波将绕过缺陷继续传播,波线呈折线状。由于绕行声程比直达声程长,声时值也相应增大,所以声时值是混凝土质量缺陷的重要判断参数。

2)波幅(或衰减)

当波束穿过缺陷区时,部分声能被缺陷内所含物所吸收,部分声能被缺陷的不规则表面反散和散射,到达接收探头的声能明显减少,使接收波的波幅明显下降。从而在缺陷背后形成一个声阴影。实践证明,波幅对缺陷的存在非常敏感,也是判断缺陷的重要参数。

3)接收信号的频率变化

当超声脉冲穿过缺陷区时,声脉冲中的高频部分首先被衰减,导致接收信号的主频率向低频端漂移。漂移的多少取决于缺陷的严重程度。接收频率的变化实质上是缺陷区声能衰减作用的反映,它对缺陷较敏感,测值也较稳定,从而成为桩内缺陷判断的重要依据。

4)接收波形畸变

由于超声脉冲在缺陷界面的反射和折射,形成波线不同的波束,这些波束的前锋到达接收探头的时间参差不齐,相位也不尽一致,叠加后造成接收波形的畸变。波形畸变的原因很多,波形信息处理方法目前尚未能解决,只能将波形畸变作为缺陷定性分析的依据及判断缺陷的参考指标。

检测时,探头在声测管中逐点测量各深度的声时、波幅(或衰减)、接收频率及波形畸变位置等,然后绘出"声时—深度曲线","波幅—深度曲线"及"接收频率变化率—深度曲线"等,供分析使用。

三、桩内声测管的预埋及声时修正

声测管是进行超声脉冲法检测时换能器进入桩体的通道,是灌注桩超声脉冲检测系统的重要组成部分。它在桩内的预埋方式及其在桩的横截面上的布置形式将直接影响检测结果。因此,在设计时应将声测管的布置和埋置方式在图纸上进行标注。在施工时应严格控制埋置的质量,以确保检测工作顺利进行。声波透射管的埋置见图5-36。

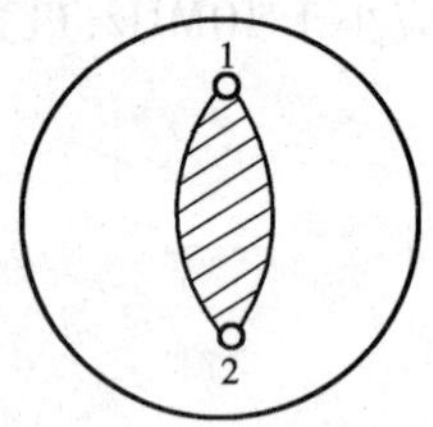

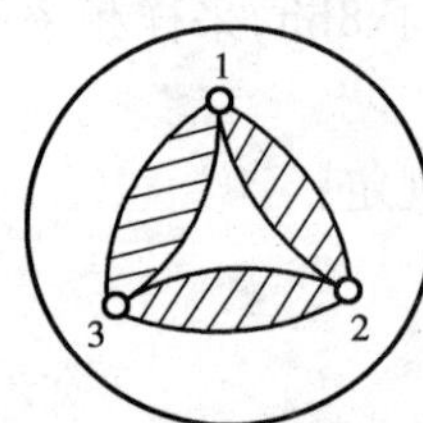

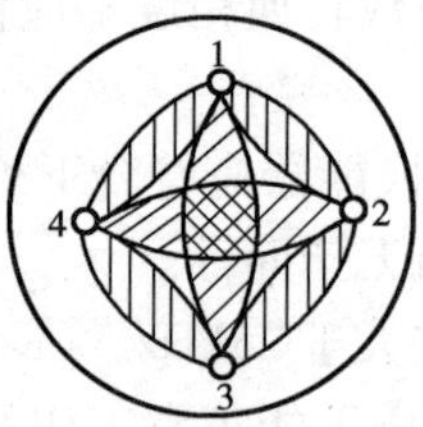

图5-36　声波透射管的埋置

注:图中数字为检测管埋设位置。

声测管材质的选择,以透声率较大,便于安装及费用较低为原则。目前常用的管子有钢管、钢质波纹管、塑料管三种。钢管的优点是便于安装,可用电焊焊在钢筋骨架上,可代替部分钢筋截面,而且埋置后又可保持其平行度和平直度,但价格较贵,钢质波纹管是一种较好的声测管材料,具有管壁薄、省钢材、抗渗 、耐压、强度高及柔性好等特点,可直接绑扎在钢筋骨架上。塑料管的声阻抗率较低,具有较大的透声率。对于大直径灌注桩,混凝土用量大,水泥的水化热不易发散,塑料的热膨胀系数与混凝土相差悬殊,混凝土凝固后塑料管因温度下降而产生径向和纵向收缩,有可能与混凝土局部脱开而造成空气或水的夹缝,在声通路上增加了更多反射强烈的界面,容易造成误判。

声测管的直径常用规格是内径 $\phi50 \sim \phi60$mm。当桩径小于1m时,沿直径布置2根声测管,桩径1~2.5m时,呈等边三角形布置3根;桩径大于2.5m时,呈正方形布置4根。声测管可直接固定在钢筋笼内侧上,固定方式可用绑扎或焊接,管子之间应基本上保持水平。

由于埋置声测管影响声时值,应按下式计算声时修正值t':

$$t' = \frac{D-d}{v_t} + \frac{D-d'}{v_W} \tag{5-38}$$

式中:D——检测管外径(mm);

d——管内径(mm);

d'——换能器外径(mm);

v_t——检测管壁厚度方向声速(km/s);

v_W——水的声速(km/s);

t'——声时修正值(μs)。

混凝土中声波的传播时间和速度按下式计算,并绘制声速—深度曲线、波幅—深度曲线。

$$t = t_p - t_0 - t' \tag{5-39}$$

$$v = L/t \tag{5-40}$$

式中:t——混凝土中声波的传播时间(μs);

t_p——声时测量读值(μs);

t_0——声波检测仪发射至接收系统的延迟时间(μs);

v——混凝土的声速(km/s);

L——声波传播的距离,称声程或声距(m)。

单孔折射法的声时、声速值应按下列公式计算:

$$\Delta t = t_2 - t_1 \tag{5-41}$$

$$v_i = \frac{h}{\Delta h} \tag{5-42}$$

式中:Δt——两个接收换能器间的声时差(μs);

t_1——近道接收换能器声时(μs);

t_2——远道接收换能器声时(μs);

v_i——第i测点的声速值(km/s);

h——两个接收换能器之间的距离(mm)。

四、桩身混凝土缺陷判定

桩身混凝土缺陷应根据下列方法综合判定:

1. 声速判据

当实测混凝土声速值低于声速临界值时应将其作为可疑缺陷区。

$$v_i < v_D$$

式中:v_i——第i个测点声速值(km/s);

v_D——声速临界值(km/s)。

声速临界值采用正常混凝土声速平均值与2倍声速标准差之差,即

$$V_D{}^* = \bar{v} - 2\sigma_v \tag{5-43}$$

$$\bar{v}=\sum_{i=1}^{n}\frac{v_i}{n} \tag{5-44}$$

$$\sigma_v=\sqrt{\sum_{i=1}^{n}\frac{(v_i-\bar{v})^2}{n-1}} \tag{5-45}$$

式中 $\bar{v}$——正常混凝土声速平均值(km/s)；

σ_v——正常混凝土声速标准差；

v_i——第 i 个测点声速值(km/s)；

n——测点数。

当检测剖面 n 个测点的声速值普遍偏低且离散性很小时,宜采用声速低限值判据。若实测混凝土声速值低于声速低限值时,可直接判定为异常,即

$$v_i < v_L$$

式中:v_i——第 i 个测点声速值(km/s)；

v_L——声速低限值(km/s)。

声速低限值应由预留同条件混凝土试件的抗压强度与声速对比试验结果,结合本地区实际经验确定。

2. 波幅判据

用波幅平均值减 6dB 作为波幅临界值,当实测波幅低于波幅临界值时,应将其作为可疑缺陷区。

$$A_D=A_m-6 \tag{5-46}$$

$$A_m=\sum_{i=1}^{n}\frac{A_i}{n} \tag{5-47}$$

式中:A_D——波幅临界值(dB)；

A_m——波幅平均值(dB)；

A_i——第 i 个测点相对波幅值(dB)；

n——测点数。

3. PSD 判据

PSD 判据是声参数—深度曲线相邻两点之间的斜率与差值之积作为判据。以声时值为例,设测点的深度为 H,相应的声时值为 t,则声时值因混凝土中存在缺陷或其他因素的影响,而随深度变化的关系,可用采用函数式:$t=f(H)$。

当桩内存在缺陷时,由于缺陷与完好混凝土的分界面处超声传播介质的性质产生突变,因而声时值也产生突变,该函数为不连续函数。当深度增量(即测点间距)$\Delta H\to 0$ 时,声时增量 Δt 不趋向于零,该函数的不连续点即为缺陷界面的位置。然而,在实际检测中总是每隔一定距离检测一点,ΔH 不可能趋向于零,由于缺陷表面凹凸不平以及孔洞等缺陷而导致声时变化,所以 $t=f(H)$ 的实测曲线中,在缺陷界面处只表示为斜率的变化。各点的斜率可用下式求得

$$S_i=\frac{t_i-t_{i-1}}{H_i-H_{i-1}} \tag{5-48}$$

式中,t_i 和 t_{i-1} 为相邻两测点的声时值,H_i 和 H_{i-1} 为相邻两测点的深度,S_i 为第 $i-1$ 至测

点之间的斜率。

斜率反映了相邻两测点声时值的变化速度,在检测时,往往采用不同的测点间距,所求出的斜率可能相同,而所对应的声时差值可能不同。声时差值是与缺陷大小有关的参数。为了进一步判据反映缺陷的大小,必须加大声时差值在判据中的权数。因此,判据可写成:

$$\mathrm{PSD}=S_{\mathrm{i}}(t_{\mathrm{i}}-t_{\mathrm{i-1}})=\frac{(t_{\mathrm{i}}-t_{\mathrm{i-1}})^2}{H_{\mathrm{i}}-H_{\mathrm{i-1}}} \tag{5-49}$$

式中 PSD 为 i 点的判据值,简称 PSD 判据。

显然,当 i 点处相邻两点的声时值没有变化或变化很小时,PSD 等于或接近于零。当声时值有明显变化时,由于 PSD 和$(t_{\mathrm{i}}-t_{\mathrm{i-1}})^2$ 成正比,因而 PSD 将大幅度变化。

实践证明,PSD 判据对缺陷十分敏感,而对因声测管不平行,或因混凝土不均匀等非缺陷原因所引起的声时变化基本上反映不出来。这是因为非缺陷因素所引起的声时变化都是渐变过程,虽然总的声时变化量可能很大,但相邻两测点间的声时差值却很小,因而 PSD 很小。所以,运用 PSD 判据基本上消除了声测管不平行或混凝土不均匀等因素所造成的声时变化对缺陷判断的影响。

为对全桩各测点进行判别,首先应求出各测点的 K_{i} 值,绘成"判据值—深度"曲线,凡是 PSD 值较大的地方,均可列为缺陷可疑点。

对支承桩或嵌岩桩,宜同时采用低应变反射波法检测桩段的支承情况。

五、桩身完整性类别判断

I 类桩:各声测剖面每个测点的声速、波幅均大于临界值,波形正常。

II 类桩:某一声测剖面个别测点的声速、波幅略小于临界值,但波形基本正常。

III 类桩:某一声测剖面连续多个测点或某一深度桩截面处的声速、波幅值小于临界值,PSD 值变大,波形畸变。

IV 类桩:某一声测剖面连续多个测点或某一深度桩截面处的声速、波幅值明显小于临界值,PSD 值突变,波形严重畸变。

检测报告应符合有关规定的内容。并应包括每根被检测桩各剖面的声速—深度、波幅—深度曲线及各自的临界值,声速、波幅的平均值,桩身缺陷位置及程度的分析说明。

复习思考题

1. 叙述水下混凝土的配制要求。
2. 叙述钻孔灌注桩施工过程检测项目。
3. 叙述钻孔灌注桩桩位偏差的检测方法。
4. 叙述简易法测量钻孔灌注桩成孔孔径的方法。
5. 叙述简易法测量钻孔灌注桩成孔垂直度的方法。
6. 叙述伞形孔径仪检测钻孔灌注桩成孔孔径的方法。
7. 叙述伞形孔径仪测量桩成孔垂直度的方法。

8. 如何用声波法检测钻孔灌注桩成孔的孔径。
9. 如何用声波法检测钻孔灌注桩成孔的垂直度?
10. 用声波法测量成孔质量应注意哪些问题?
11. 钻孔灌注桩泥浆性能指标有哪些?
12. 叙述钻孔灌注桩泥浆原料黏土和膨润土的性能和用量要求。
13. 叙述常用的泥浆外加剂的名称、作用和掺量。
14. 钻、挖孔灌注桩质量评定实测项目有哪些?
15. 叙述电阻率法、电容法、声波法检测沉渣厚度的原理与方法。
16. 叙述测锤法检测沉渣厚度的方法。
17. 叙述泥浆性能指标的检测方法。
18. 用低应变动力法测桩其激励方法是如何划分的?
19. 竖向抗压静载试验基准点和基准梁的设置要点有哪些?
20. 竖向抗压静载试验操作注意事项有哪些?
21. 按传感器原理可将传感器分为哪几类?
22. 利用实测应力波如何分析桩身缺陷?
23. 如何利用导纳曲线进行桩身质量分析?
24. 声测管的选择与预埋应注意什么问题?
25. 如何用超声脉冲法测桩? 如何判断桩身缺陷?

第六章

砌体与钢筋混凝土结构检测

知识目标

1. 砌体与钢筋混凝土原材料技术性质；
2. 钢筋混凝土混合料技术性质。

技能目标

1. 砌体与钢筋混凝土结构原材料检测；
2. 混合料组成设计；
3. 混合料技术性质检测；
4. 焊接钢筋质量检测；
5. 施工过程质量检测。

●第一节　砌 体 检 测●

砌体是指用砌石及混凝土预制块砌筑的公路桥涵拱圈、墩台、挡土墙及其附属工程等。

砂石材料是桥涵砌体工程建筑中用量最大的一种建筑材料，它可以直接（或经过加工）用在桥涵的圬工结构中。桥涵砌体工程使用的石料是由天然岩石经打眼放炮开采得到的大块石，再按要求的规格经粗加工或细加工而得到的规则或不规则的块石、条石等；另一来源是由天然的卵石、漂石、巨石经加工而成。

桥涵砌体工程石料制品有片石、块石、方块石、粗料石和镶面石等，主要用在桥涵拱圈、墩台、基础、锥坡等砌体工程中。不同岩石各级石料的技术要求见表6-1。

一、桥涵结构物对所用石料的要求

桥涵工程使用的石料主要用于砌体工程一般有以下两方面的要求。

1. 石料制品的物理力学性质

石料应符合设计规定的类别和强度等级，石质应均匀、不宜风化、无裂缝和良好的抗冻性能等。

公路工程石料技术标准　　表 6-1

岩石类别	主要岩石名称	石料等级	技术标准		
			极限抗压强度（饱水状态）(MPa)	磨耗率(%)	
				洛杉矶式磨耗机试验法	狄法尔磨耗机试验法
1	2	3	4	5	6
Ⅰ岩浆岩类	花岗岩、玄武岩、安山岩、辉绿岩等	1	>120	<25	<4
		2	100～120	25～30	4～5
		3	80～100	30～45	5～7
		4	—	45～60	7～10
Ⅱ石灰岩类	石灰岩、白云岩等	1	>100	<30	<5
		2	80～100	30～35	5～6
		3	60～80	35～50	6～12
		4	30～60	50～60	12～20
Ⅲ砂岩与片岩类	石英岩、片麻岩、石英片麻岩、砂岩等	1	>100	<30	<5
		2	80～100	30～35	5～7
		3	50～80	35～45	7～10
		4	30～50	45～60	10～15
Ⅳ砾石	—	1	—	<20	<5
		2	—	20～30	5～7
		3	—	30～50	7～12
		4	—	50～60	12～20
试验方法			《公路工程岩石试验规程》(JTG E41—2005)		

2.石料制品的规格和几何尺寸

1）片石

一般为爆破法开采的石块，其厚度不应小于15cm；用于镶面的片石，表面应比较平整、尺寸较大者应稍作凿整。

2）块石

形状大致方正，上下面大致平整，厚度在20～30cm，宽度在厚度的1.0～1.5倍，长度约为厚度的1.5～3.0倍。

3）粗料石

外形大致方正，呈六面体，厚度为20～30cm.，宽度为厚度的1.0～1.5倍，长度为厚度的2.5～4.0倍，其表面凹陷深度不大于2cm。

4）拱石

按设计要求采用粗料石或块石，主要用于石拱桥的拱圈砌筑。

二、石料的力学性能试验检测

1. 石料的单轴抗压强度试验

1)仪器设备

(1)压力试验机。压力试验机的测量精度为 ±1%,试验机的量程为 300 ~ 2000kN。试件两端的承压板为洛氏硬度不低于 HRC58 的圆形钢板,压板直径应大于试件直径 $D+2$mm 或试件承压面对角线,压板厚度至少为 15mm,圆盘表面应磨光,其平面度公差应小于 0. 05mm。两压板之一应是球面座。球面座应放在试件的上端面,并用矿物油稍加润滑,以使在滑块自重作用下仍能闭锁。试件、压板和球面座要精确地彼此对中,并与加载机器设备对中,球面座的曲率中心应与试件端面的中心相重合。

(2)切石机或钻石机、磨平机。

(3)游标卡尺(精度 0.1 mm)、三角尺及水池等。

2)试样

(1)试样形状、尺寸与数量

①50mm ±0.5mm 的立方体 6 个,有显著层理的岩石,分别沿平行和垂直层理方向各取试件 6 个。

②直径与高度均为 50mm ±0.5mm 的圆柱体试件 6 个。有显著层理的岩石,分别沿平行和垂直层理方向各取试件 6 个。

(2)试样的加工精度

试件上、下端面应磨平且平行。试件端面的平面度公差应小于 0.05mm,端面对于试件轴线垂直度偏差不应超过 0.25°。

3)试验步骤

(1)对试件编号,用游标卡尺量取试件尺寸(精确至 0.1mm),对立方体试件在顶面和底面上各量取其边长,以各个面上相互平行的两个边长的算术平均值计算其承压面积;对于圆柱体试件在顶面和底面分别测量两个相互正交的直径,并以其各自的算术平均值分别计算底面和顶面的面积,取其顶面和底面面积的算术平均值作为计算抗压强度所用的截面积。

(2)对试件进行饱水处理。饱水处理的方法为:将试件置于盛水容器内,先注水至试件高度的 1/4 处,以后每隔 2h 分别注水至试件高度的 1/2 和 3/4 处,6h 后将水加至高出试件顶面 20mm 以上,以利试件内空气逸出。试件全部被水淹没后再使其自由吸水 48h。

(3)试件自由浸水 48h 后取出,擦干表面,放在压力机上进行强度试验。施加在试件上的荷载要始终保持一定的应力增长速率,即施加应力速率在 0.5 ~ 1.0MPa/s 的限度内,直至试件破坏,并记录最大荷载 P。

(4)岩石抗压强度计算

岩石的抗压强度按式(6-1)计算(精确至 0.01):

$$R_i = \frac{P_i}{A_i} \qquad (1、2、\cdots、12) \tag{6-1}$$

式中:R_i——第 i 个试件的抗压强度(MPa);

P_i——第 i 个试件的极限破坏荷载(N);

A_i——第 i 个试件的截面积(mm^2)。

一般情况取 6 个试件试验结果的算术平均值作为抗压强度测定值。如 6 个试件中的 2 个与其他 4 个试件抗压强度的算术平均值相差 3 倍以上时,则取试验结果相接近的 4 个试件的算术平均值作为抗压强度测定值。

有显著层理的岩石,取垂直与平行层理方向的试件强度的平均值作为试验结果。

2. 抗冻性试验(直接冻融法)

一月份平均气温低于 -10℃的地区,除干旱地区的不受冰冻部位或根据以往实践经验证明材料确有足够抗冻性外,所用石料及混凝土须通过冻融性试验证明符合抗冻性指标时,方可使用。石料用于大、中桥镶面或表层时,抗冻性指标为 50;用于小桥与涵洞的镶面或表层时,抗冻性指标为 25。抗冻性指标是冻融循环次数。

1)仪器设备

(1)试件加工设备:切石机、钻石机及磨平机。

(2)冰箱:温度能控制在 -15 ~ -20℃。

(3)天平:感量 0.01g。

(4)放大镜。

(5)烘箱:能使温度控制在 105℃ ±5℃。

2)试样

将石料试样制成直径和高均为 50mm 的圆柱体或边长为 50mm 的正立方体试件,石质均匀者至少需 6 个。此外再制备同样试件 6 个,用于做耐冻系数试验。

3)试验步骤

(1)对试件编号,用放大镜详细检验,并作外观描述,然后量出每个试件的尺寸,计算受压面积。将试件放入烘箱,在 105℃ ±5℃下烘至恒量,烘干时间一般为 12 ~24h,待在干燥器内冷却至室温后取出,立即称其质量,精确至 0.01g(以下皆同此)。

(2)按饱水试验方法,让试件吸水饱和,然后取出擦去表面水分,放在铁盘中,试件与试件之间应留有一定间距。待冰箱温度下降到 -15℃时,将铁盘连同试件一起放入冰箱,并立即开始记时。冻结 4h 后取出试件,放入 20℃ ±5℃的水中融解 4h,如此反复冻融至规定次数为止(冻融循环的次数分为 15 次、25 次及 25 次以上)。

(3)每隔一定的冻融循环次数(如 10 次、15 次、25 次及 50 次),详细检查各试件有无剥落、裂缝、分层及掉角等现象,并记录检查情况。

(4)将冻融试验后之试件再烘至恒量,称其质量,并按上述抗压强度的试验方法测定其抗压强度。另取 6 个未经冻融试验的试件测定其抗压强度。

4)质量损失率计算

试件冻融后的质量损失率按式(6-2)计算(精确至 0.01):

$$Q_{冻} = \frac{m_1 - m_2}{m_1} \times 100 \tag{6-2}$$

式中:$Q_{冻}$——冻融后的质量损失率(%);

m_1——试验前烘干试件的质量(g);

m_2——试验后烘干试件的质量(g)。

冻融后的质量损失率取6个试件试验结果的算术平均值。

5)耐冻系数计算

试件经冻融试验后的抗压强度与冻融试验前的抗压强度的比值称为耐冻系数。耐冻系数按式(6-3)计算(精确至0.01)。

$$K=\frac{R_1}{R_2}\times 100 \tag{6-3}$$

式中:K——耐冻系数;

R_1——若干次冻融试验后的试件饱水抗压强度(MPa);

R_2——未经冻融试验的试件饱水抗压强度(MPa)。

6)评定指标

评定指标有如下三方面:

(1)一般要求冻融后的质量损失率 $Q_{冻}\leqslant 5\%$;

(2)耐冻系数 $K\geqslant 85\%$;

(3)试件外形无变化。

三、砂　　浆

砂浆按其用途不同可分为砌筑砂浆和抹面砂浆二类。砌筑砂浆应能把块体材料(砖、石、砌块)黏结为整体结构。因此,结构的强度不仅取决于砌体的强度,而且也取决于砂浆的强度。抹面砂浆主要是用于结构表面的装饰,对强度要求不是太高,而对保水性和黏附性要求比较高。

在桥涵工程中砌筑砂浆主要用于砌筑如拱桥的拱圈、中小桥涵的墩台、基础、锥坡和挡土墙等砌体工程。因此主要介绍砌筑砂浆的性能及质量检验方法。

1. 砌筑砂浆的组成材料

(1)水泥:常用水泥均可作为砂浆的结合料。

(2)细集料:为砂浆的集料,其最大粒径不应超过灰缝的1/4~1/5,并不大于5mm,为了保证砂浆的质量,砂子技术指标应符合现行标准,并应按规定检验。

(3)拌和砂浆用水:应符合混凝土拌和用水的标准。

此外,为提高砂浆的和易性,砂浆中还可掺加一定的掺合料(如石灰、粉煤灰)和外掺剂(如松香热聚性的微沫剂)等,以保证质量,降低成本。

2. 砌筑砂浆的技术性质及检验方法

1)砂浆流动性

砂浆的流动性是指其在自重或外力作用下流动的性能。

砂浆的流动性用“稠度”来表示,稠度采用稠度仪测定。测定方法是将砂浆拌和物一次装入稠度仪的容器中,使砂浆表面低于容器口10mm左右,用捣棒插捣25次,然后轻轻将容器摇动或敲击5~6下,使砂浆表面平整,将容器置于稠度仪上,使试锥与砂浆表面接触,旋紧制动螺丝,使指针对准零点。拧开制动螺丝,同时计时间,到10s后立即固定螺丝,从刻度盘读出试锥下沉深度(精确至1mm)即为砂浆的稠度。

用于石砌体时宜为50~70mm,气温较高时可适当增大。

2)砂浆保水性的检验方法

砂浆保水性是指砂浆能保持水分的性能。砂浆在运输、静置或砌筑过程中,水分不应从砂浆中离析,并使砂浆保持必要的稠度,便于操作同时使水泥正常水化,保证砌体强度。

砂浆的保水性与胶结材料的类型和用量,细集料的级配、用水量以及有无掺和料和外加剂等有关。为提高保水性,可掺加石灰膏、粉煤灰和微沫剂等外加剂。

砂浆的保水性采用“分层度”表示,分层度用分层度仪测定。其方法是将已测定稠度的砂浆,一次装入分层度筒内,待装满后,用木锤在容器周围距离大致相等的四个不同地方轻轻敲击1~2下,如砂浆沉落到低于筒口,则应随时添加,然后刮去多余的砂浆并抹平。静置30min后,去掉上节200mm砂浆,剩余的砂浆,倒出放在拌和锅中拌2min,测定其稠度。前后测得的稠度之差即为该砂浆的分层度(以cm计)。

具有良好保水性的砂浆,其分层度应不大于2cm。分层度大于2cm的砂浆容易离析,不便施工;但分层度小于1cm时,硬化后易产生干缩裂缝。

3)砂浆凝结时间

砂浆凝结时间的测定适用于测定砌筑砂浆和抹面砂浆以贯入阻力表示的凝结时间。

试验时用截面为30mm的试针与砂浆表面接触,测定在10s内贯入深度为25mm时的静压力,计算贯入阻力。

砂浆凝结时间的确定:分别记录时间和相应的贯入阻力值,根据试验所得各阶段的贯入力与时间关系绘图,由图求出贯入阻力达到0.5MPa所需的时间,即为砂浆的凝结时间测定值。

4)水泥砂浆强度的检验

砌筑用砂浆的类别与强度等级应符合设计要求。砂浆强度等级以M××表示,为70.7mm×70.7mm×70.7mm的立方体试件标准养护28d的抗压强度(单位为:MPa)。标准养护条件为:

(1)水泥石灰等混合砂浆养护温度20℃±3℃,相对湿度为80%;

(2)水泥砂浆和微沫水泥砂浆养护温度20℃±3℃,相对湿度为90%以上;

(3)《公路桥涵施工技术规范》(JTJ 041—2000)规定,砌筑用砂浆分为:M20、M15、M10、M7.5、M5、M2.5 6个强度等级。

评定水泥砂浆的强度,应以标准养生28d的试件为准。试件6个为1组,制取组数应符合下列规定:

(1)水泥砂浆不同强度等级及不同配合比的水泥砂浆应分别制取试件,试件应随机制取,不得挑选。

(2)重要及主体砌筑物,每工作班可制取1组。

(3)一般及次要砌筑物,每工作班可制取1组。

(4)拱圈砂浆应同时制取与砌体同条件养生试件,以检查各施工阶段强度。

水泥砂浆强度的合格标准为:

(1)同强度等级试件的平均强度不低于设计强度等级。

(2)任意一组试件的强度最低值不低于设计强度等级的75%。

(3)实测项目中,水泥砂浆强度评为不合格时,相应的分项工程为不合格。

3. 砌筑砂浆配合比设计

砌筑砂浆的强度除与水泥强度和数量有关外,还与砌筑底面材料的吸水性有关,故其试配

强度要分别而论。

(1)用于不吸水底面(如密实的石材)的砂浆的强度,主要取决于水泥强度等级与灰水比。

(2)用于吸水底面(砖、多孔混凝土或其他多孔材料)的砂浆强度主要取决于水泥强度等级和水泥用量,与灰水比无关。

砂浆配制应采用质量比。

四、施工过程质量检测

根据《砌体工程施工质量验收规范》(GB 50203—2002),我们可以了解原材料及施工过程质量控制的要求以及验收项目的质量要求、抽检数量、检查方法。

施工时所用的砌块的产品龄期不应小于28d。砌块龄期达到28d之前,自身收缩速度较快,其后收缩速度减慢,且强度趋于稳定。为有效控制砌体收缩裂缝和保证砌体强度,规定砌体施工时所用的小砌块,龄期不应小于28d。

砌筑砌体时,应清除表面污物用砌块孔洞底部的毛边,剔除外观质量不合格的砌块。

施工时所用的砂浆,宜选用专用的砌体砌筑砂浆。

确保砌块砌体的砌筑质量,可简单归纳为6个字:对孔、错缝、反砌。所谓对孔,即上皮砌块的孔洞对准下皮砌块的孔洞,上、下皮砌块的壁、肋可较好传递竖向荷载,保证砌体的整体性及强度。所谓错缝,即上、下皮砌块错开砌筑(搭砌),以增强砌体的整体性,这属于砌筑工艺的基本要求。所谓反砌,即砌块产生时的底面朝上砌筑于墙体上,易于铺放砂浆和保证水平灰缝砂浆的饱满度,这也是确定砌体强度指标的试件的基本砌法。

砌体工程验收前,应提供下列文件和记录:

(1)施工执行的技术标准;

(2)原材料的合格证书、产品性能检测报告;

(3)砂浆配合比通知单;

(4)砂浆试件抗压强度试验报告单;

(5)施工记录;

(6)各检验批的主控项目、一般项目验收记录;

(7)施工质量控制资料;

(8)重大技术问题的处理或修改设计的技术文件;

(9)其他必须提供的资料。

砌体工程质量不符合要求时,应按现行国家标准《建筑工程施工质量验收统一标准》(GB 50300—2001)规定执行。

对有裂缝的砌体应按下列情况进行验收:

(1)对有可能影响结构安全的砌体裂缝,应由有资质的检测单位检测鉴定,需返修或加固处理的,待返修或加固满足使用要求后进行二次验收。

(2)对不影响结构安全性的砌体裂缝,应予以验收,对明显影响使用功能和观感质量的裂缝,应进行处理。

应注意的是砌体中的裂缝现象常有发生,且又常常影响工程质量验收工作。因此,对有裂缝的砌体怎样进行验收应予以规定。

五、砌体质量评定实测项目

砌体工程质量评定实测项目见表6-2、表6-3和表6-4。

基础砌体 表6-2

项次	检查项目		规定值或允许偏差	检查方法和频率	权值
1△	砂浆强度(MPa)		在合格标准内	按本节所述内容检查与评定	3
2	轴线偏位(mm)		25	经纬仪:纵、横各测量2点	2
3	平面尺寸(mm)		±50	尺量:长、宽各3处	2
4	顶面高程(mm)		±30	水准仪:测5~8点	1
5△	基底高程(mm)	土质	±50	水准仪:测5~8点	2
		石质	+50,-200		

墩台身砌体的实测项目 表6-3

项次	检查项目		规定值或允许偏差	检查方法和频率	权值
1△	砂浆强度(MPa)		在合格标准内	按本节所述内容检查与评定	3
2	轴线偏位(mm)		20	全站仪或经纬仪:纵、横各测量2点	1
3	墩台长、宽(mm)	料石	+20,-10	尺量:检查3个断面	1
		块石	+30,-10		
		片石	+40,-10		
4	竖直度或坡度(%)	料石、块石	0.3	垂线或经纬仪:纵、横各测量2处	1
		片石	0.5		
5△	墩台顶面高程(mm)		±10	水准仪:测量3点	2
6	大面积平整度(mm)	料石	10	2m直尺:检查竖直、水平两个方向,每20m^{2}测1处	
		块石	20		
		片石	30		

拱圈砌体实测项目 表6-4

项次	检查项目		规定值或允许偏差	检查方法和频率	权值
1△	砂浆强度(MPa)		在合格标准内	按本节所述内容检查与评定	3
2	砌体外侧平面偏位(mm)	无镶面	+30,-10	经纬仪:检查拱脚、拱顶、1/4跨共5处	1
		有镶面	+20,-10		
3	拱圈厚度(mm)		+30,-0	尺量:检查拱脚、拱顶、1/4跨共5处	2
4	相邻镶面石砌体表层错位(mm)	料石、混凝土预制块	3	拉线用尺量:检查3~5处	1
		块石	5		
5△	内弧线偏离设计弧线	跨径≤30m	±20	水准仪或尺量:检查拱脚、拱顶、1/4跨共5处高程	2
		跨径>30m	±1/1500跨径		
		极值	拱腹四分点:允许偏差的2倍且反向		

注:项次2平面偏位向外为"+",向内为"-"。

•第二节　钢筋混凝土结构检测•

一、水泥混凝土

水泥混凝土是以通用水泥为胶结材料,用普通砂石为集料,并以普通水为原材料,按专门设计的配合比,经搅拌、成型、养护而得到的复合材料。现代水泥混凝土中,为了调节和改善其工艺性能和力学性能,还需加入各种化学外加剂和磨细矿质掺合料。

水泥混凝土是所有桥涵建筑材料中用量最大、用途最广的材料之一。水泥混凝土主要技术性质包括新拌混凝土拌和物的工作性、混凝土硬化的强度、变形等。

1. 水泥混凝土的基本要求与条件

水泥混凝土必须同时满足必要的强度、耐久性、工作性和经济性四个方面的基本要求。获得优质经济混凝土的三个基本条件是。

(1)选择适宜的原材料。原材料主要包括水泥、混合材、外加剂和砂石集料等。

(2)选择适宜的混凝土配合比。要正确处理保证工程质量与节约水泥的关系,使混凝土具有适宜的工作性、强度和耐久性等性能,充分满足工程设计和施工中提出的要求,同时还要通过试验优化设计,达到较优的经济效果。

(3)加强施工控制,保证施工质量。优质经济的混凝土能否在工程中充分实现,在很大程度上取决于施工中原材料的质量,拌和物生产质量,施工现场浇筑和振捣质量及施工养护等方面。许多工程事故往往由于施工不良造成的,因此,必须高度重视施工质量,加强施工监控与管理。

2. 新拌混凝土的工作性

工作性(或称和易性)这　术语的含意,通常认为它包含:流动性、可塑性、稳定性和易密性四个方面的含义。优质的新拌混凝十应该具有:满足运送和浇捣要求的流动性;不为外力作用产生脆断的可塑性;不产生分层、泌水的稳定性和易于浇捣密致的密实性。

1)工作性的检测方法

按我国现行标准《普通混凝土拌和物的试验方法》规定,混凝土拌和物的稠度试验方法有坍落度试验和维勃稠度试验两种方法。

(1)坍落度法

坍落度试验适用于坍落度大于10mm的新拌混凝土。进行坍落度试验时,应观察混凝土拌和物的黏聚性、保水性和含砂情况等,以便全面地评价混凝土拌和物的和易性。坍落度是新拌混凝混凝土自重引起的变形,坍落度只有对富水泥浆的新拌混凝土才比较敏感。相同性质的新拌混凝土,不同试样,坍落度可能相差很大;相反,不同组成的新拌混凝土,它们工作性有很大差别,但却可得到相同坍落度。因此,坍落度不是满意的工作性能指标。

(2)维勃稠度法

维勃稠度试验适用于坍落度小于10mm的新拌混凝土,可采用维勃稠度仪测定其工作性。

根据我国现行《公路工程水泥及水泥混凝土试验规程》(JTG E30—2005)规定,路面混凝土稠度分级,如表6-5所示。

路面混凝土稠度分级表 表 6-5

级别	维勃稠度(s)	坍落度(mm)	级别	维勃稠度(s)	坍落度(mm)
特干硬	32 ~ 38	—	低塑	5 ~ 3	25 ~ 75
很干稠	18 ~ 10	—	塑性	3 ~ 0	75 ~ 125
干稠	10 ~ 5	0 ~ 25	流型	—	>125

2)影响新拌混凝土工作性的因素

影响新拌混凝土工作性的因素主要有:内因为组成材料的质量及其用量;外因为环境条件(如温度、湿度和风速)和时间等两个方面。

(1)组成材料质量及其用量的影响

包括水泥特性、集料特性的影响、集浆比的影响、水灰比的影响、砂率的影响、外加剂的影响。

(2)环境条件及时间的影响

引起混凝土拌和物工作性降低的环境因素主要有:温度、湿度和风速。混凝土拌和物从搅拌到捣实的这段时间里,温度的升高加速水化率以及水由于蒸发而损失,这些都会导致拌和物坍落度的减小。同样,风速和湿度因素会影响拌和物水化的蒸发率,因而影响坍落度。对于不同环境条件下,要保证拌和物具有一定的工作性,必须采用相应的改善工作性的措施。

混凝土拌和物在搅拌后,其坍落度随时间的增长而逐渐减小,称为坍落度损失。根据现代研究认为,拌和物坍落度损失的原因,主要是由于拌和物中自由水随时间而蒸发、集料的吸水和水泥早期水化而导致损失的结果。

3)混凝土拌和物的工作性选择

混凝土拌和物的工作性,依据结构物的断面尺寸、钢筋配置的疏密以及捣实的机械类型和施工方法来选择。一般对无筋的大结构、钢筋配置稀疏易于施工的结构,尽可能选用较小的坍落度,以节约水泥。反之,对断面尺寸较小、形状复杂或配筋特密的结构,则应选用较大的坍落度,易于浇捣密实,以保证施工质量。

公路桥涵用混凝土拌和物的工作性根据我国现行行业标准有关规定选择,表 6-6 供选用参考。

公路桥涵用混凝土拌和物的坍落度 表 6-6

项次	结构种类	坍落度(mm)
1	桥涵基础、墩台、仰拱、挡土墙及大型制块等便于灌筑捣实的结构	0 ~ 20
2	上列桥涵、墩台等较不便施工处	10 ~ 30
3	普通配筋的钢筋混凝土结构如钢筋混凝土板、梁、柱等	30 ~ 50
4	钢筋较密、断面较小的钢筋混凝土结构如梁、柱、墙等	50 ~ 70
5	钢筋配置特密、断面高而狭小极不便灌筑捣实的特殊结构部位	70 ~ 90

注:①使用高频振捣器时,其混凝土坍落度可适当减小;

②本表系指采用机械振捣的坍落度,采用人工振捣时适当放大;

③需要配置大坍落混凝土时,应掺用外加剂;

④曲面或斜面结构的混凝土,其坍落值应根据实际需要另行选定;

⑤轻集料混凝土的坍落度,宜比表中数减少 10 ~ 20mm。

3. 水泥混凝土的强度

水泥混凝土硬化后的强度主要有:立方体抗压强度、棱柱体抗压强度、劈裂抗拉强度、抗折强度、剪切强度和粘结强度等。

影响硬化后水泥混凝土强度的因素是多方面的,归纳起来主要有:材料组成、制备方法、养生条件和试验条件等方面。

4. 水泥混凝土的收缩变形

收缩变形是混凝土材料因物理和化学作用产生体积缩小的总称。收缩变形通常简称为收缩。

收缩能使混凝土产生内应力,导致路面或桥梁结构发生变形,甚至裂缝,从而降低其强度和刚度。此外收缩还能使混凝土内部产生微裂缝,破坏混凝土的微结构,降低混凝土的耐久性。

1)收缩的测定

在工程应用中,通常是测定以干缩为主的总收缩值。按我国现行行业标准规定,是用100mm×100mm×515mm 试件,经3d 标准养护后,放在温度为20℃±2℃,相对湿度为60%±5%条件下,测定3d、7d、14d、28d、60d、90d 和180d 等不同龄期的收缩值。收缩率按式(6-4)计算:

$$S_t = \frac{(X_{01} - X_{t1}) - (X_{02} - X_{t2})}{L_0} \times 100 \tag{6-4}$$

式中:S_t——龄期 t(d)的混凝土收缩率(%);

L_0——试件基长(mm);

X_{01} 和 X_{02}——测基长时有效干缩长度值和标准棒长度值(mm);

X_{t1} 和 X_{t2}——龄期 t(d)有效干缩长度值和标准棒长度值(mm)。

由上测得的收缩率,实际包括化学收缩、物理收缩和碳化收缩的总收缩率。

2)影响混凝土收缩的因素

影响混凝土收缩的因素,大致可分为组成材料的品种、质量、级配等内因与介质温度、湿度、约束钢筋等外因。后者影响比前者更大些。混凝土产生收缩的主要组分是水泥石,增加集料的相对含量即可减少收缩。在混凝土配合比一定,采用弹性模量值较高的集料,可以减少收缩。在混凝土中,水泥与水经水化反应而生成凝胶,凝胶吸湿则膨胀、干燥则收缩。干燥收缩主要是由于凝胶收缩而引起的,因此单位用水量对混凝土收缩有较大影响。周围介质的相对湿度是影响混凝土收缩的重要因素。相对湿度越低,混凝土收缩越大。延长潮湿养护期,可以推迟混凝土收缩的开始,但影响甚微。在水中养护,混凝土约膨胀(100~200)×10^6mm/mm,普通蒸汽养护可使混凝土收缩影响最大。

3)减少收缩的措施

由上述影响因素分析可知,要减少混凝土的收缩,可采取下列措施:

(1)正确设计密级配集料,并提高集浆比,使集料在混凝土中形成密实骨架。

(2)采用弹性模量较高的岩石所轧制的集料;在混凝土配比中除了采用较低的单位用水量和较低的水灰比外,重视水泥品种的选用。

(3)正确选用外加剂,不掺加氯盐早强剂。

(4)采用蒸养或压蒸养护。

5. 徐变变形

混凝土在持续荷载作用下,随时间增加的变形称为徐变,亦称蠕变。

混凝土在开始加荷的瞬间产生的变形,称为"瞬时变形",此变形以弹性变形为主,但也包括早期产生的徐变变形在内。此后因荷载持续作用,缓慢地发生徐变变形。在承受荷载初期,徐变变形增长较快,以后增长较慢,且逐渐稳定下来。当变形稳定以后,若卸除荷载,此时将产生"瞬时恢复",其方向与瞬时变形方向相反,其数值较瞬时变形稍小。但随着时间的延长,混凝土还会继续产生随时间而减少的恢复,称为"徐变恢复"。最后残留不可恢复的变形称为"残余变形"。

混凝土的徐变与许多因素有关,首先是混凝土的龄期的增长,徐变减小;在混凝土组成中,减小水灰比,增加集料用量、减少水泥用量,可使混凝土徐变减小。混凝土不论是受压、受拉或受弯时,均有徐变现象。在预应力钢筋混凝土桥梁构件中,由于混凝土的徐变,会使钢筋的预应力受到损失,因此徐变现象是预应力混凝土结构极为关注的问题。但是,徐变也能消除钢筋混凝土内的部分应力集中,使应力较均匀地重新分布。对于大体积混凝土,能消除一部分由于温度变形所产生的破坏应力。

6. 水泥混凝土拌和物凝结时间试验

在进行配合比设计时,配置的混凝土拌和物应满足和易性与凝结速度的要求,制成的混凝土应满足强度、耐久性(抗冻、抗渗、抗侵蚀)等质量要求。

混凝土在浇筑过程中,如因故中断,其间断时间应小于前层混凝土的初凝时间。不同的混凝土、不同的施工气温,其凝结时间是不同的,因此,需要测定混凝土拌和物的凝结时间。

初凝时间大致相当于混凝土拌和物不再适于正常浇灌的时间,终凝时间接近于硬化开始的时间。凝结基本上由 C_3S 的水化作用所控制。在初凝以前新拌混凝土拌和物将失去一定的坍落度,而终凝之后一段时间内将获得适当的强度。

水泥混凝土拌和物凝结时间试验方法如下:

1)目的、适用范围

本方法规定了测定水泥混凝土拌和物凝结时间的方法,以控制现场施工流程。

本方法适用于各通用水泥和常见外加剂以及不同水泥混凝土配合比、坍落度值不为零的水泥混凝土拌和物的凝结时间测定。

2)仪器设备

(1)贯入阻力仪:如图 6-1 所示,最大测量值不小于 1000N,刻度盘分度值为 10N。

(2)测针:长约 100mm,平面针头圆面积为 $100mm^2$、$50mm^2$ 和 $20mm^2$ 三种,在距离贯入端 25mm 处刻有标记。

(3)试模:上口径为 160mm,下口径为 150mm,净高 150mm 的刚性容器,并配有盖子。

(4)捣棒:直径 16mm,长 650mm,同坍落度试验用插捣棒。

(5)标准筛:孔径 4.75mm,符合《试验筛　金属丝编织网、穿孔板和电

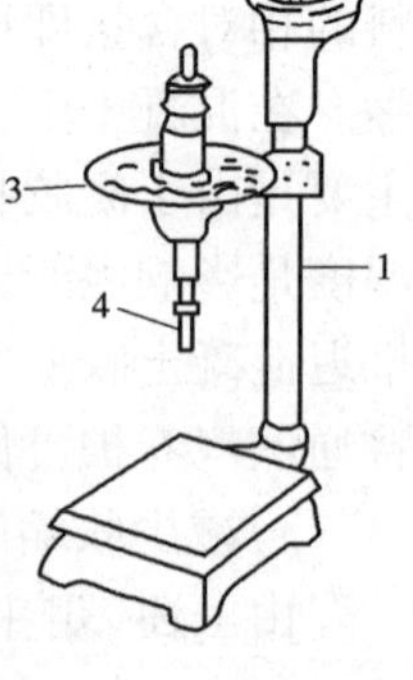

图 6-1　贯入阻力仪示意图

1-主体;2-刻度盘;3-手轮;4-测针

成型薄板筛孔的基本尺寸》规定的金属方孔筛。

(6)其他:铁制拌和板、吸液管和玻璃片。

3)试样制备

(1)取混凝土拌和物代表值,用4.75mm筛尽快地筛出砂浆,再经人工翻拌后,装入一个试模。每批混凝土拌和物取一个试样,共取三个试样,分装三个试模。

(2)对于坍落度小于70mm的混凝土宜用振动台振实砂浆,振动应持续到表面出浆为止,且应避免过振;对于坍落度大于70mm的宜用捣棒人工捣实,沿螺旋方向由外向中心均匀插捣25次,然后用橡皮锤轻击试模侧面以排除在捣实过程中留下的空洞。进一步整平砂浆的表面,使其低于试模上沿约10mm,砂浆试样筒应立即加盖。

(3)试件静置于温度20℃ ±2℃或尽可能与现场相同的环境中,并在以后的试验中,环境温度始终保持在20℃ ±2℃。在整个测试过程中,除在吸取泌水或贯入试验外,试筒应始终加盖。

(4)约1h后,将试件一侧稍微垫高约20mm,使其倾斜静置约2min,用吸管吸去泌水。以后每到测试前约2min,同上步骤用吸管吸去泌水(低温或缓凝的混凝土拌和物试样,静置与吸水间隔时间可适当延长)。若在贯入测试前还有泌水,也应吸干。

4)试验步骤

(1)将试件放在贯入阻力仪底座上,记录刻度盘上显示的砂浆和容器总质量。

(2)根据试样的贯入阻力大小,选择适宜的测针。一般当砂浆表面测孔边出现微裂缝时,应立即改换较小截面积的测针,如表6-7所示。

测针选用参考 表6-7

单位面积贯入阻力(MPa)	0.2~3.5	3.5~20.0	20.0~28.0
平头测针圆面积(mm^2)	100	50	20

(3)先使测针端面刚刚接触砂浆表面,然后转动手轮,使测针在10s+2s内垂直且均匀地插入试样内,深度为25mm±2mm,记下刻度盘显示的增量(精确至10N)并记下从开始加水拌和起所经过的时间(精确至1min)及环境温度(精确至0.5℃)。

测定时,测针应距试模边缘至少25mm,测针贯入砂浆各点间净距至少为所用测针直径的两倍且不小于15mm。3个试模每次各测1~2点,取其算术平均值为该时间的贯入阻力值。

(4)每个试样做贯入阻力试验应在0.2~28MPa间,且不小于6次,最后一次的单位面积贯入阻力应不低于28MPa。从加水拌和时算起,常温下普通混凝土3h后开始测定,以后每次间隔为0.5h;早强混凝土或在气温较高的情况下,则宜在2h后开始测定,以后每隔0.5h测一次;缓凝混凝土或在低温情况下,可在5h后开始测定,每隔2h测一次。在临近初凝、终凝时可增加测定次数。

5)试验结果

(1)单位面积贯入阻力f_{PR}可按下式计算:

$$f_{PR}=P/A \tag{6-5}$$

式中:f_{PR}——单位面积贯入阻力(MPa);

P——测针贯入深度为25mm时的贯入压力(N);

A——贯入测针截面面积(mm^2)。

计算应精确至 0.1 MPa。

(2)以单位面积贯入阻力为纵坐标,测试时间为横坐标,绘制单位面积贯入阻力与测试时间关系曲线。经 3.5MPa 及 28MPa 画两条平行于横坐标的直线,则直线与曲线相交点的横坐标即为初凝及终凝时间,见图 6-2。

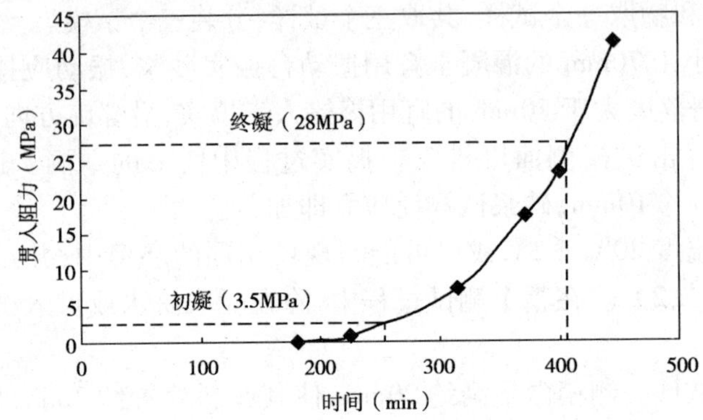

图 6-2　时间—贯入阻力曲线

(3)凝结时间取 3 个试样的平均值。3 个测值中的最大值或最小值,如果有一个与中间值之差超过中间值的 10%,则以中间值为试验结果;如果最大值和最小值与中间值之差均超过中间值的 10% 时,则此试验无效。

凝结时间用 h:min 表示,并精确至 5min。

6)试验报告

试验报告应包括以下内容:

(1)要求检测的项目名称、执行标准;

(2)原材料的品种、规格和产地以及混凝土配合比;

(3)试验日期及时间;

(4)仪器设备的名称、型号及编号;

(5)环境温度与湿度;

(6)每次贯入阻力试验时对应的环境温度、贯入压力、测针面积和计算出来的贯入阻力值;

(7)贯入阻力和时间曲线、初凝时间和终凝时间;

(8)要说明的其他内容。

7. 水泥混凝土动弹性模量试验方法(共振仪法)

动弹性模量测量是一种无破损检测方法,对于持续的化学侵蚀、重复的冻融循环、老化及其他一些因素而导致的模量逐渐变化的测量极为有效。动弹性模量测量的原理是借助在混凝土中传播的波,在泊松比、密度和材料长度不变的条件下,波速和材料的弹性模量符合一定的函数关系。于是通过共振法测得材料的基频(基频 = 波速/材料长度),就可以推知材料的弹性模量。为区别于常规的弹性模量,故称之为动弹性模量。普通的动弹性模量在 14000 ~ 42000 MPa 间。水泥混凝土动弹性模量试验方法如下:

1)目的与适用范围

本方法规定了采用共振仪测定水泥混凝土动弹性模量的方法和步骤。

本方法适于各种符合尺寸要求的水泥混凝土试件的动弹性模量测定。测定水泥混凝土的动弹性模量,以检验水泥混凝土在经受冻融或其他侵蚀作用后遭受破坏的程度,评定其耐久性能。

2)仪器设备

(1)共振法混凝土动弹性模量测定仪(简称共振仪):输出频率可调范围为100Hz~20kHz,输出功率应能激励试件产生受迫振动,以便能利用共振的原理测定出试件的基频振动频率。

在无专用仪器的情况下,可将各类仪器组合进行试验。

共振仪输出频率的可调范围应与所测试件的尺寸、密度及混凝土品种相匹配,一般为100Hz~20kHz,输出功率也应能激励试件产生受迫振动,其基本原理示意如图6-3所示。

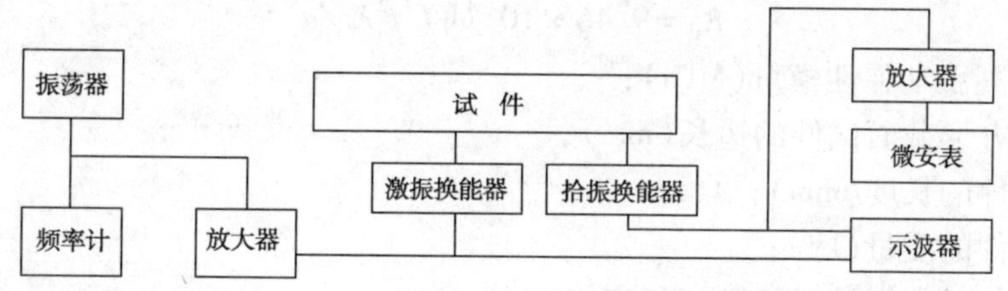

图6-3 共振法混凝土动弹性模量测定工作原理图

(2)试件支承件:硬橡胶韧性支座或约20mm厚的软泡沫塑料垫。

(3)台秤:量程20kg,感量为10kg。

3)试件制备

本试验采用截面为100mm×100mm的棱柱体试件,其长宽比一般为3~5。标准试件尺寸为100mm×100mm×400mm。

4)试验步骤

(1)试验前测定试件的质量和尺寸。3个试件质量与其试件质量平均值的允许偏差为±0.5%,尺寸与试件尺寸平均值的允许偏差为1%。每个试件的长度和截面尺寸均取3个部位的平均值。

(2)将试件安放在支承体上,并定出以共振法测量试件横向基频振动频率时,激振换能器和拾振器的位置,如图6-4所示。将激振器和拾振器的测杆轻轻地压在试件的表面上(测杆与试件接触面一般涂一薄层黄油或凡士林),测杆压力的大小以不出现噪声为宜。

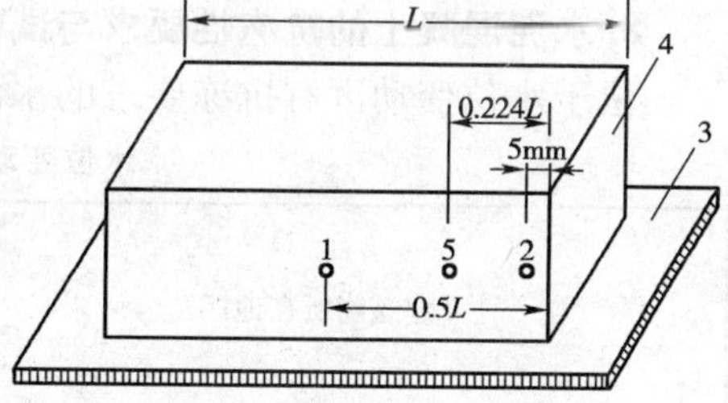

图6-4 测试位置示意图

1-激振器位置;2-拾振器位置;3-泡沫塑料垫;4-试件(测量时试件成型面朝上);5-节点

(3)用共振仪进行测定时,可根据试件共振频率的大小,选择相应的频率测量范围。调整激振功率并将增益旋钮调至适当位置,以粗调迅速找到试件的共振点后,再进行细调。当微安表和示波器指示的幅度值一致增加,达到最大的幅度时即为共振。此时,从数字计数器上读出的频率,就是试件的自振频率。

(4)用组合仪器进行测定时,采用示波器作显示仪器,示波器的图形调成一个正圆时的频率作为共振频率。当仪器同时具有指示电表和示波器时,以电表指针达到最大值时的频率作为共振频率。

(5)观测时,应重复测试两次,测试结果的波动范围,以小于±0.5%为宜。以两次试验的平均值作为该试件的测值。

需注意在测试过程中,如发现两个以上的峰值时,建议采用以下方法找出真实共振峰:

①将输出功率固定,反复调整仪器输出频率,从微安表上比较幅值的大小,幅值最大者为真实的共振峰;

②可把拾振器测杆移至节点处(距端部 0.224 倍的试件长度),如微安表指针为零,即为真实共振峰。

5)试验结果

混凝土动弹性模量应按下式计算:

$$E_{\mathrm{d}} = 9.46 \times 10^{-4} WL^3 f^2 K / a^4 \tag{6-6}$$

式中:E_{d}——混凝土动弹性模量(MPa);

a——正方形截面试件的边长(mm);

L——试件的长度(mm);

W——试件的质量(kg);

f——试件横向振动时的基振频率(Hz);

K——试件尺寸修正系数;$L/a=3$ 时,$K=1.68$;$L/a=4$ 时,$K=1.40$;$L/a=5$ 时,$K=1.26$。

混凝土动弹性模量以 3 个试件的平均值作为试验结果,结果计算精确到 100MPa。

6)试验报告

试验报告应包括以下内容:

(1)要求检测的项目名称、执行标准;

(2)原材料的品种、规格和产地;

(3)仪器设备的名称、型号及编号;

(4)环境温度和湿度;

(5)混凝土动弹性模量;

(6)要说明的其他内容。

8. 水泥混凝土的抗冻性要求与试验

位于水位变动区有抗冻要求的水泥混凝土,其抗冻等级不应低于下表的规定。

水位变动区混凝土抗冻等级选定标准 表 6-8

建筑物所在地区	海水环境		淡水环境	
	钢筋混凝土及预应力混凝土	无筋混凝土	钢筋混凝土及预应力混凝土	无筋混凝土
严重受冻地区(最冷月的月平均气温低于 -8℃)	F350	F300	F250	F200
受冻地区(最冷月的月平均气温在 -4 ~ -8℃)	F300	F250	F200	F150
微冻地区(最冷月的月平均气温在 0 ~ -4℃)	F250	F200	F150	F100

注:①试验过程中试件所接触的介质应与建筑物实际接触的介质接近;

②墩、台身和防护堤等建筑物的混凝土应选用比同一地区高一级的抗冻等级;

③面层应选用比水位变动区抗冻等级低 2 ~ 3 级的混凝土。

水泥混凝土抗冻性试验方法(快冻法)如下:

1)目的与适用范围

本方法规定用快冻法测定水泥混凝土抵抗水和负温共同反复作用的能力。

本方法适用于以动弹性模量、质量损失率和相对耐久性指数作为评定指标的水泥混凝土抗冻性试验。本方法特别适用于抗冻性要求高的水泥混凝土。

2)仪器设备

(1)快速冻融试验装置:能使试件固定在水中不动,依靠热交换液体的温度变化而连续、自动地按照本方法的要求进行冻融的装置。满载运行时冻融箱内各点温度的极差不得超过2℃。

(2)试件盒:橡胶盒(也可用不锈钢板制成),净截面尺寸为110mm×110mm,高500mm。

(3)动弹性模量测定仪:共振法频率测量范围100Hz~20kHz。

(4)台秤:量程不小于20kg,感量不大于10g。

(5)热电偶电位差计:能测量试件中心温度,测量范围-20~20℃,允许偏差为±0.5℃。

3)试样制备

(1)采用100mm×100mm×400mm的棱柱体混凝土试件,每组3根,在试验过程中可连续使用。除制作冻融试件外,尚应制备中心可插入热电偶电位差计测温的同样形状、尺寸的标准试件,其抗冻性能应高于冻融试件。

(2)也可以是现场切割的试件,尺寸为100mm×100mm×400mm。

4)试验步骤

(1)按《公路工程水泥及水泥混凝土试验规程》(JTG E30—2005)的规定进行试件的制作和养护。试验龄期如无特殊要求一般为28d。在规定龄期的前4d,将试件放在20℃+2℃的饱和石灰水中浸泡,水面至少高出试件20mm(对水中养护的试件,到达规定龄期时,可直接用于试验)。浸泡4d后进行冻融试验。

(2)浸泡完毕,取出试件,用湿布擦去表面水分。按现行《水泥混凝土动弹性模量试验方法(共振仪法)》测横向基频,并称其质量,作为评定抗冻性的起始值,并做必要的外观描述。

(3)将试件放入橡胶试件盒中,加入清水,使其没过试件顶面约1~3mm(如采用金属试件盒,则应在试件的侧面与底部垫放适当宽度与厚度的橡胶板或多根直径3mm的串线,用于分离试件和底部)。将装有试件的试件盒放入冻融试验箱的试件架中。

(4)按规定进行冻融循环试验,应符合下列要求:

①每次冻融循环应在2~5h完成,其中用于融化的时间不得小于整个冻融时间的1/4。

②在冻结和融化终了时,试件中心温度应分别控制在-18℃±2℃和5℃±2℃。中心温度应以测温标准试件实测温度为准。

③在试验箱内,各个位置上的每个试件从3℃降至-16℃所用的时间,不得少于整个受冻时间的1/2,每个试件从-16℃升至3℃所用的时间也不得少于整个融化时间的1/2,试件内外温差不宜超过28℃。

④冻和融之间的转换时间不应超过10min。

(5)通常每隔25次冻融循环对试件进行一次横向基频的测试并称质量,也可根据试件抗冻性高低来确定测试的间隔时间。测试时,小心地将试件从试件盒中取出,冲洗干净,擦去表面水,称其质量并进行横向基频的测定,并作必要的外观描述。测试完毕后,将试件调头重新装入试件盒中,注入清水,继续试验。试件在测试过程中,应防止失水,待测试件须用湿布覆盖。

(6)如果试验因故中断,应将试件在受冻状态下保存在原试验箱内。如果达不到这个要求,试件处在融解状态下的时间不宜超过两个循环。

(7)冻融试验到达以下三种情况的任何一种时,即可停止试验。

①冻融至300次循环。

②试件的相对动弹性模量下降至60%以下。

③试件的质量损失率达5%。

5)试验结果

(1)相对动弹性模量 P 按下式计算:

$$P = f_n^2/f_0^2 \times 100 \tag{6-7}$$

式中:P——经 n 次冻融循环后试件的相对动弹性模量(%);

f_n——冻融 n 次循环后试件的横向基频(Hz);

f_0——试验前试件的横向基频(Hz)。

以3个试件的平均值为试验结果,结果精确至0.1%。

(2)质量变化率 W_n 按下式计算:

$$W_n = \frac{m_0 - m_n}{m_0} \times 100 \tag{6-8}$$

式中:W_n——n 次冻融循环后的试件质量变化率(%);

m_0——冻融试验前的试件质量(kg);

m_n——n 次冻融循环后的试件质量(kg)。

以3个试件的平均值为试验结果,精确至0.1%。

(3)相对耐久性指数 K_n 按下式计算:

$$Kn = P \times N/300 \tag{6-9}$$

式中:K_n——经 n 次冻融循环后的试件相对耐久性指数(%);

N——达到本试验规定的冻融循环次数;

P——经 n 次冻融循环后3个试件的相对动弹模量平均值(%)。

计算精确至0.1%。

(4)试件的最大抗冻循环次数。当 P 不大于60%或质量损失率达5%时的冻融循环次数 n,即为试件的最大抗冻循环次数。

(5)冻融循环结束时试件的抗弯拉强度(可选)。当试件外观完整时,可以进行抗弯拉强度试验。

6)试验报告

试验报告应包括以下内容:

(1)要求检测的项目名称、执行标准;

(2)原材料的品种、规格和产地;

(3)仪器设备的名称、型号及编号;

(4)环境温度和湿度;

(5)试件的质量变化率、最大抗冻循环次数和相对耐久性指数;

(6)冻融循环结束时试件的抗弯拉强度(可选);

(7)要说明的其他内容。

二、焊接钢筋的质量检测

钢筋接头一般应采用焊接,螺纹筋可采用挤压套管接头或锥螺纹接头。钢筋焊接应优先选用闪光对焊,当缺乏闪光对焊条件时,也可采用电弧焊、电渣压力焊、气压焊等。不同焊接方式的质量检测内容和标准如下:

1. 钢筋闪光对焊接头

1)批量规定

在同一台班内,由同一焊工按同一焊接参数完成的300个同类型(指钢筋级别和直径均相同的接头)接头作为一批。一周内连续焊接时可以连续计算,一周内累计不足300个接头时,亦按一批计算。

2)外观检查

每批抽查10%的接头,并不得少于10个。

3)焊接等长的预应力筋

焊接等长的预应力钢筋(包括螺丝端杆与钢筋)时,可按生产时同等条件制作模拟试件。

4)螺丝端杆接头

螺丝端杆接头可只做拉伸试验,要求如下:

(1)接头处不得有横向裂纹。

(2)与电极接触处的钢筋表面,对I级钢筋、HRB 335、HRB 400钢筋,不得有明显烧伤;对HRB 500钢筋不得有烧伤;低温对焊时,对HRB 335、HRB 400、HRB 500钢筋,不得有烧伤。

(3)接头处的弯折不得大于4°。

(4)接头处的钢筋轴线偏移不得大于0.1倍的钢筋直径,同时不得大于2mm。

当有一个接头不符合要求时,应对全部接头进行检查,剔出不合格品。不合格接头切除重焊后,可再次提交验收。

5)力学性能试验

包括拉伸试验和弯曲试验。应从每批成品中切取6个试件,3个进行拉伸试验,3个进行弯曲试验。试验结果应符合下列要求:

(1)3个热轧钢筋接头试件的抗拉强度均不得小于该级别钢筋规定的抗拉强度;余热处理III级钢筋接头试件的抗拉强度均不得小于HRB 400钢筋的抗拉强度。

(2)应至少有2个试件断于焊缝之外,并呈延性断裂。

当试验结果有1个试件的抗拉强度小于上述规定值,或有2个试件在焊缝或热影响区发生脆性断裂时,应再取6个试件进行复验,并复验结果。当仍有1个试件的抗拉强度小于规定值时,或有3个试件断于焊缝或热影响区,呈脆性断裂,应确认该批接头为不合格品。

(3)预应力钢筋与螺丝端杆闪光对焊接头拉伸试验结果,3个试件应全部断于焊缝之外,呈延性断裂。

当试验结果有1个试件在焊缝或热影响区发生脆性断裂时,应从成品中再切取3个试件进行复验,并复验结果。当仍有1个试件在焊缝或热影响区发生脆性断裂时,应确认该批接头为不合格品。

(4)模拟试件的试验结果不符合要求时，应从成品中再切取试件进行复验，其数量和要求应与初始试验时相同。

(5)闪光对焊接头弯曲试验时，应将受压面的金属毛刺镦粗变形部分消除，且与母材的外表齐平。

当试验结果有2个试件发生破断时，应再取6个试件进行复验，当仍有3个试件发生破断，应确认该批接头为不合格品。

2. 钢筋电弧焊接头

1)批量规定

以300个同类型接头为一批，不足300个时仍作为一批。

2)外观检查

应在接头清渣后逐个进行目测或量测，检查结果应符合下列要求：

(1)焊缝表面平整，不得有较大的凹陷、焊瘤；

(2)接头处不得有裂纹；

(3)咬边深度、气孔、夹渣的数量和大小以及接头偏差不得超过表6-9所规定的数值；

(4)坡口焊及熔槽帮条焊接头，其焊缝加强高度不大于3mm。

外观检查不合格的接头，经修整或补强后，可再次提交二次验收。

钢筋电弧焊接头尺寸偏差及缺陷允许值 表6-9

<table>
<tr><th colspan="2" rowspan="2">名 称</th><th rowspan="2">单位</th><th colspan="3">接 头 形 式</th></tr>
<tr><th>帮条焊</th><th>搭接焊</th><th>坡口焊及熔槽帮条焊</th></tr>
<tr><td colspan="2">帮条沿接头中心线的纵向偏移</td><td>mm</td><td colspan="3">$0.5d$</td></tr>
<tr><td colspan="2">接头处弯折</td><td>°</td><td>4</td><td>4</td><td>4</td></tr>
<tr><td colspan="2">接头处钢筋轴线的偏移</td><td>mm</td><td>$0.1d$
3</td><td>$0.1d$
3</td><td>$0.1d$
3</td></tr>
<tr><td colspan="2">焊缝厚度</td><td>mm</td><td>$+0.05d$
0</td><td>$+0.05d$
0</td><td></td></tr>
<tr><td colspan="2">焊缝宽度</td><td>mm</td><td>$+0.01d$
0</td><td>$+0.01d$
0</td><td></td></tr>
<tr><td colspan="2">焊缝长度</td><td>mm</td><td>$-0.5d$</td><td>$-0.5d$</td><td></td></tr>
<tr><td colspan="2">横向咬边深度</td><td>mm</td><td>0.5</td><td>0.5</td><td>0.5</td></tr>
<tr><td rowspan="2">在长$2d$的焊缝表面上</td><td>数量</td><td>个</td><td>2</td><td>2</td><td></td></tr>
<tr><td>面积</td><td>mm^2</td><td>6</td><td>6</td><td></td></tr>
<tr><td rowspan="2">在全部焊缝上</td><td>数量</td><td>个</td><td></td><td></td><td>2</td></tr>
<tr><td>面积</td><td>mm^2</td><td></td><td></td><td>6</td></tr>
</table>

注：①d为钢筋直径(mm)；

②低温焊接接头的咬边深度不得大于0.2 mm。

3)强度检验试验

从成品中每批切取3个接头做拉伸试验，试验结果应符合下列要求：

(1)3 个热轧钢筋接头试件的抗拉强度均不得低于该级别钢筋的规定抗拉强度值,余热处理 III 级钢筋接头试件抗拉强度均不得小于 HRB 400 钢筋规定的抗拉强度。

(2)至少有 2 个试件呈塑性断裂,3 个试件均断于焊缝之外。

当检验结果有 1 个试件的抗拉强度低于规定指标或有 2 个试件发生脆性断裂时,应取双倍数量的试件进行复验,复验结果若仍有 1 个试件的抗拉强度低于规定指标,或有 1 个试件出现焊缝断裂,或有 3 个试件呈脆性断裂时,则该批接头即为不合格品。

模拟试件数量和要求应与从成品中切取时相同,当模拟试件试验结果不符合要求时,复验应再从成品中切取,其数量和要求应与开始试验时相同。

3. 电渣压力焊

1)接头质量检查

电渣压力焊接头应逐个进行外观检查。在做力学性能试验时,从每批接头中随机切取 3 个试件做拉伸试验,应符合下列要求:

(1)在一般构筑物中,以 300 个同级别钢筋接头作为一批;

(2)在现浇钢筋混凝土结构中,每一施工区段中以 300 个同级别钢筋接头作为一批,不足 300 个接头仍作为一批。

2)外观检查质量要求

电渣压力焊接头外观检查结果应符合下列要求:

(1)接头焊毕,应停歇适当时间,才可回收焊剂和卸下焊接夹具。敲去渣壳,四周焊包应较均匀,凸出钢筋表面的高度至少 4mm,应确保焊接质量,见图 6-5。

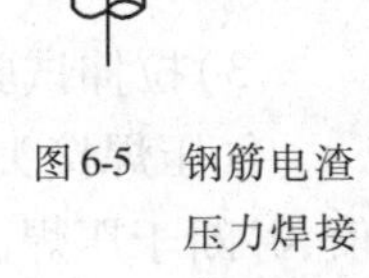

图 6-5 钢筋电渣压力焊接头

(2)电极与钢筋接触处,无明显的烧伤缺陷。

(3)接头处的弯折角不大于 4℃。

(4)接头处的轴线偏移不超过 0.1 的钢筋直径,同时不大于 2mm。

外观检查不合格的接头应切除重焊,或采取补强措施。

3)拉伸试验质量要求

电渣压力焊接头拉伸试验结果,3 个试件的抗拉强度均不得低于该级别钢筋规定的抗拉强度值。

当试验结果有 1 个试件的抗拉强度低于规定指标,应取 6 个试件进行复验,若仍有 1 个试件的抗拉强度低于规定指标,则确定该批接头为不合格品。

4. 气压焊

1)接头质量检查

气压焊接头应逐个进行外观检查。当进行力学性能试验时,应从每批接头中随机切取 3 个接头做拉伸试验。在梁、板的水平钢筋连接中,应另切取 3 个接头做弯曲试验,且应按下列规定抽取试件:

以 300 个接头作为一批,不足 300 个接头仍作为一批。

2)外观检查质量要求

气压焊接头外观检查结果应符合下列要求:

(1)偏心量 e 不得大于钢筋直径的 0.15 倍,同时不得大于 4mm,见图 6-6a)。当不同直径

钢筋焊接时,按较小钢筋直径计算。当超过限量时,应切除重焊。

(2)两钢筋轴线弯折角不得大于4°,当超过限量时,应重新加热并矫正。

(3)镦粗直径 d_0 不得小于钢筋直径的1.4倍,见图6-6b)。当小于此限量时,应重新加热镦粗。

(4)镦粗长度 l_c 不得小于钢筋直径的1.2倍,且凸起部分平缓圆滑,见图6-6c)。当小于此限量时,应重新加热镦长。

(5)气压焊面偏移 d_h 不得大于钢筋直径的0.2倍,见图6-6d)。

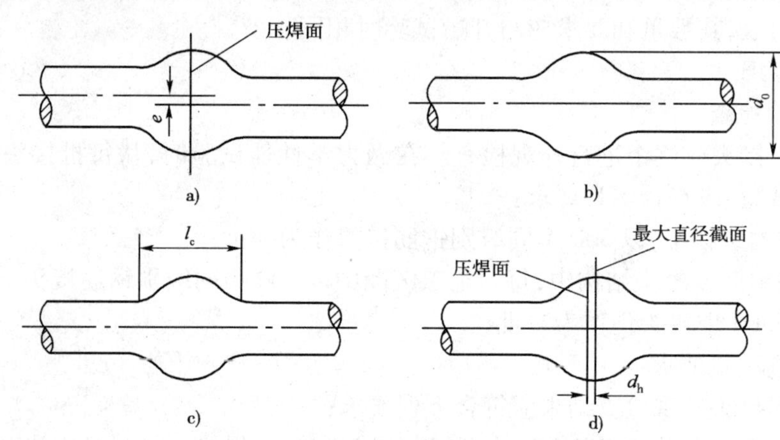

图6-6 钢筋气压焊接头外观质量图解

a)偏心量;b)镦粗直径;c)镦粗长度;d)压焊面偏移

3)拉伸试验质量要求

气压焊接头拉伸试验结果,3个试件的抗拉强度均不得低于该级别钢筋规定的抗拉强度值,并断于压焊面之外,呈延性断裂。若有1个试件不符合要求时,应切取6个试件进行复验,复验结果,若仍有1个试件不符合要求,该批接头为不合格品。

4)弯曲试验质量要求

气压焊接头弯曲试验时,应将试件受压面的凸起部分除去,与钢筋外表面齐平。弯心直径应符合表6-10规定。

气压焊接头弯曲试验弯心直径 表6-10

钢筋等级	弯心直径	
	$d \leqslant 25$mm	$d > 25$mm
I	2d	3d
HRB 335	4d	5d
HRB 400	5d	6d

注:d 为钢筋直径(mm)。

弯曲试验可在万能试验机、手动或电动液压弯曲试验器上进行,压焊面应处在弯曲中心点,弯至90°,3个试件均不得在压焊面发生破断。

当试验结果有1个试件不符合要求,应切取6个试件进行复检,若仍有1个试件不符合要求,该批接头为不合格品。

5. 注意问题

(1)钢筋焊接前必须根据施工条件进行试焊,按不同的焊接方法至少抽取每组3个试样进行基本力学性能检验,合格后方可正式施焊。

(2)钢筋接头采用搭接或帮条电弧焊时,宜采用双面焊缝;双面焊缝困难时,可采用单面焊缝。

(3)钢筋接头采用搭接电弧焊时,两钢筋搭接端部应预先折向一侧,使两接合钢筋轴线一致。接头双面焊缝的长度不应小于$5d$,单面焊缝的长度不应小于$10d$(d为钢筋直径)。

(4)钢筋接头采用帮条电弧焊时,帮条应采用与主筋同级别的钢筋,其总截面面积不应小于被焊钢筋的截面积。帮条长度,如用双面焊缝不应小于$5d$,如用单面焊缝不应小于$10d$(d为钢筋直径)。

(5)电渣压力焊只适用于竖向钢筋的连接,不能用作水平钢筋和斜筋的连接。

(6)凡施焊的各种钢筋、钢板均应有材质证明书或试验报告单。焊条、焊剂应有合格证,各种焊接材料的性能应符合现行《钢筋焊接及验收规程》的规定。各种焊接材应分类存放和妥善管理,并应采取防止腐蚀、受潮变质的措施。

6. 钢筋机械连接接头检测

钢筋机械连接接头检测项目是根据钢筋机械连接接头的性能等级和应用场合来确定的。其项目有静力单向拉伸、高应力反复拉压、大变形反复拉压、抗疲劳、耐低温等各项性能。

基本要求是:接头抗拉强度达到或超过母材抗拉强度的标准值,并具有高延性及反复拉压性能。

对直接承受动力荷载的结构,其接头应满足设计要求的抗疲劳性能。

当无专门要求时,对连接HRB 335钢筋的接头,其疲劳性能应能经受应力幅为100MPa,上限应力为180MPa的200万次循环加载。对连接HRB 400钢筋的接头,其疲劳性能应能经受应力幅为100MPa,上限应力为190MPa的200万次循环加载。

当混凝土结构中钢筋接头部位的温度低于-10℃时,应进行专门的试验。

7. 金属螺旋管检测

金属螺旋管进场时,除应按出厂合格证和质量保证书核对其类别、型号、规格及数量外,还应对其外观、尺寸、集中荷载下的径向刚度,荷载作用后的抗渗漏及抗弯曲渗漏等进行检验。工地自行加工制作的管道亦应进行上述检验。检验方法可按照现行《预应力混凝土用金属螺旋管》的规定执行。

1)质量要求

外观要求:外观应清洁,内外表面无油污,无引起锈蚀的附着物,无孔洞和不规则的折皱,咬口无开裂、无脱扣。

抗渗漏性能:在规定的集中荷载和均布荷载作用后,或在弯曲情况下,不得渗出水泥浆,但允许渗水。

2)复验规则

当检验结果有不合格项目时,应以双倍数量的试件对该不合格项目进行复验。复验仍不合格时,则该批产品为不合格。

●第三节　桥涵施工阶段质量检验●

桥涵混凝土结构、钢筋混凝土结构或预应力混凝土结构与构件的检测，主要包括以下内容：一是原材料与配合比的检测，二是施工阶段质量控制，三是外观质量检测，四是构件混凝土强度评定。本章仅介绍施工阶段质量控制。

一、水泥混凝土质量检测项目

1. 拌制和浇筑混凝土时检验

(1)混凝土及组成材料的外观，拌制每一工作班至少 2 次，必要时随时抽样试验；

(2)混凝土的和易性(坍落度)每工作班至少 2 次；

(3)砂石材料的含水量，每日开工前 1 次，气候或含水量变化较大时随时检测调整；

(4)钢筋、模板、支架等的稳固性和安装位置；

(5)混凝土的运输、浇筑方法和质量；

(6)外加剂的使用效果；

(7)制取混凝土试件。

2. 浇筑混凝土后的检验

(1)养护情况；

(2)混凝土强度、拆模时间；

(3)混凝土外露面及装饰质量；

(4)变形和沉降。

二、水泥混凝土强度评定

1. 混凝土强度检测频率

(1)不同强度及不同配合比的混凝土应分别制取试件，试件应在浇筑地点或拌和地点随机制取。

(2)浇筑一般体积的结构物(如基础、墩台)时，每一单元结构物应制取 2 组。

(3)连续浇筑大体积结构物混凝土时，每 80 ~ 200m^3 或每一工作班应制取 2 组。

(4)每片梁长 16m 以下应制取 1 组，16 ~ 30m 制取 2 组，31 ~ 50m 制取 3 组，50m 以上者不少于 5 组。

(5)就地浇筑混凝土小桥涵，每一座或每一工作班制取不少于 2 组；原材料和配合比相同，并由同一个拌和站拌制时，可几座合并制取 2 组。

如施工需要，可制取与结构物同条件养护的试件作为考核结构混凝土在拆模、出池、吊装、预施应力、承受荷载等阶段强度的依据。

2. 混凝土抗压强度质量评定

水泥混凝土抗压强度的合格标准为：

(1)试件≥10 组时，应以数理统计方法按下述条件评定：

$$f_{ce.n} - K_1 S_n \geqslant 0.9 f_{cu} \tag{6-10}$$

$$f_{ce.min} \geqslant K_2 f_{cu} \tag{6-11}$$

式中：n——同批混凝土试件组数；

$f_{ce.n}$——同批几组试件强度的平均值（MPa）；

S_n——同批几组试件强度的标准差（MPa），当 $S_n < 0.06f_{cu}$时，取 $S_n = 0.6f_{cu}$；

f_{cu}——混凝土设计强度等级（MPa）；

$f_{ce.min}$——试件中强度最低一组的值（MPa）；

K_1、K_2——合格判定系数，见表 6-11。

K_1、K_2的 值　　表 6-11

n	10 ~ 14	15 ~ 24	≥25
K_1	1.70	1.65	1.60
K_2	0.9	0.85	

（2）试件少于 10 组时，可用非数理统计方法按下述条件进行评定：

$$f_{ce.n} \geqslant 1.15 f_{cu} \tag{6-12}$$

$$f_{cu.min} \geqslant 0.95 f_{cu} \tag{6-13}$$

实测项目中，水泥混凝土抗压强度评为合格时得满分，不合格时得零分。

复习思考题

1. 桥涵结构物对所用石料有哪些要求？
2. 进行石料的力学性能试验有哪些检测方法？
3. 简述砌筑砂浆的性能及具体质量检验方法。
4. 简述砌体工程在施工过程质量检测的技能要求。
5. 简述施工中水泥的常规检测方法。
6. 水泥混凝土主要技术性质包括哪些内容？
7. 对新拌混凝土的工作性如何定义？具体的检测方法有哪些？
8. 影响混凝土试件力学性能试验结果的因素可能有哪些？
9. 混凝土的收缩变形对桥梁结构产生影响有哪些？
10. 什么是混凝土的徐变？它对桥梁结构会产生什么影响？
11. 简述水泥混凝土凝结时间的测试方法。
12. 简述水泥混凝土抗冻性的测试方法及抗冻性判断。
13. 钢材的力学性能指标有哪些？
14. 焊接钢筋时需要注意哪些问题？

第七章

预应力混凝土结构检测

知识目标

1. 张拉设备检验；
2. 成品梁检测。

技能目标

1. 进行预应力钢材的试验检测；
2. 进行锚具、夹具和连接器检测；
3. 进行水泥浆的检测。

预应力混凝土结构构件检测项目中，原材料与配合比的检测、施工中的一些检测与钢筋混凝土的检测相同，本章重点介绍预应力钢材的试验检测；锚具、夹具和连接器检测；张拉设备检验；水泥浆的检测以及成品梁的检测。

● 第一节　预应力钢材的试验检测 ●

一、拉 伸 试 验

预应力钢材的拉伸试验应按《金属材料室温拉伸试验》（GB/T 228—2002）的规定进行，实际上也是按《金属材料室温拉伸试验》（ISO 6892：1998）标准的规定进行。预应力钢材的拉伸试验应采用引伸计，以便测定规定非比例延伸强度（如 $R_{p0.1}$ 或 $R_{p0.2}$ 等），同时绘制具有足够精度的拉伸应力—应变曲线；预应力钢材的延伸率相对较小，延伸率的测定应采用较大原始标距，原始标距长度在产品标准中均有明确规定；对于冷拔工艺加工并盘卷供应的材料，如钢丝特别是钢绞线，交货状态产品一般存在轻微弯曲，因此预加负荷是试验中必要的程序，以保证引伸计测取的应变是钢材在轴向力作用下产生的应变。此外，预应力钢材表面硬度较高、强度高，对表面缺陷或损伤的敏感性也高，在进行拉伸试验时应有适宜的夹具，特别是对高强度钢绞线，试验用夹具以及试件端部处理应力求避免试件在夹具内或夹具附近破断，无粘结产品以及有影响夹持效果的其他涂层（镀层）产品，试件端部应适当清理。

国内有关预应力钢绞线和预应力钢丝拉伸试验的规定如下：

1.《预应力混凝土钢绞线》(GB/T 5224—2003)

测定项目包括整根钢绞线的最大力 F_m、规定非比例延伸力 $F_{p0.2}$、弹性模量以及最大力总伸长率 A_{gt}，在日常检验中，可以测定规定总延伸1%的力值 F_{t1} 代替 $F_{p0.2}$。

测定 $F_{p0.2}$ 或 F_{t1} 时，预加负荷为规定非比例延伸力($F_{p0.2}$)的10%，使用计算机采集数据或使用电子拉伸设备测量伸长率时，预加负荷对试样所产生的伸长率应加在总伸长率内。

计算抗拉强度时，取钢绞线的参考横截面积(即公称横截面积)。

钢绞线最大力总伸长率 A_{gt} 的测定取原始标距 $L_0 \geq 500$mm(对1×7结构钢绞线)和 $L_0 \geq 400$mm(对1×2和1×3结构钢绞线)。

目前，预应力钢材拉伸的试验设备基本上均可实现计算机采集数据，在实际操作时，首先还应通过称重法测定钢绞线的实际横截面积并输入，用以确定钢绞线的实际弹性模量，并据此对采集的力值、应变等数据进行处理，从而确定 $F_{p0.2}$、F_{t1} 以及预加负荷所产生的实际应变。由于非接触式引伸计刚开发，目前绝大多数引伸计均为接触式，一般不可能将引伸计留在即将断裂的试件上。试验时，测出 $F_{p0.2}$ 或 F_{t1} 后，以计算机或人工方式读取试验机上下横梁之间的距离 L_0 然后拆卸引伸计，继续加荷到破坏，如计算机采集数据，则在确定最大力 F_m 的同时确定横梁在最大力下的距离 L_m，由 L_0 和 L_m 可以确定在 F_{t1} 以后的试样总延伸，加上 F_{t1} 以前的总延伸1%，即可测出钢绞线最大力总延伸 A_{gt}。如果以人工方法确定 F_m 则比较困难，有可能此时读出的横梁距离为试件断裂时距离，所确定的是断裂总伸长率 A_t，而不是 A_{gt}。一般说 $A_t > A_{gt}$，如图7-1所示，该图假定 $F_{p0.2}$ 与 F_{t1} 相等。

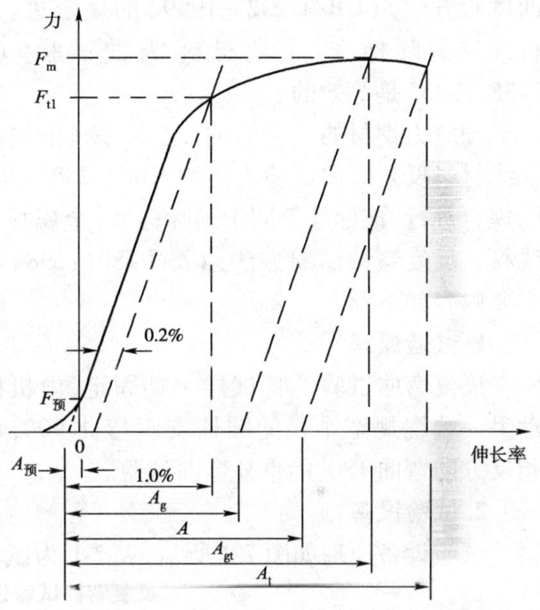

图7-1 钢绞线拉伸力值—伸长率示意图

$F_预$-预加负荷；$A_预$-$F_预$ 引起的伸长率；A_g-最大力非比例伸长率；A_{gt}-最大力总伸长率；A-断后伸长率；A_t-断裂总身长率

2.《预应力混凝土用钢丝》(GB/T 5233—2002)

预应力钢丝拉伸试验与预应力钢绞线基本相同，在日常检验时也可用规定总伸长率1%的应力 R_{t1} 代替规定非比例伸长应力 $R_{p0.2}$，关于预加负荷的规定也与《预应力混凝土用钢绞线》(GB/T 5224—1995)的规定相同。为方便日常检验，规定可用标距 $L_0 = 200$mm 的断后伸长率 A_{200} 的试验代替最大力下总伸长率 A_{gt} 试验，并规定了 A_{200} 的合格指标。

预应力钢丝断面收缩率的测定按《金属材料室温拉伸试验方法》(GB/T 228—2002)的规定进行。钢丝拉断后在缩颈最小处两个相互垂直的方向上测量其直径(需要时，应将试样断裂部分在断裂处对接在一起)取其平均值 d_1，螺旋肋钢丝测量外轮廓。

断面收缩率按下式计算：

$$\Psi = \left[1 - \left(\frac{d_1}{d_0}\right)^2\right] \times 100 \tag{7-1}$$

式中：Ψ——断面收缩率；

d_1——断后平均直径(mm)；

d_0——原始平均直径(mm)。

预应力钢丝和钢绞线拉伸试验时，如试样在夹头内或距钳口 $2d$ 范围内断裂而性能不符合产品标准的规定时，试验无效，应重新取样试验。

二、弯曲和反复弯曲试验

预应力钢材的弯曲试验应按《金属材料　弯曲试验方法》(GB/T 232—1999)的规定进行，该标准与国际标准《金属材料 弯曲试验》(ISO 7438:1985)是等效的。

预应力钢材的反复弯曲试验应按《金属材料　线材　反复弯曲试验方法》(GB/T 238—2002)的规定进行，该标准等同于国际标准《金属材料　线材　反复弯曲试验方法》(ISO 7801:1984)，其主要内容如下：

1. 试验原理

反复弯曲试验是将试样一端固定，由机械带动另一端绕规定半径的圆柱支座弯曲 90°，再沿相反方向弯曲 180°的重复弯曲试验。

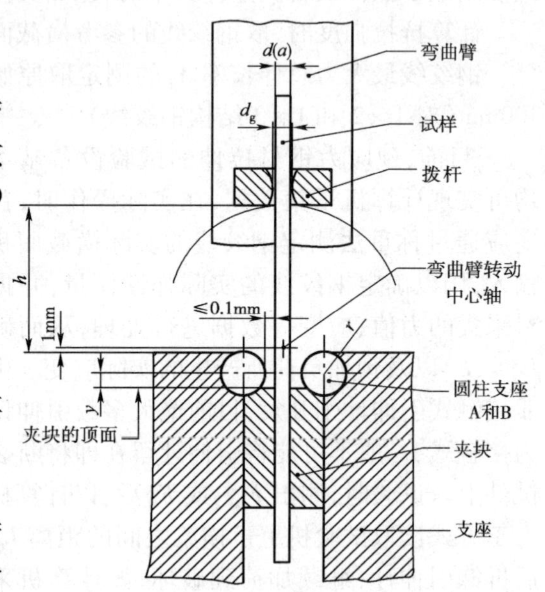

图 7-2　反复弯曲试验设备示意

2. 试验设备

试验设备原理如图 7-2 所示，表 7-1 为试验设备基本尺寸。

反复弯曲试验设备基本尺寸(mm)　　表 7-1

线材公称直径或厚度 $d(a)$	圆柱支座半径 r	距离 h	拨杆孔直径 d_g
$0.3 \leqslant d(a) \leqslant 0.5$	1.25 ±0.05	15	2.0
$0.5 < d(a) \leqslant 0.7$	1.75 ±0.05	15	2.0
$0.7 < d(a) \leqslant 1.0$	2.5 ±0.1	15	2.0
$1.0 d(a) \leqslant 1.5$	3.75 ±0.1	20	2.0
$1.5 < d(a) \leqslant 2.0$	5.0 ±0.1	20	2.0 和 2.5
$2.0 < d(a) \leqslant 3.0$	7.5 ±0.1	25	2.5 和 3.5
$3.0 < d(a) \leqslant 4.0$	10 ±0.1	35	3.5 和 4.5
$4.0 < d(a) \leqslant 6.0$	15 ±0.1	50	4.5 和 7.0
$6.0 < d(a) \leqslant 8.0$	20 ±0.1	75	7.0 和 9.0
$8.0 < d(a) \leqslant 10.0$	25 ±0.1	100	9.0 和 11.0

注：较小的拨杆孔直径适用于较细公称直径的线材(见第一栏)，而较大的拨杆孔直径适用于较粗公称直径的线材(也见第一栏)。对于在第一栏所列范围直径，应选择合适的拨杆孔直径以保证在孔内自由运动。

圆柱支座和夹持块应有足够的硬度，夹块顶面应低于两个圆柱支座中心连线，即当圆柱支座半径 $r \leqslant 2.5$mm 时，图 7-2 中 y 值为 1.5mm；当 $r > 2.5$mm 时，y 为 3mm。

3. 试样

试样应尽可能平直，必要时可以对试样进行矫直，但应避免线材表面损伤和扭曲。

4. 试验程序

(1)试验一般在室温下进行。

(2)根据试样直径和相关产品标准规定的反复弯曲弯心(圆柱支座)半径 r,选择或调整圆柱支座顶部至拨杆孔底面距离 h 以及拨杆孔直径 d_g。

(3)使弯曲臂处于垂直位置,将试样由拨杆孔插入,试样下端用夹块夹紧,并使试样垂直于圆柱支座轴线;开始试验时将试样自由端弯曲 90°,再沿相反方向弯曲 90°返回至起始位置作为第一次弯曲,继续弯曲 90°再返回进行连续不间断的弯曲,直至试样弯曲至规定次数或试样产生肉眼可见的裂纹或完全断裂。弯曲次数计算如图 7-3 所示,试样断裂的最后一次不计入弯曲次数 N。

(4)反复弯曲速率应不超过 1 次/s,操作应均匀无冲击;为确保试样与圆柱支座表面连续接触,可对试样施加一定的张紧力,一般不超过试样公称抗拉极限荷载的 2%。

三、等温应力松弛试验

国家标准《金属应力松弛试验方法》(GB/T 10120—1996)附录 A 规定了预应力钢材拉伸应力松弛试验试样、试验程序及数据处理方法,在预应力钢材产品标准中一般都规定了松弛试验的基本要求,各产品标准的规定大体相同,但也有个别条款不尽相同的情况。因此,在进行松弛试验时,需要注意产品标准中的规定。由于我国未制订专门的预应力钢材应力松弛试验方法标准,现结合国际标准《混凝土及预应力混凝土用钢　试验方法　第三部分　预应力钢材》(ISO 15630—3)关于等温应力松弛试验以及我国有关标准的规定,将预应力钢材应力松弛试验方法要点综合如下。

1. 试验原理

预应力钢材的应力松弛试验是在恒定的温度下(一般为 20°C),对试样施加轴向初始应力并保持初始应变恒定,测定试样应力随时间的减小(损失),并将这种应力减小与初始应力进行比较,如图 7-4 所示。

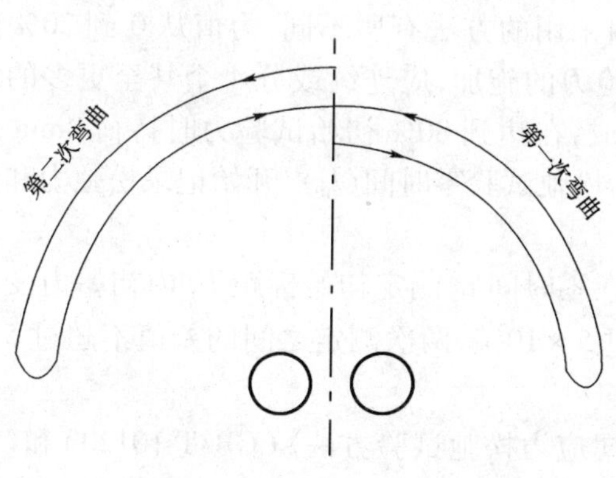

图 7-3　反复弯曲次数计数

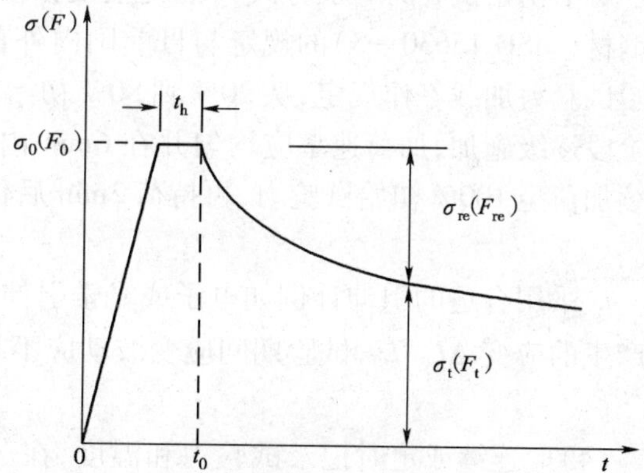

图 7-4 应力松弛试验原理示意

$\sigma_0(F_0)$-初始应力;$\sigma_{re}(F_{re})$-松弛应力;$\sigma_t(F_t)$-剩余应力;t_0-零时间;t_h-初始应力保持时间

2. 试样

松弛试验试样应平直，夹具间的试样长度不得有任何变形或进行任何形式的处理。试样标距应由相关产品标准规定，至少应为直径的40倍，一般不小于直径的60倍。试样总长度应适于试验设备。

3. 试验设备

试验机应具有足够的刚度，试验机架的受力变形不应影响松弛试验结果。

试验机力值示值误差不应超过 ±1%，测力装置的力值分辨应优于 $5\times10^{-4}F_0$（F_0 为松弛试验初始力）。

试验机应能连续自动调节试验力，以便在试验期间保持试样的初始应变或标距恒定。

试验应采用应变计测定应变，其标距长度应不小于 200mm，对于钢绞线，引伸计的标距长度最好为 1000mm 左右。试验期间，应保持试样初始应变或标距恒定，应变的波动应控制在 5×10^{-6}mm/mm以内。

试样的夹持或锚固装置应使试验期间试样不产生滑移或转动。

加荷装置应能平稳无冲击地施加荷载。

4. 试验程序

(1)试样应置于试验室环境中至少 24h，达到温度平衡后方可进行试验。

(2)试验室温度（试件温度）应控制在 20℃ ±2℃范围内。

(3)试验初始应力按相关产品标准规定，一般为公称抗拉强度的 70%、80% 或 60%。也可采用相邻试样测得的实际抗拉强度的 70%（或 80% 或 60%），此时试验前应至少取两个相邻拉力试样测定最大力 F_m，并取平均值为实际抗拉强度。

在 3～5min 内应均匀施加全部初始试验力，力的施加过程不允许超过初始力。初始试验力的保持时间为 1min，在保持时间内应连续迅速地补足力的减小（损失）。保持时间结束点作为松弛试验的零时间（t_0），从 t_0 开始立即保持试样应变的恒定，并开始连续或定时记录试验力和试验温度。

对于初始试验力施加方式，《混凝土及预应力混凝土用钢　试验方法　第三部分　预应力钢材》（ISO 15630—3）的规定与目前国内外普遍采用的方法有所不同，力值从 0 到 20% 的初始试验力加载不作规定，从 20% 到 80% 初始试验力的施加，应连续或分 4 个甚至更多的均匀阶段逐级施加，加荷速率应均匀并在 6min 内完成，在达到 80% 初始试验力时持荷 2min 后连续加荷至 100% 初始试验力，再持荷 2min 后作为松弛试验零时间（t_0），开始记录松弛力和温度。

应采用合适的引伸计例如电子或光学引伸计在零时间 t_0 测定初始标距 L_0 内初始力变化所产生的应变 $\Delta L_0/L_0$，试验期间应变波动应不超过 5×10^{-6}，两次测定之间的差值不超过 5×10^{-5}。

(4)应连续或定时记录试验力和温度，在《金属应力松弛试验方法》（GB/T 10120）和《混凝土及预应力混凝土用钢　试验方法　第三部分　预应力钢材》（ISO 15630—3）中均规定了定时记录的时间间隔。

5. 试验结果处理

应力松弛损失率 R，按下式计算：

$$R_{\mathrm{t}}=\frac{F_0-F_{\mathrm{t}}}{F_0}\times 100 \tag{7-2}$$

式中：F_{t}——相应时间试样上剩余试验力。

目前所有产品标准关于应力松弛率的规定值均为1000h松弛率，所有标准均规定可以用较短时间的试验结果推算1000h甚至更长时间的松弛率，但对“较短时间”的规定则不尽相同，《金属应力松弛试验方法》（GB/T 10120）规定不少于100h，《混凝土及预应力混凝土用钢试验方法　第三部分　预应力钢材》（ISO 15630—3）规定不少于120h，而ASTM—A416则规定不少于200h，时间越长，推算结果的误差越小。

关于松弛率的推算应采用线性回归方法，国际标准《混凝土及预应力混凝土用钢—试验方法　第三部分　预应力钢材》（IS 015630—3）推荐采用对数松弛率和对数时间即双对数坐标推算，《金属应力松弛试验方法》（GB/T 10120）则规定除双对数坐标外，也可采用松弛率与对数时间即单对数坐标推算。

此外，预应力混凝土用钢材还有轴向疲劳试验、硫氰酸盐溶液应力腐蚀试验、钢绞线偏斜拉伸试验、钢丝扭转试验、预应力（镀层）钢丝缠绕试验、镀锌钢丝锌层硫酸铜试验、镀锌钢丝锌层质量测定等。

四、检验与合格评定

检验是指诸如测定、检查、试验和测量一种产品或服务的一个或多个特性值，并且将其与规定值进行比较以确定是否合格的活动。产品的检验依检验活动的主体、目的、性质的不同而有多种形式，如鉴定检验、型式检验、出厂检验、验收检验、监督检验、仲裁检验等等，其中在产品的生产与使用过程中最为普遍的是生产者的出厂检验和使用方的验收检验，也就是涉及产品的交货时，供需双方交易的必要程序。对包括混凝土用钢材在内的钢产品检验的基本规定已包括在《钢及钢产品交货一般技术要求》（GB/T 17505—1998）标准中，此外，在相关产品标准中均规定了产品检验的具体要求，生产方与使用方均可参照执行，在《混凝土结构工程施工质量验收规范》（GB 50204—2002）以及其他相关使用规范、规程和标准中，也都对混凝土用钢材的验收检验作出明确规定，使用方应根据规定进行验收检验。

• 第二节　预应力锚具、夹具和连接器检测 •

一、产品分类

锚具、连接器按其结构形式分为：张拉端锚具（又分为群锚和扁锚两种）；固定端锚具（分为轧花（H型）和挤压（P型）锚具两种。各类锚具、连接器按适用的钢绞线规格可分为YM12和YM15两个系列。YM12系列锚具、连接器适用于锚固、连接ϕ12.0mm～ϕ12.9mm钢绞线；YM15系列锚具、连接器适用于锚固、连接ϕ15.0mm～ϕ15.7mm钢绞线。

二、检验项目与技术要求

锚具和连接器应具有可靠的锚固性能和足够的承载能力，以保证充分发挥预应力筋的强度。

检验分为出厂检验、型式检验和使用单位检验,出厂检验为生产厂家在每批产品交货前必须进行的检验,由生产厂家的质量检验部门进行,并做出检验记录。型式检验应由国家指定的检测机构进行。

出厂检验应包括下列项目:表面质量、粗糙度、几何尺寸、硬度与静载试验。

型式检验应包括下列项目:表面质量、粗糙度、几何尺寸、硬度;静载试验;疲劳试验;周期荷载试验;辅助性试验。

桥梁施工中检验包括:外观与尺寸检查;硬度检验;大桥有时须进行静载试验。

锚具静载锚固性能由预见力锚具组装件的静载试验测定的锚具效率系数 η_a 和达到实测极限拉力时的总应变 ε_{apu} 来确定。交通行业标准《公路桥梁预应力钢绞线用锚具、连接器试验方法及检验规则》(JT 329.2—1997)规定锚具的静载锚固性能符合下列要求:

钢绞线锚具组装件达到实测极限拉力时,全部零件均不应出现肉眼可见的裂缝或破坏。

锚具的静载锚固性能应满足下列要求:

(1)锚具效率系数 $\eta_a \geqslant 0.95$。

(2)达到实测极限拉力时的总应变 $\varepsilon_{apu} \geqslant 2\%$。

(3)锚具宜满足分级张拉、补张拉以及放松钢绞线的要求。锚具及其附件上应设置灌浆孔,灌浆孔应具有保证浆液畅通的截面面积。

(4)循环荷载作用下疲劳性能试验,试件经受200万次循环荷载后,钢绞线因锚具影响发生疲劳破坏的面积不应大于试件总截面面积的5%。

(5)用于抗震结构中的锚具还应进行周期荷载试验,试件经50次周期荷载作用后,钢绞线不应发生破断、滑移和夹片松脱现象。

(6)锚具内缩量应不大于6mm。

(7)锚口摩阻损失不大于2.5%。

(8)连接器应具有与锚具相同的性能要求。

三、试验方法

1. 一般规定

试验用的钢绞线锚具组装件应由全部零件和钢绞线组装而成,组装时不得在锚固零件上添加影响锚固性能的物质,如金刚砂、石墨等(设计规定的除外)。束中各根钢绞线应等长平行,生产厂的型式检验和新产品试验所用的试件,应选用同一品种、同一规格中最高强度级别的钢绞线。不同系列的锚具应各选取两种代表性尺寸的样品型式试验。

试验用的测力系统,其不确定度不得大于2%;测量总应变用的量具,其标距的不确定度不得大于标距的0.2%;指示应变的仪器的不确定度不得大于标距的0.1%。试验台座承载力应大于主装件中各预应力筋计算极限拉力之和的1.5倍,千斤顶额定张拉力和测力传感器额定压力应大于主装件中各预应力筋极限拉力之和。试验设备及仪器每年至少标定一次。

锚具组装件试验之前必须对单根钢绞线进行力学性能试验,其试件应同组装件试验从同一盘钢丝或钢绞线中抽取。每次随机抽取6个试件。

2. 静载试验

将锚具、钢绞线、传感器、千斤顶安装于试验机或试验台座上,使各钢绞线均匀受力,紧固

锚具螺丝或敲紧夹片。图 7-5 给出了钢绞线锚具组装件静载试验组装图。

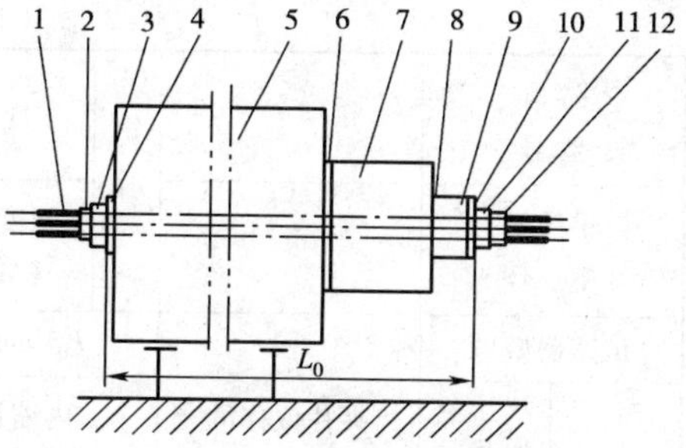

用张拉设备拉至钢绞线抗拉强度标准值的 10% 时，测量如图 7-5 所示，L_0 及千斤顶的活塞初始行程 L_1 尺寸并做记录；测量图 7-6a）、b）尺寸并记录。

用试验设备按钢绞线抗拉强度标准值的 20%、40%、60%、80% 分 4 级等速加载，加载速度每分钟宜为 100MPa，达到 80% 后，持荷 1h 随后逐步加载至破坏。

图 7-5 钢绞线锚具静载试验组装图

1-钢绞线；2，12-夹片；3，11-锚圈；4，6，8，10-垫板；5-试验台座；7-千斤顶；9-传感器

试验过程中观察和测量项目应包括：

（1）钢绞线锚具或连接器组装件的内缩量；

（2）锚具或连接器各零件之间的相对位移；

（3）在达到钢绞线抗拉强度标准值的 80% 后，在持荷 1h 时间内的锚具或连接器的变形；

（4）试件的实测极限应力 F_{apu}；

（5）达到实测极限应力时的总应变 ε_{apu}。

根据试验结果记录计算锚具和连接器的锚固效率系数 η_a，编写试验报告。

总应变按下式计算：

$$\eta_a = F_{apu} / F_{apu}^c \tag{7-3}$$

$$F_{apu}^c = n f_{ptm} A_{pm} \tag{7-4}$$

$$\varepsilon_{apu} = \frac{L_2 - L_1 - \Delta a}{L_0} \times 100 \tag{7-5}$$

式中：F_{apu}——钢绞线锚具组装件的实测极限拉力；

F_{apu}^c——钢绞线锚具组装件中各根钢绞线计算极限拉力之和，$F_{apu}^c = f_{ptm} A_P$；

f_{ptm}——钢绞线中抽取的试件极限抗拉强度的平均值；

A_{pm}——钢绞线锚具组装件中钢绞线截面积之和；

L_1——千斤顶活塞初始行程读数；

L_2——试件破坏时活塞终了行程读数；

Δa——内缩量，如图 7-6 所示；

n——锚具组装件中预应力筋的根数。

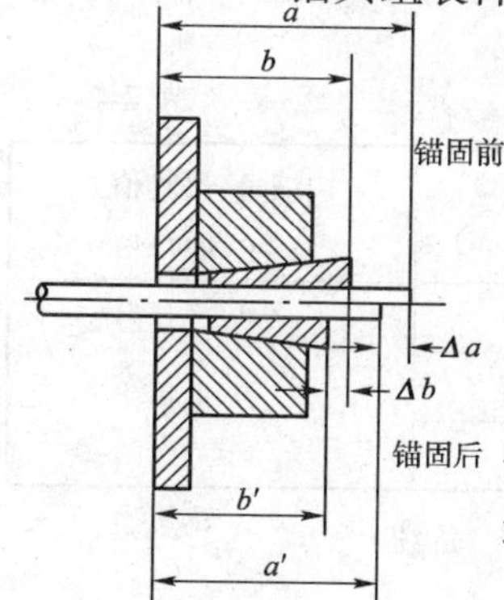

图 7-6 内缩量计算图

静载试验采用表 7-2 记录。根据试验记录可以计算锚具效率系数和总应变，静载试验的结果由表 7-3 给出。

3. 内缩量试验

内缩量试验使用的设备、仪器及试件安装与静载试验相同，内缩量可用测量锚固处钢绞线相对位移计算出。试件组装后测量图 7-6 中每根钢绞线的 a_i 值，用试验设备张拉试件至钢绞线抗拉强度标准值的 80% 后锚固，测量每根钢绞线的 a_i 值，计算出每根钢绞线的内缩量 Δa_i 和锚具组装件的内缩量 Δa。

内缩量试验试件不少于 3 个，试验结果取其平均值，并用表 7-4 记录。

静载试验记录 表 7-2

锚具型号		钢绞线	规格		计算极限拉力之和(kN)	
千斤顶型号			强度级别(MPa)		实测极限拉应力(kN)	
传感器型号		L_0(mm)			破断情况	

序号	加载量(kN)	夹片位移量 Δb(mm)		内缩量 Δa(mm)		千斤顶活塞行程(mm)			破断时	
		固定端	张拉端	固定端	张拉端				Δa(mm)	
									Δb(mm)	
持荷时间										
持荷后										
破断后										

参加人： 日期

静载试验结果 表 7-3

试件编号	锚具型号	钢绞线根数	钢绞线计算极限拉力之和(kN)	钢绞线锚具组装件实测极限拉力(kN)	锚具效率系数	总应变	破坏情况			
							破断丝数	颈缩丝数	斜切口断丝数	其他

试验者： 计算者： 委托单位： 备注：

校对者： 审核者： 生产厂家：

试验单位： 试验日期： 监检单位：

内缩量试验结果 表 7-4

试件编号	锚具型号	钢绞线抗拉强度标准值(MPa)	钢绞线截面面积(mm^2)	内缩量 Δa_i(mm)	内缩量(平均值) Δa(mm)

试验者： 计算者： 委托单位： 备注：

校对者： 审核者： 生产厂家：

试验单位： 试验日期： 监检单位：

四、试件抽样及检验判定

对于同类型、同一批原材料和同一工艺生产的锚具、夹具或连接器作为一批验收，每批不超过1000套。连接器以不超过套数为一批验收。

外观检验从每批中抽取10%的锚具，且不少于10套；硬度检验抽取5%，且不少于5套；静载试验应从每批中抽取6套组成3个组装件。

外观检验如表面无裂缝，尺寸符合设计要求，判定为合格；如有一套表面有裂缝或尺寸超过设计图纸规定的允许偏差，应另取双倍数量的试件重做检验，如仍有一套试件不符合要求，则应逐个检验，合格者方可使用。

硬度检验每个零件测试3点，当硬度值符合设计要求的范围应判为合格。如有1个零件不合格，则应另取双倍数量的零件重做试验；如仍有1个试件不合格，则应逐个检验，合格者方可使用。

静载锚固能力检验、疲劳荷载试验及周期荷载检验符合技术要求的规定，判为合格。如有1个试件不合格，则应另取双倍数量的锚具或连接器重做试验，如仍有一个试件不符合要求，则该批为不合格品。

●第三节　张拉设备校验●

桥梁工程中常采用液压拉伸机，由油压千斤顶和配套的高压油泵、压力表及外接油管等组成。液压拉伸机的千斤顶按其构造可分为台座式（普通油压千斤顶）、空心式、锥锚式和拉杆式。预应力张拉机具应与锚具配套使用，并在进场前进行检查和校验。

油压千斤顶的作用力一般用油压表测定和控制。油压表上的指示读数为油缸内的单位油压，在理论上将其乘以活塞面积即应为千斤顶的作用力。但由于油缸与活塞之间有一定的摩阻力，此项摩阻力抵消一部分作用力，因此实际作用力要比理论值为小。为正确控制张拉力，一般均用校验标定的方法测定油压千斤顶的实际作用力与油压读数的关系。校验仪器可采用压力试验机、标准测力计或传感器等，一般采用长柱压力试验机。

一、长柱压力试验机校验

压力试验机的精度不得低于±2%。校验时，应采取被动校验法，即在校验时用千斤顶试验机，这样活塞运行方向、摩阻力的方向与实际工作时相同，校验比较准确。

在进行被动校验时，压力试验机本身也有摩阻力，且与正常使用时相反，故试验机表盘读数反映的也不是千斤顶的实际作用力。因此，用被动法校验千斤顶时，必须事先用具有足够吨位的标准测力计对试验机进行被动标定，以确定试验机的度盘读数值。标定后再校验千斤顶时就可以从试验机度盘上直接读出千斤顶的实际作用力以及相应的油压表的准确读数。

用压力试验机校验的步骤如下：

1. 千斤顶就位

当校验穿心式千斤顶时（图7-7a)），将千斤顶放在试验机台面上，千斤顶活塞面或撑套与试验机压板紧密接触，并使千斤顶与试验机的受力中心线重合。

当校验拉杆式千斤顶时(图 7-7b)),先把千斤顶的活塞杆推出,取下封尾板,在缸体内放入一根厚壁无缝钢管,然后将千斤顶两脚向下立于试验机的中心线部位。放好后,调整试验机,使钢管的上端与试验机上压板接紧,下端与缸体内活塞面接紧,并对准缸体中心线。

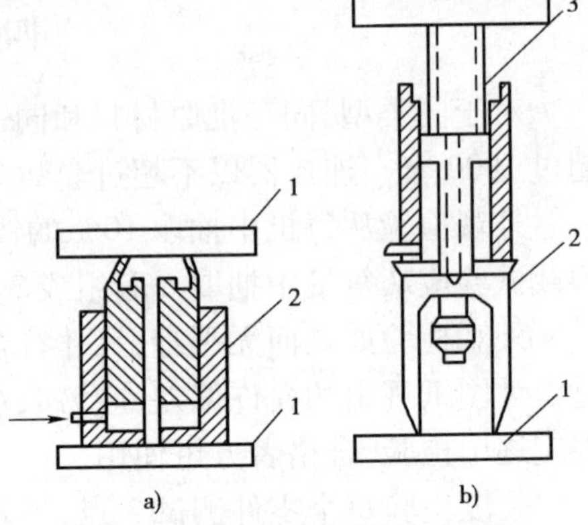

图 7-7 用压力试验机校验千斤顶

a)校验穿心式千斤顶;b)校验拉杆式千斤顶

1-试验机上下压板;2-拉伸机;3-无缝钢管

2. 校验千斤顶

开动油泵,千斤顶进油,使活塞杆上升,顶试验机上压板。在千斤顶试验机的平缓增加荷载的过程中(此时不得用试验机压千斤顶),自零位到最大吨位,将试验机被动标定的结果逐点标定到千斤顶的油压表上。标定点应均匀地分布在整个测量范围内,且不少于 5 点。当采用最小二乘法回归分析千斤顶的标定经验公式时需 10 ~ 20 点。各标定点应重复标定 3 次,取平均值,并且只测读进程,不得读回程。

3. 检验记录

对千斤顶校验数值采用表 7-5 记录,并可根据校验结果绘千斤顶校验曲线供预应力钢材张拉时使用,亦可采用最小二乘法求出千斤顶校验的经验方式,供预应力筋张拉时使用。

张拉设备校验记录表 表 7-5

张拉设备		名称	型号规格	精度等级	制造厂	出厂编号
	油压千斤顶					
	高压油泵					
	油压泵					
检定吨位(kN)		油压表校验读数				
		一	二	三	平均	
试验机	型号规格					
	精度等级					
	制造厂					
	出厂编号					
备注						

送检单位: 检定日期:

检定地点: 有效期至:

检定时室温: 检定单位(盖章):

二、用标准测力计校验

用水银压力计、测力环、弹簧拉力计标准测力计校验千斤顶，是一种简单可靠的方法，校验穿心式千斤顶时的装置如图 7-8（校验拉杆式千斤顶的附加装置与压力试验机校验相同）。校验时，开动油泵，千斤顶进油，活塞杆推出，顶测力计。当测力计达到一定吨位 T_1 时，立即读出千斤顶油压表相应读数 P_1，同样方法可得 T_2、P_2；T_3、P_3；此时 T_1、T_2、T_3……即为相应于油压表读数 P_1、P_2、P_3…的实际作用力。将测得的各值绘成曲线，实际使用时，即可由此曲线找出要求的 T 值和相应的 P 值。

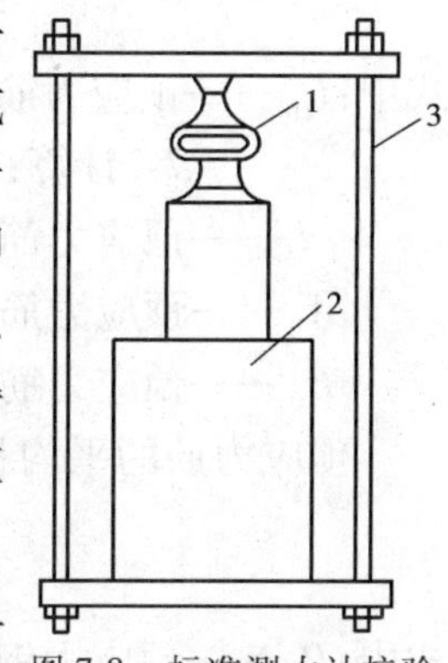

图 7-8　标准测力计校验千斤顶装置

1-标准测力计；2-千斤顶；3-框架

也可以用电测传感器校验，传感器是在金属弹性元件表面贴上电阻应变片所组成的一个测力装置。当金属元件受外力作用变形后，电阻片也会相应变形而改变其电阻值。改变的电阻值通过电阻应变仪测定出来，即可从预先标定的数据中查出外力的大小 。将此数据再标定到千斤顶油压表上，即可用以进行作用力的控制。

三、张拉力控制

1. 张拉设备的安装

1）机具及设备

施加预应力所用的机具设备及仪表应由专人使用和管理，并应定期维护和校验。千斤顶与压力表应配套校验，以确定张拉力与压力表之间的关系曲线，校验应在经主管部门授权的法定计量技术机构定期进行。

张拉机具设备应与锚具配套使用，并应在进场时进行检查和校验。对长期不使用的张拉机具设备，应在使用前进行全面校验。使用期间的校验期限应视机具设备的情况确定，当千斤顶使用超过 6 个月或 200 次或在使用过程中出现不正常现象或检修以后应重新校验。弹簧测力计的校验期限不宜超过 2 个月。

2）张拉设备的安装

张拉设备的安装是否准确，又直接影响张拉力的大小。因此，安装张拉设备时，直线预应力筋，应使张拉力的作用线与孔道中心线重合；曲线预应力筋，应使张拉力的作用线与孔道中心线末端的切线重合。

2. 张拉力控制

1）预应力筋的张拉控制应力的设计要求

预应力筋的张拉控制应力应符合设计要求。当施工中预应力筋需要超张拉或计入锚固预应力损失时，可比设计要求提高 5%，但在任何情况下不得超过设计规定的最大张拉控制应力。

预应力筋采用应力控制方法张拉时，应以伸长值进行校核，实际伸长值与理论伸长值的差值应符合设计要求；设计无规定时，实际伸长值与理论伸长值的差值应控制在 6% 以内，否则应暂停张拉，待查明原因并采取措施予以调整后，方可继续张拉。

2）预应力筋的理论伸长值计算预应力筋的理论伸长值 ΔL(mm)可按式 7-6 计算：

$$\Delta L = \frac{P_{p} L}{A_{p} E_{p}} \tag{7-6}$$

式中：P_p——预应力筋的平均张拉力(N)，直线筋取张拉端的拉力，两端张拉的曲线筋，按式7-7计算；

L——预应力筋的长度(mm)；

A_p——预应力筋的截面面积(mm^2)；

E_p——预应力筋的弹性模量(MPa)。

预应力筋的平均张拉力按下式计算：

$$P_{p} = \frac{P[1 - e^{-(KL + \mu\theta)}]}{Kx + \mu\theta} \tag{7-7}$$

式中：P_p——预应力钢材张拉端的张拉力(N)；

μ——预应力钢材与管道孔壁的摩擦系数(表 7-6)；

K——管道每米局部偏差对摩擦的影响系数(表 7-6)；

θ——管道曲线始端与末端切线的夹角(rad)；

x——从张拉端至计算截面的孔道长度。

系数 K 及 μ 值表 表 7-6

孔道成型方式	K	μ 值		
		钢丝束、钢绞线、光面钢筋	带肋钢筋	精轧螺纹钢筋
预埋铁皮管道	0.003 0	0.35	0.40	—
抽芯成型孔道	0.001 5	0.55	0.60	—
预埋金属螺纹管道	0.001 5	0.20～0.25	—	0.50

3）实际伸长量的测量

预应力筋张拉时，应先调整到初应力 σ_0，该初应力宜为张拉控制应力 σ_{con} 的 10%～15%，伸长值应从初应力时开始量测。力筋的实际伸长量除量测的伸长值外，必须加上初应力以下的推算伸长值。对后张法构件，在张拉过程中产生的弹性压缩值一般可省略。

预应力筋张拉的实际伸长值 ΔL(mm)，可按下式计算：

$$\Delta L = \Delta L_1 + \Delta L_2 \tag{7-8}$$

式中：ΔL_1——从初应力至最大张拉应力间的实测伸长值(mm)；

ΔL_2——初应力以下的推算伸长值(mm)，可采用相邻级的伸长值。

利用实测值 ΔL 和相应的理论值对比，校核控制张拉力。

必要时，应对锚圈口及孔道摩阻损失进行测定，张拉时予以调整。

4）锚圈口摩阻损失与孔道摩阻损失的测定

(1)锚圈口摩阻损失的测定

用油压千斤顶测定时，可在张拉台上或用一根直孔道钢筋混凝土柱进行。两端均用锥形锚时，其测定步骤如下：两端同时充油，油表数值均保持在 4MPa，然后将甲端封闭作为被动端，乙端作为主动端，张拉至控制吨位。设乙端控制吨位为 N_a 时，甲端相应吨位为 N_b，则锚圈口

摩阻力为:

$$N_0 = N_a - N_b$$

克服锚圈口摩阻力的超张拉系数:$n_0 = \sqrt{\frac{N_a}{N_b}}$

测试反复进行三次,取平均值。乙端封闭,甲端张拉,同样按上述方法进行三次,取平均值。两次的测试结果再予以平均,即为测定值。

(2)孔道摩阻损失的测定

用千斤顶测曲线孔道摩阻时,测试步骤如下:

梁的两端装千斤顶后同时充油,保持一定数值(约4MPa);甲端封闭,乙端张拉。张拉时分级升压,直至张拉控制应力。如此反复进行三次,取两端压力差的平均值;仍按上述方法,但乙端封闭,甲端张拉,取两端三次压力差的平均值;将上述两次压力差平均值再次平均,即为孔道摩阻力的测定值。如两端为锥形锚,上述测定值应扣除锚圈口摩阻力。

5)预应力筋的锚固

预应力筋的锚固应在张拉控制应力处于稳定状态下进行。锚固阶段张拉端预应力筋的内缩量,应不大于设计规定或不大于表7-7所列的容许值。

锚具变形、预应力筋回缩和接缝压缩容许值(mm) 表7-7

锚具、接缝类型		变形型式	容许值 ΔL
钢制锥形锚具		力筋回缩、锚具变形	6
夹片式锚具(用于预应力钢绞线)		力筋回缩、锚具变形	6
墩头锚具		缝隙压密	1
JM15锚具	用于预应力钢丝时	力筋回缩、锚具变形	3
	用于预应力钢绞线时		6
粗钢筋锚具(用于精轧螺纹钢筋)		力筋回缩、锚具变形	1
每块加垫板后的缝隙		缝隙压密	1
水泥砂浆接缝		缝隙压密	1
环氧树脂砂浆接缝		缝隙压密	1

6)注意问题

后张法预应力筋当两端同时张拉时,两端千斤顶升降压、画线、测伸长、插垫等工作应基本一致。

先张预应力筋当同时张拉多根时,应预先调整其初应力,使相互之间的应力一致;张拉过程中,应使活动横梁与固定横梁始终保持平行,并应抽查力筋的预应力值,其偏差的绝对值不得超过按一个构件全部力筋预应力总值的5%。

•第四节 水泥浆的检测•

有黏结预应力筋的后张法预应力混凝土构件,在预应力筋张拉完毕后,均须向孔道内压满水泥浆,以保证预应力筋不锈蚀并与构件混凝土联成整体。压浆工作宜在张拉完毕后尽早进行，一般预应力混凝土构件，在张拉完毕10h左右，观察预应力筋和锚具稳定后，即可进行孔道压浆工作。孔道压浆的水灰比一般宜采用0.4～0.45，如掺入减水剂，水灰比可减少到0.35。

一、检测项目与方法

1. 水泥浆的强度

水泥浆的强度应制成70.7mm×70.7 mm×70.7 mm的试件，标准养护28d测得抗压强度，以强度等级表示。压浆时每一工作班应制取不少于3组抗压试件，作为水泥浆质量评定的依据。

2. 泌水率和膨胀率试验

试验容器如图7-9所示，容器用有机玻璃制成，带有密封盖，高120mm，置放于水平面上。往容器内填灌水泥浆约100mm深，测填灌面高度并记录下来，然后盖严。置放3h和24h后测其离析水水面和水泥浆膨胀面，然后按下列公式计算泌水率和膨胀率：

$$泌水率 = 100(a_2 - a_3)/a_1 \quad (\%) \tag{7-9}$$

$$膨胀率 = 100(a_3 - a_1)/a_1 \quad (\%) \tag{7-10}$$

3. 稠度试验

水泥浆稠度测定容器如图7-10所示。测定时，先将漏斗调整改平，关上底口活门，将搅拌均匀的水泥浆倾入漏斗内，直至表面触及点测规下端。打开活门，让水泥浆自由流出，水泥浆全部流完时间(s)，称为水泥浆稠度。

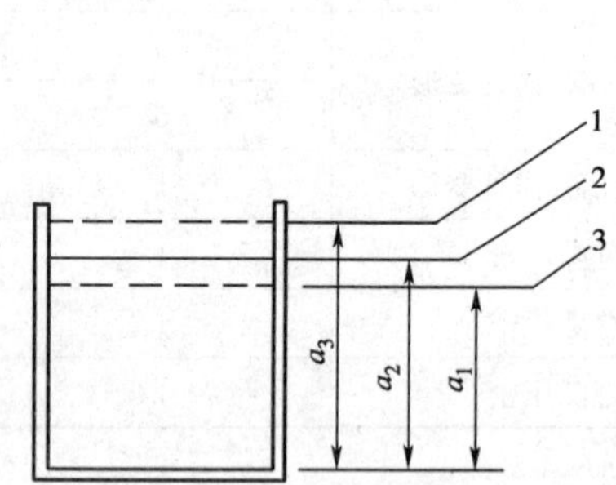

图7-9 水泥浆泌水率和膨胀率试验

1-最初填灌的水泥浆面；2-水面；3-膨胀后的水泥浆面

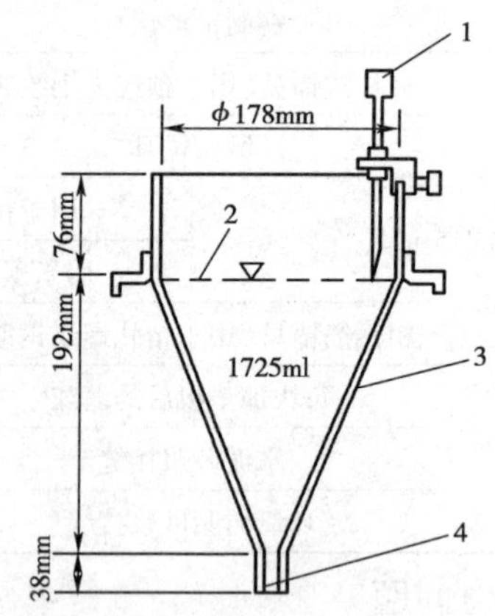

图7-10 水泥浆稠度试验漏斗

1-点测规；2-水泥浆表面；3-不锈钢制3mm厚；4-流出口(内径13mm)

二、水泥浆技术指标

水泥浆强度必须符合设计要求，设计无规定时，一般应不低于30MPa。

泌水率最大不超过3%，拌和3h后泌水率宜控制在2%，24h后泌水应全部被水泥浆吸收。

水泥浆稠度宜控制在14～18s之间。

水泥浆中可通过试验掺入适当的膨胀剂(如铝粉等)，铝粉的掺入量约为水泥用量的

0.01%，掺入膨胀剂后的自由膨胀应小于10%。收缩率不大于2%。

●第五节 成品梁的检验●

为了检验钢筋混凝土和预应力钢筋混凝土单片成品梁的实际承载能力，以及校核在设计荷载下梁的强度、刚度及抗裂性能，需要进行单片梁的静载试验。

一、试验梁的选择

试验梁的选择方法有随意抽样和典型抽样两种。随意抽样法适用于大批生产的梁（作鉴定性试验），抽样数量一般占每批产量的1%～5%。抽样是任意选择的，不能故意选择。这样抽样试验的结果，可以反映出梁在设计与施工中的普遍问题，具有较好的代表性。典型抽样适用于生产数量不多、施工质量差别较大的情况下，一般选择质量最差的一片梁进行试验，若该片梁合格，则其余的梁就可以认为合格了。此外，对于存在某些重大缺陷的梁，在按规定进行补救以后，也应进行试验以检验其承载能力。

试验梁选定后，应将各试验梁的设计与施工资料收集好。设计资料主要是指设计图纸、计算书等。施工资料包括材料试验报告，钢筋骨架验收记录及各项施工记录等。在收集和分析试验梁的各项资料的同时，还应对梁体的几何尺寸、材料状况、施工质量、表面缺陷等进行认真细致的检查。对梁体在试验中可能产生的问题应事先考虑周到，以免试验中发生故障而影响试验的进行。

二、试验荷载

试验荷载的确定，包括荷载图式、荷载大小和加载程序三方面。

（1）试验荷载图式最好能与设计计算的荷载图式相同。这样就可使试验梁的工作情况与设计相符。但在试验中荷载量较大时，有时也采用与设计不同的荷载图式。但是这种荷载图式，必须与设计荷载图式等效，才能保证不会因荷载图式的改变，而影响梁的工作和试验结果的分析。

（2）荷载的大小，应根据试验目的来确定。非破坏性试验的荷载量，可按控制设计的弯矩值推算。若需进行超载试验时，可乘以适当的超载系数。对于预应力混凝土梁，还要考虑试验时尚未完成的预应力损失对梁体构成的抵抗力矩的作用。若进行破坏性试验时，则在加载量达到设计吨位后，仍应继续加载到梁体破坏或不能再使用时为止。

（3）加载程序是指试验中荷载与时间的关系。如加载速度、间歇时间、分级荷载量的大小及加卸载循环次数等。只有正确地确定荷载程序，才能正确反映梁的承载能力与变形性质。

由于混凝土在首次受力时的变形与荷载关系是不稳定的，所以在正式试验前，必须通过预载使结构进入正常工作状态。同时通过预载，还可对整个试验装置进行检验，以保证试验的正常进行。预载的最大加载量可与设计加载量相同。

一般试验中加卸载分级进行。加载时每级量可取总加载量的20%～30%，卸载时每级量可取50%，也可一次卸载。每级荷载间应有足够的间歇时间，以便正确测定梁在各级荷载下的变形情况。钢筋混凝土梁的荷载间歇时间，一般不少于10min。在保持恒载比较困难的情况下,为避免仪器指针不稳定,间歇时间可以缩短,但不宜少于 3 ~ 5min。当加载量达到设计加载量后,应有足够的满载时间,一般应不少于 30min。若达到规定满载间歇时间时,梁的变形仍有较显著的发展,则应延长满载间歇时间至变形稳定为止。若在 3 倍的满载间歇时间后,变形仍有较显著的发展,则认为该梁不合格。为了正确测定梁的残余变形,卸荷后应有足够的零载时间,然后观测残余变形。零载时间可取 1.5 倍的满载间歇时间,为了解变形的恢复情况,在零载时间内也应经常观测读数。

综上所述,加载可分三个阶段进行:

(1)预载阶段加载程序为:

$$0 \to 10\text{kN} \to 0.5P \to P \to 0$$

(2)设计荷载阶段加载程序为:

$$0 \to 10\text{kN} \to 0.2P \to 0.4P \to 0.6P \to 0.8P \to P \to 0.5P \to 0$$

循环次数不少于 2 次。

(3)开裂荷载阶段加载程序为:

$$0 \to 10\text{kN} \to 0.25P \to 0.5P \to 0.75P \to P \to (P_{裂} - 30\text{kN}) \to P_{裂} \to P \to 0.5P \to 0$$

第二次循环为:

$$0 \to 10\text{kN} \to P \to P_{裂} \to 0$$

以后每级增加 0.2P 直至出现裂缝为止。

三、观测项目及量测仪器

预应力混凝土简支梁静载试验的观测项目主要有:

1. 梁在各级荷载下的挠度

梁在各级荷载下的挠度,不仅可以反映出梁的刚度,反映出梁的弹性和非弹性变形,而且还能反映出梁体在荷载下的整体工作状况。挠度观测是梁的静载试验的主要观测项目。在缺乏必要的量测仪器的情况下,梁的静载试验也可仅取挠度观测这一项。

梁的挠度可用精密水准仪和百分表测定。测点一般可设置在跨中、支点和四分点处,对较大跨径的梁在八分点处应增设测点。

试验时,应量测构件跨中位移和支座沉陷。对宽度较大的构件,应在每一量测截面的两边或两肋布置测点,并取其量测结果的平均值作为该处的位移。

2. 跨中断面沿梁高混凝土应变的测定

在荷载作用下,简支梁跨中断面沿梁高混凝土正应变的分布情况,是验证设计计算的合理性与正确性的重要指标。测点可沿梁高等距布置,也可如图 7-11 所示的外密里疏布置,以便比较准确地测定较大的应力应变。

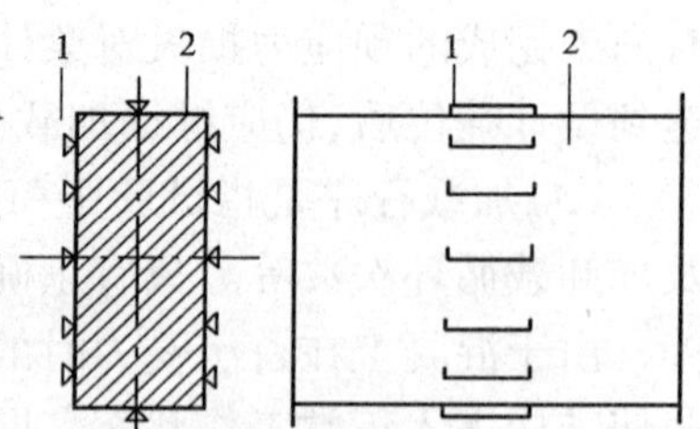

图 7-11　梁体混凝土应变测点布置

1-应变计;2-梁体混凝土

测定梁体混凝土应变的测点数,一般不少于 5 ~ 7 点。如梁的高度较大时,则测点还应增加。因为有了较多的测点,就能更准确地测定出中性轴的位置。

引伸仪的标距不宜太小,一般要大于混凝土粗骨料粒径的 2 ~ 4 倍。一般引伸仪的标距为 15 ~ 20cm。

3. 裂缝出现的观测

梁体混凝土在荷载作用下出现的裂纹能直接反映出梁的抗裂性能。将第一条裂纹出现时的开裂荷载与设计的抗裂荷载加以比较，就可知道梁的抗裂安全度的大小。因此，及时发现受拉区出现的第一条裂纹时的开裂荷载是十分重要的。

监视裂纹出现的可靠办法，是在梁的可能开裂的区段上，连续布置相当数量的应变计，如图7-12所示。

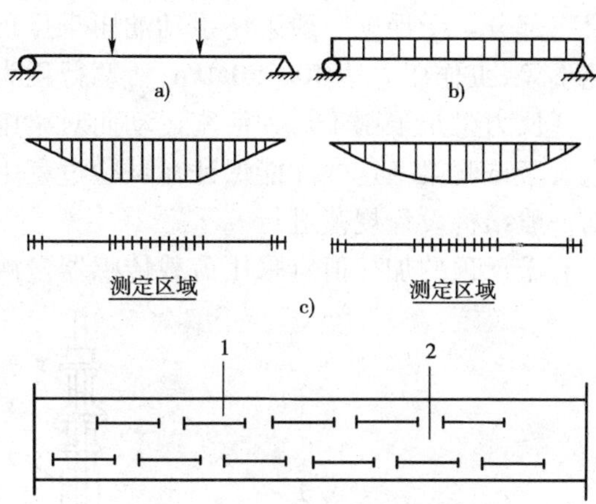

图 7-12　梁体混凝土裂纹的测定

a)、b)应变计布置区域；c)应变计布置方式

1-应变计；2-梁体混凝土

如在试验过程中，某处应变计的示值跳跃式的增长，表示梁体混凝土在该处开裂；与此同时，相邻的应变计示值往往会下降。

观察裂缝出现可采用放大镜。

若试验中未能及时观察到正截面出现的裂缝，也可取荷载—挠度曲线上的转折点（取曲线第一弯转段两端点切线的交点）的荷载值作为梁体开裂的荷载实测值。

4. 裂缝宽度观测

裂缝宽度可采用精度为 0.05mm 的刻度放大镜等仪器进行观测，裂缝的测量一般只需测出几条严重的裂缝尺寸。

对正截面裂缝，应量测受拉主筋处的最大裂缝宽度；对斜截面裂缝，应量测腹部斜裂缝的最大裂缝宽度。当确定受拉主筋处的裂缝宽度时，应在梁侧面量测。

四、加载装置

良好的试验装置可以保证试验的顺利进行。加载装置的不完善，不仅会导致试验的失败，而且还会造成事故，因此必须慎重对待。

梁的静载试验中所采用的加载装置主要有重力荷载和千斤顶荷载两种。

1. 重力荷载加载

重力荷载是利用物体的重力对梁产生的作用力。其装置比较简单，如利用铁块、石块、混凝土预制块等加载，也可以用水箱装水加载。重力荷载一般适用于施加均布荷载或较小的集中荷载。用作加载的物体，要求选用比重大、重力恒定、在试验期间内不会有明显变化，形状规则（易堆放）的物体。

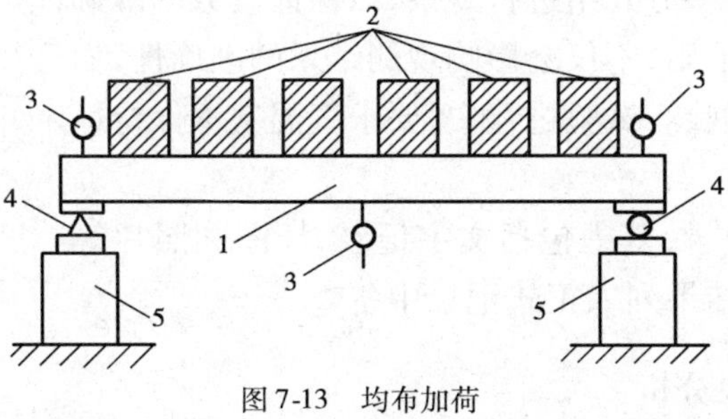

重力荷重块宜用于均布加荷试验。荷重块应按区格成垛堆放如图 7-13 所示，垛与垛之间的间隙不宜小于 50mm，以免形成拱作用。

图 7-13　均布加荷

1-试验梁；2-荷重块垛；3-百分表或位移传感器；4-支座；5-支墩

2. 千斤顶荷载加载

千斤顶荷载是利用千斤顶对梁施加作用力。千斤顶荷载装置主要包括千斤顶、反力梁及测力仪三部分。千斤顶一般采用手动油压千斤顶。由于千斤顶的型号很多,起重量自几吨至几百吨不等,工作压力达 40 ~ 50MPa,活塞行程为 200 ~ 300mm,因此可根据梁的加载量大小选用。

反力梁是限制千斤顶活塞运动而对梁施加作用力时所用的设备。反力梁的强度和刚度均应大于试验梁。这样才能保证在试验过程中不仅不会损坏,而且变形也很小,其设计计算可根据一般结构设计规范进行。

千斤顶的加荷值宜采用荷载传感器量测,亦可采用油压表量测,其加荷装置见图 7-14。

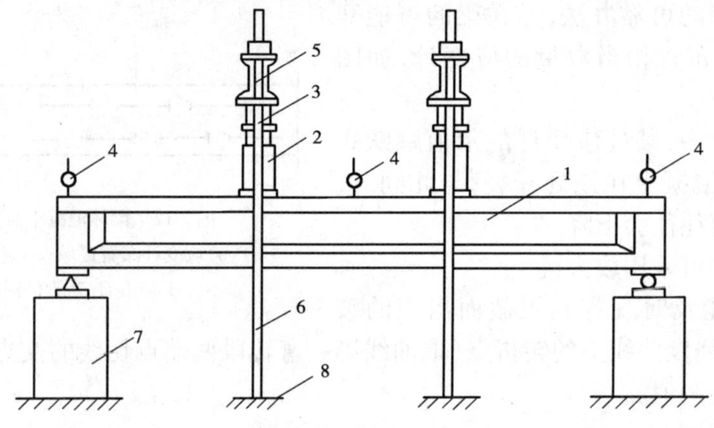

图 7-14　千斤顶加荷

1-试验梁;2-千斤顶;3-荷载传感器;4-百分表或位移传感器;5-横梁;6-拉杆;7-支墩;8-试验台座或地锚

五、试验测试

试验测试的目的在于收集和积累试验梁的资料,它是整个试验工作的中心环节,通过对梁体施加荷载,观测梁的工作状况。

观测过程要与荷载程序密切配合。观测时间一般在荷载过程中的恒载时间内选定。每加完一级荷载马上就进行一次观测读数,到下一级荷载加上去之前再观测读数一次。如果间歇时间较长,在满载间歇或卸载后的空载间歇中,应每隔相当时间就观测读数一次,每次的间隔时间要尽可能一致。

观测过程中,观测人员应对观测结果随时加以分析。如发现反常情况,应及时查明原因并加以消除。试验观测中,要求在同一时间内对全部仪器同时进行观测并记下读数,因此,每个观测人员所负责的仪器不宜过多。测点很多时,应多分几组进行观察,以保证读数的准确性。

梁的静载试验多半是露天试验。如遇到刮风下雨,不仅会影响观测结果的准确性,而且往往会因此造成事故,所以在天气恶劣时不得进行试验。试验过程中,要求气温基本保持恒定并应在 0℃以上。

整个试验过程中,对每一项试验都应有正式记录,其中包括文字记录、插图和照片等。试验结束后,对梁体应作一次全面检查,并应将检查结果列入正式记录中备查。

六、试验结果分析

通过试验观测可获得大量各项原始试验资料。它是分析梁的工作状况与做出技术结论时的最重要、最可靠的依据,必须予以重视。但原始资料十分繁杂,所以在试验结束后,对原始资料要认真地进行整理和加工。应当去伪存真,凡无参考价值的资料一律剔除,从而使试验资料能更集中、更明确地反映出试验的真正结果。根据这些资料就不难对梁的工作状况做出正确的结论。

试验资料的整理和试验结果的分析可按下列步骤进行:

(1)根据原始记录整理或计算出观测项目的各相应值。

(2)找出各项观测项目的有代表性的数值。如控制设计荷载作用下梁的挠度、最大应力、最大应变、最大裂缝宽度及残余变形等值。

(3)将上述有代表性的数值,用图或表的形式列出,并与理论计算值进行比较:

①设计荷载作用下,各梁跨中测点实测挠度与计算挠度的比较;

②根据跨中实测挠度值,推算出混凝土实际弹性模量;

③几次加载后,梁的残余挠度值按表7-8格式列出,并在备注中说明梁的弹性恢复性能。

试验梁残余挠度表

表7-8

梁　　号	最大荷载(kN)	循环次数(次)	残余挠度(mm)	备　　注

④绘制梁的挠度—荷载关系曲线

参照梁的挠度—荷载关系曲线图,就可以推断梁在各级荷载作用下的工作状况。通过梁的实测最大挠度与跨径的比值,就可以鉴定出梁的刚度是否能满足设计要求。

⑤绘制梁在各加载阶段跨中断面的荷载—混凝土正应变关系曲线。找出梁截面实测中性轴位置分析梁的工作状况,并通过实测各点应变与计算应力换算应变的比较,说明梁的强度是否满足设计要求。

⑥试验过程中,将观测到的梁在各级荷载作用下各测点的挠度连成曲线,得出梁在各级荷载作用下的挠度曲线。

梁的挠度曲线表明梁在荷载作用下不同断面的挠度变化,正常的梁具有平滑的弹性曲线。

⑦在裂缝观测记录中,找出梁的实测开裂荷载(第一条裂缝出现时的荷载),并算出实际抗裂弯矩 $M_{抗裂}$。梁体的实测抗裂安全度用下式计算:

$$K_{实测}=\frac{M_{抗裂}}{M_{设计}} \tag{7-11}$$

式中:$K_{实测}$——梁体实测抗裂安全度;

$M_{抗裂}$——梁的实测抗裂弯矩;

$M_{设计}$——梁的设计抗裂弯矩。

梁的实测安全度若大于或等于设计安全度时,说明梁的抗裂安全度满足设计要求;反之则不安全。

⑧对允许出现裂缝的构件,其裂缝宽度的检验结果应符合下式的要求:

$$W_{s,max}^{0}\leqslant[W_{max}] \tag{7-12}$$

式中:$W_{s,max}^{0}$——在正常使用的长期荷载检验值下,受拉主筋处最大裂缝宽度实测值(mm);

$[W_{max}]$——梁检验的最大裂缝宽度允许值(mm)。

(4)根据以上各项试验结果的分析和比较后,对各试验梁做出符合实际的技术结论。

(5)写出试验报告。报告的内容有：

①试验的原因和目的；

②梁在试验前的状况；

③试验方法；

④梁在试验后的状况；

⑤试验结果及其整理分析；

⑥技术结论；

⑦附录。包括试验方案和全部试验资料,原始记录等。

复习思考题

1. 预应力钢绞线做拉伸试验有哪些规定?
2. 预应力钢丝做拉伸试验有哪些规定?
3. 叙述预应力钢材反复弯曲的试验程序。
4. 叙述预应力钢材应力松弛试验的试验原理与试验程序。
5. 叙述预应力筋张拉时锚圈口摩阻损失的测定方法。
6. 叙述预应力筋张拉时孔道摩阻损失的测定方法。
7. 成品梁检验时如何选择试验梁?
8. 预应力混凝土简支梁静载试验的观测项目有哪些?
9. 叙述水泥浆的检测项目与检测方法。
10. 锚具与连接器的检验项目与技术要求有哪些?
11. 叙述锚具静载试验的检测目的与检测方法。
12. 用长柱压力试验机如何校验千斤顶?
13. 为何要进行油压千斤顶的校验?

第八章

支座和伸缩装置检测

知识目标

1. 桥梁板式橡胶支座力学性能检验项目与检验方法；
2. 桥梁伸缩装置检验项目与检测方法。

技能目标

1. 进行桥梁板式橡胶支座常规力学性能检验；
2. 进行桥梁伸缩装置常规性能检验。

•第一节　桥梁支座检测•

桥梁支座设置在梁板式体系中主梁与墩台之间，其主要功能是将上部结构的各种荷载传递给墩台，并能适应上部结构的荷载、温度变化、混凝土收缩等各种因素所产生的自由变形（水平位移及转角），使上、下部结构的实际受力情况符合设计计算图。

桥梁工程常用的支座有以下几种：

（1）油毛毡或平板支座（石棉板或铅板支座）：一般用于低等级公路中标准跨径10m以内的简支梁（板）桥。

（2）板式橡胶支座：一般用于中、小跨径（$L_0<40m$）梁（板）桥。

（3）盆式橡胶支座：常用于大跨径、大吨位的箱梁桥、斜拉桥和悬索桥。

（4）球型支座：常用于大跨径、大吨位的箱梁桥，特别适用于曲线桥、宽桥和坡道上斜桥。

（5）钢支座：适用于标准跨径等于或大于25m的梁桥。现已基本被板式橡胶支座取代，目前多用于钢结构桥梁上。

此外，还有钢筋混凝土摆式支座等。

橡胶支座构造简单，成本低，目前已实现了产品的标准化、系列化，是我国桥梁支座的发展方向。

桥梁支座设置在梁板式体系中主梁与墩台之间，其主要功能是将上部结构的各种荷载传递给墩台，并能适应上部结构的荷载、温度变化、混凝土收缩等各种因素所产生的变形（水平位移及转角），使上部结构的实际受力情况符合设计计算图。

桥梁支座按其材料可划分为小桥涵上使用的简易垫层支座、大中桥上使用的钢板支座、钢筋混凝土支座以及目前使用极为广泛的橡胶支座等。

一、板式桥梁橡胶支座构造特性

1. 产品分类及代号

公路桥梁板式橡胶支座按产品结构型式分为普通板式橡胶支座和四氟板式橡胶支座。按支座材料和适用温度化分分为常温型橡胶支座和耐寒型橡胶支座。

普通板式橡胶支座可分为矩形板式橡胶支座（代号 GJZ）、圆形板式橡胶支座（代号 GYZ）。

四氟滑板式橡胶支座分为矩形四氟滑板橡胶支座（代号 $GJZF_4$）、圆形四氟滑板橡胶支座（代号 $GYZF_4$）。

常温型橡胶支座采用氯丁橡胶（CR）生产，适用温度为 -25 ~ 60℃。不得使用天然橡胶代替氯丁橡胶，也不允许在氯丁橡胶中掺入天然橡胶。

耐寒型橡胶支座应采用天然橡胶（NR）生产，适用的温度为 -40 ~ 60℃。

公路桥梁板式橡胶支座的产品代号表示方法为：名称代号、型式代号、外形尺寸、橡胶代号。如公路桥梁矩形普通氯丁橡胶支座，短边尺寸为 300mm，长边尺寸为 400mm，厚度为 47mm，表示为 GJZ300 × 400 × 47（CR）。公路桥梁圆形四氟滑板天然橡胶支座，直径为 300mm，厚度为 54mm，表示为 $GYZF_4$300 × 400 × 47（NR）。

2. 支座结构

普通板式橡胶支座（图 8-1、图 8-2）应至少使用两层以上加劲钢板，且钢板全部包在橡胶弹性材料内各层橡胶与上下钢板经加压硫化后牢固的粘接成为一体。支座在竖向荷载作用下，具有足够的刚度，主要是由于嵌入橡胶片之间的钢板限制橡胶的侧向膨胀。在水平力作用下，支座的水平位移量取决于橡胶片的净厚度。在使用期间为防止嵌入钢板的锈蚀，支座的上下面及四边都设有橡胶保护层。

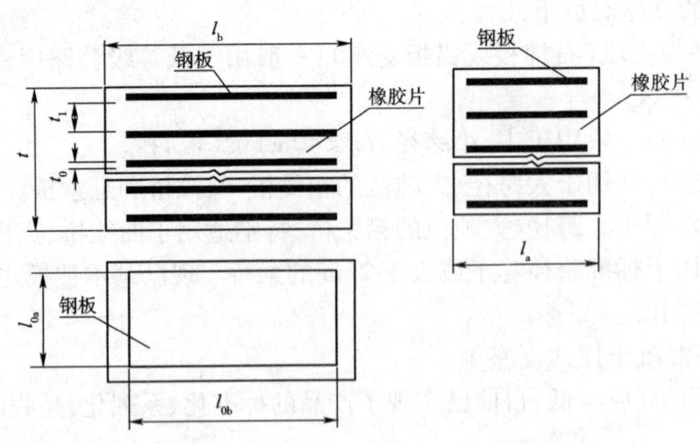

图 8-1　矩形普通板式橡胶支座

四氟滑板橡胶支座是在普通板式橡胶支座顶面粘结一块一定厚度的聚四氟乙烯板材形成

的支座，其结构分别见图 8-3 和图 8-4。

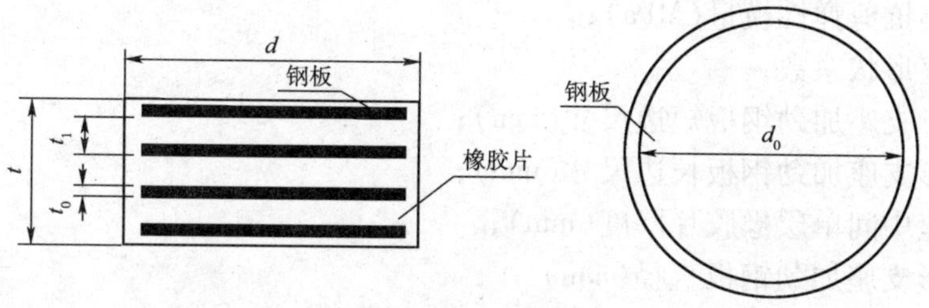

图 8-2　圆形普通板式橡胶支座

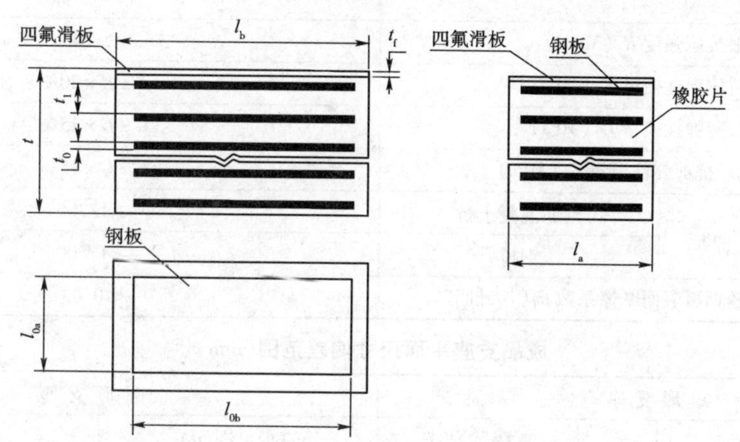

图 8-3　矩形四氟滑板橡胶支座

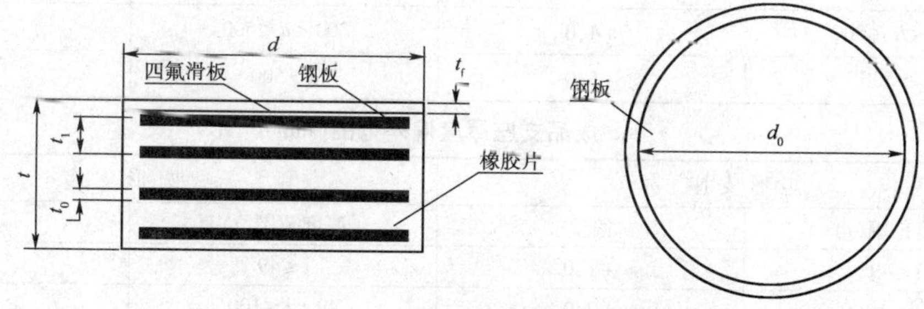

图 8-4　圆形四氟滑板橡胶支座

二、成品板式橡胶支座力学性能、外观质量和解剖检验要求

交通部行业标准《公路桥梁板式橡胶支座》(JT/T 4—2004)规定了桥梁板式橡胶支座成品的力学性能及有关质量指标应符合表 8-1 ~ 表 8-5 的要求。支座抗压弹性模量 E 和支座形状系数 S 应按下列公式计算：

$$E = 5.4GS^2 \tag{8-1}$$

矩形支座

$$S = \frac{l_{0a} \times l_{0b}}{2t_1(l_{0a} + l_{0b})} \tag{8-2}$$

圆形支座

$$S = \frac{d_0}{4t_1} \tag{8-3}$$

式中：E——支座抗压弹性模量(MPa)；

G——支座抗剪弹性模量(MPa)；

S——支座形状系数；

l_{0a}——矩形支座加劲钢板短边尺寸(mm)；

l_{0b}——矩形支座加劲钢板长边尺寸(mm)；

t_1——支座中间单层橡胶片厚度(mm)；

d_0——圆形支座加劲钢板直径(mm)。

支座成品的力学性能指标 表 8-1

项目		指标
极限抗压强度 R_a(MPa)		≥70
实测抗压弹性模量 E_1(MPa)		$E \pm E \times 20\%$
实测抗剪弹性模量 G_1(MPa)		$G \pm G \times 15\%$
实测老化后抗剪弹性模量 G_2(MPa)		$G \pm G \times 15\%$
实测转角正切值 $\tan\theta$	钢筋混凝土桥	≥1/300
	钢桥	≥1/500
实测四氟板与不锈钢板表面摩擦系数 μ_f(加硅脂时)		≤0.03

成品支座平面尺寸偏差范围(mm) 表 8-2

矩形支座		圆形支座	
长边范围(l_b)	偏差	直径范围(d)	偏差(mm)
$l_b \leq 300$	+2,0	$d \leq 300$	+2,0
$300 < l_b \leq 500$	+4,0	$300 < d \leq 500$	+4,0
$l_b > 500$	+5,0	$d > 500$	+5,0

成品支座厚度偏差范围(mm) 表 8-3

矩形支座		圆形支座	
厚度范围(t)	偏差	厚度范围(t)	偏差(mm)
$t \leq 49$	+1,0	$t \leq 49$	+1,0
$49 < t \leq 100$	+2,0	$49 < t \leq 100$	+2,0
$100 < t \leq 150$	+3,0	$100 < t \leq 150$	+3,0
$t > 150$	+4,0	$t > 150$	+4,0

成品支座解剖检验要求 表 8-4

名称	解剖检验标准
锯开后胶层厚度	胶层厚度应均匀，t_1 为 5mm 或 8mm 时，其偏差为 ±0.4mm；t_1 为 11mm 时，其偏差不得大于 ±0.7mm；t_1 为 15mm 时，其偏差不得大于 ±1.0mm
钢板与橡胶粘结	钢板与橡胶粘结应牢固，且无离层现象，其平面尺寸偏差为 ±1mm，下上保护层偏差为(+0.5,0)mm
剥离胶层(应按《硫化橡胶物理试验方法的一般要求》(HG/T 2198)规定制成试样)	剥离胶层后，测定橡胶性能与规定的标准值(见标准)相比，拉伸强度下降不大于 15%，扯断伸长率下降应不大于 20%

每块成品支座外观检验要求　　表 8-5

项　　目	成品质量标准
气泡、杂质	气泡、杂质总面积不得超过支座平面面积 0.1%，且每一处气泡、杂质面积不能大于 $50mm^2$，最大深度不超过 2mm
凹凸不平	当支座平面面积小于 $0.15m^2$，不多于 2 处，大于 $0.15m^2$ 时，不得多于 4 处，且每处凹凸高度不超过 0.5mm，面积不超过 $6mm^2$
四侧面裂纹、钢板外露	不允许
掉块、崩裂、机械损伤	不允许
钢板与橡胶粘接处开裂或剥落	不允许
支座表面平整度	(1)橡胶支座：表面不平整度不大于平面最大长度的 0.4%； (2)四氟滑板支座：表面不平整度不大于四氟滑板平面最大长度的 0.2%
四氟滑板表面划痕、碰伤、敲击	不允许
四氟滑板与橡胶支座粘贴错位	不得超过橡胶支座短边或直径尺寸的 0.5%

支座外形尺寸应用钢直尺量测，厚度应用游标卡尺或量规量测。对矩形支座，除应在四边上量测长短边尺寸外，还应量测平面与侧面对角线尺寸，厚度应在四边中点及对角线中心处量测；对圆形支座，其直径、厚度应至少量测四次，测点应垂直交叉，并量测圆心处厚度。外形尺寸和厚度取其实测值的平均值，其尺寸偏差应符合表 8-2 和表 8-3 的规定。

支座用钢锯锯开后应满足表 8-4 的要求。

支座外观质量用目测方法或用量具逐块进行检查。每块支座不允许有表 8-5 中规定的两项以上缺陷。

三、板式桥梁橡胶支座力学性能检验方法

板式桥梁橡胶支座检验分为进厂原材料检验、出厂检验和型式检验。

进厂原材料检验指支座加工用原材料及外加工件进厂时，应进行的验收检验。

出厂检验为每批产品交货前应进行的检验。

型式检验：有下列情况之一时应进行型式检验。

新产品或老产品转厂生产的试制定型鉴定；正常生产后，材料、工艺、配方等有较大改变，可能影响产品性能时；产品停产一年以上，恢复生产时；重要桥梁工程或用量较大的桥梁工程用户提出要求时；国家质量监督机构要求或颁发产品生产许可证时。

而桥涵工程使用前抽检是指针对具体支座的设计要求，以行业标准为依据，进行常规性检验、支座成品解剖检验和外观、几何尺寸检验等。

试验条件和试样：试验室的标准温度为 23℃ ±5℃，且不能有腐蚀性气体及影响检测的振

动源。试样应随机抽取实样,每种规格试样的数量为三对,各种试验试样通用。凡与油及其他化学药品接触过的支座不得用作试样。试样试验前应暴露在标准温度23℃ ±5℃下,并停放24h以使试样内外温度一致。

仪器设备:试验机宜具备下列功能:微机控制,能自动、平稳连续加载、卸载,且无冲击和颤动现象;自动持荷(试验机满负荷保持时间可不少于4h,且试验荷载的显示值变动不应大于0.5%);自动采集数据;自动绘制应力—应变图;自动储存试验原始记录及曲线图和自动打印结果的功能。试验用承载板应具有足够的刚度,其厚度应大于其平面尺寸的1/2,且不能用分层垫板代替。平面尺寸必须大于被测试试样的平面尺寸,在最大荷载下不应发生挠曲。

进行剪切试验时,其剪切试验机结构中的水平油缸、负荷传感器的轴线应和中间钢拉板的对称轴相重合,确保被测试样水平轴向受力。

试验机的级别为Ⅰ级,示值相对误差最大允许值为±1.0%,试验机正压力使用可在最大力值的0.4%~90%范围内,水平力的使用可在最大力值的1%~90%范围内,其示值的准确度和相关的技术要求应满足《测试电容传声器》(JJG 175—1998)的规定。

测量支座试样变形量的仪表量程应满足测量支座试样变形量的需要,测量转角变形量的分度值为0.001mm,测量竖向压缩变形量和水平位移变形量的分度值为0.01mm。其示值的误差和相对技术要求应符合相关的检验规程的要求。

1. 抗压弹性模量试验

1)抗压弹性模量应按下列步骤进行试验(图8-5)

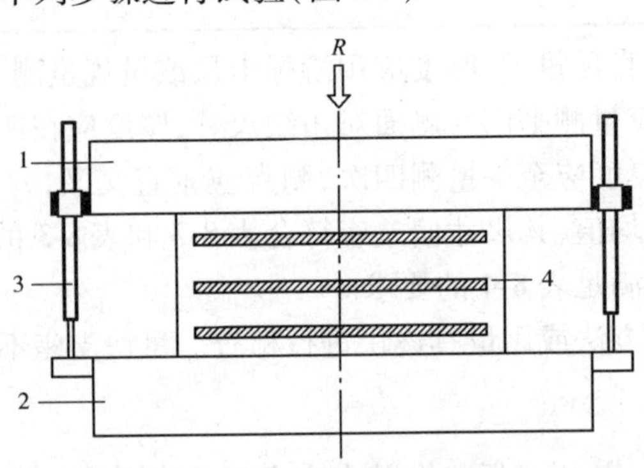

图8-5 压缩试验设备图

1-上承载板;2-下承载板;3-位移传感器;4-支座试样

(1)将试样置于试验机的承载板上,上下承载板与支座接触面不得有油渍;对准中心,精度应为1%的试件短边尺寸或直径。缓缓加载至压应力为1.0MPa且稳压后,核对承载板四角对称安置的四只位移传感器,确认无误后,开始预压。

(2)预压。将压应力以0.03~0.04MPa/s速率连续地增至平均压应力σ=10MPa,持荷2min,然后以连续均匀的速度将压应力卸至1.0MPa,持荷5min,记录初始值,绘制应力—应变图,并预压三次。

(3)正式加载。每一加载循环自1.0MPa开始,将压应力以0.03~0.04MPa/s速率均匀加载至4MPa,持荷2min后,采集支座变形值,然后以同样速率每2MPa为一级逐级加载,每级持荷2min后,采集支座变形数据直至平均压应力σ为止,绘制的应力—应变图应呈线性关系。

然后以连续均匀的速度卸载至压应力为 1.0MPa。10min 后进行下一加载循环。加载过程应连续进行三次。

(4)以承载板四角所测得的变化值的平均值,作为各级荷载下试样的累计竖向压缩变形 Δ_{ci},按试样橡胶层的总厚度 t_e 求出在各级试验荷载作用下,试样的累计压缩应变 ε_i。

$$\varepsilon_i = \frac{\Delta_{ci}}{t_e} \tag{8-4}$$

2)试样实测抗压弹性模量应按下列公式计算

$$E_1 = \frac{\sigma_{10} - \sigma_4}{\varepsilon_{10} - \varepsilon_4} \tag{8-5}$$

式中:E_1——试样实测的抗压弹性模量计算值,精确至 1MPa;

σ_4、ε_4——第 4MPa 级试验荷载下的压应力和累积压缩应变值;

σ_{10}、ε_{10}——第 10MPa 级试验荷载下的压应力和累积压缩应变值。

3)实测结果

每一块试样的抗压弹性模量 E_1 为三次加载过程所得的三个实测结果的算术平均值。但单项结果和算术平均值之间的偏差不应大于算术平均值的 3%,否则应对该试样重新复核试验一次,如果仍超过 3%,应由试验机生产厂专业人员对试验机进行检修和检定,合格后再重新进行试验。

2. 抗剪弹性模量试验

1)抗剪弹性模量应按下列步骤进行试验(图 8-6)

(1)在试验机的承载板上,应使支座顺其短边方向受剪,将试样及中间钢拉板按双剪组合配置好,使试样和中间钢拉板的对称轴和试验机承载板中心轴处在同一垂直面上,精度应小于 1% 的试件短边尺寸。为防止出现打滑现象,应在上下承载板和中间钢拉板上粘贴高摩擦板,以确保试验的准确性。

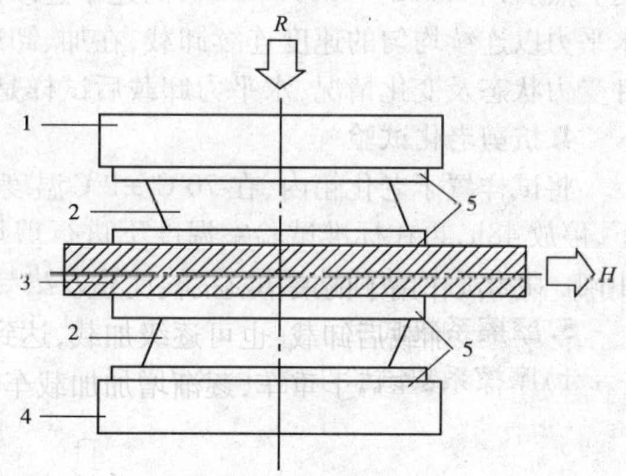

图 8-6　剪切试验设备图

1-上承载板;2-支座试样;3-中间钢拉板;4-下承载板;5-防滑摩擦板

(2)将压应力以 0.03 ~ 0.04MPa/s 的速率连续地增至平均压应力 σ,绘制应力—时间图,并在整个抗剪试验过程中保持不变。

(3)调整试验机的剪切试验机构,使水平油缸、负荷传感器的轴线和中间钢拉板的对称轴重合。

(4)预加水平力。以 0.002 ~ 0.003MPa/s 的速率连续施加水平剪应力至剪应力 τ = 1.0MPa,持荷 5min,然后以连续均匀的速度卸载至剪应力为 0.1MPa,持荷 5min,记录初始值,绘制应力—应变图。

(5)正式加载。每一加载循环自 τ_1 = 0.1MPa 开始,每级剪应力增加 0.1MPa,持荷 1min,采集支座变形数据,至 τ_1 = 1.0MPa 为止,绘制的应力—应变图应呈线性关系。然后以连续均匀的速度卸载至剪应力为 0.1MPa。10min 后进行下一次循环试验。加载过程应连续进行三次。

(6)将各级水平荷载下位移传感器所测得的试样累计水平剪切变形 Δ_s,按试样橡胶层的总厚度 t_e 求出在各级试验荷载作用下,试样的累积剪切应变 γ_i。

$$\gamma_i = \frac{\Delta_s}{t_e} \tag{8-6}$$

2)试样的实测抗剪弹性模量应按下列公式计算

$$G_1 = \frac{\tau_{1.0} - \tau_{0.3}}{\gamma_{1.0} - \gamma_{0.3}} \tag{8-7}$$

式中:G_1——试样的实测抗剪弹性模量计算值,精确至1%(MPa);

$\tau_{1.0}$、$\gamma_{1.0}$——第1.0MPa级试验荷载下的剪应力和累计剪切应变值(MPa);

$\tau_{0.3}$、$\gamma_{0.3}$——第0.3MPa级试验荷载下的剪应力和累计剪切应变值(MPa)。

3)结果

每对检验支座所组成试样的综合抗剪弹性模量 G_1,为该对试件三次加载所得到的三个结果的算术平均值。但各单项结果与算术平均值之间的偏差应不大于算术平均值的3%,否则应对该试样重新复核试验一次,如果仍超过3%,应请试验机生产厂专业人员对试验机进行检修和检定,合格后再重新进行试验。

3. 抗剪粘结性能试验

整体支座抗剪粘结性能试验方法与抗剪弹性模量试验方法相同,将压应力以0.03~0.04MPa/s的速率连续地增至平均压应力 σ,绘制应力—时间图,并在整个试验过程中保持不变。然后以0.002~0.003MPa/s的速率连续施加水平力,当剪应力达到2MPa,持荷5min后,水平力以连续均匀的速度连续卸载,在加、卸载过程中绘制应力—应变图。试验中随时观察试件受力状态及变化情况,水平力卸载后试样是否完好无损。

4. 抗剪老化试验

将试样置于老化箱内,在70℃±2℃温度下经72h后取出,将试样在标准温度23℃±5℃下,停放48h,再在标准试验室温度下进行剪切试验,试验与标准抗剪弹性模量试验方法步骤相同。老化后抗剪弹性模量 G_2 的计算方法与标准抗剪弹性模量计算方法相同。

5. 摩擦系数试验

1)摩擦系数试验步骤(图8-7)

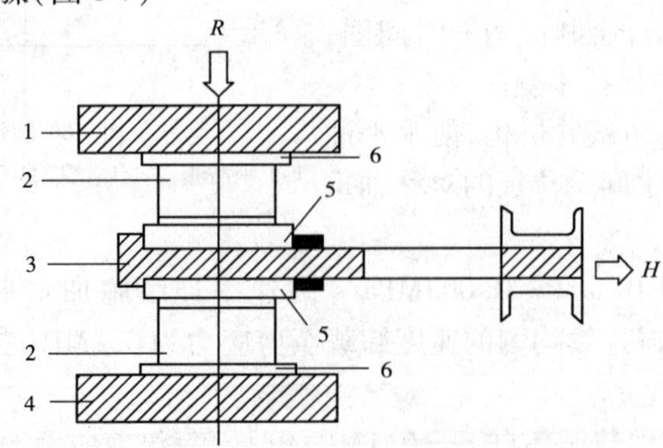

图8-7 摩擦系数试验设备图

1-试验机上承载板;2-四氟滑板支座试样;3-中间钢拉板;

4-试验机下承载板;5-不锈钢板试样;6-防滑摩擦板

(1)将四氟滑板支座与不锈钢板试样按规定摆放,对准试验机承载板中心位置,精度应小于1%的试件短边尺寸。试验时应将四氟滑板试样的储油槽内注满5201-2硅脂油;

(2)将压应力以0.03~0.04MPa/s的速率连续地增至平均压应力σ,绘制应力—时间图,并在整个摩擦系数试验过程中保持不变。其预压时间为1h;

(3)以0.002~0.003MPa/s的速率连续地施加水平力,直至不锈钢板与四氟滑板试样接触面间发生滑动为止,记录此时的水平剪应力作为初始值。试验过程应连续进行三次。

2)摩擦系数计算公式

$$\mu_f = \frac{\tau}{\sigma} \tag{8-8}$$

$$\tau = \frac{H}{A_0} \tag{8-9}$$

$$\sigma = \frac{R}{A_0} \tag{8-10}$$

式中:μ_f——四氟滑板与不锈钢板表面的摩擦系数,精确至0.01;

τ——接触面发生滑动时的平均剪应力(MPa);

σ——支座的平均压应力(MPa);

H——支座承受的最大水平力(kN);

R——支座最大承压力(kN);

A_0——支座有效承压面积(mm^2)。

3)试验结果

每对试样的摩擦系数为三次试验结果的算术平均值。

6. 转角试验

1)试验原理

施加压应力至平均压应力σ,则试样产生垂直压缩变形;用千斤顶对中间工字梁施加一个向上的力P,工字梁产生转动,上下试样边缘产生压缩及回弹两个相反变形。由转动产生的支座边缘的变形必须小于由垂直荷载和强制转动共同影响下产生的压缩变形(图8-8和图8-9)。

2)试验步骤

转角试验应按下列步骤进行:

(1)将试样按图8-8规定摆放,对准中心位置,精度应小于1%的试件短边尺寸。在距试样中心L处,安装使梁产生转动用的千斤顶和测力计,并在承载梁(或板)四角对称安置4只高精度位移传感器(精度0.001mm)。

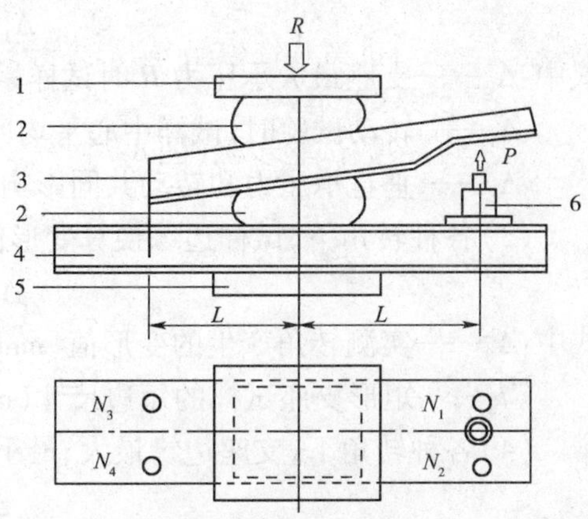

图8-8　转角试验设备图

1-加压设备上承载板;2-支座;3-假想梁体;4-承载(梁)板;5-加压设备下承载板;6-千斤顶;N_1~N_4-位移计测点

(2)预压。将压应力以0.03~0.04MPa/s的速率连续地增至平均压应力σ,绘制应力—时间图,维持5min,然后以连续均匀的速度卸载至压应力为

1.0MPa,如此反复3遍。检查传感器是否灵敏准确。

(3)加载。将压应力按照抗压弹性模量试验要求增至σ,采集支座变形数据,绘制应力—变图,并在整个试验过程中维持σ不变。用千斤顶对中间工字梁施加一个向上的力P,使其达到预期转角的正切值(偏差不大于5%),停5min后,记录千斤顶力P及传感器的数值。

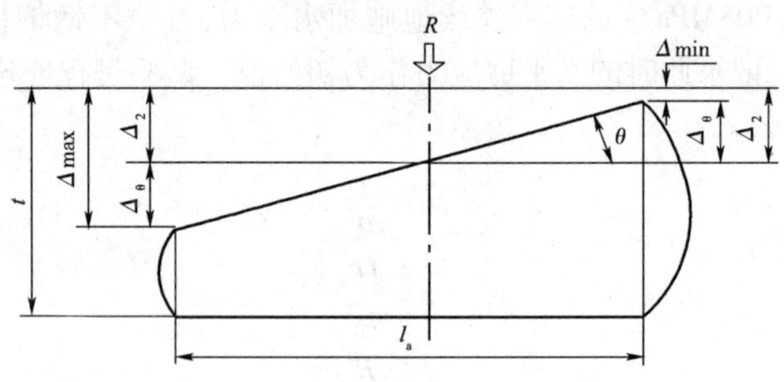

图8-9　转角计算图

3)计算

(1)实测转角的正切值应按下列公式计算:

$$\tan\theta = \frac{\Delta_1^2 + \Delta_3^4}{2L} \tag{8-11}$$

式中:$\tan\theta$——试样实测转角的正切值;

Δ_1^2——传感器N_1、N_2处的变形平均值(mm);

Δ_3^4——传感器N_1、N_2处的变形平均值(mm);

L——转动力臂。

(2)各种转角下,由于垂直承压力和转动共同影响产生的压缩变形值应按下式计算:

$$\Delta_2 = \Delta_0 - \Delta_1 \tag{8-12}$$

$$\Delta_1 = (\Delta_1^2 - \Delta_3^4)/2 \tag{8-13}$$

式中:Δ_0——支座最大承压力R时试样累积压缩变形值(mm);

Δ_1——转动试验时,试样中心平均回弹变形值(mm);

Δ_2——垂直承压力和转动共同影响下试样中心处产生的压缩变形值(mm)。

(3)各种转角下,试样边缘换算变形值应按下式计算:

$$\Delta_\theta = \tan\theta \cdot l_a/2 \tag{8-14}$$

式中:Δ_θ——实测转角产生的变形值(mm);

l_a——矩形支座试样的短边尺寸(mm),圆形支座采用直径d(mm)。

(4)各种转角下,支座边缘最大、最小变形值应按下列公式计算:

$$\Delta_{max} = \Delta_2 + \Delta_\theta \tag{8-15}$$

$$\Delta_{min} = \Delta_2 - \Delta_\theta \tag{8-16}$$

7. 极限抗压强度试验

极限抗压强度试验应按下列步骤进行:

(1)将试样放置在试验机的承载板上,上下承载板与支座接触面不得有油污,对准中心位置,精度应小于1%的试件短边尺寸。

(2)以0.1MPa/s的速率连续地加载至试样极限抗压强度 R_u 不小于70MPa为止,绘制应力—时间图,并随时观察试样受力状态及变化情况,试样是否完好无损。

四、试验结果

(1)试样的抗压弹性模量 E_1 与标准的 E 值的偏差在±20%范围之内时,应认为满足要求。

(2)试样的抗剪弹性模量 G_1 与规定 G 值的偏差在±15%范围之内时,应认为满足要求。

(3)在两倍剪应力作用下,橡胶层未被剪坏,中间层钢板未断裂错位,卸载后,支座变形恢复正常,应认为试样抗剪粘结性能满足要求。

(4)试样老化后的抗剪弹性模量 G_2 与规定 G 值的偏差在±15%范围之内时,应认为满足要求。

(5)在不小于70MPa压应力时,橡胶层未被挤坏,中间层钢板未断裂,四氟滑板与橡胶未发生剥离,应认为试样的极限抗压强度满足要求。

(6)四氟滑板试样与不锈钢板试样的摩擦系数满足表8-1时,应认为满足要求。

(7)试样转角的正切值,对混凝土、钢筋混凝土桥梁为1/300,钢桥为1/500,试样边缘最小变形值大于或等于零时,应认为试样转角满足要求。

(8)三块(或三对)试样中,有两块(或两对)不能满足要求时,则认为该批产品不合格,若有一块(或一对)试样不能满足要求时,则应从该批产品中随机再取双倍试样对不合格项目进行复检,若仍有一项不合格,则判定该批产品为不合格。

●第二节 桥梁伸缩装置检测●

为使车辆平稳通过桥面并满足桥梁上部结构变形的需要,在桥梁伸缩缝处设置的由橡胶和钢材等构件组成的各种装置的总称为桥梁伸缩装置。

一、基本知识

1. 常用术语

伸缩缝:为适应材料胀缩变形需要而在桥梁上部结构中设置的间隙。

伸缩量:伸缩装置拉伸、压缩值的总和,并以负号(-)表示拉伸,以正号(+)表示压缩。

伸缩体:伸缩装置中能够完成拉伸、压缩变形的部分。

伸缩装置横向错位:伸缩装置发生的与桥梁中线垂直或接近垂直方向的水平错位。

伸缩装置竖向错位:伸缩装置发生的与桥面垂直或接近垂直方向的错位。

伸缩装置纵向错位:伸缩装置发生的沿桥梁中线或接近中线方向的水平错位。

2. 伸缩装置的分类

伸缩装置按照伸缩体结构的不同分为模数式伸缩装置、梳齿板式伸缩装置、橡胶式伸缩装置、异型钢单缝式伸缩装置四类。

1）模数式伸缩装置

伸缩体由中梁钢和80mm的单元橡胶密封带组合而成的伸缩装置，适用于伸缩量为160～2000mm的公路桥梁工程。

2）梳齿板式伸缩装置

伸缩体由钢制梳齿板组合而成的伸缩装置，一般适用于伸缩量不大于300mm的公路桥梁工程。

3）橡胶式伸缩装置

橡胶式伸缩装置分板式橡胶伸缩装置和组合式橡胶伸缩装置两种。

（1）板式橡胶伸缩装置：伸缩体由橡胶、钢板或角钢硫化为一体的板式橡胶伸缩装置，适用于伸缩量小于60mm的公路桥梁工程。

（2）组合式橡胶伸缩装置：伸缩体由橡胶板和钢托板组合而成的组合式伸缩装置，适用于伸缩量不大于120mm的公路桥梁工程。

（3）橡胶式伸缩装置不宜用于高速公路、一级公路上的桥梁工程。

4）异型钢单缝式伸缩装置

伸缩体完全是由橡胶密封带组成的伸缩装置。由单缝钢和橡胶密封带组成的单缝式伸缩装置，适用于伸缩量不大于60mm的公路桥梁工程。由边梁钢和橡胶密封带组成的单缝式伸缩装置，适用于伸缩量不大于80mm的公路桥梁工程。

3. 产品代号表示法

产品代号表示方法如下（图8-10）：

示例1：产品名称代号为GQF—C型、伸缩量为50mm的三元乙丙橡胶伸缩装置表示为GQF—C50（EPDM）。

示例2：产品名称代号为GQF—MZL型、伸缩量为400mm的天然橡胶伸缩装置表示为GQF—MZL400（NR）。

示例3：产品名称代号为J—75型、伸缩量为480mm的氯丁橡胶伸缩装置表示为J—75480（CR）。

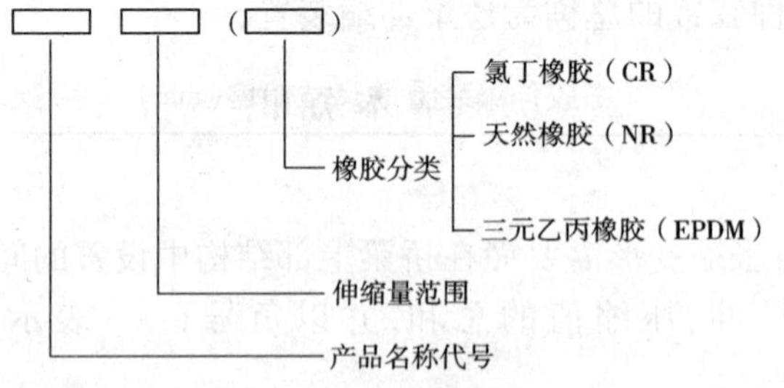

图8-10　产品代号表示方法

二、伸缩装置的技术要求

伸缩装置所使用的材料、加工工艺和成品的整体性能、外观质量及解剖检验等均应符合交通部颁布的现行标准《公路桥梁伸缩装置》（JT/T 327—2004），其中部分指标见表8-6～表8-10。

1. 整体性能要求

伸缩装置整体性能要求如表8-6所列。

伸缩装置整体性能要求 表 8-6

<table>
<tr><th>序号</th><th colspan="2">项　目</th><th colspan="2">模数式</th><th colspan="2">梳齿板式</th><th colspan="2">橡胶式</th><th>异型钢单缝式</th></tr>
<tr><td>1</td><td colspan="2">拉伸、压缩时最大水平摩阻力(kN/m)</td><td colspan="2">≤4</td><td colspan="2">≤5</td><td><18</td><td>≤8</td><td></td></tr>
<tr><td rowspan="4">2</td><td rowspan="4">拉伸、压缩时变位均匀性(mm)</td><td>每单元最大偏差值</td><td colspan="2">-2~2</td><td colspan="2"></td><td></td><td></td><td></td></tr>
<tr><td rowspan="3">总变位最大偏差值</td><td>e≤480</td><td>-5~5</td><td>e≤80</td><td>±1.5</td><td></td><td></td><td></td></tr>
<tr><td>480<e≤800</td><td>-10~10</td><td>e>80</td><td>±2.0</td><td></td><td></td><td></td></tr>
<tr><td>e>800</td><td>-15~15</td><td></td><td></td><td></td><td></td><td></td></tr>
<tr><td>3</td><td colspan="2">拉伸、压缩时最大竖向偏差或变形(mm)</td><td colspan="2">1~2</td><td colspan="2">0.3~0.5</td><td>-3~3</td><td>-2~2</td><td></td></tr>
<tr><td rowspan="3">4</td><td rowspan="3">相对错位后拉伸、压缩试验(满足1、2项要求前提下)</td><td>纵向错位</td><td colspan="2">支承横梁倾斜角度不小于2.5°</td><td colspan="2"></td><td></td><td></td><td></td></tr>
<tr><td>竖向错位</td><td colspan="2">相当于顺桥向产生5%坡度</td><td colspan="2"></td><td></td><td></td><td></td></tr>
<tr><td>横向错位</td><td colspan="2">两支承横梁3.6m范围内两端相差80mm</td><td colspan="2"></td><td></td><td></td><td></td></tr>
<tr><td>5</td><td colspan="2">最大荷载时中梁应力、横梁应力、应变测定、水平力(模拟制动力)</td><td colspan="2">满足设计要求</td><td colspan="2"></td><td></td><td></td><td></td></tr>
<tr><td>6</td><td colspan="2">防水性能</td><td colspan="2">注满水24h无渗漏</td><td colspan="2"></td><td></td><td></td><td>注满水24h无渗漏</td></tr>
</table>

2. 尺寸偏差要求

1)橡胶伸缩装置的尺寸偏差

橡胶伸缩装置的尺寸偏差应满足表8-7的要求。

橡胶伸缩装置的尺寸偏差(mm) 表 8-7

<table>
<tr><th>长度范围</th><th>偏差</th><th>宽度范围</th><th>偏差</th><th>厚度范围</th><th>偏差</th><th>螺孔中距 l_1 偏差</th></tr>
<tr><td rowspan="3">L=1000</td><td rowspan="3">-1,2</td><td>a≤80</td><td>-2.0,+1.0</td><td>t≤80</td><td>-1.0,+1.8</td><td rowspan="3"><1.5</td></tr>
<tr><td>80<a≤240</td><td>-1.5,+2.0</td><td>t>80</td><td>-1.5,+2.3</td></tr>
<tr><td>a>240</td><td>-2.0,+2.0</td><td>—</td><td>—</td></tr>
</table>

注:宽度范围正偏差用于伸缩体顶面,负偏差用于伸缩体底面。

2)密封橡胶带的尺寸偏差

在自然状态下,伸缩装置中使用的单元密封橡胶带尺寸(不包括锚固部分)的公差应满足表8-8的要求。

3)其他偏差要求

伸缩装置中使用的钢构件应按设计图纸的要求加工制造,其偏差应满足设计要求。未注公差尺寸的加工件其极限偏差应符合《一般公差线性尺寸和未注公差》(GB/T 1804—2000)的

V级规定；未注形状和位置的公差应符合《形状和位置公差示注公差值》(GB/T 1184—1996)中的L级规定。

单元密封橡胶带尺寸(不包括锚固部分)公差(mm) 表8-8

图示	宽度范围	偏差	厚度范围	偏差
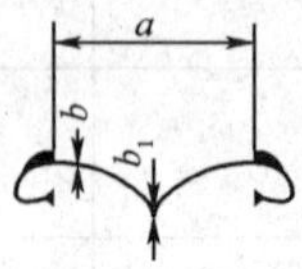 a b b_1	$a=80$	+3 0	$b \geqslant 7$	0，+1.5
			$b_1 \geqslant 4$	0，+0.3
	$a<80$	+2 0	$b \geqslant 6$	0，+0.5
			$b_1 \geqslant 3$	0，+0.2

3. 外观质量

(1)橡胶伸缩装置、密封橡胶带的外观质量应满足表8-9的要求。

橡胶伸缩装置、密封橡胶带的外观质量要求 表8-9

缺陷名称	质量标准	缺陷名称	质量标准
骨架钢板外露	不允许	气泡、杂质	不超过成品表面面积的0.5%，且每处不大于25mm²，深度不超过2mm
钢板与粘结处开裂或剥离	不允许		
喷霜、发脆、裂纹	不允许	螺栓定位孔歪斜及开裂	不允许
明疤缺胶	面积不超过30mm×5mm深度不超过2mm缺陷，每延米不超过4处	连接榫槽开裂、闭合不准	不允许

(2)伸缩装置的异型钢、型钢、钢板等外观应光洁、平整，表面不得有大于0.3mm的凹坑、麻点、裂纹、结疤、气泡和夹杂、不得有机械损伤。上下表面应平行，端面应平整，长度大于0.5mm的毛刺应清除。

4. 内在质量

板式橡胶伸缩装置解剖后，其内在质量应满足表8-10的要求。

解剖检验结果要求 表8-10

名称	质量要求
锯开后钢板、角钢位置	钢板、角钢位置要求准确无误，其平面位置偏差为±3mm，高度位置偏差应在-1~2mm范围内
钢板与橡胶粘结	钢板与橡胶粘结应牢固且无离层现象

三、组装要求

(1)组合式橡胶伸缩装置、梳齿板式伸缩装置应在工厂进行试组装，模数式伸缩装置应在工厂进行组装。

(2)组装前应对异型钢逐根进行检查，其基本断面尺寸应满足要求，并确保无质量隐患后方可使用。

(3)模数式伸缩装置中使用多根异型钢，若需对接接长时，接头应设置在受力较小处，并错开布置，错开距离不应小于80mm，并应采用厚度大于20mm的钢板加强。接缝处应按《钢熔化焊对接接头射线照相和质量级》(GB/T 3323)和《钢焊缝手工超声波探伤方法和探伤结果分析》(GB/T 11345—1989)的规定进行探伤,同时对异型钢材变形校正后,应消除内应力。行车道位置不应设置接缝。

(4)伸缩装置中使用的焊接件,其焊缝高度应满足设计要求,焊缝应采用活性气体保护焊(CO_2),焊缝不得出现裂纹、夹渣、未熔合和未填满弧坑,同时焊缝应避免太厚、错位和母材烧伤等缺陷,焊接技术应符合《气焊、手工电焊及气体保护焊焊缝坡口的基本形式与尺寸》(GB/T 985—1988)和《工程机械焊接件通用技术条件》(GB/T 5943—1991)的规定。

(5)伸缩装置待组装的部件,必须有工厂质检部门的合格标记,外购件或协作厂加工部件,应有合格证书方可进行组装,不合格构件不能进行装配。

(6)在组装过程中,所用的螺栓、螺钉、垫片、不锈钢板、聚四氟乙烯板、弹性元件、支座等构件,必须清洁,不应有碰伤,螺栓、螺钉头部及螺母端面,应与被紧固零件的平面均匀接触,不能倾斜,也不能用锤敲击来达到均匀接触的目的。

(7)伸缩装置使用锚固钢筋应符合《钢筋混凝土用热轧带肋钢筋》(GB 1499)、《钢筋混凝土用热轧光圆钢筋》(GB 13013)的规定,并满足设计要求。

(8)除不锈钢板的滑动面和与混凝土的接触面外,凡待组装构件表面应平整、清洁,去除铁屑、毛刺、油污,除锈后均应进行有效防护处理。

(9)模数式伸缩装置组装后,在伸缩装置完全压缩时的任意位置,在同一断面处,以两边梁顶面的平面为准,每根中梁顶面和边梁顶面相对高差不应大于±1.5mm;每条缝宽度偏差应在±2mm范围内。平面总宽度的偏差,当伸缩量不大于480mm时,应在±5mm范围内;当伸缩量大于480mm且小于等于800mm时,应在±10mm范围内;当伸缩量大于800mm时,应在±15mm范围内。

(10)模数式伸缩装置在工厂组装时,经检测合格后,应按照用户提供的施工安装温度,确定其压缩量定位出厂。若用户未提供安装定位温度,可按最大伸缩量的1/2定位出厂。出厂时,吊装位置应用明显标志标明。

(11)梳齿板式伸缩装置组装后,在伸缩范围内任一位置,同一断面处:当伸缩量不大于80mm时,两边齿板高差,应小于等于0.3mm;当大于80mm时,应小于等于0.5mm。在最大压缩量时,齿板间隙不小于15mm,横向间隙不小于5mm,在最大拉伸量时,齿板搭接长度不小于30mm。

四、整体性能试验

1. 试样

试验设备应能对整体组装后的伸缩装置进行力学性能试验。如果受试验设备限制,不能对整体伸缩装置进行试验时,对模数式伸缩装置的新产品或老产品转厂生产的试制定型鉴定,可取不小于4m长并具有4个单元变位、支承横梁间距等于1.8m的组装试样进行试验;梳齿板式伸缩装置应取单元加工长度不小于2m组装试样进行试验;橡胶伸缩装置应取1m长的试样进行试验;异型钢单缝伸缩装置应取组装试样进行试验。

2. 试验设备

成品力学性能试验需在专用的试验台架上进行,试验台可边固定边移动。伸缩装置试样用定位螺栓或其他有效方法与锚固板连接。试验的拉伸和压缩,可用千斤顶施加荷载,荷载大小通过荷载传感器进行控制。试验台座设导向装置，并用刚度较大的钢梁把位移控制箱连成整体。在加载台架上可以模拟伸缩装置的拉伸、压缩与纵向、竖向、横向错位，实测拉压过程中的水平摩阻力和变位的均匀性。

3. 检测项目

(1)模数式伸缩装置应进行拉伸、压缩，纵向、竖向、横向错位试验，测定水平摩阻力、变位均匀性。应按实际受力荷载测定中梁、支承横梁及其连接部件应力、应变值，并应对试样进行振动冲击试验，对橡胶密封带进行防水试验。

(2)梳齿板式伸缩装置应进行拉伸、压缩试验，测定水平摩阻力、变位均匀性。

(3)橡胶伸缩装置应进行拉伸、压缩试验，测定水平摩阻力及垂直变形；橡胶伸缩装置的试验应在15～28℃温度下进行。

(4)异型钢单缝伸缩装置应进行橡胶密封带防水试验。

4. 尺寸偏差

伸缩装置的尺寸偏差，应采用标定的钢直尺、游标卡尺、平整度仪、水准仪等量测。橡胶伸缩装置平面尺寸除量测四边长度外，还应量测对角线尺寸，厚度应在四边量测8点取其平均值。模数式和梳齿板式伸缩装置应每2m取其断面量测后，取其平均值。

5. 外观质量

产品外观质量，应用目测方法和相应精度的量具逐步进行检测，不合格产品可进行一次修补。

6. 内在质量

橡胶板式伸缩装置解剖检验应每100块任取一块，沿中横向锯开进行规定项目检验。

7. 判定规则

(1)进厂原材料检验应全部项目合格后方可使用，不合格材料不应用于生产。

(2)出厂检验时，若有一项指标不合格，则应从该批产品中再随机抽取双倍数目的试样，对不合格项目进行复检，若仍有一项不合格则判定该批产品不合格。

(3)型式检验时，对整体性能试验，全部项目满足要求为合格。若检验项目有一项不合格，则应从该批产品中再随机抽取双倍数目的试样，对不合格项目进行复检，若仍有一项目不合格，则判定该批产品不合格。

复习思考题

1. 板式桥梁橡胶支座的检验项目有哪些？
2. 支座成品外观检验项目有哪些？如何进行检验？
3. 描述板式桥梁橡胶支座抗压弹性模量的检验方法。
4. 如何判定板式桥梁橡胶支座是否合格？
5. 描述桥梁橡胶伸缩装置力学性能的检验项目。
6. 描述桥梁橡胶伸缩装置的检验原则及判定规则。
7. 描述橡胶伸缩装置、密封橡胶带的外观质量要求。
8. 描述模数式、梳齿板式、橡胶式及异型钢单缝式伸缩装置整体的性能要求。

第九章

桥梁静载试验

知识目标

1. 静载试验的目的；
2. 静载试验的工作内容；
3. 试验方案的确定原则；
4. 静载试验项目,所用仪器设备及检测方法。

技能目标

1. 协助检测工程师进行桥梁静载试验的准备工作；
2. 具有负责一项或几项具体检测工作的能力。

●第一节　概　　述●

桥梁荷载试验分静载试验和动载试验。静载试验是指将静止的荷载作用于桥梁上的指定位置,测试结构的静应变、静位移以及裂缝等,从而推断桥梁结构在荷载作用下的工作状态和使用能力。

对于桥梁结构来说,静载通常是指缓慢行驶到桥上的指定荷重级别的车辆荷载。当试验现场条件受限制时,有时也可以施加荷重(如堆置铸铁块、水泥、预制块件、水箱等)或者以液压千斤顶等方式来模拟某一等级的车辆荷载。

桥梁结构在荷载作用下所产生的变形可以分为两大类:一类变形能反映结构的整体工作状态,如梁的挠度、转角、支座位移等,称为整体变形;另一类变形能反映结构的局部工作状态,如纤维变形、裂缝、钢筋的滑动等,称为局部变形。

测定挠度,可以了解结构的刚度并分析结构的弹性和非弹性性质。挠度的不正常发展还能说明结构中的局部现象;测定转角可以用来分析超静定结构;控制断面的最大应变和应变沿断面的分布规律是我们推断结构极限强度的重要指标。

一、静载试验目的

桥梁结构包括上部结构和下部结构两部分。因此,桥梁结构的静载试验可以分为上部结构试验和下部结构试验。上部结构有梁桥、拱桥、刚构桥、斜拉桥、悬索桥等各种体系,下部结构包括桥墩、桥台、基础三个部分。为了能够较为客观地反映桥梁结构的工作性能,桥梁检测一般采用实桥现场检测。

一般桥梁静载试验主要是解决以下问题:

(1)检验桥梁结构的设计与施工质量,验证结构的安全性与可靠性。对于大、中跨度桥梁,都要求在竣工之后,通过试验来具体鉴定其工程质量的可靠性,并将试验报告作为评定工程质量优劣的主要依据之一。

(2)验证桥梁结构的设计理论与计算方法,充实与完善桥梁结构的计算理论与施工技术,积累科学技术资料。随着交通事业的不断发展,采用新结构、新材料、新工艺的桥梁结构日益增多,这些桥梁在设计、施工中必然会遇到一些新问题,其设计计算理论或设计参数需要通过桥梁试验予以验证或确定,在大量试验检测数据积累的基础上,逐步建立或完善这类桥梁的设计理论与计算方法。

(3)掌握桥梁结构的工作性能,判断桥梁结构的实际承载能力。目前,我国已建成了数十万座各种形式的桥梁,在使用过程中,有些已不能满足通行荷载的要求,有些由于各种原因而产生不同程度的损伤与破坏,有些由于设计或施工的问题本来就存在各种缺陷。对于这些桥梁,通常要采用试验的方法,来确定其承载能力和使用性能,并由此确定限载方案或加固改造方案,特别是对于原始设计施工资料不全的既有桥梁,为了确定其承载能力与使用条件,静载试验是必不可少的。

桥梁的静载试验是一项复杂而细致的工作,应根据试验目的进行认真的调查,必要时进行相关的理论分析,在此基础上周密地制订试验方案,对于所有可能出现的问题都要认真考虑并做出处理预案,提出切实可行的试验计划。

二、静载试验的主要工作内容

静载试验的主要工作内容有:

(1)试验的准备工作;

(2)加载方案设计;

(3)测点设置与测试;

(4)加载控制与安全措施;

(5)试验结果分析与承载力评定;

(6)试验报告编写。

以上静载试验的主要内容被包含在三个阶段:桥梁结构的考察和试验准备、加载试验与观测、测试结果的分析与总结。

桥梁结构的考察与试验准备是桥梁检测顺利进行的必要前提。桥梁结构检测与桥梁结构的设计、施工和理论计算的关系十分密切,现代桥梁的发展对于结构试验技术、试验组织与准备工作提出了更高的要求。准备工作包括技术资料的收集、桥梁现状检查、理论计算、试验方案制订、现场准备等一系列工作。

加载试验与观测是整个检测工作的中心环节。这一阶段的工作是在各项准备工作就绪的基础上,按照预定的试验方案与试验程序,利用适宜的加载设备进行加载,运用各种测试仪器,对结构加载后的各种反应如挠度、应变、裂缝宽度等进行观测和记录。需要强调的是,对于静载试验，应根据当前所测得的各种指标与理论计算结果进行现场分析比较，以判断受力后结构行为是否正常，是否可以进行下一级加载，以确保试验结构、仪器设备及试验人员的安全，这对于存在病害的既有桥梁尤为重要。

分析总结阶段是对原始测试资料进行综合分析的过程。原始测试资料包括大量的观测数据、文字记载和图片等，受各种因素的影响，原始测试数据常常会有某些杂乱的表现，应对它们进行科学的分析处理，去伪存真、去粗取精，进行综合分析比较，从中找出有价值的规律。在分析手段上，需要运用数理统计的方法并遵照有关规程进行分析，有的还要依靠专门的分析仪器和分析软件进行处理。测试数据经分析处理后，按照相关规范或规程以及检测的目的、要求，对检测对象做出科学的判断与评价。

目前，桥梁静载试验应按照我国现行的《大跨径混凝土桥梁的试验方法》、《公路桥梁设计规范》或《城市桥梁荷载规范》进行。最后，综合上述三个阶段的内容，形成桥梁静载试验报告。

• 第二节 桥梁结构的考察、试验设计与准备 •

一、试验对象的考察

在确定试验方案之前，必须对试验结构进行实地考察和了解，做到情况清楚、心中有数。

1. 技术文件和资料的收集

收集桥梁结构的设计资料，如设计标准、设计主要荷载类型、结构特点、计算书及设计原始资料；收集施工资料，如材料性能试验报告、隐蔽工程验收资料、施工观测记录、阶段施工质量检查验收记录、事故记录及竣工图纸等；收集桥梁结构的使用资料，如养护情况、运营情况及结构损伤与破损阶段报告。

2. 桥梁结构现状调查

用直观或量测的方法确定结构各部分的几何形状及相互位置偏差，确定墩台的空间位置和距离、记录有无沉降、隆起、倾斜和转动等；观察圬工体的外表质量；考察现有的损伤、裂缝、蜂窝、麻面、钢筋外露、混凝土保护层厚度不够的地方，漏水的地方等；用非破损检验的方法确定结构或构件混凝土实际强度是否与设计文件相符。

在桥梁实地考察工作中，重点应考察混凝土的强度、墩台和上部结构的裂缝；混凝土保护层厚度不够的地方；钢筋外露和锈蚀的区段；易发生应力集中的部位；圬工桥梁注意测量拱圈尺寸、拱轴线位置以及拱圈上有无横向裂缝等等。

考察支座的位置、尺寸、有无损伤、活动支座是否灵活、排水是否符合要求、伸缩缝工作情况是否良好。

实测结构材料的实际强度及弹性模量等重要的物理力学性能指标。可以通过原配合比制试件实测或从结构非重要部位挖取试件实测，也可以用非破损法进行实测。

二、荷载试验的准备工作

荷载试验正式进行之前应做好下列准备工作：

1. 试验孔(或墩)的选择

对多孔桥梁中跨径相同的桥孔(或墩)可选1~3个具有代表性的桥孔(或墩)进行加载试验。选择时应综合考虑以下因素:

(1)该孔(或墩)计算受力最不利;

(2)该孔(或墩)施工质量较差、缺陷较多或病害较严重;

(3)该孔(或墩)便于搭设脚手架,便于设置测点或便于实施加载。

选择试验孔的工作与制定计划前的调查工作结合进行。

2. 搭设脚手架和测试支架

脚手架和测试支架应分开搭设互不影响,脚手架和测试支架应有足够的强度、刚度和稳定性。脚手架要保证工作人员的安全、方便操作。测试支架要满足仪表安装的需要,不因自身变形影响测试的精度,同时还应保证试验时不受车辆和行人的干扰。脚手架和测试支架的设置要因地制宜,就地取材,便于搭设和拆卸,一般采用木支架或建筑钢管支架。当桥下净空较大不便搭设固定脚手架时,可考虑采用轻便活动吊架,两端用尼龙绳或细钢丝绳固定在栏杆或人行道缘石上。整套设置使用前应进行试载以确保安全,活动吊架如需多次使用可做成拼装式以便运输和存放。

晴天或多云天气下进行加载试验时,阳光直射下的应变测点应设置遮挡阳光的设备,以减小温度变化造成的观测误差。雨季进行加载试验时,则应准备仪器、设备等的防雨设施,以备不时之需。

3. 试验加载位置的放样和卸载位置的安排

静载试验前应在桥面上对加载位置进行放样,以便于加载试验的顺利进行。如加载工况较少,时间允许,可在每次工况加载前临时放样。如加载工况较多,则应预先放样,且用不同颜色的标志区别不同加载工况时的荷载位置。

静载试验荷载卸载的安放位置应预先安排。卸载位置的选择既要考虑加卸载方便,离加载位置近一些,又要使安放的荷载不影响试验孔(或墩)的受力,一般可将荷载安放在桥台后一定距离处。对于多孔桥,如有必要将荷载停放在桥孔上,一般应停放在距试验孔较远处以不影响试验观测为准。

4. 试验人员组织及分工

桥梁的荷载试验是一项技术性较强的工作,最好能组织专门的桥梁试验队伍来承担,也可由熟悉这项工作的技术骨干来组织试验队伍。应根据每个试验人员的特长进行分工,每人分管的仪表数目除考虑便于进行观测外,还应尽量使每人对分管仪表进行一次观测所需的时间大致相同。所有参加试验的人员应能熟练掌握所分管的仪器设备,否则应在正式开始试验前进行演练。为使试验有条不紊地进行,应设试验总指挥1人,其他人员的配备可根据具体情况考虑。

5. 其他准备工作

加载试验的安全设施、供电照明设施、通信设施、桥面交通管制等工作应根据荷载试验的需要进行试验准备。

三、加载方案设计

1. 加载试验项目的确定

在满足鉴定桥梁承载能力的前提下,加载项目安排应抓住重点,不宜过多。一般情况下只

做静力加载试验，必要时增加部分动力试验项目。

静载试验一般有一二个主要内力控制截面，此外根据桥梁具体情况可设置几个附加内力控制截面。一些主要桥型的内力控制截面如下：

1）简支梁桥

（1）主要：跨中挠度和截面应力（或应变），支点沉降。

（2）附加：跨径 1/4 截面挠度、支点斜截面应力。

2）连续梁桥

（1）主要：跨中挠度、跨中和支点截面应力（或应变）、支点截面转角和支点沉降。

（2）附加：跨径 1/4 处的挠度和截面应力（或应变），支点斜截面应力。

3）悬臂梁桥（包括 T 型刚构桥的悬臂部分）

（1）主要：悬臂端的挠度，固端根部或支点截面的应力和转角，墩顶的变位（水平与垂直位移、转角），T 型刚构墩身控制截面的应力。

（2）附加：悬臂跨中挠度、牛腿部分局部应力。

4）拱桥

（1）主要：跨中、跨径 1/4 和 3/8 截面的挠度和应力，拱脚截面的应力，墩台顶的变位和转角。

（2）附加：跨径 1/8 截面的挠度和应力，拱上建筑控制截面的变位和应力。

上述各种桥梁体系的主要部位是检验桥梁承载能力试验时必须观测的部位。此外，对桥梁施工中的薄弱截面或缺陷修补后的截面，或者旧桥结构损坏部位、比较薄弱的桥面结构，是否设置内力控制截面及安排加载项目可根据桥梁调查和验算情况决定。

2. 确定试验荷载

1）控制荷载的确定

为了保证荷载试验的效果，必须先确定试验的控制荷载。桥梁需要鉴定承载能力的荷载主要分为以下几种：汽车和人群（标准设计荷载）；挂车或履带车（标准设计荷载）；需通行的特殊重型车辆。

分别计算以上几种荷载对结构控制截面产生的内力（或变形）的最不利值，进行比较，取其中最不利者对应的荷载作为控制荷载。因为挂车和履带车不计冲击力，所以动载试验以汽车荷载作为控制荷载。荷载试验应尽量采用与控制荷载相同的荷载。由于客观条件的限制，实际采用的试验荷载与控制荷载有所差别，为了保证静载试验效果，在选择试验荷载的大小和加载位置时采用静载试验效率 η_q 进行控制。按理论计算或检测的控制截面的最不利工作条件布置荷载，使控制截面达到最大试验效率。

2）静载试验效率

静载试验荷载效率为试验荷载作用下被检测部位的内力（或变形的计算值）与包括动力扩大效应在内的标准设计荷载作用下，同一部位的内力（或变形计算值）的比值。以 η_q 表示。

$$\eta_q = \frac{S_t}{S_d(1+\mu)} \tag{9-1}$$

式中：S_t——试验荷载作用下，检测部位变形或内力的计算值；

S_d——控制荷载作用下，检测部位变形或内力的计算值；

μ——设计取用的冲击系数。

按荷载效率 η_q，荷载试验分为基本荷载试验（$1\geqslant\eta_q>0.8$）、重荷载试验（$\eta_q>1.0$，其上限按具体结构情况和所通行特型荷载来定）、轻荷载试验（$0.8\geqslant\eta_q>0.5$）。当 $\eta_q\leqslant0.5$ 时，试验误差较大，不易充分发挥结构的效应和整体性。

一般的静载试验 η_q 值可采用0.8～1.05。当桥梁的调查、检算工作比较完善而又受加载设备能力所限时，η_q 值可采用低限；当桥梁的调查、检算工作不充分，尤其是缺乏桥梁计算资料时 η_q 值应采用高限。一般情况下 η_q 值不宜小于0.95。

荷载试验宜选择温度稳定的季节和天气进行。当温度变化对桥梁结构内力影响较大时，应选择温度内力较不利的季节进行荷载试验，否则应考虑用适当增大静载试验效率 η_q 来弥补温度影响对结构控制截面产生的不利内力。

当控制荷载为挂车或履带车而采用汽车荷载加载时，考虑到汽车荷载的横向应力增大系数较小，为了使截面的最大应力与控制荷载作用下的截面最大应力相等，可适当增大静载试验效率 η_q。

3）加载分级与控制

试验荷载载位有两种形式：一种是沿桥轴方向加载，一种是垂直于桥轴方向加载。设计加载时除注意试验荷载的纵向加载位置外，同时还要注意荷载横向加载图，横向加载图有对称和偏心加载两种方式。

为了加载安全和了解结构应变和变位随荷载增加的变化关系，桥梁静荷载试验的各荷载工况的加载应分级进行，分级控制的原则如下：

（1）当加载分级较为方便时，可按最大控制截面内力荷载工况均分为4～5级；

（2）使用载重车加载，车辆称重有困难时也可分成3级加载；

（3）如果桥梁的调查和验算工作不充分，或桥况较差，应尽量增加加载分级，使车辆荷载逐辆缓缓驶入预定加载位置，以确保试验安全；

（4）在安排加载等级时，应注意加载过程中其他截面内力亦应逐渐增加，且最大内力不应超过控制荷载作用下的最不利的内力值。

最好每级加载后卸载，也可逐级加载，达到最大荷载后逐级卸载。车辆荷载加载分级的方法可采用先上轻车后上重车，逐渐增加加载车数量；加载车分次装载重物；加载车位于内力影响线的不同部位。

加载试验时间以22:00至6:00为宜，如采用车辆等加卸载迅速的试验方法，也可安排在白天试验，但进行加载试验时每一加卸载周期所花费的时间不宜超过20min。

3. 加载设备的选择

静载试验加载设备可根据加载要求及具体条件选用，一般有以下两种加载方式：

1）可行式车辆

可选用装载重物的汽车或平板车，也可就近利用施工机械车辆。选择装载的重物时要考虑车内能否容纳得下，装载是否方便。装载的重物应放置稳妥，以避免车辆行驶时因摇晃而改变重物的位置。当试验所用的车辆规格不符合设计标准车辆荷载图时，可根据桥梁设计控制截面的内力影响线，换算为等效的试验车辆荷载（包括动力系数和人群荷载的影响）。

采用车辆加载的优点很多，如便于调运和加载布置，加卸载迅速等。采用汽车荷载既能作静载试验又能作动载试验。这是较常采用的一种方法。

2)重物直接加载

一般可按控制荷载的着地轮迹先搭设承载架,再在承载架上堆放重物或设置水箱进行加载。如加载仅为满足控制截面内力要求,也可采取直接在桥面堆放重物或设置水箱的方法进行加载。

重物直接加载准备工作量大,加卸载所需周期一般较长,交通中断时间亦较长,且试验时温度变化对测点的影响较大,因此宜于安排夜间进行试验,并严格避免加载系统参与结构的作用。

4. 加载重物的称量

可根据不同的加载方法和具体条件选用以下方法,对所加荷载进行称量。

1)称量法

当采用重物直接在桥上加载时,可将重物化整为零称重后按逐级加载,要求分堆置放,以便加载取用。当采用车辆加载时,可将车辆逐辆开上称重台进行称重。如没有现成可供利用的称重台,可自制专用称重台进行称重。

2)体积法

如采用水箱加载,可通过测量水的体积来换算水的质量。

3)综合法

根据车辆出厂规格确定空车轴重(注意考虑车辆零配件的更换和添减,汽油,冒水、乘员的变化)。再根据装载重物的重力及其重心将其分配至各轴。装载物最好采用规则外形的物体整齐码放或采用松散均匀料在车箱内摊铺平整,以便准确确定其重心位置。

无论采用何种确定加载物重力的方法,均应作到准确可靠,其称量误差最大不得超过5%。

四、测点设置

1. 挠度测点的布置

一般情况下,对挠度测点的布设要求能够测量结构的竖向挠度、侧向位移和扭转变形,应能给出受检跨及相邻跨的挠曲线和最大挠度。每跨一般需布设3~5个测点。挠度测试结果应考虑支点下沉修正,应观测支座下沉量、墩台的沉降、水平位移与转角、连拱桥多个墩台的水平位移等。有时为了验证计算理论,需要实测控制截面挠度的纵向和横向影响线。对较宽的桥梁或偏载应取上下游平均值或分析扭转效应。

2. 结构应变测点的布设

应力应变测点的布设应测出内力控制截面沿竖向、横向的应力分布状态。对组合构件应测出组合构件的结合面上下缘应变。梁的每个截面的竖向测点沿截面高度应不少于5个测点,包括上、下缘和截面突变处,应能说明平截面假定是否成立。横向截面抗弯应变测点应布设在截面横桥向应力可能分布较大的部位,沿截面上下缘布设,横桥向布设一般不少于3处,以控制最大应力的分布,宽翼缘构件应能给出剪力滞效应的大小。对于箱形断面,顶板和底板测点应布设"十"字应变花,而腹板测定应布设45°应变花,T形断面下翼缘可用单向应变片。此外,一般还应实测控制断面的横向应力增大系数。当结构横向联系构件质量较差,联结较弱时则必须测定控制断面的横向应力增大系数。简支梁跨中截面横向应力增大系数的测定，既可采用观测跨中沿桥宽方向应变变化的方法，也可采用观测跨中沿桥宽方向挠度变化的方法来进行计算，或用两种方法互相校验。

3. 混凝土结构应变测点的布设

对于预应力混凝土结构，应变测点可用长标距（5×150mm）应变片构成应变花贴在混凝土表面，而对部分预应力或钢筋混凝土结构，受拉区则应测受拉钢筋的拉应变，可凿开混凝土保护层直接在钢筋上设置拉应力测点，但在试验完后必须修复保护层。

当采用测定混凝土表面应变的方法来确定钢筋混凝土结构中钢筋承受的拉力时，考虑到混凝土表面已经和可能产生的裂缝对观测的影响，可用测定与钢筋同高度的混凝土表面上一定间距的两点间的平均应变来确定钢筋的拉应力。选择这两点的位置时，应使其标距大致等于裂缝的间距或裂缝间距的倍数。可以根据结构受力后的三种情况进行选择：

（1）预计混凝土加载后不会产生裂缝情况时，可以任意选择测定位置及标距，但标距不应小于4倍混凝土最大粒径。

（2）加载前未产生裂缝，加载后可能产生裂缝的情况时，如图9-1a）所示选择相连的20cm、30cm两个标距。当加载后产生裂缝时可分别选用20cm、30cm、或20cm+30cm标距的测点读数来适应裂缝间距。

（3）加载前已经产生裂缝，为避免加载后产生新裂缝的影响，可根据裂缝间距选择测点位置及间距。图9-1b）为用手持式应变仪时的测点布置图。为提高测试精度，也可增大标距，跨越两条以上的裂缝，但测点在裂缝间的相对位置仍应不变。

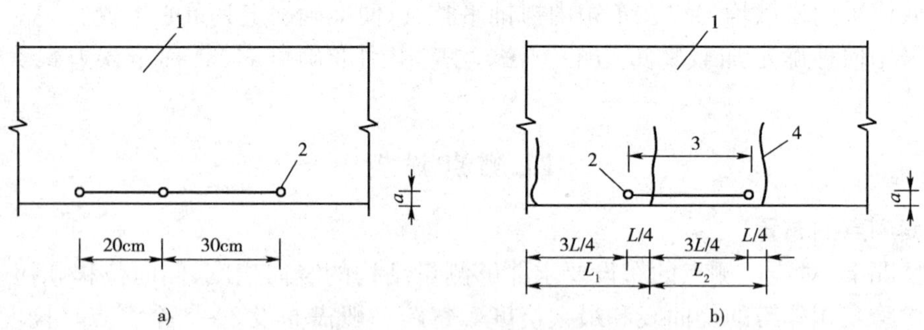

图9-1 混凝土结构应变测点布置

1-梁体；2-千分表；3-标距；4-裂缝

4. 剪切应变测点的布设

对于剪切应变测点一般采取设置应变花的方法进行观测。为方便起见，对于梁桥的剪应力也可在截面中性轴处主应力方向设置单一应变测点来进行观测。梁桥的实际最大剪应力截面应设置在支座附近而不是支座上。具体位置：从梁底支座中心起向跨中作与水平线成45°斜线，此斜线与截面中性轴高度线相交的交点即为梁最大剪应力位置。可在这一点沿最大压应力或最大拉应力方向设置应变测点，距支座最近的加载点则应设置在45°斜线与桥面的交点上。

5. 温度测点的布设

选择与大多数测点较接近的部位设置1~2处气温观测点，还可根据需要在桥梁主要测点部位设置一些构件表面温度观测点。

6. 常用桥梁的主要测点布置

主要测点的布设应能控制结构的最大应力(应变)和最大挠度(或位移),测点的布设不宜过多,但要保证观测质量,几种常用桥梁体系的主要测点布设如下:

(1)简支梁桥:跨中挠度,支点沉降,跨中截面应变。

(2)连续梁桥:跨中挠度,支点沉降,跨中和支点截面应变。

(3)悬臂梁桥:悬臂端部挠度,支点沉降,支点截面应变。

(4)拱桥:跨中与 $L/4$ 处挠度,拱顶、$L/4$ 和拱脚截面应变。

挠度观测测点一般布置在桥中轴线位置。截面抗弯应变测点应设置在截面横桥向应力可能分布较大的部位,沿截面上下缘布设,横桥向测点设置一般不少于 3 处,以控制最大应力的分布。

根据桥梁调查和检查工作的深度,综合考虑结构特点和桥梁状况等可按需要加设测点。

●第三节　静载试验的仪器设备●

一、常用的检测仪器

1. 检测仪器的分类

检测仪器最常见的分类方法见表 9-1。

检测仪器分类　　表 9-1

分类依据	仪器类型
仪器的工作原理	机械式测试仪器、电测仪器、光学仪器、复合式仪器、伺服式仪器等
仪器的用途	测力计、应变计、位移计、倾角仪、测振仪等
测定的方法	平衡式、非平衡式
结果显示与记录方式	直读式、自动记录式、模拟式、数字式
仪器与结构的相对关系	附着式、接触式、手持式、遥测式

2. 性能指标

仪器的性能指标一般包括以下几个方面:

(1)量程:指仪器的最大测量范围,如百分表的量程一般有 5cm 和 10cm。

(2)最小刻度:指仪器指示装置的每一最小刻度所代表的数值,如百分表的最小刻度为 0.01mm。

(3)灵敏度:指被测结构的单位变化所引起仪器指示装置的变化数值。

(4)精度:指仪器指示的数值与被测对象的真实值相符合的程度。

(5)绝对误差:指仪器指示的数值与被测值之差。仪器的误差与仪器的准确度相反。

目前桥梁试验中所用的仪器,电测类仪器较多,机械类仪器仪表已不能满足多点量测和数据自动采集的要求。从发展的角度看,数字化和集成化检测仪器的应用日益广泛,不仅量测和数据处理方便,而且有利于提高检测精度。

3. 静载试验常用的仪表

静载试验需要量测的项目有结构的应变、位移、反力、倾角和裂缝等，应选择适当的仪器进行量测。常用的量测仪器有百分表、千分表、位移计、应变计（应变片）、应变仪、精密水准仪、经纬仪、全站仪、倾角仪和刻度放大镜等。这些仪器按工作原理可分为机械测试仪器、电测仪器、光测仪器等。桥梁检测前应对测试值进行分析估算，以便选择仪器的精度和量测范围。现行《公路旧桥承载能力鉴定方法》给出了仪器精度和量测范围的要求，见表 9-2。

静载试验常用仪表及适用范围 表 9-2

检测内容	仪表名称	最小分划值	适用量测范围	备注
应变	千分表	2×10^{-6}	$50\times10^{-6}\sim2000\times10^{-6}$	配合手持应变仪
	杠杆引伸仪	2×10^{-6}	$50\times10^{-6}\sim200\times10^{-6}$	配合千分表
	手持应变仪	5×10^{-6}	$100\times10^{-6}\sim20000\times10^{-6}$	配合千分表
	电阻应变仪	1×10^{-6}	$50\times10^{-6}\sim5000\times10^{-6}$	需贴电阻片
位移	千分表	0.001mm	0.1～0.8mm	需配表座及吊架
	百分表	0.01mm	0.3～8mm	需配表座及吊架
	百分表（长标距）	0.01mm	0.3～25mm	需配表座及吊架
	挠度计	0.1mm	>1mm	需配表座及钢丝
	精密水准仪	0.1mm	>2mm	需配水准尺
	电阻应变位移计	0.01mm	0.3～25mm	需配表座
	经纬仪	0.5mm	>2mm	
倾角	水准式倾角仪	2.5′	20″～1°	需固定支架
裂缝	刻度放大镜	0.05mm	0.05～5mm	

静载测定时，量测仪表的精度要求应不大于预计量测值的5%。机械式仪表具有安装与使用方便、迅速、读数可靠的优点，但需要加设观测脚手架，而且需要的试验人员较多；电测仪表安装测试比较费事，影响测试精度的因素也很多，但测试、记录较方便、安全。应根据预计的量测值并考虑仪表的设置和观测条件来选择适用的仪表。

二、机械式检测仪表

1. 机械式检测仪表的一般原理

机械式仪表的工作原理是通过机械传动系统和指示机构来测定结构所受荷载大小、应力及各种变形（包括挠度、位移、转角等）。它的特点是：安装便捷，读数方便，准确度高，对环境的适应性强，性能可靠，并在许多方面都能满足桥梁工程检测的要求，但灵敏度不很高，一般需要搭设脚手架，需要人工读数，试验人员较多。

机械式仪表本身通常是由杠杆、齿轮、弹簧、指针和度盘等各种机械零件组合而成。它主要包括以下 4 部分：

（1）传感机构

它直接感受被测量的物理量变化，并把这种变化传到转换机构。在接触式机械检测仪器中，这部分常常是测杆及弹簧；对于张线式机械检测仪器，则常常是鼓轮一类的机构。

(2)转换机构

它是把传感机构传来的被量测构件的变形放大或缩小,或改变方向,再转化为仪表内器件的运动,如百分表中的大小齿轮及弹簧。

(3)指示装置

它是将经过转换机构转化而成的器件运动用可读形式表现出来。一般常由指针和度盘组成,如针入度仪中的指针和刻度盘。

(4)附属装置

它是指仪表的支座、防护外壳等。它把各组成部分联结成整体,保护仪器不受周围环境的影响。

2. 接触式位移量测装置

接触式位移量测装置是由接触式位移计(百分表、千分表和挠度计)与夹具(各种形式的磁力表架)组合而成。百分表、千分表与挠度计的构造及工作原理相同,但检测精度及量程不一样。具体性能见表9-3。

接触式位移计性能表　　表9-3

仪表名称	量程(mm)	刻度值(mm)	允许误差(mm)
百分表	5,10,50	0.01	0.02
千分表	1	0.001	0.001
挠度计	≥50	0.05	0.1

百分表与千分表是桥梁工程检测中最常用的机械式仪表,常用于量测桥梁结构的挠度与位移,还可与其他传感器组合测应变、转角、曲率、扭角等。

1)接触式位移计的构造

由于百分表、千分表和挠度计三者的构造与工作原理相同,以下仅介绍百分表。

(1)百分表构造

百分表是利用齿条—齿轮传动机构将线位移转变为角位移,并通过齿轮传动比进行放大的精密量具。图9-2是百分表的构造图。图中齿轮6、7、8将感受到的变形加以放大并变换方向,扇形齿轮和螺旋弹簧5的作用是使齿轮6、7、8相互之间只有单面接触,以消除齿隙间的无效行程。测杆4穿过百分表机体,其功能是感受试件的变形,当测杆上下运动时带动齿轮转动,再通过齿轮传递到长短针,使指针沿刻度盘旋转,指针移动的距离就可以在刻度盘上读出,该数值表示出测杆相对于百分表机体的位移。机体上的轴颈可供安装百分表,有些百分表的外壳背面设有耳环,以便安装。

(2)百分表的使用方法

使用时,百分表装在表座上,表架安装在临时专门搭设的支架上,支架应具有一定的刚度,并与被测结构物分开(图9-3)。

将测杆触头抵在测点上,借助弹簧的使用,使其接触紧密。当测点沿测杆方向发生推动位移或放松测杆时,使测杆的平齿带动小齿轮,小齿轮又和它同轴的大齿轮一起转动,最后使指针齿轮旋转,经过一系列放大之后,便在表盘上显示出位移值。

(3)注意事项

使用时,只能拿取外壳,不得随意推动测杆,避免磨损机件,影响测试精度。

安装时,要使测杆与欲测位移的方向一致,或者与被测物体表面保持垂直。并注意位移的正反方向与大小,以便调节测杆,使百分表有适当的测量范围。百分表架要安放稳妥,表架上各个螺丝拧紧,但当夹住百分表的轴颈时,不可夹得过紧,否则会影响测杆的正常移动。

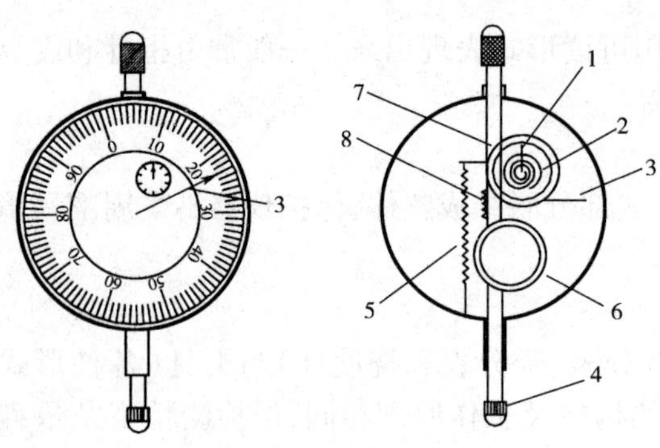

图 9-2 百分表构造图

1-短针齿轮;2-齿轮弹簧;3-长针;4-测杆;5-测杆弹簧;

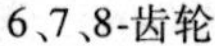

6、7、8-齿轮

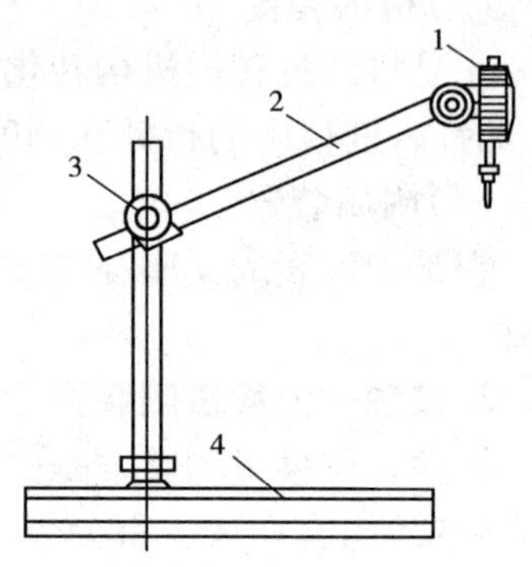

图 9-3 百分表的安装

1-百分表;2-调距杆;3-固紧螺丝;4-底座

表安装好,可用铅笔在表盘上轻轻敲击,观察指针摆动情况。若指针不动或绕某一固定值在小范围摆动,说明安装正常。

表使用一段时间或经过拆洗后,必须进行标定。

2)接触式位移计的用途

位移计用于测挠度与变位,它还可以与其他传感器组合成测应变、转角、曲率、扭角等仪器。

(1)用位移计测应变

应变就是结构上某区段纤维长度的相对变化。目前常用位移计测结构应变的方法有两种:一种是将夹具直接安装在结构上的位移计应变量测装置,其夹具可按需要自制;另一种是手持引伸仪。

采用特制的夹具将位移计安装在结构表面测定应变,具有精度高、量程大的特点。当应变值变化范围很大或需要大标距测定应变时,采用这种装置是非常合适的。

图 9-4 是位移计应变量测装置,固定位移计和顶杆的夹具,可用钢、铜或铝合金等制成,按照选定的标距以预埋或粘贴的方式固定在混凝土梁或钢梁等结构需测应变的部位上,进行应变测量。

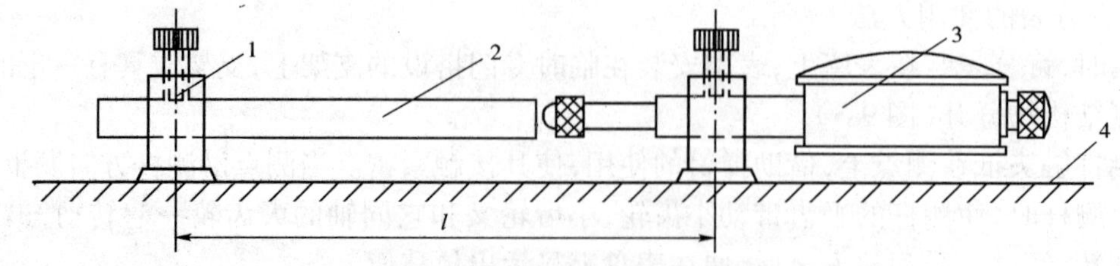

图 9-4 位移计应变量测装置

1-金属夹头;2-顶杆;3-位移计;4-试件

粘贴是最常用的固定方式。在混凝土结构上贴夹具时，应先将混凝土表面用砂轮打磨，除去泥灰再用细砂布磨光，用丙酮等擦净，随后用胶黏剂将夹具按选定的标距粘上，待胶粘剂固化后，即可安装位移计应变量测装置。

位移计应变量测装置主要用于量测结构构件的轴向应变。常用的量测标距对混凝土来讲一般为 10～20cm。对砖石砌体则更大。

对受荷载后会发生曲率变化的构件，不宜用位移计应变量测装置来测定其表面的应变。因为位移计测杆与构件表面之间有一段距离，当构件发生曲率变化时，所测得的应变有时是虚应变（又称视应变），同时顶杆与位移计测杆接触点发生移动影响量测。因此，仅当构件截面变形满足平截面假定，且曲率变化很小时，才能从所测得的虚应变值推算出实际应变。

（2）机械式转角量测装置

转角的量测系统有两种，一种是用倾角仪及夹具组成的量测系统；另一种是利用两个位移计及相应夹具组成的量测系统，均可以进行结构截面、桁架节点、支座等处的转角测试。这里仅介绍后一种。

图 9-5 所示为位移计组成的转角量测装置。结构受力变形后测得 A、B 两点处的位移 a_1、a_2，则该截面的转角为：

$$\tan\alpha = \frac{a_1 - a_2}{l} \tag{9-2}$$

此外，位移计还可以测量构件的曲率，测定空间壳体结构的转角。

3. 张线式位移量测装置

张线式位移量测装置是由百分表（位移计）与张线钢丝等组成，如图 9-6 所示。张线钢丝直径为 0.3～0.5mm，一端接在桥梁结构的测点上，另一端悬吊适当重物，位移计（百分表）通过夹具和钢丝相连。结构受荷载作用产生位移引起钢丝移动，钢丝可带动位移计移动，随指针转动位移计可测出位移变化量。

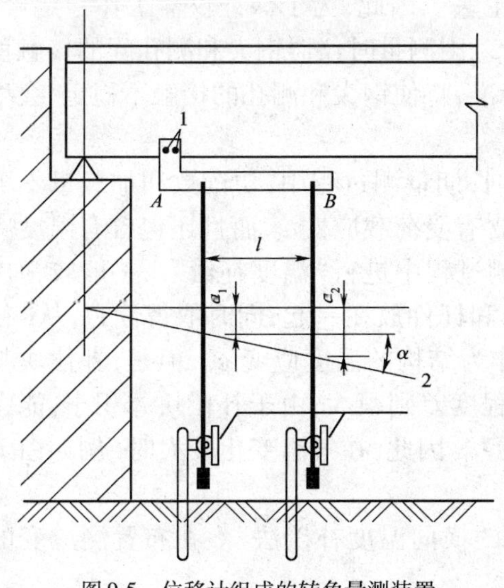

图 9-5　位移计组成的转角量测装置

1-固定架；2-位移计

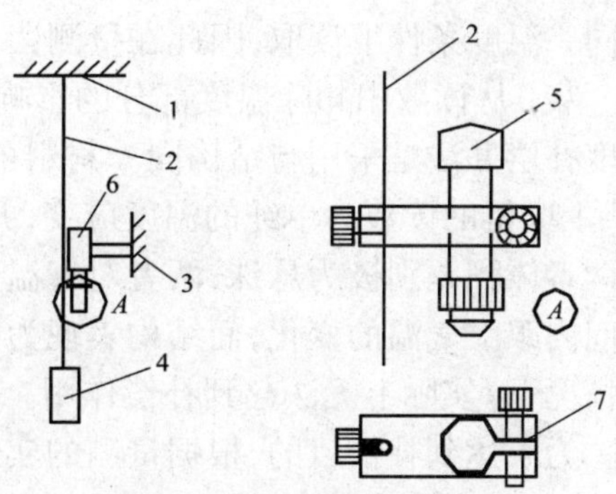

图 9-6　张线式位移量测系统

1-结构上测点；2-细钢丝；3-不动点；4-重物；5-位移计测杆；6-位移计；7-夹具

4. 手持式应变仪

手持式应变仪是一种运用千分表量测应变的仪器，其使用特点是：一台仪器可以轮流地进行多个测点的数据检测，使用方便；使用时，无须将仪器固定在结构测点上，而是每次用手持着，临时按在各测点上进行测读，故称手持式应变仪。测读后，将仪器从测点取下，其所测的结果仍保持数值的连续性，故特别适合于长期观测和多点检测，并可解决需大量或长期占用仪器的困难。另外，它还可用于布点密集、安装固定仪表有困难的部位。

此种仪器的外形见图 9-7，构造原理见图 9-8。

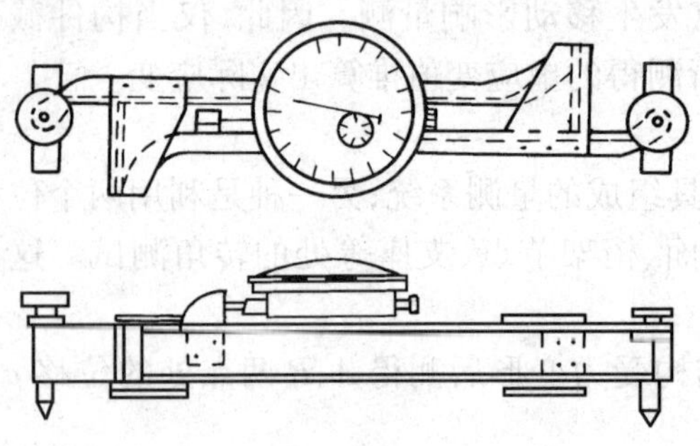

图 9-7 手持式应变仪外形

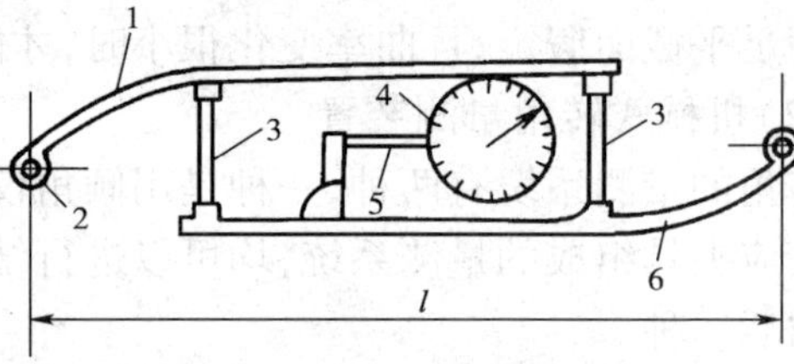

图 9-8 手持式应变仪构造原理

1-刚性的金属杆；2-插轴（尖形）；3-薄钢片；4-千分表；5-千分表的测杆；6-刚性的金属杆

此仪器的主要部分是千分表 4，它固定在一根金属杆 1 上，其测杆则自由地顶在另一金属杆 6 的突出部分上，两金属杆之间用两片富有弹性的薄钢片 3 相连，因而能平行地相对移动，每根金属杆的一端带有一个尖形插轴 2，两插轴间的距离 L 即仪器的标距。后二次读数差即为结构在区段 L 内的变形 ΔL，ΔL 除以标距 L 即得杆件的应变值。

仪器的各部分合理地选用不同膨胀系数的金属制造，因而使仪器读数受仪器本身的温度影响得到最大限度的消除。

仪器不是固定在测点上，而是需要读数时才安上去。因此，为了保证仪器工作稳定可靠，标距两端的小孔必须钻得和仪器的插轴钢尖相吻合。因测量时仪器钢尖和测孔间的接触稳定与否，直接影响到量测的准确性，如果测孔打得不标准，将使钢尖和测孔的接触不稳定，会增大读数误差，甚至无法读取稳定的读数。

使用此种仪器，还存在有一温度影响问题，即在长期量测过程中，初读数和加载量不可能在同一温度条件下读取，因此在量测读数中不仅包含有受荷载应变 ε，而且还包含有温度应变 ε_t。为了从读数中扣除温度部分的影响，就要在量测过程中进行“温度补偿”。一般较常用的温度补偿办法是采用与结构同一材料的“补偿块”，和杆件放在一起，同时取得读数，从“补偿块”上取得的读数为单纯的温度应变，并将此应变作为结构的温度应变 ε。但是，补偿块与结构两者体积差别极为悬殊，两者对气温变化的敏感程度差别很大，由于补偿块体积小，能在短时间内跟上气温的变化，而结构表现为极大的“滞后”。因此，在气温变化较大时（例如白天日照情况下）实际上无法起到补偿作用。

为了达到补偿目的，根据量测的实践，建议采取“横向温度补偿法”。在布置测应变的测点的同时，在垂直方向布置测点，如图 9-9 所示。

测点 a-a、b-b、c-c 等分别为杆件应变测点，d-d 为温度补偿测点，它垂直于应变测点，且在杆件中部。

当对测点 a-a、b-b、c-c 进行读数时，也对测点 d-d 进行读数。则

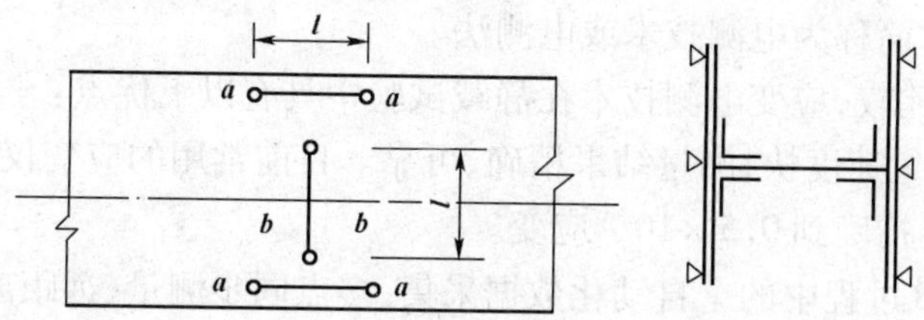

图 9-9 测点布置

$$\varepsilon'_a = +\varepsilon_t \tag{9-3}$$

$$\varepsilon'_b = +\varepsilon_t \tag{9-4}$$

$$\varepsilon'_c = +\varepsilon_t \tag{9-5}$$

$$\varepsilon'_d = -\mu\varepsilon_b \tag{9-6}$$

式中： μ——材料泊松比；

ε_t——表示温度应变；

ε'_a、ε'_b、ε'_c、ε'_d——测点 a-a、b-b、c-c、d-d 的综合应变读数。

联解上述四式可得 ε_a、ε_b、ε_c 及 ε_t。

手持式应变仪操作简单，但量测的精度会随操作人员和每次操作方式的改变而改变。所以，量测时不宜更换操作者；要使仪器与试件表面垂直；每次对仪器施加的压力要尽量相等，并使仪器操作时应在同一孔穴等，以减小量测误差。

5. 水准管式倾角仪

图 9-10 示水准管式倾角仪的构造，其原理是利用高灵敏度的水准管来测定结构节点、截面或支座处转角。水准管 1 安置在弹簧片 4 上，一端铰接于支座 6，弹簧片使另一端上升，但被测微计的微调螺丝 3 顶住。将仪器用夹具 5 装在测点后，用微调螺丝使水准管的气泡调平居中，结构变形后气泡漂移，再转动微调螺丝使气泡重新居中，度盘上前后二次读数之差即代表该测点的转角。这种仪器最小读数有的可达 1″～2″，量程为 3°。

这种仪器的优点为尺寸小，精度高，使用简便。缺点是受外界温度影响很大，且免受阳光爆晒，以免水准管爆裂。

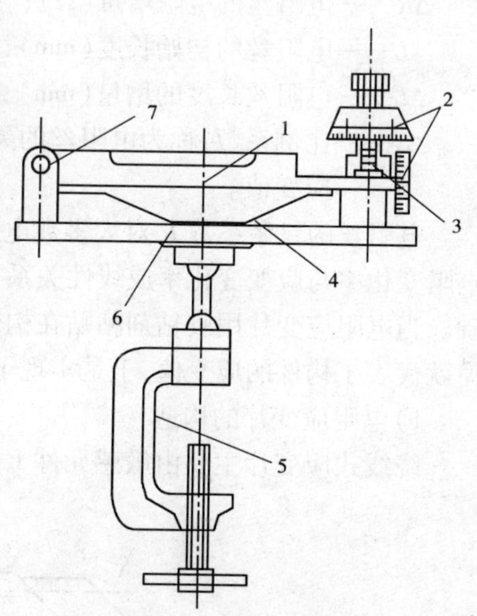

图 9-10 水准管式倾角仪

1-水准管；2-刻度盘；3-微调螺丝；4-弹簧片；5-夹具；6-基座；7-活动铰

三、应变电测技术

结构在外力的作用下，内部会产生应力，而直接测定结构截面的应力比较困难，目前还没有较好的方法。一般的方法是测定应变，通过应力与应变的关系间接测定应力。在应变测量中，目前应用最广泛的是电测技术。应变电测技术是凭借安装在试件上的应变片将力

学量(如应变、变形)转换成电阻变化,并用专门的仪器使其转换为电信号输出,从而获得应变读数的测试方法,通常简称为电测技术或电测法。

与其他测试方法比较,应变电测技术在静载试验中具有以下优点:

(1)灵敏度高,测量速度快,测量结果精确、可靠。目前常用的应变仪和应变片可测得 1×10^{-6}应变,有的甚至可精确到 0.5×10^{-6}应变。

(2)易于实现测试过程中的全自动化数据采集、多点同步测量、远距离测量和遥控检测。

(3)应变片标距小、粘贴方便。测试时可不改变结构的原有应力状态,可以测量其他仪表(如机械式应变计)无法安装的部位处的应变或结构中某个局部应力。制成大标距时可以测量混凝土结构的应变。

(4)操作方便,测试方法易于掌握。

应变的电测方法虽然有很多优点,但也存在不足之处,如应变片不能重复使用,贴片工作量大,使用的导线多,易受温度和电磁场等的影响,对应力集中的测量不准确等。

1. 电阻应变片测试技术

电阻应变片简称应变片或应变计,它是用金属或半导体材料制成的丝栅状应变敏感元件。其工作原理是利用金属或半导体材料受拉伸或压缩时电阻会发生改变的特性,将物体的应变转换为可以测读的电信号。电阻应变片除用于测量应变、温度、压力、裂纹等外,还大量用于制造各种用途的传感器。它是非电量电测中最重要的变换器。大量的试验表明:电阻丝电阻值的增量与其长度的增量之间存在正比例的关系,即

$$\Delta R/R = K\Delta L/L = K\cdot\varepsilon \tag{9-7}$$

式中:R——电阻丝的初始电阻值(Ω);

ΔR——电阻丝的电阻增量(Ω);

L——电阻丝的初始长度(mm);

ΔL——电阻丝长度的增量(mm);

K——比例系数,称为电阻丝的灵敏系数;

ε——应变值。

电阻丝的灵敏系数 K 对大多数电阻丝而言是个常数,也就是说,式(9-7)所表达的电阻丝电阻变化率与应变变化率成线性关系,这便是通过电阻应变片将非电量转换成电量的理论基础。当电阻应变片用胶粘剂粘贴在构件上,应变片与构件的变形完全同步,这时电阻丝的应变值就代表了构件的应变值,于是实现了构件的应变量测转换成电量的量测。

1)电阻应变片的构造

绕线式应变片主要由敏感元件 1、基底 2、覆盖层 3 和引出线 4 等几部分组成(图 9-11)。

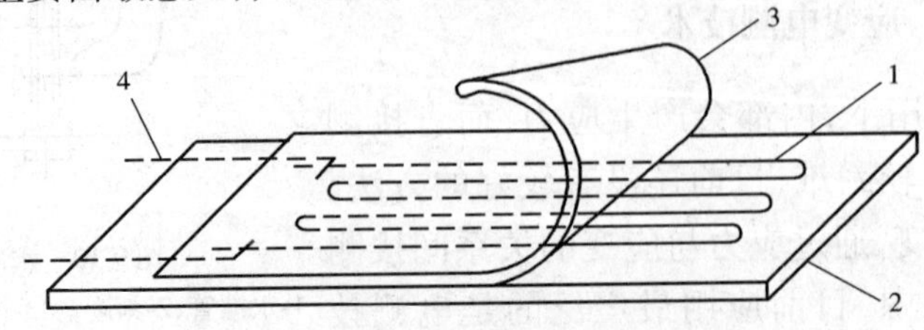

图 9-11 丝绕式应变片的构造

1-敏感丝栅;2-基底;3-覆盖层;4-引出线

（1）敏感丝栅是应变片的主要元件，一般由康酮、镍铬合金制成。

（2）基底和覆盖层起定位和保护应变片几何形状的作用，也起到与被测试试件之间电绝缘作用。纸基常用厚度为0.015～0.02mm的机械强度高、绝缘性能好的纸张制作。胶基则使用性能稳定、绝缘度高、耐腐蚀的聚合胶制成。其他有特殊要求的应变片，可采用不同的材料做成基底。

（3）引出线是用以连接导线的过渡部分，一般用直径约为0.15～0.30mm的金属丝。

（4）粘结剂把丝栅基底和覆盖层牢固地结成一个整体。

2）电阻应变片的分类

应变片的种类很多，至今各种规格的应变片已有两万多种。根据不同的方法，有如下分类。

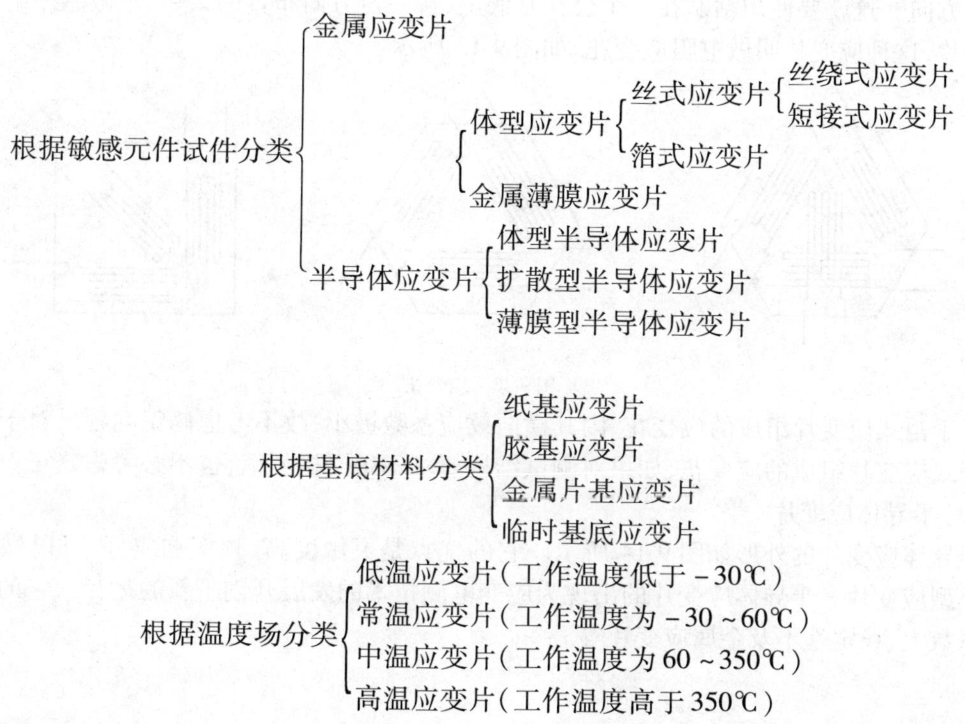

此外，按敏感栅的长度分类，有大标距应变片和小标距应变片。按敏感栅形状分类，有单轴应变片和应变花。还有各种特殊用途的应变片如防磁应变片、防水应变片、埋入式应变片、层式应变片、可拆式应变片、疲劳寿命片、测压片、无基底式应变片、大应变片、裂缝探测片、温度自补偿应变片等。

3）桥梁检测中几种常用的应变片

（1）绕丝式应变片

丝绕式应变片是把敏感栅丝直接绕在各种绝缘基底上制成，是较为常见的一种应变片。由于采用较薄的基底材料，因此粘贴性能好，能保证有效地传递变形，稳定性好。这种应变片的制造设备和技术都较为简单，价格也较低廉。

(2)箔式应变片

箔式应变片是由照相、光刻技术腐蚀成丝。它在性能上的优点是粘贴牢固、散热条件好，逸散功率大，可以允许较大电流，耐蠕变和漂移的能力强，易做成任意形状，但它工艺较复杂。箔片的材料主要为康酮、镍铬合金等，其形式见图 9-12。

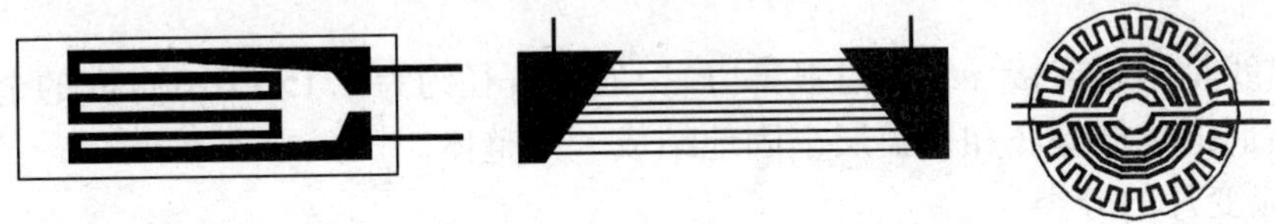

图 9-12　金属箔式应变片

在两向应力状态时，需要测出一点的两个或三个方向的应变，才可求出此测点的主应力的大小和方向。这就要使用粘贴在一个公共基底上，按一定方向布置的 2~4 个敏感栅组成的电阻应变片，这种应变片叫做电阻应变花，如图 9-13 所示。

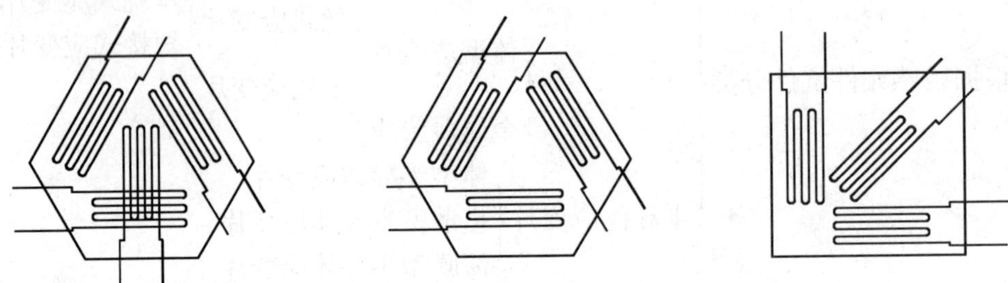

图 9-13　应变花

对于箔式应变片组成的应变花，因其横向效应系数极小，故不考虑修正问题。对于由半圆头丝绕式应变片组成的应变花，如果对测试结构要求不很严格的话，也不必考虑修正。

(3)半导体应变片

半导体应变片的外形如图 9-14 所示。它的优点是灵敏度高、频率响应好、可以做成小型和超小型应变片。半导体应变片的出现为应变电测技术的发展开创了新的途径。它的缺点是温度系数大，稳定性不及金属应变片等。

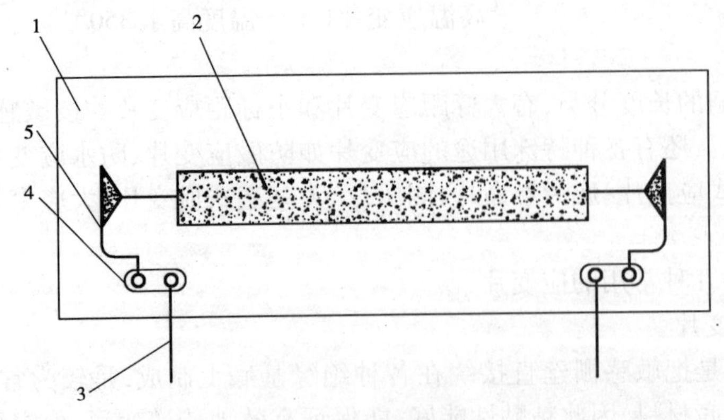

图 9-14　半导体应变片

1-胶膜衬底；2-P-SI 片；3-内引线；4-接板；5-外引线

4)电阻应变片的选用

应变片选用时应根据检测试件所处的材料性质、受力特点、环境条件、检测性质、应变范围、测试精度要求、经济因素等综合考虑。使用时可按下列原则选用：

(1)按被测试件的材料性质选用

在匀质的材料，如钢材、有机玻璃等上可选用小标距的应变片，常用5~20mm；如果在材质不均匀、强度不等的材料，如混凝土上应用，可选用大标距的应变片，在混凝土结构上使用的应变片的标距应比最大集料粒径大4倍以上，一般选标距为50~150mm的长片。

对于一般的荷载试验，采用120Ω纸基金属丝应变片就可满足试验要求。

(2)按被测试件的受力状态选用

在应变梯度较大的区域内量测应变时，应选用标距较小的应变片；在应变梯度较小且又均匀时，可选用中标距应变片；用于长期量测的应变片，应有较高的耐久性和稳定性，以胶基应变片和箔式应变片为好；用于长期动荷载作用下的应变量测，应考虑应变片的疲劳寿命，以选用小标距应变片为好；对于应变值较大或者量测塑性变形阶段的应变时，要选用能够进行大变形量测的应变片。

(3)根据量测应变时的环境条件选用

环境温度对电阻应变片的使用影响很大，使用中除严格挑选合适的应变片外，还应采取有效措施减少温度的影响。除此之外，环境的湿度常常也能破坏应变片的正常工作，潮湿环境中最好选用胶基应变片，同时采取有效的防潮措施。

对于有特殊要求时，可选择特种应变片，如低温应变片、高温应变片、裂纹扩展片、疲劳寿命片等。

5)应变片的粘贴工艺

应变片的粘贴工艺包括粘结剂的选用、粘结工艺与防护措施三方面。

(1)黏结剂

粘贴应变片用的黏结剂称为应变胶。应变胶主要作用是可靠地将试件应变传递到应变片的敏感丝栅上。应变胶的性能直接影响应变片的质量和现场测试的成败。对应变胶的性能要求是:黏结强度高(剪切强度一般不低于3~4MPa)，电绝缘性能好，化学稳定性好及工艺性好等。

常规桥梁荷载试验粘贴应变片的应变胶一般采用快干胶和环氧树脂胶。

501快干胶和502快干胶是借助于空气中微量水分的催化作用而迅速聚合固化产生黏结强度的。该类胶黏结强度能满足桥梁应变测试要求，但随生产厂家产品质量和存放时间长短的不同，黏结强度差别很大，且只能在低温、干燥和避光的条件下保存。

环氧树脂胶的主要成分是环氧树脂，并酌量加入固化剂和增韧剂等配制而成，是靠分子聚合反应固化产生黏结强度的。它有较高的剪切强度和防水性能，电绝缘性能好。环氧树脂胶可以自制，其配方如下：

①环氧树脂:100%；

②邻苯二甲酸二丁酯:5%~20%；

③乙二胺:6%~7%。

应注意:乙二胺有毒，须通风操作。

(2)粘贴工艺

应变片的粘贴工艺一般可归纳如表 9-4 所示。

(3)防护措施

在完成应变片的粘贴后，将应变片的引线和导线焊接在接线端子上，然后立即涂上防护层，以防止应变片受潮和机械损伤。绝缘性高的电阻值可保证测量的精度，但要求过高会加大工作量和增加防护工作的难度。所以一般要求静态测量绝缘电阻大于 200MΩ，动态测量可以稍小于 200MΩ，对于长期的检测和要求精度高的检测，绝缘电阻应大于 500MΩ。图 9-15 给出了几种常用的防护措施。图 9-15a)、b)适用于一般潮湿条件；图 9-15c)适用于水中或极湿条件；图 9-15d)适用于水中或混凝土浇筑现场。

应变片的粘贴工艺

表 9-4

工作顺序	工作内容		操作方法	要求
1	检查分选	外观检查	借助放大镜肉眼检查	无气泡、霉点、锈点，外观平直
		阻值检查	用精度为 0.01Ω 的万用表检查	无短路、断路，同一测区应变片阻值相差不大于 0.5Ω
2	测点检查	初步定位	初定测点的大致范围	应变片周边宽 3～5cm 测区
		测点检查	检查测点处的表面状况	平整、无缺陷、无裂缝
		打磨	磨光机或 1 号砂纸打磨	平整、无锈、无浮浆
		清洗	脱脂棉、纱布蘸丙酮或无水乙醇清洗	擦干时无污染
		准确定位	准确画出测点的纵横中心线	纵线应与主应变方向一致
3	粘贴	上胶	用合适的小灰刀在测点上均匀涂抹预先调治好的一层薄胶	应变片的定位标志应与十字中心线对准
		挤压	将应变片放在定位线上，盖上塑料薄膜，用手指沿一个方向挤压，挤出多余的胶	胶层应尽可能薄，挤压时注意保持应变片不滑移
		加压	根据粘胶特性，在应变片上稳压一段时间	应达到粘胶的初凝时间
		粘贴端子	接线端子靠近应变片引出线，用贴片胶粘贴	胶达到强度后无松动、脱落
4	固化处理	自然干燥	根据自然条件和粘胶特性确定时间	粘胶强度达到要求
		人工固化	粘胶达到初凝时间后用红外线灯照射或电吹风吹热风	加热温度不超过 50℃，受热均匀
5	粘贴质量检查	外观检查	借助放大镜肉眼检查	位置准确、无气泡、粘贴牢固
		阻值检查	用万用表检查	无短路、断路
		绝缘检查	用万用表 200MΩ 档检查	应达到 50MΩ 以上
6	导线连接	引出线绝缘	应变片引出线底下涂粘贴胶或贴胶布	引出线不能短路
		导线焊接	用电烙铁、锡焊把应变片引出线和测量导线焊接在接线端子	焊点应圆滑、无虚焊
		固定导线	用粘胶或胶布固定测量导线	轻微摇动导线不影响焊点

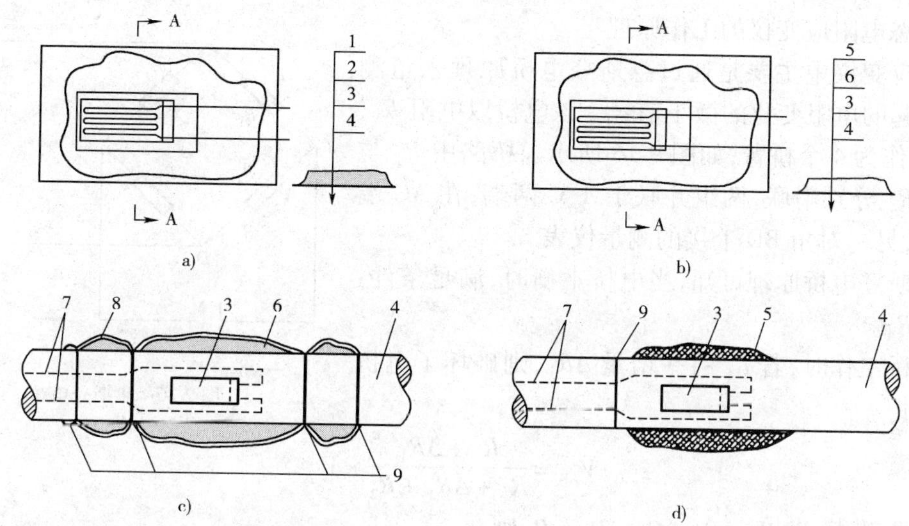

图 9-15 应变片防护示意图

a)、b)适用于一般潮湿条件;c)适用于水中或极湿条件;d)适用于水中或混凝土浇筑场所

1-防潮层;2-隔离层;3-应变片;4-试件;5-硬质防潮层;6-轻质防潮层;7-引线;8-保护套管;9-绑扎线

2. 电阻应变仪

专门对电阻应变片阻值相对变化 $\Delta R/R$ 的信号进行鉴别和量测的仪器,称为电阻应变仪。电阻应变仪按使用内容的不同分为静态应变仪、动态应变仪和静动态应变仪。用于静态应变量测的称为静态电阻应变仪。

1)国产 YJS—14 型静态数字应变仪

常用的国产 YJS—14 型静态数字应变仪是一种静态应变自动测量装置,主要由五个部分组成。

(1)转换器:它在控制器控制下将各测点依次接入桥路,以便进行测量。

(2)电阻应变仪:由桥压线性放大器和数字电压表组成。测点经自动切换装置接入,信号经过载保护单元鉴别后进入放大器,经线性放大、解调和滤波成为直流信号送入积分型 A/D 转换器转换成 8-4-2-1 码数字量。

(3)运算器:由贮存和运算单元组成。

(4)控制器:包括采样控制和数字钟两部分。它以不同的速率发出测量指令,通过应变仪和运算器,对各类测点进行定时、定点、定区间的测量和修正。

(5)输出装置:分为打印输出和信息输出两种。

该应变测量装置的工作过程就是把应变测量组成惠斯登桥路。电桥的初始不平衡采用初始值存贮的办法,即把每一个测点的初始不平衡值通过放大和 A/D 转换器转换成数字信号,记入对应序号内存中。在测量时,测量信号也转换成数字信息送入运算器,运算器从内存中取出对应测点的转换或测量区段的选择,均由控制器控制。YJS—14 型数字应变测量装置最多可联四台转换器,每台 100 点共 400 点。仪器测点电阻值按 120Ω 设计,但对 60 ~ 1000Ω 的应变片也适用,其非线性影响由运算器逐点在量测中修正。分辨率 A 级为 2με/字,B 级为 1με/字。灵敏系数 K 值可在 1.5 ~ 3 之间调整,最大量程为 0 ~ ±19998με。

2）静态电阻应变仪的工作原理

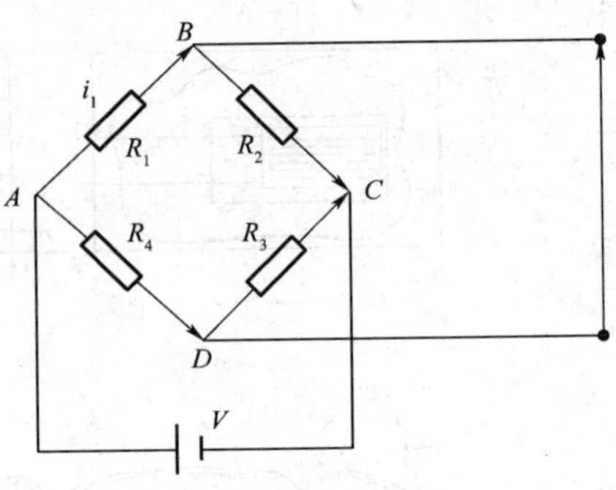

图 9-16　惠斯登电桥

电阻应变仪中主要是通过惠斯登电桥原理来量测应变所引起的电阻变化的微小信号。该电桥以电阻 R_1、R_2、R_3、R_4 作为 4 个桥臂，如图 9-16 所示。桥路中 R_1 与 R_2、R_3 与 R_4 分别串联，两组并联于 A、C 两端，在 AC 端接有电源，另一对角 BD 上接的测量仪表。

由惠斯登电桥原理可知，当电桥平衡时，满足条件：$R_1R_3=R_2R_4$。

当电桥工作时，若 R_1 有一增量 ΔR_1，则破坏了电桥平衡，此时

$$V_{AB}=\frac{R_1+\Delta R_1}{R_1+\Delta R_1+R_2}\times V \tag{9-8}$$

为简化分析，设 $R_1=R_2=R_3=R_4=R$，则：

$$V_{AB}=\frac{R+\Delta R_1}{2R+\Delta R_1}\times V \tag{9-9}$$

于是：

$$V_0=V_{AB}-V_{AD}=V\left(\frac{R+\Delta R_1}{2R+\Delta R_1}-\frac{1}{2}\right)=\frac{\Delta R_1}{4R+2\Delta R_1}\times V \tag{9-10}$$

如果 $\Delta R_1\leqslant R$，则有：

$$V_0=\frac{V}{4}\cdot\frac{\Delta R_1}{R}=\frac{V}{4}K\varepsilon_1 \tag{9-11}$$

用同样的分析方法也可说明两个桥臂电阻 R_1、R_2 变化（半桥）的情况，此时输出电压表达式为：

$$V_0=\frac{V}{4}\left(\frac{\Delta R_1}{R}-\frac{\Delta R_2}{R}\right)=\frac{V}{4}K(\varepsilon_1-\varepsilon_2) \tag{9-12}$$

如果四个桥臂电阻都有变化（全桥式桥路），则输出电压可用下式表示：

$$V_0=\frac{V}{4}\left(\frac{\Delta R_1}{R}-\frac{\Delta R_2}{R}+\frac{\Delta R_3}{R}-\frac{\Delta R_4}{R}\right)=\frac{V}{4}K(\varepsilon_1-\varepsilon_2+\varepsilon_3-\varepsilon_4) \tag{9-13}$$

根据以上基本关系式，可看出电桥的输出与桥臂电阻的相对增量 $\Delta R/R$ 或应变 ε 成正比的关系。

3）电阻应变测量的温度补偿

用应变片测量应变时，应变片除了能感受结构受力后的变形外，同样也能感受环境温度变化，并引起电阻应变仪指示部分的示值变动，这称为温度效应。

温度变化从两方面使应变片的电阻值发生变化。第一是电阻丝温度改变 Δt，其电阻将会随之而改变 ΔR_β。第二是因为材料与应变片电阻丝的线膨胀系数不相等，但二者又粘合在一起，这样温度改变 Δt，应变片中产生了温度应变，引起一附加的电阻的变化 ΔR_α。总的温度效应 R_t 为两者之和。

$$R_t=\Delta R_\alpha+\Delta R_\beta=(\alpha_j-\alpha)\Delta t+\beta_1\Delta t/K \tag{9-14}$$

式中：α_j——结构材料的线胀系数；

α——电阻丝的线胀系数；

Δt——温差；

K——电阻丝的灵敏系数；

β_1——电阻丝的电阻温度系数。

温度效应的应变值 ε_t 又称为视应变。当采用镍铬合金丝制成的应变片进行测量时，温度变动1℃，会在钢材（$E = 2.1 \times 10^5$MPa）中产生相当于1.5MPa左右的应力示值变动。这是不容忽视的，必须加以消除。消除温度效应的应变值主要是利用惠斯登电桥桥路的特性进行，称为温度补偿。

在电桥BC臂上接一个与测量片 R_1 同样阻值的应变片 R_2，R_2 称为温度补偿应变片。测量片 R_1 粘贴在受力结构上，它既受应变作用又受温度作用，$\Delta R_1 = \Delta R_\varepsilon + \Delta R_t$。补偿片 R_2 贴在一个与结构材料相同，具在同样温度变化条件的一个不受外力作用的小试件上，$\Delta R_2 = \Delta R_t$。此时，电桥对角线上的电流计的反应为 $\Delta R_1 - \Delta R_2 = \Delta R_\varepsilon + \Delta R_t - \Delta R_t = \Delta R_\varepsilon$，测得结果仅是结构受力后产生应变值，而温度效应所产生的应变就消除了。

在实际试验中，为保证补偿效果，对应变片的设置应考虑如下因素。

（1）补偿片与工作片应该是同批产品，具有相同电阻值、灵敏系数和几何尺寸。

（2）贴补偿片的试块材料应与试验结构的材料一致，如果是混凝土材料，应该是同样的配合比，按相同的制作方法并在相同条件下养护的。

（3）补偿片的贴片干燥、防潮处理等工艺必须与工作片相同。

（4）连接补偿片的导线应与连接工作片的导线是同一规格同一长度，并且相互平列靠近布置图或捆扎成束。

（5）补偿片与工作片的位置应量接近，使二者处于同样温度场条件下，以防不均匀热源的影响。

（6）补偿片的数量，由试验材料特性、测点位置、试验条件等因素决定。一般情况下，钢结构可用一个补偿片同时补偿10个工作片，对混凝土可用一个补偿片补偿5～10个工作片。如果要求严格或者是某个测点所处条件特殊时，应单独补偿，以尽量减少由于工作片与补偿片工作时间不同而产生的温差影响。

除桥路补偿外，还有应变片温度自补偿的办法，即使用一种特殊的应变片，当温度变化时，其电阻增量等于零或者相互抵消而不产生视应变。目前主要用于机械类试验中。

3. 电阻应变测量的桥路连接

桥路中，联接在同一桥臂上的应变片的电阻的变化是电阻应变片阻值之和，而联结在相邻桥臂上的应变片的电阻变化则是应变片阻值之差。利用这一特点，结合温度补偿片设置办法，电阻应变片在测量电桥中可以有不同的接法，以便达到实现温度补偿、测量出所需的应变成分、扩大读数以减少读数误差这三个目的。

在试验中，应变片与电桥的联接有半桥与全桥两种接线法。

1）半桥式接线方法

这是电测中最常用的联接方法。将两个相同规格的应变片分别接在桥臂 AB、BC 上，R_1 是工作片、R_2 是补偿片，如图9-17a）所示，为了测量需要，有时 R_1、R_2 都作为工作片，并且又互为温度补偿片，如图9-17b）所示的按半桥式接线法，可以进行下列应变测量：

(1)拉伸、压缩的应变测量

图 9-17a)为拉伸应变测量的联接方法。R_1 感受外力变形和温度变化的影响,R_2 受温度变化的影响,两个应变片同处一个温度场中,温度变化的影响便消除了,所测得的即为与试件轴线相一致的应变值。

$$\Delta R = K \cdot R_1 \cdot \varepsilon \tag{9-15}$$

图 9-17b)为压缩应变测量的联接方式,R_2 与 R_1 垂直,反映试件受力后的横向变形。

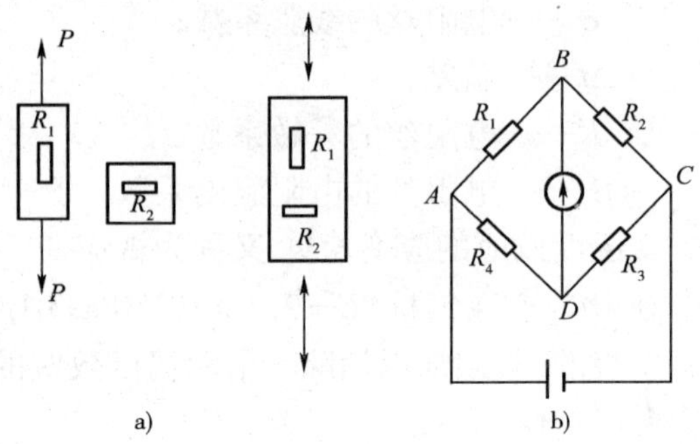

图 9-17　测量拉伸和压缩时应变片的布置及电桥联结

$$\Delta R = \Delta R_1 - \Delta R_2 = K \cdot R \cdot \varepsilon(1+\mu) \tag{9-16}$$

式中:μ——试件材料的泊松比。

此时仪器的灵敏度增大到原来的$(1+\mu)$倍。

(2)弯曲应变的测量

有两种粘贴应变片的方法可量测试件弯曲应变 ε_m,如图 9-18 所示。

图 9-17a)所示,在被测试件上只粘贴一个 R_1 应变片,R_2 为补偿片,此时弯曲变形及温度变形引起的增量为

$$\Delta R = K \cdot R \cdot \varepsilon_m \tag{9-17}$$

图 9-17b)所示,应变片分别贴在受弯截面的上、下纤维上,当应变片规格相同并在同一温度场中,且试件材质均匀、对称,受纯弯曲时

$$\Delta R = 2K \cdot R \cdot \varepsilon_m \tag{9-18}$$

此时,测量的灵敏度提高 1 倍。

此外,还可用半桥法测量剪切应变及弯曲和拉(压)复合作用下的应变。

2)全桥式接线方法

在四个桥臂上全部接上工作片,如图 9-19 所示。这种桥路联接方式既能提高量测的灵敏度,又能解决互为补偿的问题。由于四个应变片的电阻改变的绝对值相同,所以仪器上得到的读数为单贴一片工作片时的四倍,即实测应变为仪器读数的四分之一。

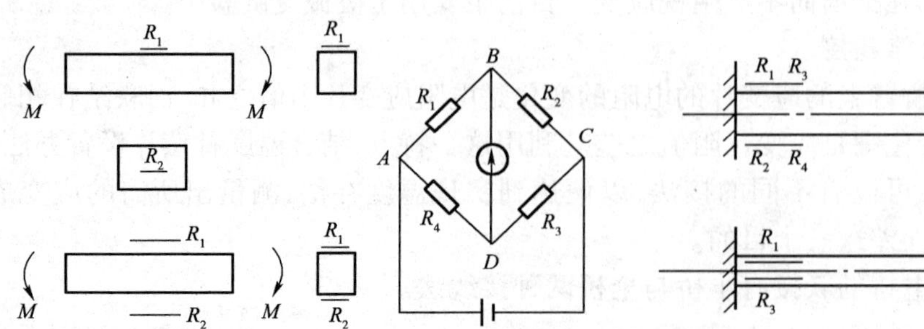

图 9-18　测量弯曲应变时应变片的布置及电桥联接　　图 9-19　用全桥接法测量应变时应变片的布置及桥路联接

4. 电阻应变仪的使用操作及注意事项

1)使用前的准备工作及注意事项

(1)选好电阻应变仪的安放位置,尽量远离各种电磁干扰源,如大功率电动机、电焊机和高压线等。

(2)电阻应变仪要接地良好,注意模拟信号地线、数字信号地线,以及电源地线之间的隔离。

(3)电阻应变仪所用电源必须稳定可靠,输入电压(220V)的变化范围应保持在 -10% ~ +5% 之内。

(4)测点的连接导线尽量远离电源线,以免交变电源的干扰耦合到连接导线内,对测点信号造成干扰,影响测量精度。

(5)必须固定好连接测点与电阻应变仪的导线,不允许随风摆动,以免导线的电阻变化,影响测量精度。

(6)补偿片和工作片必须规格相同,补偿片贴在与被测的试件材料相同且不受力的试件上(补偿块),并将贴有补偿片的试件同别的测试件放置一起,使它们处于同一温度场中。

(7)再次确认前期准备工作的情况,如电阻应变仪对地的绝缘电阻、电阻应变片及连接导线是否短路或断路。

(8)将测点连接线接入电阻应变仪中进行扫描测量,观察是否所有测点均可调整平衡,对不能平衡的重要测点应及时查找原因,并采取补救措施。

2)试验操作

(1)测试前,电阻应变仪必须通电预热 30min。

(2)做好各种参数设置:接桥测量方式、测量范围、修正值、补偿点等。

(3)加荷载前,操作电阻应变仪进行各测点初始平衡调整或初始扫描记忆。注意保护初始值,在本级荷载未卸载前,不允许再进行读取初始值的操作,对于动态应变仪,还要进行各测量通道的标定。

(4)所加荷载稳定后,操作电阻应变仪进行各测点的测量,读取测量数据。

(5)卸载后,操作电阻应变仪进行各测点的测量,读取回零数据。

四、光测式量测装置

光测式量测装置主要包括精密水准仪、经纬仪、全站仪、光电式挠度仪和刻度放大镜等仪器。静载试验过程中,桥梁结构的空间变位是结构评估所必须的重要量测数据。对于搭设支架困难的情况(或为了与机械式、电测式位移计对比),采用精密水准仪、经纬仪、全站仪或光电式挠度仪。可更方便地观测桥梁结构控制截面处的变位(竖直、水平方向)、桥轴线的偏离、桥梁主跨径的相对变化等重要量测值。

刻度放大镜一般用于桥梁结构表面最大裂缝宽度的观测。

第四节 静载试验方法与评价

一、准备工作

试验准备工作包括:设备及仪表夹具的加工;试验现场的清理;设置仪器、仪表的支护装置以及其他必要的支架和安全设备；准备加载物质或设备；仪表校正、安装和调试；对试验人员进行技术培训；印发各种记录表格。在试验准备阶段，必须将试验所用的仪器设备及时配齐，试验前必须按规定进行校正或标定，并且应该有一定数量的备用仪器，以确保试验工作的顺利进行。

测试技术的准备也十分重要，正式加载试验前，试验人员必须明确分工和职责，能熟练地进行仪器、仪表的测读掌握仪器、仪表的工作原理、基本性能以及排除一般故障的能力。对于规模较大、测试时间较长、使用仪器较多、测点布置难度较大的试验，可以考虑拟定专门的测试技术操作规程。

在施工现场，根据试验方案的要求，应及时准备必须的物质和器材，解决用电、水源、燃料等问题。

使用电测仪器，调试工作量大。电阻片粘贴后，要做好防潮、防水处理，其绝缘阻值要满足试验规定的要求。试验用导线要经过测试，导线与试验结构或构件上电阻应变片的连接，要锡焊并做好绝缘处理。

当所有准备工作就绪后，在试验之前，要对所有仪器、仪表进行一次观测演习，以便熟悉试验程序、仪器和仪表的测读、记录方法等。

在试验前及测试过程中观测并记录气温情况。

二、加载实施与控制

1. 加载程序

加载应严格按计划程序进行。采用重物加载时按荷载分级逐级施加，每级荷载堆放位置准确、整齐稳定。荷载施加完毕后，逐级卸载。采用车辆加载时，先由零载加至第一级荷载，卸载至零载；再由零载加至第二级荷载，卸至零载……，直至所有荷载施加完毕（有时为了确保试验结果准确无误，每一级荷载重复施加1～2次），每一级荷载施加次序为纵向先施加重车，后施加两侧标准车，横向先施加桥中心的车辆，后施加外侧的车辆。

2. 加载稳定时间控制

为控制加卸载稳定时间，应选择一个控制观测点（如简支梁为跨中挠度或应变测点），在每级加载（或卸载）后立即测读一次，计算其与加载前（或卸载前）测读值之差值S_g，然后每隔2min读测一次，计算2min前后读数的差值ΔS，并计算相对读数差值m。

$$m = \Delta S / S_g \tag{9-19}$$

当m值小于1%或小于量测仪的最小分辨值即认为结构基本稳定，方可进行各观测点读数。主要控制截面最大内力荷载工况对应的荷载在桥上稳定时间不少于5min，对尚未投入营运的新桥应适当延长加载稳定时间。

有些桥测点观测值稳定时间较长，如结构的实测变位（或应变）值远小于计算值，可将加载稳定时间定为20～30min。

3. 测试方法与加载过程的观察

1）位移的测量

一般的梁、板、拱、桁架结构的位移测定，主要是指挠度及其变形曲线的测定。

挠度的测试断面，一般在1/2跨、1/4跨、1/8跨、3/4跨、7/8跨等位置布设测点，以便能测出挠度变形的特征曲线。对梁或板宽大于或等于 100cm 的构件,应考虑在横截面两侧都布设测点,测值取两侧仪表读数的平均值。为了求得最大挠度值以及其变形特征曲线,测试中要设法消除支座沉降的影响。

常用的位移测量的仪器、仪表有各种类型的挠度计、百分表、位移传感器等。

在桥梁结构设计中的荷载横向分布系数,往往是以测定桥梁横断面各梁(或梁肋)挠度的方法推算出来的。具体做法是在特征断面(跨中或 1/4 跨断面),所有各梁或梁肋布点测挠度,然后经过简单的数据处理,即可得到该断面的荷载横向分布特征值。

2)应变的测量

试验结构的断面内力(弯矩、轴向力、剪力、扭矩)和断面应力分布,一般都是通过应变测定来反映的,所以,应变值的正确测定是非常重要的。

应变的测量分为以下两种情况:

(1)已知桥梁结构主应力方向

对承受轴向力的结构,如桁架中的杆件,测点应在平行于结构轴线的两个侧面,每处不少于两点。

对承受弯矩和轴向力共同作用的结构,如拱式结构的拱圈等,应在弯矩最大的位置处,平行轴线的两侧布点,每处不少于 4 点。

对承受弯矩作用的结构,如梁式结构,应在弯矩最大的位置处,沿截面上、下边缘布点或沿侧面梁高方向布点,每处不少于 2 点。

(2)未知桥梁结构的主应力方向

在受弯构件中正应力和剪应力共同作用的区域、截面形状不规则或者有突变的位置,这些部位的主应力、剪应力的大小和方向都是未知的,当测定这些部位的平面应力状态时,一般按一定的 x-y 坐标系均匀布点,每点按 3 个方向布设成一个应变花形式。再按此测出的应变确定主应力的大小和方向。

应变测试常用的仪器、仪表有千分表、杠杆引伸仪、手持应变仪、电阻应变仪等。

3)裂缝的观测

对于钢筋混凝土梁,加载后受拉区及时发现第一条裂缝是十分重要的。测定裂缝的仪器、仪表有刻度放大镜、塞尺、应变计、电阻应变仪等。

刻度放大镜可用来测定混凝土裂缝的宽度。最小刻度值为 0.01 ~ 0.1mm,量程为 3 ~ 8mm。使用时将放大镜的物镜对准需测定的裂缝,经过目测即可读出裂缝的宽度。

塞尺的用途是测定混凝土裂缝的深度,它是由一些不同厚度的薄钢片组成。按裂缝宽度选择合适的塞尺厚度并插入裂缝中,根据塞尺插入的深度即可测得裂缝的深度。

用应变测量仪测量裂缝的出现或开裂荷载时,应在结构内力最大的受拉区,沿受力主筋方向连续布置电阻应变片或应变计,连续布置的长度不小于 2 ~ 3 个计算的裂缝间距或不小于 30 倍的主筋直径。在裂缝没有出现时,仪表的读数是有规律的,若在某级荷载作用下开裂,则跨越裂缝的仪表读数骤增,而相邻的其他仪表读数很小或出现负值。

在每级荷载下出现的裂缝或原有裂缝的开展,都要在结构上标明,用软铅笔在离裂缝 1 ~ 3mm 处平行地描出裂缝的走向、长度和宽度,并注明荷载吨位。试验结束时,根据结构上的裂缝,绘出裂缝开展图。

加载过程应对结构控制点位移（或应变）、结构整体行为或薄弱部位破损实行监控，并随时向指挥人员汇报。要随时将控制点实测数值与计算结果进行比较，如实测值超过计算值较多，应暂停加载，查明原因后再决定是否继续加载。加载过程中应指定人员随时观察结构各部位（尤其是薄弱部位）可能产生的新裂缝，结构是否产生不正常的响声，加载时墩台是否发生摇晃现象等，如有这些情况及时报告试验指挥人员，以便采取相应的措施。

加载过程要注意观测原有裂缝较长、较宽的部位。测量裂缝的长度、宽度，并在混凝土表面沿裂缝走向进行描绘。观测加载过程裂缝长度及宽度的变化情况，在混凝土表面进行描绘，并采用专门表格进行记录。将最后的检查情况填入裂缝观测记录表。

4. 终止加载控制条件

发生下列情况应终止加载：

（1）控制测点应力值已达到或超过用弹性理论按规范安全条件反算的控制应力值。

（2）控制测点变位（或挠度）超过规范允许值时。

（3）由于加载，使结构裂缝的长度、缝宽急剧增加，新裂缝大量出现，缝宽超过允许值的裂缝大量增多，对结构使用寿命造成较大的影响时。

（4）拱桥加载时沿跨长方向的实测挠度曲线分布规律与计算值相差过大或实测挠度超过计算值过多时。

（5）发生其他损坏，影响桥梁承载能力或正常使用时。

三、试验数据分析

1. 试验资料的修正

1）测值修正

根据各类仪表的标定结果进行测试数据的修正，如考虑机械式仪表校正系数、电测仪表率定系数、灵敏系数、电阻应变观测的导线电阻影响等。当这类因素对测值的影响小于1%时可不予以修正。

2）温度影响修正

温度对测试的影响比较复杂，结构构件的各部位不同的温度变化，结构的受力特性，测试仪表或元件的温度变化、电测元件的温度敏感性、自补性等均对测试精度造成一定的影响。逐项分析这些影响是否困难。一般可采用综合分析的方法来进行温度影响修正，即利用加载试验前进行的温度稳定观测数据，建立温度变化（测点处构件表面温度或空气温度）和测点的测值（应变和挠度）变化之间线性关系，然后按下式进行温度修正值计算：

$$S' = S - \Delta t \cdot K_t \tag{9-20}$$

式中：S——温度修正后的测点加载测值变化；

S'——温度修正前测点加载测值变化；

Δt——相应于 S 观测时间段内的温度变化（℃）；

K_t——空载时温度上升1℃时测点测值变化量，$K_t = \Delta S / \Delta t_1$；

ΔS——空载时某一时间区段内测点测值变化量；

Δt_1——相应于 ΔS 同一时间区段内温度变化量。

温度变化量的观测对应变宜采用构件表面温度，对挠度宜采用气温。温度修正系数 K_t 应采用多次观测的平均值，如测值变化与温度变化关系不明显时则不能采用。

由于温度影响修正比较困难，一般不进行这项工作，而采取缩短加载时间、选择温度变化较小的时间进行试验等办法尽量减小温度对测试精度的影响。

3）支点沉降影响的修正

当支点沉降量较大时，应修正其对挠度值的影响，如图 9-20 所示。修正量 C 可按下式计算：

$$C = \frac{L-x}{L}a + \frac{x}{L}b \tag{9-21}$$

式中：C——测点的支点沉降影响修正量；

L——A 支点到 B 支点的距离；

x——挠度测点到 A 支点的距离；

a——A 支点沉降量；

b——B 支点沉降量。

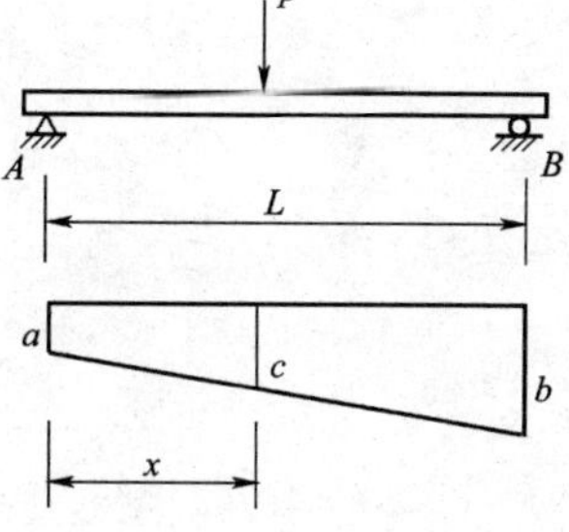

图 9-20 实测挠度的修正量图

2. 各测点变位（挠度、位移、沉降）与应变的计算

根据量测数据作下列计算：

总变位（或总应变）$S_t = S_l - S_i$；

弹性变位（或弹性应变）$S_e = S_l - S_u$；

残余变位（或残余应变）$S_p = S_t - S_e = S_u - S_i$；

式中：S_i——加载前测值；

S_l——加载达到稳定时测值；

S_u——卸载后达到稳定时测值。

引入相对残余变位（或应变）的概念描述结构整体或局部进入塑性工作状态的程度。

相对残余变位（或应变）按下式计算：

$$S'_p = S_p / S_t \times 100 \tag{9-22}$$

式中：S'_p——相对残余变位（或应变）；

S_p、S_t——意义同前。

3. 应力计算

根据测量到的测点应变，当结构处于线弹性工作状态时可以利用应力应变关系计算测点的应力。

1）单向应力状态

$$\sigma = E\varepsilon \tag{9-23}$$

2）平面应力状态

（1）当主应力方向已知。

$$\sigma_1 = \frac{E}{1-\mu^2}(\varepsilon_1 + \mu\varepsilon_2) \tag{9-24}$$

$$\sigma_2 = \frac{E}{1-\mu^2}(\varepsilon_2 + \mu\varepsilon_1) \tag{9-25}$$

式中：E——构件材料弹性模量；

μ——构件材料泊松比；

ε_1、ε_2——方向相互垂直的主应变；

σ_1、σ_2——方向相互垂直的主应力。

(2)主应力方向未知时需用应变花测量其应变计算主应力。应变花的常见形式为直角形或等边形(图 9-21a)、b)、c))，由三个应变片组成；也可以增加校核片布置为扇形和伞形(图 9-21d)、e))。采用图 9-21 中的 5 种应变花时，测点主应力可以表示为：

$$\sigma_1 = \left(\frac{E}{1-\mu}\right)A + \left(\frac{E}{1+\mu}\right)\sqrt{B^2 + C^2} \tag{9-26}$$

$$\sigma_2 = \left(\frac{E}{1-\mu}\right)A - \left(\frac{E}{1+\mu}\right)\sqrt{B^2 + C^2} \tag{9-27}$$

$$\tau_{\max} = \left(\frac{E}{1+\mu}\right)\sqrt{B^2 + C^2} \tag{9-28}$$

$$\phi_0 = \frac{1}{2}\tan^{-1}\frac{C}{B} \tag{9-29}$$

式中：参数 A、B、C、由应变花的形式而定，上面 5 种形式应变花的参数见表 9-5。

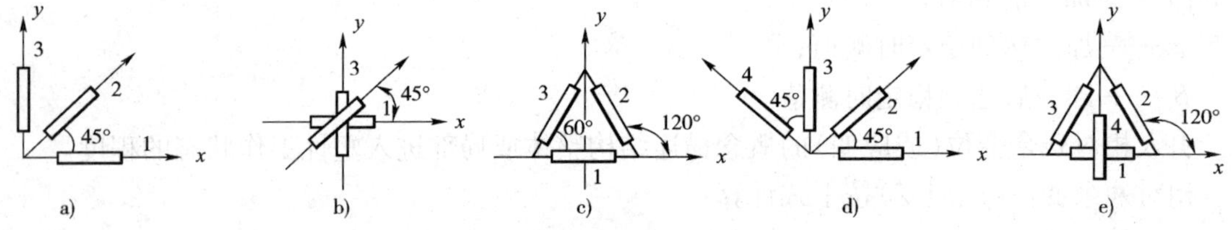

图 9-21 常用应变花的形式

a)直角形；b)直角交叉形；c)等边形；d)扇形；e)伞形；

应变花参数 表 9-5

测量平面上一点主应变时应变计的布置		A	B	C
应变花名称	应变花形式			
45°直角应变花	图 14-19a)	$\frac{\varepsilon_0+\varepsilon_{90}}{2}$	$\frac{\varepsilon_0-\varepsilon_{90}}{2}$	$\frac{2\varepsilon_{45}-\varepsilon_0-\varepsilon_{90}}{2}$
60°等边三角形应变花	图 14-19c)	$\frac{\varepsilon_0+\varepsilon_6+\varepsilon_{120}}{3}$	$\frac{\varepsilon_0+\varepsilon_{60}+\varepsilon_{120}}{3}$	$\frac{\varepsilon_{60}-\varepsilon_{120}}{\sqrt{3}}$
伞形应变花	图 14-19e)	$\frac{\varepsilon_0+\varepsilon_{90}}{2}$	$\frac{\varepsilon_0-\varepsilon_{90}}{2}$	$\frac{\varepsilon_{60}-\varepsilon_{120}}{\sqrt{3}}$
扇形应变花	图 14-19d)	$(\varepsilon_0+\varepsilon_{45}+\varepsilon_{90}+\varepsilon_{135})/4$	$(\varepsilon_0-\varepsilon_{90})/2$	$(\varepsilon_{135}-\varepsilon_{45})/2$

4. 混凝土结构的弹性模量确定方法

混凝土结构的弹性模量一般按下列方法确定：一种是用回弹仪对全桥进行强度测定，测出梁体混凝土实际的强度查表得出相应的弹性模量。另一种方法是根据实测结构截面特性，通过实测的跨中挠度反求结构的弹性模量，计算公式为：

对钢筋混凝土桥：

$$f=\frac{l^3}{48(0.8EhI)}\sum\frac{P_k}{n}\sin\frac{\pi x}{l} \tag{9-30}$$

对于预应力混凝土桥：

$$f=\frac{l^3}{48EhI}\sum\frac{P_k}{n}\sin\frac{\pi x}{l} \tag{9-31}$$

式中：P_k——作用在梁上距支点为 x 处的车轴重(t)；

I——钢筋混凝土梁上不计受拉区混凝土的跨中截面换算截面惯性矩或预应力混凝土梁跨中全截面换算截面惯性矩；

n——横断面上梁的根数；

f——跨中截面实测挠度。

5. 试验结果与理论分析的比较

为了评定结构整体受力性能，需对桥梁荷载试验结果与理论分析值比较，以检验新建桥是否达到设计要求的荷载标准，或者判断旧桥的承载能力。比较时可以将结构位移、应变等试验值与理论计算值列表进行比较，对结构在最不利荷载工况作用下主要控制测点的位移、应力的实测值与理论分析值，要分别绘出荷载—位移(P-Δ)曲线，荷载—应力(P-σ)曲线，并绘出最不利荷载工况作用下位移沿结构(纵、横向)分布曲线和控制截面应变(沿高度)分布图，绘制结构裂缝分布图(对裂缝编号注明长度、宽度、初裂荷载以及裂缝发展情况)。为了量化，以及描述试验值与理论分析值比较的结果，此处引入结构校验系数：

$$\eta=S_e/S_s \tag{9-32}$$

式中：S_e——试验荷载作用下量测的弹性变位(或应变)值；

S_s——试验荷载作用下的理论计算变位(或应变)值。

S_e 与 S_s 的比较可用实测的横截面平均值与计算值比较，也可考虑荷载横向不均匀分布而选用实测最大值与考虑横向增大系数的计算值进行比较。横向增大系数最好采用实测值，如无实测值也可采用理论计算值。

四、荷载试验成果分析与承载能力评定

经过荷载试验的桥梁，应根据整理的试验资料分析结构的工作状况，进一步评定桥梁承载能力。为新建桥验收做出鉴定结论，或作为旧桥承载力鉴定检算的依据，并纳入桥梁承载能力鉴定报告和桥梁承载能力鉴定表。一般进行下列分析评定工作。

1. 结构强度分析

结构控制断面实测最大应力(应变)可以成为评价结构强度的主要内容。常用校验系数 η 来说明。不同结构形式的桥梁，其 η 值常不相同。

挠度校验系数 = 实测跨中挠度/理论跨中挠度

应力校验系数 = 杆件实测弯曲应力/杆件理论弯曲应力(或杆件实测轴向力/杆件理论轴向力)

$\eta=1$ 时,说明理论与实际相符。一般要求 η 值不大于 1。η 值越小结构的安全储备越大。若 η 值过大或过小都应该从多方面分析原因。如 η 值过大可能说明组成结构的材料强度较低,结构各部分联结性较差,刚度较低等等。η 值过小可能说明材料的实际强度及弹性模量较高,梁桥的混凝土桥面铺装及人行道等与主梁共同受力,拱桥拱上建筑与拱圈共同作用,支座摩阻力对结构受力的有利影响,计算理论或简化的计算式偏于安全等等。试验加载物的称量误差、仪表的观测误差等也对 η 值有一定影响。表 9-6 所列为常见 η 值参考表。

桥梁校验系数常值表

表 9-6

桥 梁 类 型	应变(或应力)校验系数	挠度校验系数	桥 梁 类 型	应变(或应力)校验系数	挠度校验系数
钢筋混凝土板桥	0.20 ~ 0.40	0.20 ~ 0.50	预应力混凝土桥	0.60 ~ 0.90	0.70 ~ 1.00
钢筋混凝土梁桥	0.40 ~ 0.80	0.50 ~ 0.90	圬工拱桥	0.70 ~ 1.00	0.80 ~ 1.00

由于理论的变位(或应变)一般按线性关系计算,所以如测点实测弹性变位(或应变)与理论计算值成正比。其关系曲线接近于直线,说明结构处于良好的弹性工作状况。

测点在控制荷载工况作用下的相对残余变位(或应变)S_p/S_t 越小,说明结构越接近弹性工作状况。一般要求 S_p/S_t 值不大于 20%,当 S_p/S_t 大于 20% 时,应查明原因。如确系桥梁强度不足,应在评定时,酌情降低桥梁承载能力。

η 值应取控制截面内力最不利荷载工况时最大挠度测点进行计算。对梁桥可采用跨中最大正弯矩荷载工况的跨中挠度;对拱桥检算拱顶截面时可采用拱顶最大正弯矩荷载工况时跨中挠度;检算拱脚截面时可采用拱脚最大负弯矩荷载工况时 $L/4$ 截面处挠度;检 $L/4$ 截面时用上者的平均值。如已安排 $L/4$ 截面最大正、负弯矩荷载工况,则可采用该程序 $L/4$ 截面挠度。

2. 地基与基础

当试验荷载作用下墩台沉降、水平位移及倾角较小,符合上部结构检算要求,卸载后变位基本回复时,认为地基与基础在检算荷载作用下能正常工作。

当试验荷载作用下墩台沉降、水平位移、倾角较大或不稳定,卸载后变位不能回复时,应进一步对地基、基础进行探查、检算,必要时应对地基、基础进行加固处理。

3. 结构的刚度要求

试验荷载作用下,主要测点挠度校验系数 η 应不大于 1。各点的挠度不超过现行《公路圬工桥涵设计规范》与《公路钢筋混凝土及预应力混凝土桥涵设计规范》的有关规定。

4. 裂缝

对于新建桥,试验荷载作用下预应力结构不应出现裂缝,钢筋混凝土结构裂缝不超现行《公路圬工桥涵设计规范》容许值:

$$\delta_{max} \leqslant [\delta] \tag{9-33}$$

对于旧桥试验荷载作用下绝大部分裂缝宽度应不大于规定中的允许值,荷载试验后所有裂缝应不大于表 9-7 规定的允许值。

裂缝限值表　　表9-7

<table>
<tr><th>结构类别</th><th colspan="3">裂缝部位</th><th>允许最大缝宽(mm)</th><th>其他要求</th></tr>
<tr><td rowspan="5">钢筋混凝土梁</td><td colspan="3">主筋附近竖向裂缝</td><td>0.25</td><td></td></tr>
<tr><td colspan="3">腹板斜向裂缝</td><td>0.3</td><td></td></tr>
<tr><td colspan="3">组合梁结合面</td><td>0.5</td><td>不允许贯通结合面</td></tr>
<tr><td colspan="3">横隔板与梁体端部</td><td>0.3</td><td></td></tr>
<tr><td colspan="3">支座垫石</td><td>0.5</td><td></td></tr>
<tr><td rowspan="2">预应力混凝土梁</td><td colspan="3">梁体竖向裂缝</td><td>不允许</td><td></td></tr>
<tr><td colspan="3">梁体纵向裂缝</td><td>0.2</td><td></td></tr>
<tr><td rowspan="3">砖、石、混凝土拱</td><td colspan="3">拱圈横向</td><td>0.3</td><td>裂缝高小于截面高一半</td></tr>
<tr><td colspan="3">拱圈纵向</td><td>0.5</td><td>裂缝长小于跨1/8</td></tr>
<tr><td colspan="3">拱波与拱肋结合处</td><td>0.2</td><td></td></tr>
<tr><td rowspan="7">墩台</td><td colspan="3">墩台帽</td><td>0.3</td><td rowspan="7">不允许贯通墩台身截面一半</td></tr>
<tr><td rowspan="5">墩台身</td><td rowspan="2">经常受有侵蚀性水影响</td><td>有筋</td><td>0.2</td></tr>
<tr><td>无筋</td><td>0.3</td></tr>
<tr><td rowspan="2">常年有水，但无侵蚀性影响</td><td>有筋</td><td>0.25</td></tr>
<tr><td>无筋</td><td>0.35</td></tr>
<tr><td colspan="2">干沟或季节性有水河流</td><td>0.4</td></tr>
<tr><td colspan="3">有冻结作用部分</td><td>0.2</td></tr>
</table>

注：表中所列除特指外适用于一般条件，对于潮湿和空气中含有较多腐蚀性气体等条件下的缝宽限制应要求严格一些。

通过对桥梁结构工作状况、强度稳定性、刚度和抗裂性各项指标进行综合评定，并结合结构下部评定和动力性能评定，综合给出桥梁承载能力评定结论，将评定结论写入桥梁承载能力鉴定报告。

五、桥梁静载试验示例

某预应力混凝土变截面连续箱梁，下部构造为空心双室等截面钢筋混凝土薄壁桥墩、钢筋混凝土轻型桥台，基础为高桩承台和钻孔灌注桩，全桥由主孔和边孔共14跨桥组成。主孔桥为9跨一联，边孔桥为5跨一联。大桥设计荷载标准为：汽车—超20级，挂车—120级。对该桥进行结构检验。

该桥的检验目的为：通过对全桥各部位的全面检查，得出桥梁结构在运营状态下的实际状况；检验桥梁结构的承载能力及工作状态；检验竣工初验《验收书》中提出的各重点部位在荷载作用下的工作情况。

1. 检验试验方案的设计

检验试验项目为：全面考察、检查桥梁结构的现有状况；根据大桥结构型式、特点和现状，检测桥梁3、4、5、6、7、10等桥梁中具有代表性的控制断面在荷载作用下的内力情况、应力分布及变形曲线；检验桥梁在不同试验荷载作用下是否有新裂缝出现及已有裂缝的变化情况。

2. 测试方法及仪器

考察、检查桥梁结构现状，采用肉眼观察结构外观，对于太高、太远的部位辅以高倍望远镜;用刻度放大镜和塞尺检测裂缝;用回弹仪检测全桥混凝土强度等方法进行工作。

在静载作用下,采用百分表、精密水准仪、光电挠度仪、倾角仪、水准仪等仪器联合测定梁体的下挠、挠曲、扭转及墩顶位移等变形情况。

在静载作用下,采用应变仪和千分表应变计测定梁体的应力应变变化情况。

3. 测点布置

(1)应变布置:边孔桥和主孔桥各10个有代表性的断面进行应变测试,应变测试断面布置见图9-22。根据各断面的受力特点和为确保测试数据准确、可靠,在应变测点布置时采用了电阻应变片测点和千分表测点两种形式,测点布置见图9-23(此处仅列出1个图)。

(2)变形测点:挠度测点分别采用了光电挠度仪测点、精密水准仪测点和百分表测点三种形式,测试断面为26个,见图9-24。箱梁挠曲测点采用水平式倾角仪测点和电子数显式倾角仪测点两种,测点布置见图9-25。

裂缝变化观测点:根据箱梁已有裂缝的实际情况布置(此处略)。

墩顶位移观察点:分别在墩顶布置横向位移和竖向位移观察点(选4号和6号墩)。

4. 试验荷载设计

由于是竣工验收荷载试验,辅助对已有病害的检验,主要目的是检验结构承载能力是否符合设计要求,所以采用基本荷载试验。选定加载车为黄河载重车和太脱拉载重车两种车型。

5. 检测试验阶段

(1)加载过程的观察。由专人随时观察结构各部位可能产生的新裂缝,观察支座附近混凝土的情况,墩台稳定情况,结构是否产生异常变位等,并及时与试验指挥人员联系。

(2)加载与卸载。各加载程序的每级荷载均严格按照荷载设计的要求进行施加和布置,在中断交通一段时间后,当结构处于稳定的情况下开始进行试验,初读数完毕后,加载车辆以不大于5km/h的速度按次序准确就位,就位后车辆熄火。当试验读数全部完毕后,车辆以不大于5km/h的速度按次序退出结构试验影响区。

(3)荷载持续时间及读数。每次加载或卸载后的持续时间取决于结构测点读数达到稳定标准所需时间。在试验过程,每一级荷载按要求布置好后,用该次加载最大变位测点(百分表测定,精度0.01mm)的每5min变位增量来监控结构稳定状况。一般结构在最后5min内变位增量小于前一个5min内变位增量的15%或小于所用量测仪器的最小分辨值,则认为结构变位达到相对稳定。每一加载程序均读取初读数(零级荷载读数)、加载读数(或第一级、第二级加载读数)、第一次卸载读数(全部卸载后立即读数)及结构相对稳定后的最终卸载读数。

(4)静载试验的终止条件。如果荷载未加至预定的荷载,结构控制截面的变位、应力(或应变)和裂缝的扩展及增多提前达到或超过设计标准的允许值,或者在加载过程中,结构发生其他损坏,有可能影响桥梁承载能力或正常使用时,应立即停止加载。

6. 测试程序

对于分两级施加试验荷载的加载程序,测试程序见图9-26,对于一次将荷载加至试验荷载的加载程序,其测试程序见图9-27。

7. 检测结果

(1)测试断面在一种加载程序荷载作用下的应力值及应力分析结果见表9-8。

(2)测试断面在一种加载程序荷载作用下的应力图(设计值与实测值比较)见图9-28。

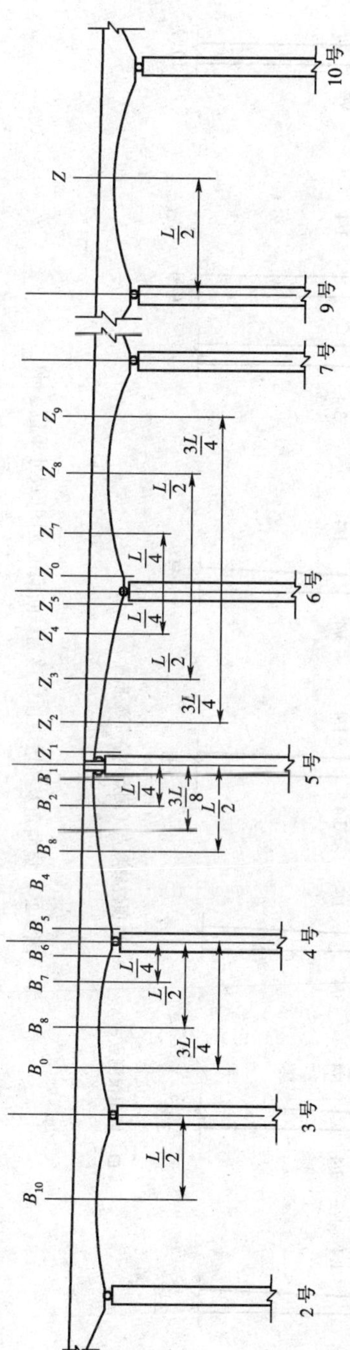

图 9-22　应变测试断面位置图(尺寸单位:cm)

图 9-23　边孔桥第四断面应变测点布置图(尺寸单位:cm)

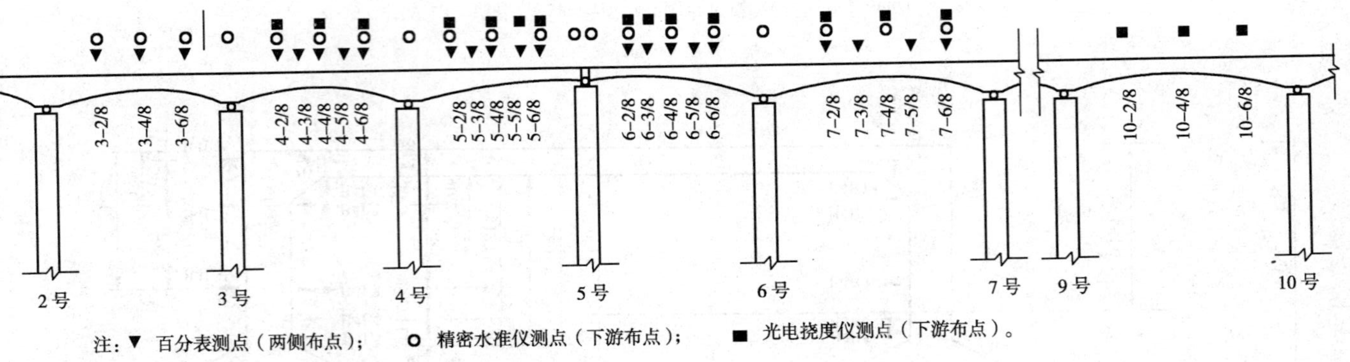

注：▼ 百分表测点（两侧布点）；　○ 精密水准仪测点（下游布点）；　■ 光电挠度仪测点（下游布点）。

图 9-24　挠度测试断面位置图(尺寸单位:cm)

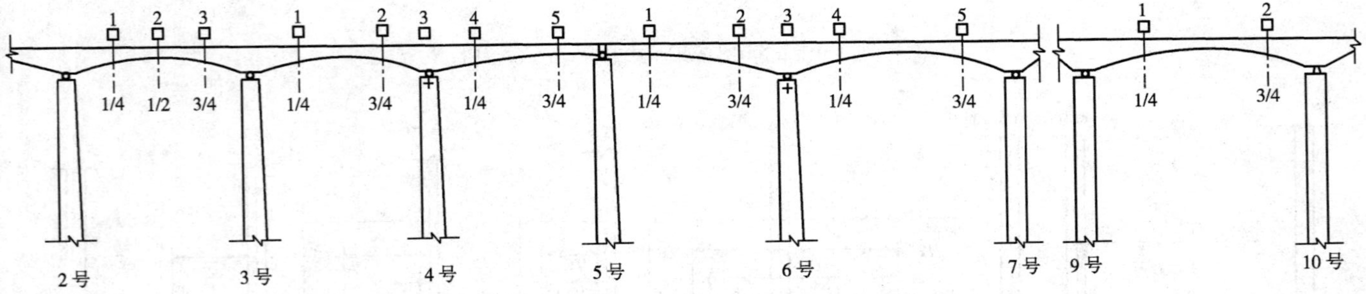

□ 倾角仪测点；　+ 墩顶位移测点（测点均在下游布置）。

图 9-25　挠曲角及桥墩墩顶位移测试断面位置图(尺寸单位:cm)

(3)主孔桥在一种加载程序荷载作用下的挠度值(挠度分析)见表9-9。

(4)桥梁在一种加载程序荷载作用下的下挠曲线见图9-29。

(5)桥跨挠曲角测点在一种加载程序荷载作用下的挠曲角值见表9-10(裂缝的检测结果此处未列)。

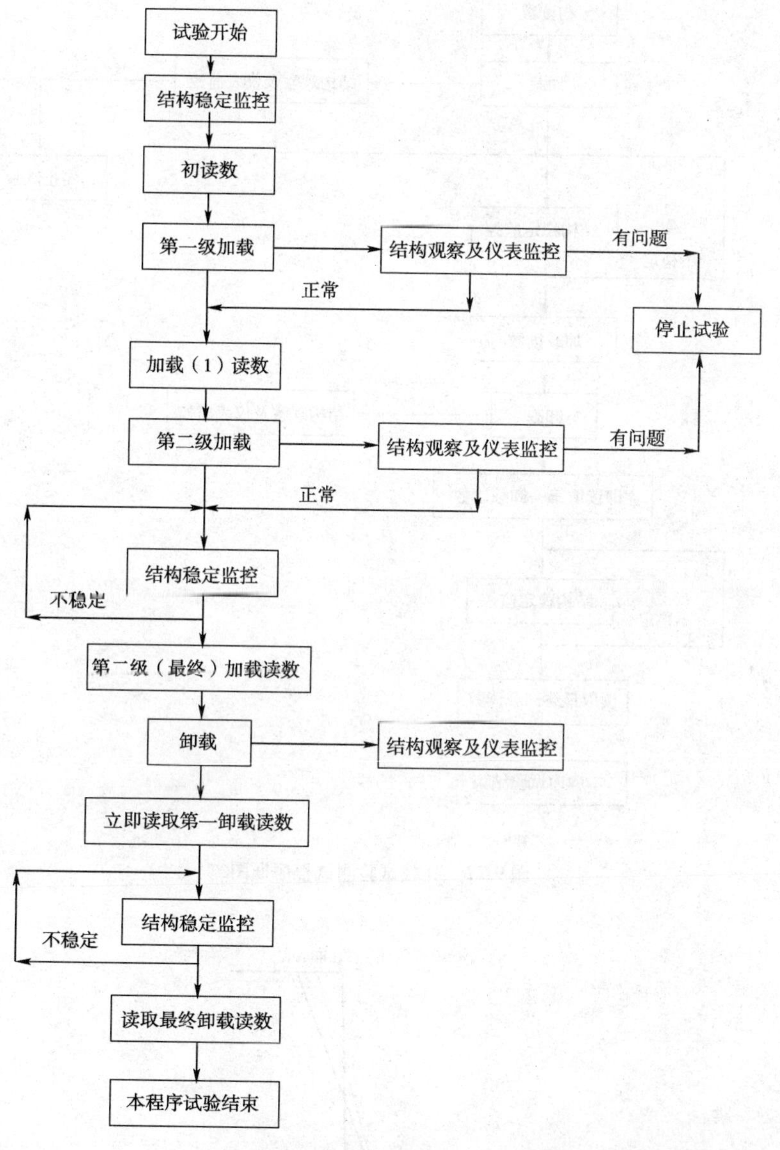

图9-26 静载试验测试程序框图一

荷载作用下 Z_3 测试断面箱梁上下缘应力值 表9-8

实测值(MPa)		计算值(MPa)		校验系数	
上缘应力	下缘应力	上缘应力	下缘应力	上缘应力	下缘应力
+0.84	-2.16	+1.42	-2.39	+0.59	+0.90

注:"+"为压应力,"-"为拉应力。

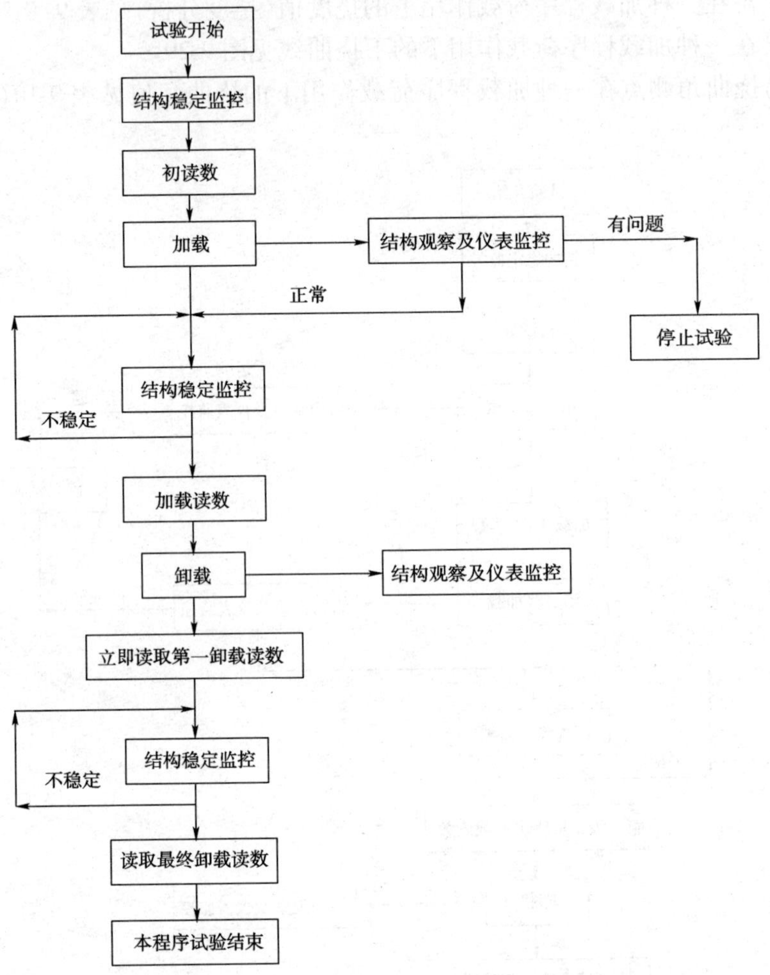

图 9-27 静载试验测试程序框图二

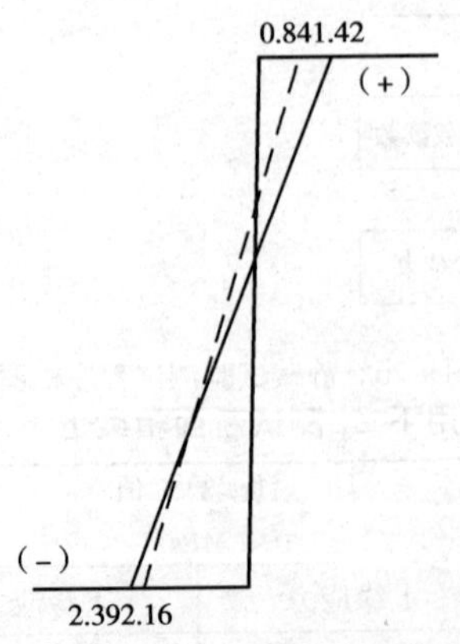

图 9-28 主孔桥第三程序加载 Z_3 断面应力图

主孔桥部分测试断面在荷载作用下的挠度分析表　　表 9-9

位　置		挠　度　(mm)
4-2/8	计算值	13.0
	实测值	12.7
	相对残余值	0.08
	校验系数	0.98
4-3/8	计算值	20.0
	实测值	16.5
	相对残余值	—
	校验系数	0.83
4-4/8	计算值	20.0
	实测值	20.0
	相对残余值	0.05
	校验系数	0.80
4-5/8	计算值	26.0
	实测值	21.0
	相对残余值	0.0
	校验系数	0.81
4-6/8	计算值	21.0
	实测值	19.3
	相对残余值	0.05
	校验系数	0.92

注:"+"为上挠,"-"为下挠;相对残余挠度=残余挠度/实测挠度,校验系数=实测值/计算值。

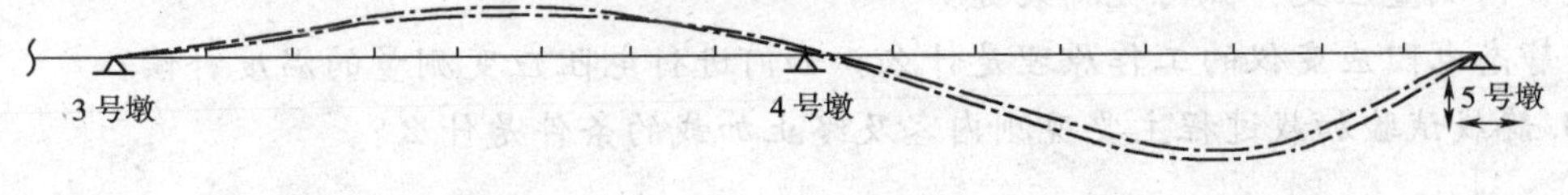

断面	3 号墩	4–1/8	4–2/8	4–3/8	4–4/8	4–5/8	4–6/8	4–7/8	4 号墩	5–1/8	5–2/8	5–3/8	5–4/8	5–5/8	5–6/8	5–7/8	5 号墩
f(mm)	0.0	—	12.7	16.5	20.0	21.0	19.3	—	0.0	—	–30.7	–41.3	–56.2	64.2	46.5	—	0.0
$f_{设}$(mm)	0.0	6.0	13.0	20.0	25.0	26.0	21.0	12.0	0.0	–15.0	–32.0	–49.0	–62.0	–65.0	–54.0	–31.0	0.0

图 9-29　边孔桥第三程序(对称)挠曲线

8. 分析

特征断面混凝土拉、压应力的校验系数在 1.0 左右,而且应力分布无不正常现象,说明梁体的抗扭性能比较好。

从挠度的测试结构看,在正常荷载作用下梁体挠度的校验系数主要在 0.8~1.0 范围内,说明梁体的实际抗弯刚度大于设计期望值,而且梁体实测挠度曲线光滑、顺畅,基本与计算挠度曲线吻合，说明梁体的整体性能可以满足使用要求。

实测挠曲角的挠曲趋势与设计基本一致，满足设计要求。

9. 结论及建议

从控制截面实测应力值可知，大桥有较好的受力性能；由挠度与挠曲角实测值与计算值均接近的结果可知，梁体具有一定的抗弯刚度；欲知全桥的运营情况，应经过动载试验后再进行分析。

荷载作用下主孔桥混凝土箱梁各测试断面挠曲角值(′) 表 9-10

位置 \ 程序		对称加载	
		计 算 值(1)	实 测 值(1)
第十跨	1(*L*/4)	5.19	2.50
	2(3*L*/4)	-5.40	-5.50

注：正值表示顺时针挠曲；负值表示逆时针挠曲。

复习思考题

1. 检测常用桥梁的挠度、应变时，应该如何布设测点？
2. 静载试验的量测项目有哪些？选用哪些仪器量测？
3. 如何用位移计测应变？
4. 如何用手持式应变仪测应变？如何考虑温度影响？
5. 桥梁检测中常用的应变片有哪些？如何选用？
6. 叙述应变片的粘贴工艺。
7. 如何测量梁桥的位移？常用的仪器有哪些？
8. 如何测量应变？如何观测裂缝？
9. 静态电阻应变仪的工作原理是什么？如何进行电阻应变测量的温度补偿？
10. 静载试验加载过程主要观测内容及终止加载的条件是什么？

第十章

桥梁动载试验

知识目标

1. 桥梁结构动载试验的目的和基本任务；
2. 桥梁结构动载试验的测试仪器和系统选配；
3. 桥梁动载试验的激振方法。

第一节　概　　述

桥梁结构是承受以自重和各种车辆为主要荷载的结构物。桥梁的振动主要是由于车辆荷载以一定速度在桥上通过而产生的,同时,车辆驶过桥梁时,由于桥面起伏不平或发动机的振动等原因会使桥梁振动加剧。此外,人群荷载、风力、地震力、漂浮物或其它物体的撞击作用也会引起桥梁的振动。

为满足交通运输日益增长的需要,不但各种交通车辆的数量迅速的增长,而且车辆的行使速度和载重量也有很大提高。而且近年来由于计算理论不断的完善,以及新结构形式或轻质高强材料的应用,都促使桥梁结构逐渐轻型化。因此,车辆荷载或其它动力荷载对桥梁结构的冲击和振动的影响,已成为桥梁工程中不容忽视的问题之一。

桥梁的振动问题,影响因素复杂,只靠理论分析不易得到实用的结果。一般需要采用与实验相结合的研究方法,而振动测试正是解决桥梁工程振动问题的必不可少的手段。

桥梁的动载试验与静载试验相比具有其特殊性。首先,引起结构产生振动的振源(又称输入,例如车辆、人群、阵风或地震力等)和结构的振动响应(又称输出),都是随时间而变化的,而且结构在动荷载作用下的响应与结构本身的动力特性有密切关系。动荷载产生的动力效应一般大于相应的静力效应;有时,甚至在一个不大的动力作用下,也可能使结构受到严重的损坏。

桥梁结构动载试验的基本任务是:

(1)测定动荷载的动力特性。即引起结构产生振动的作用力的数值、方向、频率和作用规律等。

(2)测定结构的动力特性。如结构或构件的自振频率、阻尼特性及固有振型(模态)等。

(3)测定结构在动荷载作用下的强迫振动的响应。如振幅、动应力、冲击系数及疲劳性能等。

桥梁结构动载试验按其目的不同,也可分为生产鉴定性和科学研究性两种试验。

在一般情况下,动载试验多在现场实际结构上进行非破坏性试验。按需要也可在室内进行结构模型的动载试验，此时，动荷载可以采用激振器和大型模拟地震台，也可以在风洞内进行模拟。

有时，为了确定结构构件的疲劳特性，可在专门的结构疲劳试验机上进行。

总之，桥梁的振动试验涉及到很宽的范畴，如模拟地震试验、抗风试验、疲劳试验等。在本章下面的几节里，将主要介绍桥梁结构动力特性和动载响应的试验与分析。

第二节　动载试验测试系统的选配

桥梁结构动载试验的测试仪器包括：测振传感器、信号放大器、光线示波器、磁带记录仪和数字信号处理机。近年振动信号分析处理技术发展很快，已开发出多种以 A/D 转换和微机结合的数据采集和分析一体化的智能仪器，可以进行实时数据采集分析，并能实现数据储存，有取代磁带记录仪和专用信号处理机的趋势，但还有待普及。

一、测振传感器

1. 基本原理

振动参数有位移、速度和加速度。测量这些振动参数的传感器有许多种类。但由于振动测量的特殊性，如测量时难以在振动体附近找到一个静止点作为测量的基准点，所以就需要使用惯性式测振传感器。通常所指的测振传感器即为惯性式测振传感器（以下简称为测振传感器）。测振传感器的基本原理为：由惯性质量、阻尼和弹簧组成一个动力系统，这个动力系统固定在振动体上（即传感器的外壳固定在振动体上），与振动体一起振动。通过测量惯性质量相对于传感器外壳的运动，就可以得到振动体的振动（图 10-1）。由于这是一种非直接的测量方法，所以，这个传感器动力系统的动力特性对测量结构具有很重要的影响。

设被测振动体的振动规律如下：

$$x = X_0 \sin\omega t \tag{10-1}$$

式中：x——振动体相对固定参考坐标的位移；

X_0——振动体振动的振幅；

ω——振动体振动的圆频率。

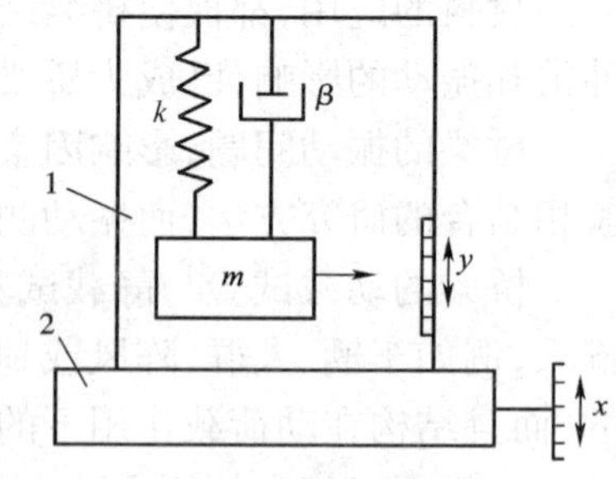

图 10-1　测振传感器力学原理

1-传感器；2-振动体

传感器外壳随振动体一起运动。以 y 表示质量块 m 相对于传感器外壳的位移，由图 10-1 可知，质量块 m 的总位移为 $x+y$，它的运动方程为：

$$m\frac{\mathrm{d}^2(x+y)}{\mathrm{d}t^2} + c\frac{\mathrm{d}y}{\mathrm{d}t} + ky = 0 \tag{10-2}$$

或

$$m\frac{\mathrm{d}^2y}{\mathrm{d}t^2} + c\frac{\mathrm{d}y}{\mathrm{d}t} + ky = mX_0\omega^2 \cdot \sin\omega t \tag{10-3}$$

上式为一单自由度有阻尼的强迫振动的方程，它的通解为：

$$y = Be^{-nt}\cos(\sqrt{\omega^2 - n^2 t} + \alpha) + Y_0\sin(\omega t - \varphi) \tag{10-4}$$

其中，$n=\dfrac{c}{2m}$。

式(10-4)中第一项为自由振动解，由于阻尼作用而很快衰减；第二项为强迫振动解，其中

$$Y_0=\frac{X_0\left(\frac{\omega}{\omega_n}\right)^2}{\sqrt{\left(1-\frac{\omega^2}{\omega_n^2}\right)^2+4\xi^2\frac{\omega^2}{\omega_n^2}}} \tag{10-5}$$

$$\varphi=\operatorname{arccot}\frac{2\xi\frac{\omega}{\omega_n}}{1-\left(\frac{\omega}{\omega_n}\right)^2} \tag{10-6}$$

式中：ξ——阻尼比，$\xi=\dfrac{n}{\omega_n}$；

ω_n——质量弹簧系统的固有频率，$\omega_n=\sqrt{\dfrac{k}{m}}$。

由式(10-4)可知，传感器动力系统的稳态振动如下：

$$y=Y_0\sin(\omega_t-\varphi) \tag{10-7}$$

2. 传感器的频率特性

将式(10-7)与式(10-1)相比较，可以看出传感器中的质量块相对外壳的运动规律与振动体的运动规律一致，但两者相差一个相位角 φ。质量块的振幅 Y_0 与振动体的振幅 X_0 之比为：

$$\frac{Y_0}{X_0}=\frac{\left(\frac{\omega}{\omega_n}\right)^2}{\sqrt{\left(1-\frac{\omega^2}{\omega_n^2}\right)^2+4\xi^2\frac{\omega^2}{\omega_n^2}}} \tag{10-8}$$

式(10-8)和式(10-6)分别为测振传感器的幅频特性和相频特性，相应的曲线称为幅频特性曲线和相频特性曲线(图 10-2、图 10-3)。由图 10-2、图 10-3 可知，当$\dfrac{\omega}{\omega_n}$较大时，即振动体振动频率较之传感器的固有频率大很多时，不管阻尼比 ξ 的大小如何，$\dfrac{Y_0}{X_0}$趋近于 1，φ 趋近于 180°，

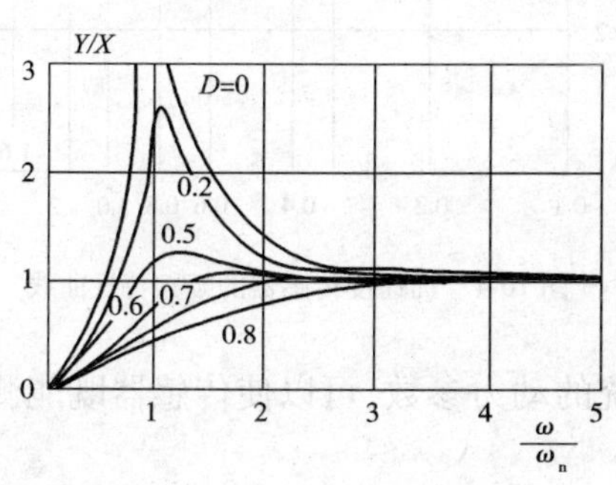

图 10-2　幅频特性曲线

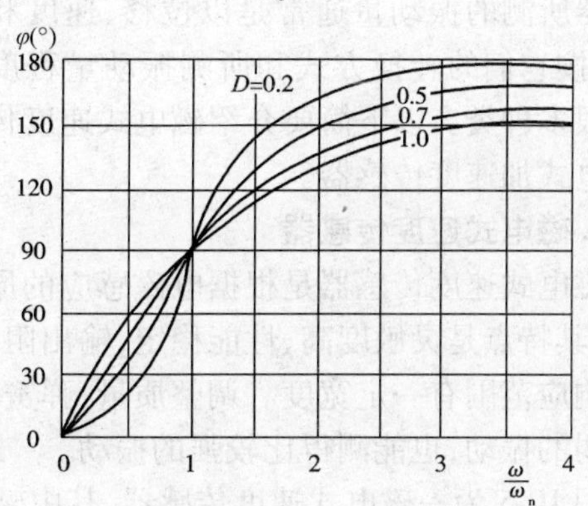

图 10-3　相频特性曲线

表示质量块的振幅和振动体的振幅趋近于相等，而它们的相位趋于相反，这是测振传感器的理想状态。当$\frac{\omega}{\omega_n}$接近于1时，$\frac{Y_0}{X_0}$值随阻尼值的变化而作很大的变化，这一段的相位差φ随着$\frac{\omega}{\omega_n}$的变化而变化，表示仪器测出的波形有畸变。当$\frac{\omega}{\omega_n}$较小趋于零时，$\frac{Y_0}{X_0}$值也趋于零，表示传感器难以反映所要测的振动。所以，在设计和选择测振传感器时，应使传感器的固有频率ω_n与所测振动的频率ω相比尽可能小，即使$\frac{\omega}{\omega_n}$尽可能大。但是，降低传感器的固有频率有时会有困难，这时可以适当选择阻尼器的阻尼值来延伸传感器的频率下限。

对于测量位移的传感器，如果使传感器的固有频率远远大于所测振动的频率，就可以得到惯性式加速度传感器的频率特性。当$\omega_n \geqslant \omega$时，由式(10-5)、式(10-6)可得：

$$Y_0 \approx X_0 \frac{\omega^2}{\omega_n^2} \tag{10-9}$$

$$\varphi \approx 0 \tag{10-10}$$

所测振动的加速度为：

$$\frac{d^2x}{dt^2} = -X_0\omega^2 \sin\omega t \tag{10-11}$$

令$a_m = X_0\omega^2$，由式(10-9)可知：

$$Y_0 \approx \frac{1}{\omega_n^2} \cdot a_m \tag{10-12}$$

上式表示传感器的位移幅值与被测振动的加速度幅值成正比，这就是惯性式加速度传感器的工作原理。以$\frac{\omega}{\omega_n}$为横坐标，以$Y_0\frac{\omega_n^2}{a_m}$为纵坐标，可得加速度传感器的幅频特性曲线(图10-4)。

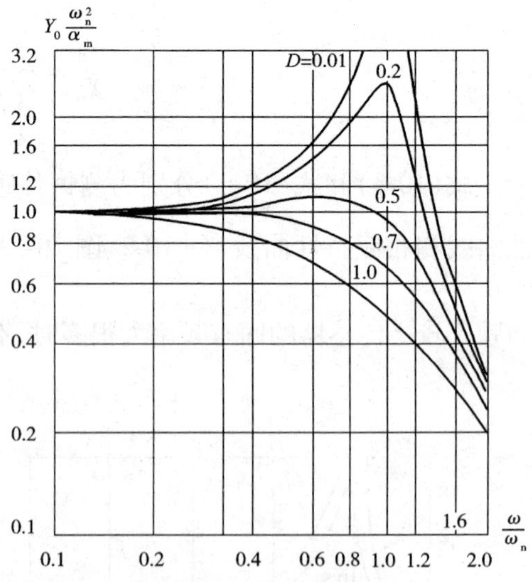

图10-4　加速度传感器的幅频特性曲线

弹簧和阻尼系统是测振传感器的感受部分。感受到的振动信号要通过各种转换方式转换成电信号，转换方式有磁电式、压电式、电阻应变式等。传感器所测的振动量通常是以位移、速度和加速度等，按它们的转换方式和所测振动量程度可以分成很多种类。以下简要介绍磁电式速度传感器和压电式加速度传感器。

3. 磁电式速度传感器

磁电式速度传感器是根据电磁感应的原理制成的，其特点是灵敏度高，性能稳定，输出阻抗低，频率响应范围有一定宽度。调整质量、弹簧和阻尼系统的动力参数，可以使传感器既能测量非常微弱的振动，也能测得比较强的振动。

图10-5为一磁电式速度传感器，其中磁钢和壳体相固连，并通过壳体安装在振动体上，与振动体一起振动；芯轴和线圈组成传感器的系统质量，通过弹簧片(系统弹簧)与壳体连动。

振动体振动时,系统质量与传感器壳体之间发生相对位移,因此线圈与磁钢之间也发生相对运动。

根据电磁感应定律,感应电动势 E 的大小为:

$$E = Bl \cdot nv \tag{10-13}$$

式中:B——线圈所在磁钢间隙的磁应强度;

l——每匝线圈的平均长度;

n——线圈匝数;

v——线圈相对于磁钢的运动速度,即系统质量相对于传感器壳体的运动速度。

从式(10-13)可以看出,对于传感器来说 $Bl \cdot n$ 是常量,所以传感器的电压输出(即感应电动势 E)与相对运动速度 v 成正比。

图 10-6 为一摆式测振传感器,它的质量弹簧系统设计成转动的形式,因而可以获得更低的仪器固有频率。摆式传感器可以测垂直方向和水平方向的振动;它也是磁电式传感器,输出电压与相对运动速度成正比。

磁电式测振传感器的主要技术指标如下:

(1)传感器质量弹簧系统的固有频率。它直接影响传感器的频率响应。固有频率取决于质量的大小和弹簧的刚度。

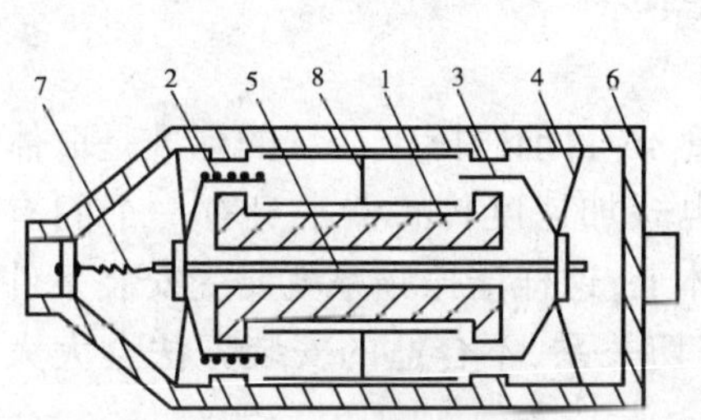

图 10-5　磁电式速度传感器

1-磁钢;2-线圈;3-阻尼环;4-弹簧片;5-芯轴;6-外壳;7-输出线;8-铝架

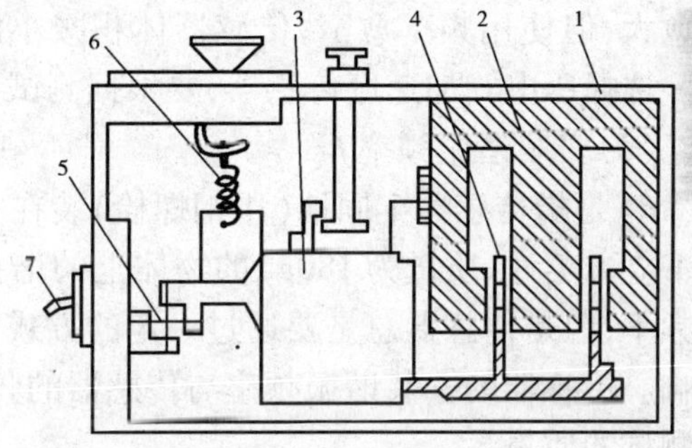

图 10-6　摆式传感器

1-外壳;2-磁钢;3-重锤;4-线圈;5-十字簧片;6-弹簧;7-输出线

(2)灵敏度。传感器在测振方向受到一个单位振动速度时的输出电压。

(3)频率响应。当所测振动的频率变化时,传感器的灵敏度、输出的相位差等也随之变化,这个变化的规律称为传感器的频率响应。对于一个阻尼值,只有一条频率响应曲线。

(4)阻尼。传感器的阻尼与频率响应有很大关系,磁电式测振传感器的阻尼比通常设计成0.5~0.7。

磁电式传感器输出的电压信号一般比较微弱,需要用电压放大器进行放大。

4. 压电式加速度传感器

从物理学知道,一些晶体材料当受到压力并产生机械变形时,在其相应的两个表面上出现异号电荷,当外力去掉后,晶体又重新回到不带电的状态,这种现象称为压电效应。压电式加速度传感器是利用晶体的压电效应而制成的,其特点是稳定性高、机械强度高及能在很宽的温度范围内使用,但灵敏度较低。

图 10-7 为压电式加速度传感器的结构原理，压电晶体片上是质量块，用硬弹簧将它们夹紧在基座上。质量弹簧系统的弹簧刚度由硬弹簧的刚度和晶体片的刚度组成，刚度很大，质量块的质量较小，因而质量弹簧系统的固有频率很高，可达数千赫兹，高的甚至可达 100 ~ 200kHz。

由前面的分析可知，当传感器的固有频率远远大于所测振动的频率时，质量块相对于外壳的位移就反映所测振动的加速度。质量块相对于外壳的位移乘上晶体的刚度就等于用在晶体上的动压力。这个动压力与压电晶体两个表面所产生的电荷量（或电压）成正比，因此我们可以通过测量压电晶体的电荷量来得到所测振动的加速度。

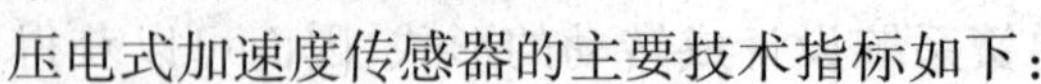

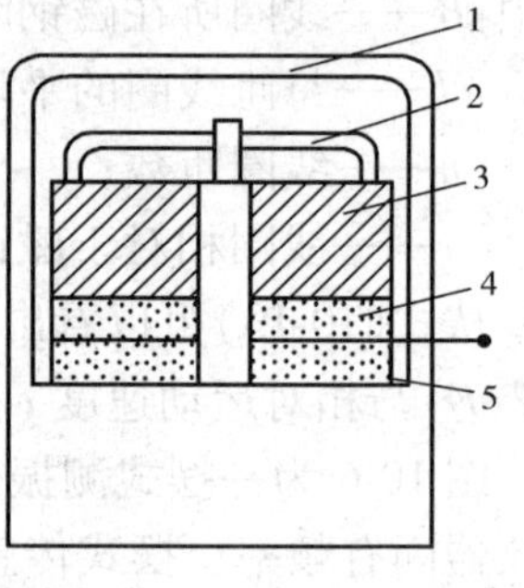

图 10-7　加速度传感器的结构原理

1-外壳；2-硬弹簧；3-质量块；4-压电晶体；5-输出端

压电式加速度传感器的主要技术指标如下：

（1）灵敏度

压电式加速度传感器有两种形式的灵敏度，电荷灵敏度 S_q（S_q 的单位是 pC/g，pC 是微微库仑，g 是重力加速度）和电压灵敏度 S_v（S_v 的单位通常是 mV/g）。传感器灵敏度的大小取决于压电晶体材料的特性和质量块的质量大小。传感器几何尺寸愈大即质量块愈大，灵敏度愈大，但使用频率愈窄；传感器体积减小即质量块减小，灵敏度也减小，但使用频率范围加宽。选择压电式加速度传感器，要根据测试要求综合考虑。

（2）安装谐振频率 $f_{安}$

$f_{安}$ 是指传感器牢固地（用钢螺栓）装在一个有限质量 m（目前国际上公认的标准是取体积为 1 立方英寸，质量为 180g）的物体上的谐振频率。压电式加速度传感器本身有一个固有谐振频率，但是传感器总是要通过一定的方式安装在振动体上，这样谐振频率就要受安装条件的影响。传感器的安装谐振频率与传感器的频率响应有密切关系，不合适的安装方法会大大影响测试的质量。

（3）频率响应

根据对测试精度的要求，通常取传感器安装谐振频率的$\frac{1}{5} \sim \frac{1}{10}$为测量频率的上限，测量频率的下限可以很低，所以压电式加速度传感器的工作频率很宽。

（4）横向灵敏度比

即传感器受到垂直于主轴方向振动时的灵敏度与沿主轴方向振动的灵敏度之比。在理想的情况下，传感器的横向灵敏度比应等于零，即当与主轴垂直方向振动时不应有信号输出。

（5）幅值范围

即传感器灵敏度保持在一定误差大小（通常在 5% ~ 10%）时的输入加速度幅值的范围，也就是传感器保持线性的最大可测范围。

压电式加速度传感器用的放大器有电压放大器和电荷放大器两种。

二、磁带记录仪

磁带记录仪是利用磁记录技术在磁带上记录（存储）被测信号的一种记录仪器。磁带记

录仪可分为模拟式和数字式两大类。磁带记录仪的记录频带宽(0~2MHz),存储信息密度大,且稳定性好,易于多路记录,并可长期保存,便于复制,磁介质可多次使用,对环境(温度和湿度)不敏感,抗干扰能力强,记录的信号能多次反复重放。重放速度可与记录速度不同,实现对信号的时间压缩和扩展。磁带记录仪十分昂贵,仍得到广泛使用。

磁带记录仪的基本组成如图10-8所示,主要由如下三部分组成。

1. 磁带

坚韧的塑料薄带,厚约50μm,宽有6.3mm、12.7mm和25.4mm等几种。磁带传动机构包括电动机、驱动机构和控制机构等。该机构的主要作用是保证磁带按一定的线速度的磁头上平稳运动,以实现信号的记录和重放。

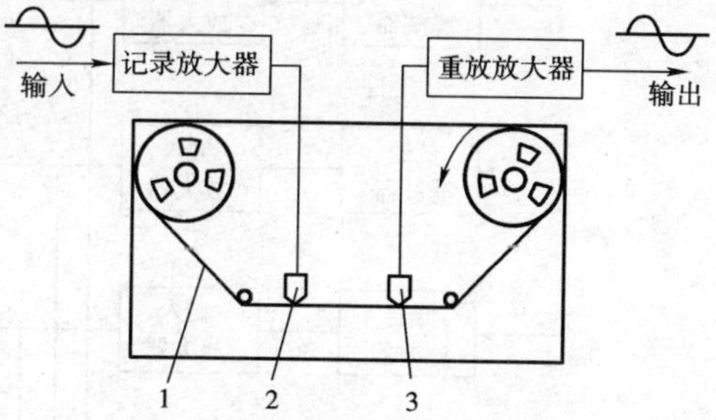

图10-8 磁带记录仪的基本组成
1-磁带;2-记录磁头;3-重放磁头

2. 磁头

磁头是一种磁电换能器,它包括记录磁头、重放磁头和消磁磁头。

3. 记录放大器和重放放大器

记录放大器是将输入信号放大,并将它转换成最适于磁记录的形式供给记录磁头;重放放大器是将重放磁头检测到的信号放大,并将它转换成所需的形式后输出。

数字式磁带记录仪是随计算机的广泛应用而发展起来的一种新型磁带记录仪,其结构与模拟式记录仪相同,但采用的记录方式是数字记录方式。

数字记录方式又称为脉冲码调制(PCM)方式,它是把待记录信号放大后,经A/D转换变换成二进制代码脉冲,并经记录磁头记录在磁带中。重放时再将该信号经D/A转换还原为模拟信号,从而恢复被记录的波形,或将该脉冲码直接输人数字处理装置,进行后续处理和分析。

数字式记录方式的特点是被记录的信息只是二进制的"0"和"1",这不仅便于记录,而且便于运算。用磁带记录"0"和"1",是分别利用磁带磁层的正方向或负方向的饱和磁化。所以在磁带上作记录时,记录磁头是将一连串脉冲相应地转换成饱和磁化存储在磁带上。

数字记录方式的优点是准确可靠,记录带速不稳定对记录精度基本没有影响,记录、重放的电子线路简单,存储的信息重放后可直接送入数字计算机或专用数字信号处理器进行处理分析,因此数字式磁带记录仪可作为计算机的外设。它的缺点是在进行模拟信号记录时需作A/D转换,而需模拟信号输出时,重放后还需作D/A从转换,使记录系统复杂化。另外,数字记录的记录密度低,只有FM方式。

三、信号处理机

动态信号数据处理,一般在专用信号处理机或利用数据处理软件在通用计算机上进行。目前数字信号处理技术发展很快,它以FFT硬件和专用软件为基础,可以在幅值域、时域、频域对各种类型的信号进行处理。图10-9给出一般信号处理机的组成图。输入信号首先通过低抗混淆滤波器和前置放大器,然后经过模数转换器,将模拟的电量信号转换成数字信号输入给计算机,在数据处理硬件和软件支持下进行各种数据处理,最后将分机结果显示在屏幕上或通过打印机(绘图仪)打印出来。功能较全的数据处理机还应配备磁盘驱动器、输入和输入接口,及不同算法语言编制的专用程序。信号分析处理已是一门独立的学科专业,广泛用于振动分析、通讯、气象、医疗等行业。信号处理机的规格型号也很多,如 HP3562A、BK2034、7T18S、CF—500,一般数据处理机由专人操作使用,进行桥梁动态信号分析时,可以根据条件和需要进行选用,这里不再赘述。

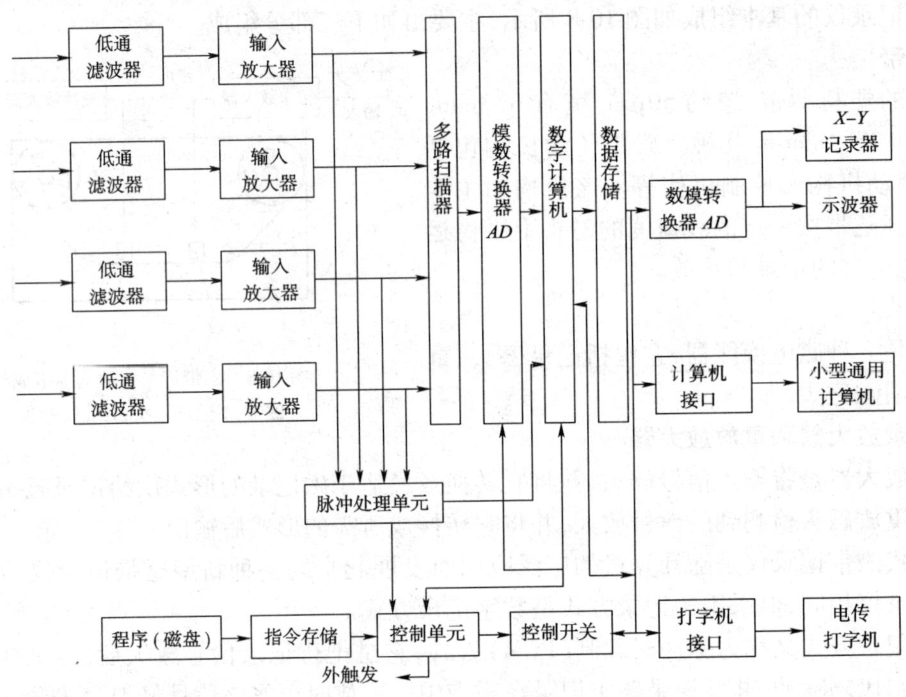

图 10-9　数字信号处理机的组成

四、桥梁动态测试系统

基于计算机控制的一体化动态数据测试系统将是未来动载试验的主要仪器。一般来说,该系统主要由传感器、信号采集系统与信号分析系统三部分组成,详细结构组成如图10-10所示。

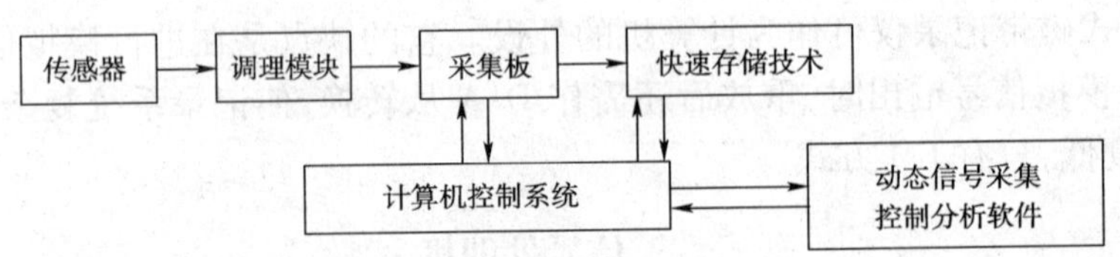

图 10-10　动态测试系统的组成

动载试验中使用的传感器要求具有较高的灵敏度和分辨率,同时,动态范围、幅值范围也是较为重要的指标,另外,使用频率范围是传感器的重要性能参数,一般测量中均要求使用超低频传感器,最好具有零频响应。

模块式数据采集分析控制软件 DASYLab 是用于数据采集系统的简单而易用的开发软件,具有多种连接硬件的接口如:RS232IEEEUSB、并口、ISA 总线和 PCI 总线等,此外 DASYLab 还提供了大量用于测量和控制系统的功能模块。动态数据采集分析程序通常包括以下模块组：

①输入/输出模块组：A/D 转换、D/A 转换、数据输入等，用于各种硬件输入数据的转换。

②触发函数模块组：组合触发、前/后触发、开始/停止触发、需求触发等。

③数学计算模块组：算术运算、三角运算、比例定义、微积分、逻辑运算、二进制操作。

④数理统计模块组：最大/最小值、统计数值、信号位置、频率分布图、计数等。

⑤信号分析模块组：滤波、相关分析、数据窗口、傅立叶算法、极坐标/笛卡尔坐标。

⑥控制模块组：信号生成、开关、滑块、时间延迟、停止等。

⑦显示模块组：*Y/t* 图表、*X/Y* 图表、图标记录、列表显示等。

⑧文件模块组：读入数据、写入数据、备份数据。

根据需要，实际使用中可选择合适的模块组成信号采集、控制分析系统，可方便的进行多通道记录。

●第三节　动载试验激振方式●

在进行桥梁动载试验时，首先要设法使桥梁产生一定的振动，然后应用测振仪器加以测试和记录，通过对记录的振动信号分析得到桥梁的动力特性和响应。可用于桥梁动载试验的激振方法很多，应根据被测桥梁的结构型式和刚度大小选择激振效果好、易于实施的方法。

1. 自振法(瞬态激振法)

自振法的特点是使桥梁产生有阻尼的自由衰减振动，记录到的振动图形是桥梁的衰减振动曲线。为使桥梁产生自由振动，一般常采用突加荷载和突卸荷载两种方法。

1)突加荷载法(冲击法)

在被测结构上急速地施加一个冲击作用力，由于施加冲击作用的时间短促，因此，施加于结构的作用实际上是一个冲击脉冲作用。由振动理论可知，冲击脉中的动能传递到结构振动系统的时间，要小于振动系统的自振周期，并且冲击脉中一般都包含了从零到无限大的所有频率的能量，它的频谱是连续谱，只有被测结构的固有频率与之相同或很接近时，冲击脉冲的频率分量才对结构起作用，从而激起结构以其固有频率作自由振动。

对于中、小型桥梁结构，可用落锤激振器(或枕木)垂直地冲击桥梁，激起桥梁垂直方向的自由振动。如果水平方向冲击桥面缘石，则可激起横向振动。图 10-11 为公路界常用的落锤激振器的构造图。

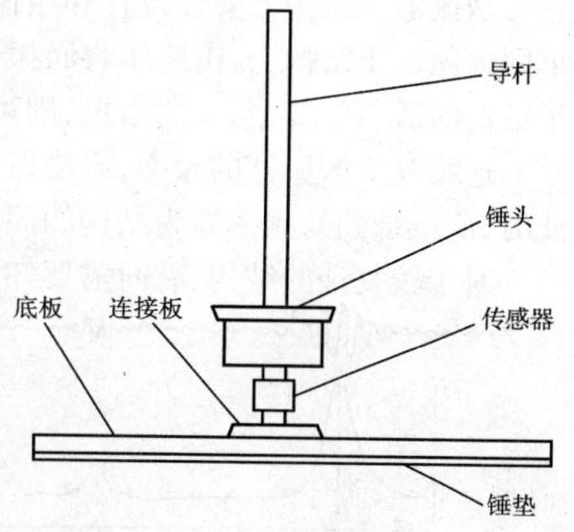

图 10-11　落锤激振器构造图

工程界常利用试验车辆在桥面上驶越三角垫木，利用车轮的突然下落对桥梁产生冲击作用，激起桥梁的竖向振动。此时所测得的结构固有频率包括了试验车辆这一附加质量的影响。图 10-12 为试验用解放载重汽车后轮在跨度为 25m 预应力混凝土简支梁桥的跨中位置越过 15cm 高三角垫木后，激起桥跨结构的振动波形记录。

近年来，在桥梁的动载试验中，还采用了爆炸和发射小型火箭产生脉冲荷载等办法来进行激振，但还不普及。

采用突加荷载法时,应注意冲击荷载的大小及其作用位置。如果要激起结构的整体振动,则必须在桥梁的主要受力构件上施加足够的冲击力,冲击荷载的位置可按所测结构的振型来确定,如为了获得简支梁桥的第一振型,则冲击荷载作用于跨中部位,测第二振型时冲击荷载应加于跨度的1/4处。

冲击法引起的自由振动,一般可记录到第一固有频率的振动图形。如用磁带记录仪录取结构某处的响应,通过频谱分析,则可获得多阶固有频率的参数。

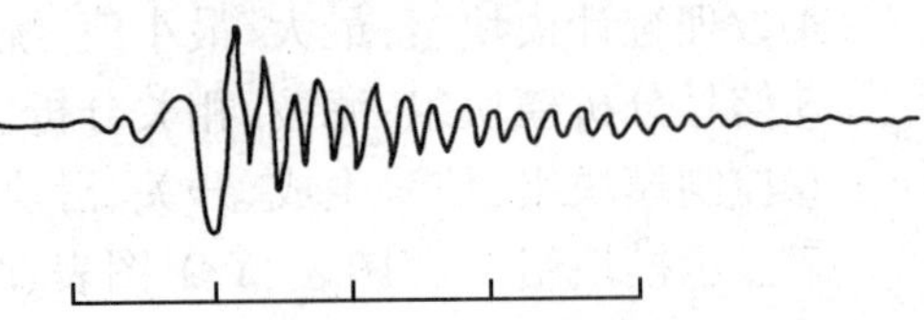
图10-12 跳车引起的结构振动图形

2)突然卸载法(位移激振法)

采用突然卸载法时,在结构上预先施加一个荷载作用,使结构产生一个初位移,然后突然卸去荷载,利用结构的弹性使其产生自由振动。图10-13示出卸载法的激振装置。

为卸落荷载,可通过自动脱钩装置或剪绳索等方法,有时也可专门设计一种断裂装置,当预施加力达到一定的数值时,在绳索中间的断裂装置便突然断离,从而激发结构的振动。突卸荷载的大小要根据所需最大振幅计算求出。

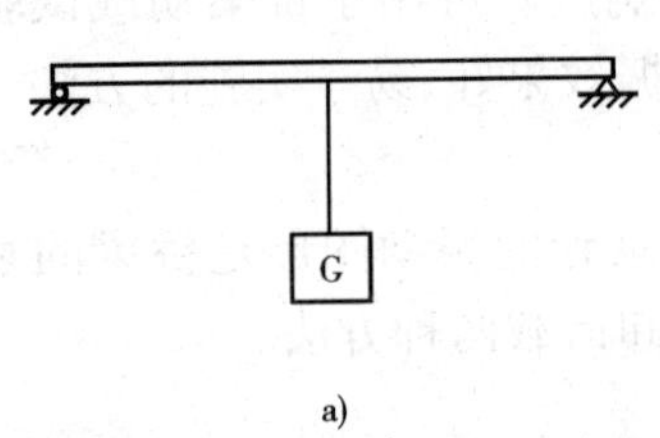

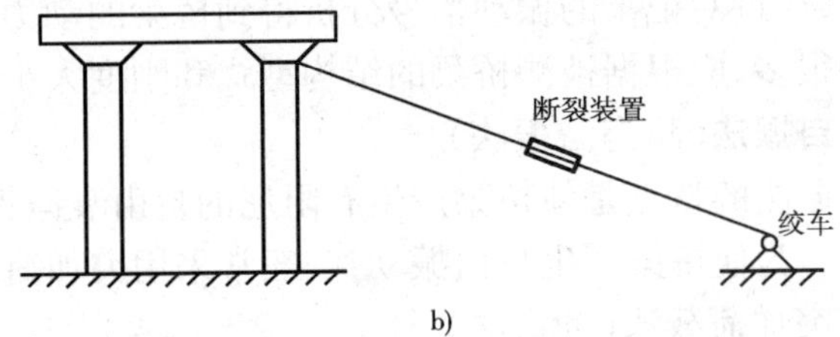

图10-13 卸载法试验装置

2. 共振法(强迫振动法)

激振设备有机械式激振器、电磁式激振器和电气液压式振动台。

共振法是利用激振器,对结构施加激振力,使结构产生强迫振动,改变激振力的频率而使结构产生共振现象并借助共振现象来确定结构的动力特性。

激振器在结构上安装位置和激振方向要根据试验的要求和目的而定。使用时,激振器应牢固地固定于结构上,由底座将激振器产生的交变激振力传给结构。如果将两台激振器安放于结构的适当位置上,反向激振,则可进行扭转振动试验。

连续改变激振器的频率,当激振力的频率与结构的固有频率相等时,结构出现共振现象,此时,所记录到的频率即为结构的固有频率。

对于较复杂的结构,有时需要知道基频以后的几个频率。此时可以连续改变激振力的频率,进行"频率扫描",使结构连续出现第一次共振,第二次共振,……等等,同时记录结构的振动图形。由此可得到结构的第一频率(基频)、第二频率、……等。在此基础上,再在共振频率附近进行稳定的激振试验,则可准确地测定结构的固有频率与振型。图10-14为进行频率扫描时的记录

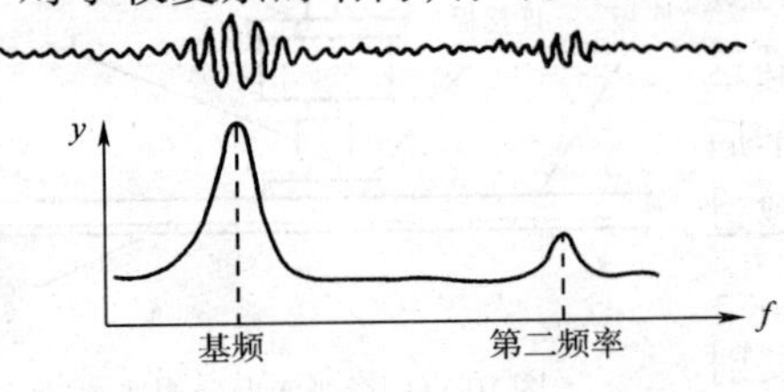

图10-14 频率扫描时结构的振动图

曲线。

在上述频率扫描试验时,同时记录结构的振幅变化情况,则可作出共振曲线,即频率—振幅关系曲线,从而确定结构的阻尼特性。

对于自振频率较低的大跨度柔性桥梁结构,也可利用人群在桥面上作有规律的运动,使结构发生共振现象。

在桥梁的动载试验中,常用载重车队由低到高的不同速度驶过桥梁,使结构产生不同程度的强迫振动。在若干次运行车辆荷载试验中,当某一行驶速度产生的激振力的频率与结构的固有频率相接近时,结构便产生共振现象,此时结构各部位的振动响应达最大值。在车辆驶离桥跨以后,结构作自由衰减振动,这时可用记录到的波形曲线分析得出结构的动力特性。图10-15为车速21km/h,驶过25m预应力混凝土简支梁桥时,跨中挠度的时历曲线。振动波形曲线中A至B段,是车辆离桥后,结构作自由衰减振动的波形纪录,从图中可分析计算出结构的固有频率和阻尼特性。

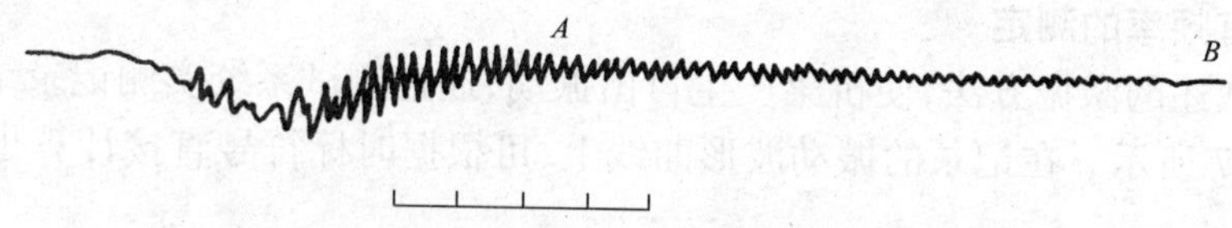

图10-15 车速为21km/h时跨中挠度时历曲线

3. 脉动法

对于大跨度悬吊结构,如悬索桥、斜拉索桥跨结构、塔墩以及具有分离式拱肋的大跨度下承式或中承式拱桥,可利用结构由于外界各种因素所引起的微小且不规则的振动来确定结构的动力特性。这种微振动通常称为"脉动",它是由附近的车辆、机器等振动或附近地壳的微小破裂和远处的地震传来的脉动所产生。

结构的脉动有一重要特性,就是它能明显地反映出结构的固有频率。因为结构的脉动是因外界不规则的干扰所引起的,因此它具有各种频率成分,而结构的固有频率的谐量是脉动的主要成分,在脉动图上可直接量出。如图10-16所示结构脉动记录曲线,振幅呈现有规律的增减现象,凡振幅大波形光滑之处的频率都相同,而且多次重复出现。此频率即为结构的基频。

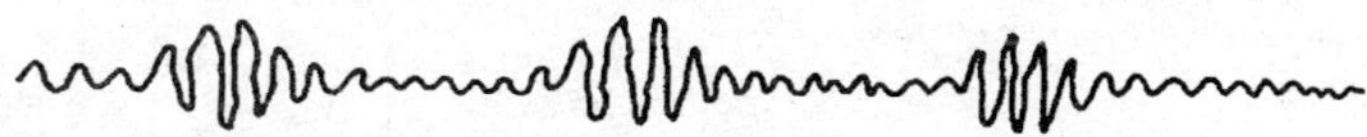

图10-16 结构脉动曲线

如果在结构不同部位同时进行检测,记录在同一记录纸上,读出同一瞬时各测点的振幅值,并注意它们之间的相位关系,则可分析得到某一固有频率的振型。

在桥梁结构的正常运营条件下,经常地作用于结构上的动力荷载是各类车辆荷载,在进行桥梁的动载试验中,首先应考虑采用车辆荷载作为试验荷载,以便确定桥梁在使用荷载作有下动力特性及响应。对需要考虑风动荷载或地震荷载的桥梁,应结合桥梁的结构型式作进一步的研究。

第四节　动载试验激振数据分析

桥梁结构的动力特性(例如结构的固有频率、阻尼系数和振型等),它们只与结构本身的固有性质有关(如结构的组成形式、刚度、质量分布和材料的性质等),而与荷载等其他条件无关。结构的动力特性是结构振动系统的基本特性,是进行结构动力分析所必须的参数。

对于比较简单的结构,一般只需结构的一阶频率,对于较复杂的结构动力分析,还应考虑第二、第三甚至更高阶的固有频率及相应的振型。至于系统的阻尼特性只能通过试验的方法确定。

桥梁在实际的动荷载作用下,结构各控制部位的动力响应,如振幅、频率、速度和加速度以及反映结构整体动力作用的冲击系数等,除了可用来分析结构在动荷载作用下的受力状态外,还可验证或修改理论计算值,并作为结构设计的依据。

1. 结构固有频率的测定

按照前面叙述的激振方法,使桥梁产生自由振动,通过测试系统实测记录结构的衰减振动波形,如图 10-17 所示。在记录的振动波形曲线上,可根据时标符号直接计算出结构的固有频率 f_0:

$$f_0 = \frac{Ln}{t_1 S} \tag{10-14}$$

式中:L——两个时标符号间的距离(mm);

n——波数;

S——n 个波长的距离(mm);

t_1——时标的间隔(常用 1s、0.1s、0.01s 三种标定值)。

在计算频率时,为消除冲击荷载的影响,开始的第一、第二个波形应舍弃,从第三个波形开始计算分析。

当使用激振器时,结构产生连续的周期性强迫振动,在激振器振动频率与结构的固有频率一致时,结构出现共振现象,振幅达到最大值,共振波峰处的频率即为结构的固有频率,如图 10-18 所示。

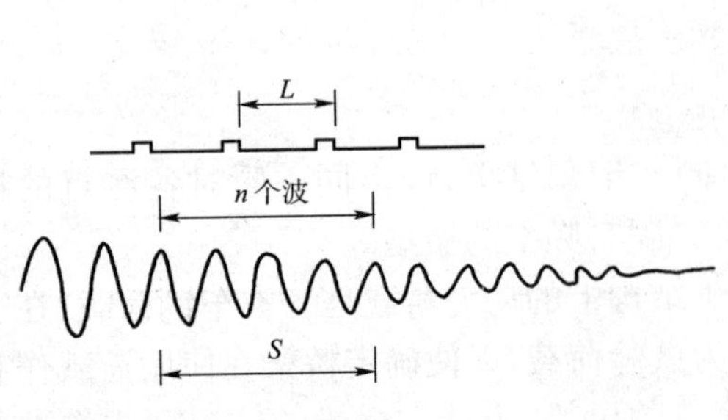

图 10-17　由衰减振动曲线求固有频率

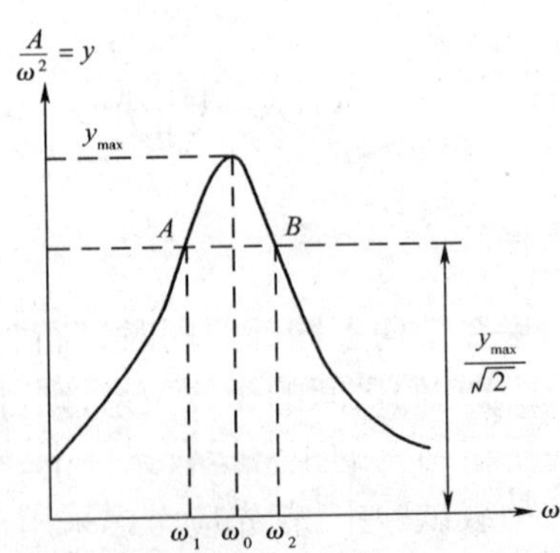

图 10-18　共振曲线

采用偏心式激振器时，由于激振力的大小与激振器转速的平方成正比，激振器转数不同，激振力大小不一样。为便于比较，应将振幅折算成单位激振力作用下的振幅，即振幅除以相应的激振力，或者将振幅换算为在相同激振力作用下的振幅，即 A/ω^2，其中 A 为振幅，ω 为激振器的频率以 A/ω^2 为纵坐标，ω 为横坐标描出共振曲线（图 10-18），曲线的峰值所对应的频率即为结构的固有频率。

2. 结构阻尼的测定

桥梁结构的阻尼特性，一般用对数衰减率 δ 或阻尼比 D 来表示。实测的振动衰减曲线（图 10-19），由振动理论知，对数衰减率为：

$$\delta = \ln\frac{A_i}{A_{i+1}} \tag{10-15}$$

式中：A_i、A_{i+1}——相邻两个波的振幅值，可直接从衰减曲线上量取。

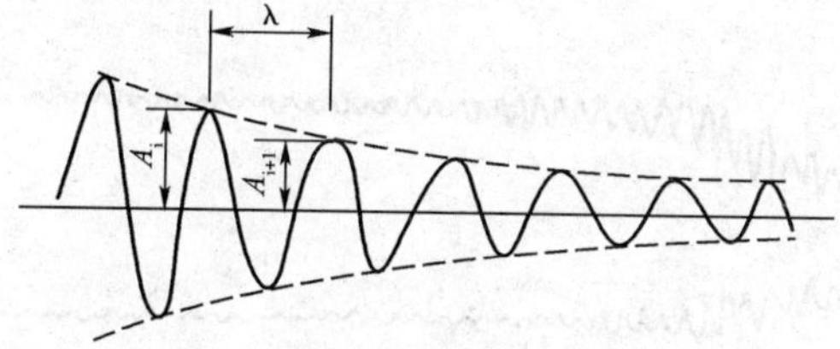

图 10-19　由衰减振动曲线求阻尼特性

实践中，常在衰减曲线上量取 m 个波形，求得平均的衰减率：

$$\delta_a = \frac{1}{m}\ln\frac{A_i}{A_{i+m}} \tag{10-16}$$

由振动理论知，对数衰减率 δ 与阻尼比 D 的关系为：

$$\delta = \frac{2\pi D}{\sqrt{1-D^2}} \tag{10-17}$$

对于一般材料的阻尼比都很小，因此

$$D \approx \frac{\delta}{2\pi} \tag{10-18}$$

图 10 20 为净跨 25m 预应力混凝土 T 形简支梁桥在动载试验时的自由振动和强迫振动波形曲线。

试验时，采用激振方法是用解放牌载重汽车驶越垫木后给桥梁一个冲击作用，使结构产生自由振动。图 10-20a)、b)表示结构作自由衰减振动的波形记录。图 10-20a)的波形是在跨中利用 WCD—5 型位移传感器，通过 Y6D—2 型动态电阻应变仪放大及 SC—16 型光线示波器记录的主梁挠度时历曲线。图 10-20b)的波形是利用电阻应变片作为传感器测得的跨中断面预应力钢丝的应力时历曲线。由于挠度和钢丝应力的测点都位于同一控制断面，所以两者的波形相位是一致的。

按照前述的方法，可求出结构的动力特性：

固有频率：$f_0=4.56$（次/s）；

对数衰减率：$b = 0.0876$；

阻尼比：$D = 0.0139$。

应当指出，上述分析中，包含有载重汽车这一附加质量的影响。

图 10-20c)、d)为载重汽车以 28km/h 的速度通过桥梁时引起结构产生强迫振动的记录曲线图。图 10-20d)为钢丝应力曲线。由图可见，当汽车驶离桥跨后，桥跨结构恢复到静力平衡位置时仍在振动，只有在这个时候结构才作衰减自由振动。

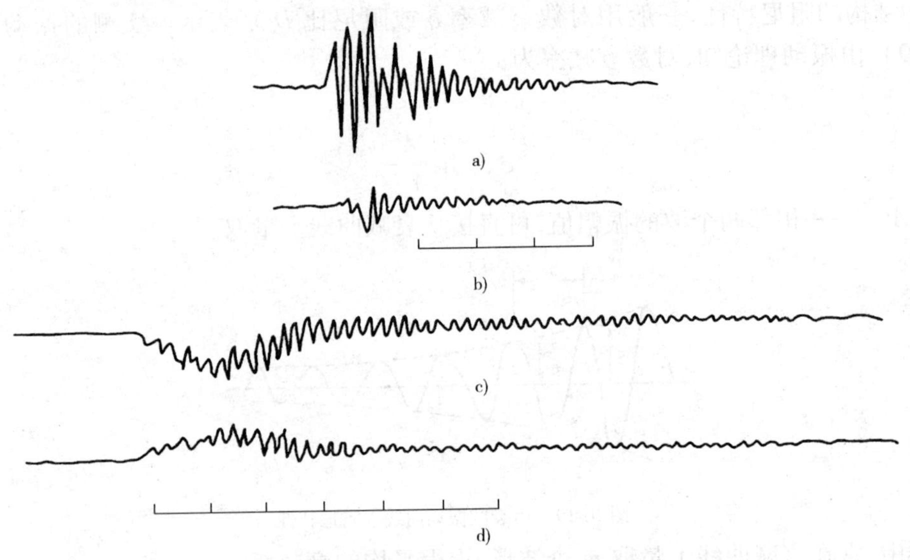

图 10-20 桥梁动载试验实测记录曲线

在结构作自由衰减振动这一段记录上，仍可按上述方法求出结构的动力特性，但此时没有载重汽车的附加质量的影响。

仍用上述方法求出结构的动力特性：

固有频率：$f_0 = 4.63\text{Hz}$；

对数衰减率：$\delta = 0.062$；

阻尼比：$D = 0.096$。

在实测的共振曲线上也可推算阻尼比（图 10-18），具体做法是 $y_{max}/\sqrt{2}$ 值作一水平线，同曲线相交于 A、B 两点，其对应的横坐标为 ω_1 和 ω_2，即：

阻尼系数
$$n = \frac{1}{2}(\omega_2 - \omega_1) \tag{10-19}$$

阻尼比
$$D = \frac{n}{\omega_0} = \frac{1}{2\omega_0(\omega_2 - \omega_1)} \tag{10-20}$$

式中：ω_0——结构的固有频率。

3. 振型的测定

结构的振型是结构相应于各阶固有频率的振动形式，一个振动系统振型的数目与其自由度数目相等。桥梁结构是一个具有连续分布质量的体系。也就是说，桥梁是一无限多自由度系统，其固有频率及相应的振型也有无限多个。但是，如前所述，对于一般的桥梁结构，第一阶固有频率即基频，对结构的动力分析才是重要的。对于较复杂的动力分析问题，也仅需前几阶固有频率。也就是说即在一般情况下，一些低阶振型才是重要的。图 10-21 表示具有分布质量的各种梁的振型。

采用共振法测定振型时，将若干传感器安装在结构和有关部位，当激振装置激发结构共振的同时记录结构各部位的振幅和相位，比较各测点的振幅及相位便可绘出振型曲线。

传感器的测点布置视结构形成而定，一般要根据理论分析，估计振型的大致形状，然后在振幅较大的部位布点，以便能较好地连接出振型曲线。

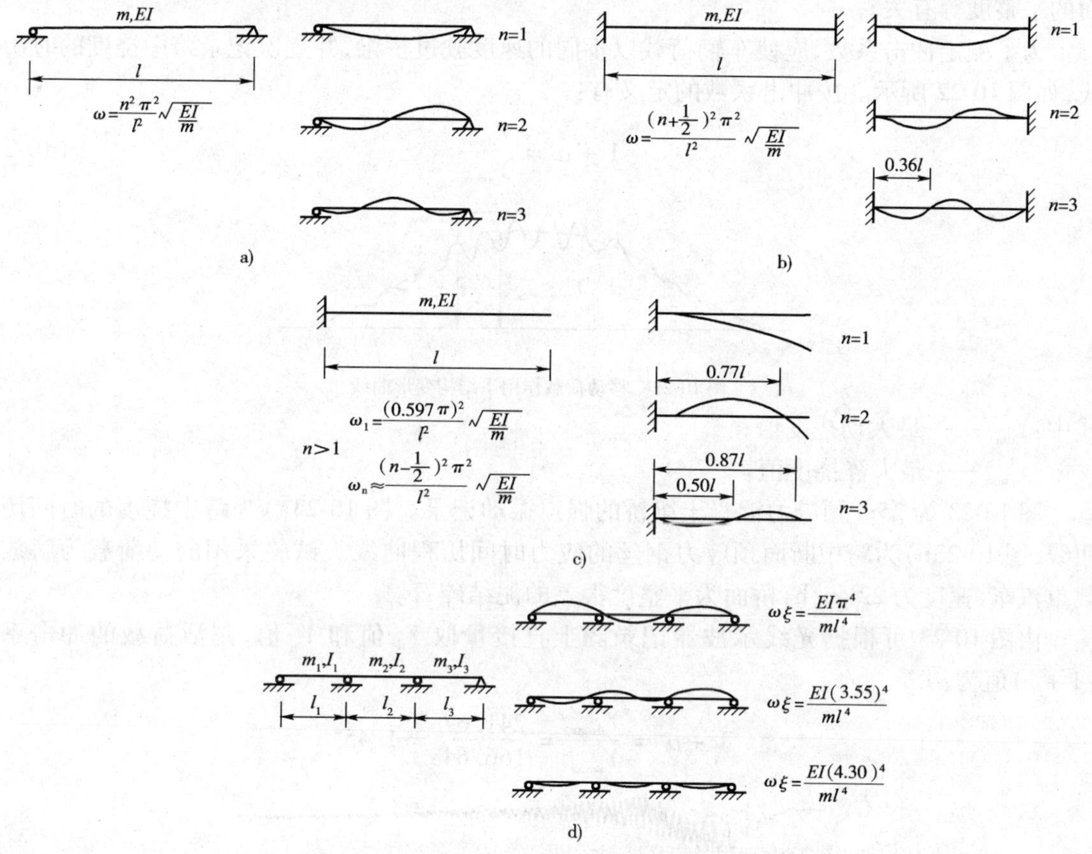

图 10-21 具有分布质量的各种梁的振型

振型的测定一般采用两种方法。一是在结构上同时安装许多传感器，这时必须保证预先精确标定所有传感器的灵敏度，在用多路放大器时，还要求放大器的特性相同。另一种方法是用一个传感器，测试时要不断改变它的位置，以便测出各点的振幅。这种方法需要对传感器多次拆卸和安装，并且还需要有一个作用参考点不能移动的传感器，各次测定值均应同参考点进行比较。

DHMA 是基于 WINDOWS 环境下的一套后处理的模态分析软件。利用这套软件可以观察和分析结构的动态特性，包括结构的固有频率、振型、阻尼比等模态参数。利用试验测得的响应信号，可以在三维结构模型上动画显示试验结果。还可以在时域或频域显示 ODS(OperatingDeflectionShape 实际运行中动响应)。软件界面友好、操作简单、灵活，可通过 UFF(通用文件格式)与大部分数采设备配套使用。

4. 结构动力响应的测定

在动力荷载作用下,桥梁结构某些部位的振动参数如振幅、频率、位移、应力等的测定,可根据试验的具体要求和结构的型式布置测点,采用适当的仪表进行测试。动力荷载作用于结构上产生的动挠度,一般较同样的静荷载所产生的相应静挠度要大。动挠度与静挠度的比值称为活荷载的冲击系数。由于挠度反映了桥跨结构的整体变形,是衡量结构刚度的主要指标,因此活载冲击系数综合反映了荷载对桥梁的动力作用。它与结构的形式、车辆运行速度和桥面的平整度等有关。

为了测定冲击系数,应使车辆荷载以不同的速度驶过桥梁,并逐次记录跨中挠度的时历曲线,如图 10-22 所示。按冲击系数的定义有:

$$1 + \mu = \frac{Y_{dmax}}{Y_{smax}} \tag{10-21}$$

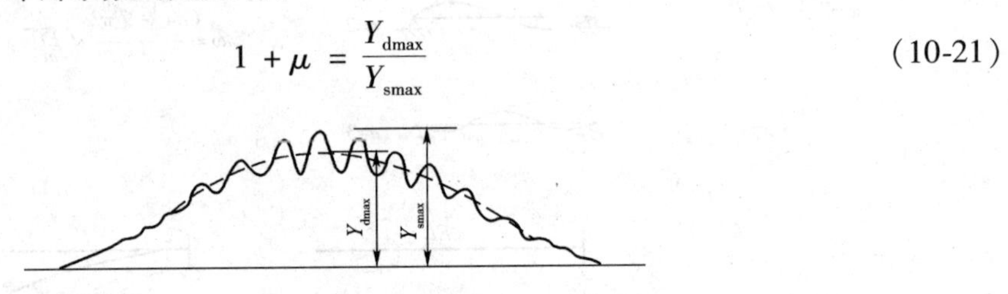

图 10-22　移动荷载作用下结构变形曲线

式中:Y_{dmax}——最大动挠度值;

Y_{smax}——最大静挠度值。

图 10-23 为 25m 预应力混凝土梁桥的强迫振动记录。图 10-23a)为跨中挠度的时间历程曲线,图 10-23b)为跨中断面预应力钢丝的应力时间历程曲线。试验采用的动荷载为解放牌载重汽车,速度为 22km/h,桥面为平整度很差的泥结碎石。

由图 10-23 可根据光线示波器记录图上直接量取 Y_d 值和 Y_s 值,则活荷载的冲击系数 $(1+\mu)$值为:

$$1 + \mu = \frac{Y_{dmax}}{Y_{smax}} = \frac{241.67}{166.64} = 1.45$$

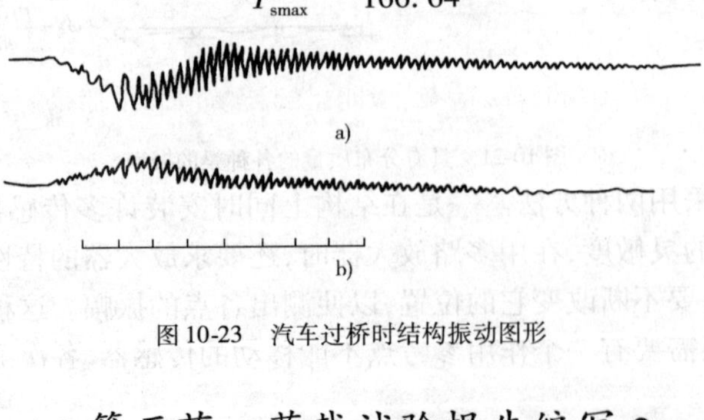

a)

b)

图 10-23　汽车过桥时结构振动图形

● 第五节　荷载试验报告编写 ●

一般情况下,桥梁荷载试验报告应同时包括静载试验与动载试验两部分内容。在静载试验内容的基础上,另外增加动载试验内容,从而形成完整的荷载试验报告。

一、静载试验报告编制

在全部试验资料整理与分析的基础上编写桥梁结构静载试验报告，其主要内容应该包括下列各项：

1. 桥梁概况

简要介绍被试验桥梁的结构形式、构造特点、施工概况。若为旧桥，则说明旧桥的外观状况等。对于鉴定性试验，要说明在设计与施工中存在的技术问题，及其对桥梁使用的影响等。对于科研性试验，还要说明设计中需要解决的计算理论问题等。文中要附上必要的结构简图。

2. 试验目的

根据试验对象的特点，要有针对性地说明结构静载试验所要达到的目的和要求。

3. 试验方案设计

根据荷载试验目的，在试验方案设计中要说明以下主要内容：

(1)确定测试项目和测试方法、测点布置和仪器配备情况，并附以简图。

(2)试验荷载的形成情况(是标准车列或汽车荷载，还是模拟的等代荷载)。

(3)根据桥梁结构专用分析程序(或结构力学方法)在测试项目中的控制截面(内力、挠度、变形)影响线或影响面上，分别布置标准设计荷载和试验荷载，从而确定试验荷载效率 η_q，并通过调整试验荷载的布置(如载重车重力、车辆间距等)，来满足 η_q 在0.8~1.05间的要求。

(4)确定试验荷载工况种类，并分别以简图示出。

4. 试验日期和过程

说明具体组织桥梁静载试验的起讫日期，试验准备阶段的情况，整个试验阶段的特殊问题及其解决办法，试验加载控制情况等。

5. 各项试验达到的精度

将本次试验中使用的各种仪器、仪表的类型、精度(最小读数)需列表说明，同时还要说明试验中可能用的夹具对试验精度的影响程度。

6. 试验资料整理与分析

资料分析时，将理论计算值、实测值以及有关的参考限值进行对比，说明理论与实践二者的符合程度，从中得出试验桥梁所具有的实际承载能力、抗裂性及使用的安全度，以及从试验中所发现的新问题。根据现场检查的综合情况，说明试验桥梁的施工质量。对于一些科研性试验，还要从综合分析中说明设计计算理论的正确性和实用性，以及尚存在未解决的问题。如果资料丰富，还可能经综合分析提出简化计算公式等。

7. 试验记录摘录

将试验中所得的实测控制数据以列表或以曲线的形式表达出来。

8. 技术结论

根据综合分析的结果，得出最后的技术结论，对试验桥梁做出科学的评价。同时根据存在的问题，对新建桥梁提出改进设计或加强养护方面的建议；对旧桥提出加固方案或维修养护方面的建议。

9. 经验总结

从桥梁荷载试验的角度，对本次试验的计划、程序、测试方法指出存在的不足并提出改进意见。

10. 图表信息

在报告的最后一般要附上有关具有代表性的图表、照片等。

二、动载试验报告编制

在全部动载试验资料整理与分析处理的基础上，编写桥梁结构动载试验部分报告。其主要内容应该包括下列各项：

1. 试验目的

根据试验对象的特点，要有针对性地说明结构动载试验所要达到的目的和要求。

2. 试验依据

说明结构动载试验所依据的相关规范、规程或技术文件。

3. 试验方案

根据动载试验目的，在试验方案设计中要说明以下主要内容：

(1)测试项目和测试方法、测点布置和仪器配备情况，并附以简图。

(2)试验荷载的形式(标准车列或汽车荷载)以及选择何种激振方法(试验汽车跳车、跑车或其他激振形式)。

(3)根据桥梁结构动力分析专用程序计算动力试验荷载效率 η_d，并通过调整动力试验荷载的布置(如载重车重力、车辆间距等)，满足 $\eta_d \approx 1.0$ 的要求。

4. 试验过程说明

按照试验计划大纲的内容，简要介绍试验实施概况。说明具体组织桥梁动载试验的起始日期、试验准备阶段的情况、整个试验阶段的特殊问题及其解决方法。

5. 各项试验达到的精度

将试验中使用的各种仪器、各种仪表的类型、参数、检定证书、测量精度(最小读数)、标定情况等列表说明，同时还要说明试验中可能使用的夹具、传感器等对试验精度的影响程度。

6. 试验成果与分析

依据桥梁结构动载试验项目，对试验成果进行分析与评定，将理论计算值与实测值进行对比，说明理论与实践二者的符合程度，从中得出试验桥梁所具有的实际结构动力特性及桥梁营运状况，以及从试验中所发现的问题。绘制结构振型、冲击系数与不同车速的关系分析图等。

7. 试验记录摘录

将试验中所实测的控制数据以列表或曲线的形式表达出来。

8. 技术结论

根据综合分析的结果，得出最后的技术结论，对试验桥梁做出科学的评价，同时根据存在的问题，对新建桥提出改进设计或加强养护方面的建议；对旧桥提出加固方案或维修养护甚至是拆除重建方面的建议。

9. 图表信息

在报告的最后，一般应附上具有代表性的动载记录图表。

复习思考题

1. 桥梁结构动载试验的基本任务是什么？
2. 进行桥梁动载试验时需要用哪些主要设备？测试系统如何选配？
3. 应根据什么来选择桥梁动载试验的激振方法？具体方法如何？
4. 桥梁动荷载试验报告应包括哪些内容？

第十一章 桥面及有关设施检测

知识目标

1. 桥面铺装层检测的内容和方法；
2. 栏杆与灯柱检测的内容与方法。

技能目标

1. 进行桥面铺装层检测；
2. 进行栏杆与灯柱检测。

● 第一节 铺装层检测 ●

桥面铺装的主要功能是保护属于主梁整体部分的行车道板不受车辆轮胎(或履带)的直接磨耗,防止主梁遭受雨水的侵蚀,并对车辆轮重的集中荷载起一定的分配作用。因此,进行包括沥青混凝土桥面铺装压实质量、水泥混凝土劈裂强度、平整度、抗滑性能等检测是必要的。

一、沥青混凝土桥面铺装压实度试验方法

沥青混凝土桥面铺装压实的作用:

(1)可以充分发挥桥面铺装层材料的强度;

(2)可以减少铺装层在行车荷载作用下产生的形变;

(3)可增强铺装层的不透水性和强度稳定性,防止主梁遭受雨水浸蚀。

用一般用钻芯法检测沥青混凝土铺装压实度,其具体方法为:

1. 试验仪具及材料

(1)芯钻机;

(2)天平(感量不大于0.1g);

(3)溢流水槽;

(4)吊篮;

(5)其他:石蜡、卡尺、毛刷、小勺、取样袋(容器)、电风扇。

2. 试验方法与步骤

(1)钻取芯样。按现行《路基路面现场测试规程》(JTJ 059—95)的要求钻取桥面铺装层

芯样,芯样直径不宜小于 $\phi100$mm。一次钻孔取得的芯样包含不同层位的沥青混合料时,应根据结构组合情况用切割机将芯样沿各层结合面锯开分层测定。

(2)将钻取的试件在水中用毛刷轻轻刷净粘附的粉尘,同时仔细清除试件边角浮动颗粒。

(3)将试件晾干或用电风扇吹干不少于24h,直至恒重。

(4)测定试件的视密度或毛体积密度 ρ_s。当试件的吸水率小于2%时,采用水中重法或表干法测定。

水中重法:
$$V=\frac{m_a-m_w}{\rho_w} \tag{11-1}$$

表干法:
$$V=\frac{m_f-m_w}{\rho_w} \tag{11-2}$$

当吸水率大于2%时,采用蜡封法测定。

圆柱体试件的毛体积:
$$V=\frac{\pi d^2}{4}h \tag{11-3}$$

棱柱体试件的毛体积:
$$V=L\cdot b\cdot h \tag{11-4}$$

试件的视密度或毛体积密度:
$$\rho_s=\frac{m_a}{V}\times 100\% \tag{11-5}$$

式中:ρ_s——试件的视密度或毛体积密度(g/cm^3);

m_a——试件在空气中的质量(g);

m_f——试件的表干质量(g);

m_w——试件的水中质量(g);

ρ_w——常温水的密度,约为 $1g/cm^3$;

d——圆柱试件的直径(cm);

h——试件的直径(cm);

L——试件的直径(cm);

b——试件的直径(cm)。

3. 计算

(1)当计算压实度的沥青混合料的标准密度采用马歇尔击实试验件成型密度或试验路段钻孔取样密度时,沥青面层的压实度按下式计算:
$$k=\rho_s/\rho_0\times 100\% \tag{11-6}$$

式中:k——沥青面层的压实度(%);

ρ_s——沥青混合料芯样时间的视密度或毛体积(g/cm^3);

ρ_0——沥青混合料的标准密度(g/cm^3)。

(2)当按沥青混合料实测最大密度计算压实度时,应按式(11-7)进行空隙率折算,计算标准密度,代入式(11-6)计算压实度:

$$\rho_0=\rho_t\times\frac{100-V_V}{100} \tag{11-7}$$

式中：ρ_t——沥青混合料的实测密度(g/cm^3)；

ρ_0——沥青混合料的标准密度(g/cm^3)；

V_V——试样的空隙率。

(3)按《路基路面现场测试规程》(JTJ 059—95)附录B的方法计算一个评定桥面段检测的压实度的平均值、标准差、变异系数，并计算代表压实度。计算的代表压实度不得小于94%。

二、水泥混凝土芯样劈裂强度试验方法

水泥混凝土桥面铺装的强度控制指标主要是弯拉或劈裂强度。由于弯拉强度试验过程较复杂，现多用劈裂强度来代替，其试验结果常作为工程验收的依据。

1. 试验仪具及材料

(1)取芯机；

(2)压力机；

(3)劈裂夹具、木制三合板垫条、卡尺。

2. 试验方法和步骤

(1)试件外观检查：每个芯样应详细描述有无裂缝、接缝、分层、麻面或离析集料及密实性等情况；试件两端平面应与其轴线垂直，误差不应大于±1°，端面凹凸每100mm不超过0.05mm，承压线不应大于0.25mm。

(2)测量：应在芯样1/4、1/2、3/4三处按两个垂直方向测量三对数值确定芯样的平均直径d_m，精确到1.0mm。取芯样直径两端侧面测定钻取后芯样的长度及端面加工后的长度作为平均长度l，精确到1.0mm。

(3)将试件在20℃±2℃的水中浸泡40h，从水中取出后立即进行试验。

(4)将试件、劈裂垫条和垫层如图11-1所示放在压力机上，借助夹具两侧杆，并将试件对中。

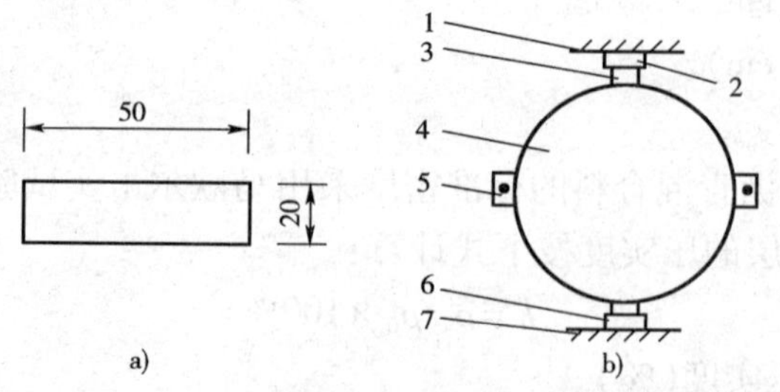

图11-1 芯样劈裂试验装置示意图(尺寸单位：mm)

1,7-压力机后板索；2,6-夹具钢垫条；3-木质或纤维层；4-试样；5-侧杆

(5)启动压力机，当压力机压板与夹具条接近时调整球座使压力均匀接触试件。当压力加至5kN时，抽取夹具的侧杆，并以(60±4)N/s的速度连续均匀加荷，直至试件劈裂，记下破坏荷载，精确至0.01kN。

3. 计算

芯样劈裂抗拉强度R_a按下式计算：

$$R_a=\frac{2P}{\pi A}=\frac{2P}{\pi d_m l_m} \tag{11-8}$$

式中：R_a——芯样劈裂抗拉强度(MPa)，精确至0.1MPa；

P——极限荷载(N)；

A——芯样劈裂面面积(mm^2)；

d_m——芯样截面的平均直径(mm)；

l_m——芯样平均长度(mm)。

4. 混凝土抗拉强度的合格标准

(1)试件组数大于10组时，平均强度合格判断式为：

$$\bar{R}=R_{SZ}+K\sigma \tag{11-9}$$

式中：$\bar{R}$——合格判断强度(MPa)；

R_{SZ}——设计弯拉强度(MPa)；

K——合格判断系数，按表11-1取用；

σ——强度均方差。

合格判断系数 K 值 表11-1

试件组数	11~14	15~19	≥20
K	0.75	0.70	0.65

当试件组数大于20组时，允许有一组强度小于$0.85R_{SZ}$，但不得小于$0.75R_{SZ}$。

(2)试件组数等于或小于10组时，试件平均强度不得小于$1.05R_{SZ}$，但任一组强度不得小于$0.85R_{SZ}$。

三、平整度检测试验方法

平整度是桥面铺装层施工质量与服务水平的重要指标之一。平整度最常用的检测方法为3m直尺法及连续式平整度仪法。

1.3m 直尺法

3m直尺法规定用3m直尺测定距离桥面铺装层的最大间隙表示铺装层的平整度，以mm计，此方法适用于测定压实成型的桥面铺装层各层表面的平整度，用以评定桥面施工质量和使用质量。

1)试验仪具与材料

(1)3m直尺：硬木或铝合金钢制，底面平直，长3m。

(2)楔形塞尺：木或金属制的三角形赛尺，刻度精度不小于0.2mm。

(3)皮尺或钢尺、粉笔等。

2)方法和步骤

(1)在测试桥面上选定测点：当施工过程中进行质量检测时，测点根据需要确定，可单杆检测；当为桥面铺装层验收检测时，应首尾相接连续测量10尺。

(2)根据需要测定的方向，将3m直尺摆在测点的桥面上。

(3)目测3m直尺底面与桥面之间的间隙情况，确定间隙最大位置，并使用带高度标线的塞尺量测最大间隙的高度，精确至0.2mm。

(4)按现行《公路工程质量检验评定标准》(JTG F80/1—2004)的规定,每一处连续检测10尺,按上述步骤测得10个最大间隙。

3)计算

单杆检测桥面的平整度,以3m直尺与桥面的最大间隙为测定结果。连续测量10尺时,判断每个测定值是否合格,根据要求计算合格百分率,并计算10个最大间隙的平均值。

$$合格率 = (合格尺数/总测尺数) \times 100\% \qquad (11\text{-}10)$$

4)评定指标

采用3m直尺测定最大间隙不得大于以下规定值:

(1)水泥混凝土面层:5mm;

(2)沥青混凝土面层和沥青碎石面层:5mm;

(3)沥青贯入式面层:8mm;

(4)沥青表面处治面层:10mm。

2. 连续式平整度仪法

连续式平整仪法规定用连续式平整度仪量测桥面的不平整度的标准差(σ),以表示桥面的平整度,以mm计。

1)试验仪具以材料

(1)连续式平整度仪:构造如图11-2所示,标准长度为3m,质量应符合仪器标准的要求。

(2)牵引车:小型面包车或其他小型牵引车。

(3)皮尺或测绳。

2)方法与步骤

(1)在检测桥梁的桥面上选定测点。

(2)将连续式平整度测定仪置于桥面检测段起点上。

(3)在牵引车的后部,将平整度仪的挂钩挂上后,放下测定轮,启动检测器及记录仪,随即启动汽车,沿道路纵向行驶,横向位置保持稳定,并检查平整度检测仪上测定数字显示、打印、记录情况。牵引平整度仪的速度应均匀,宜为5km/h,最大不得超过12km/h。

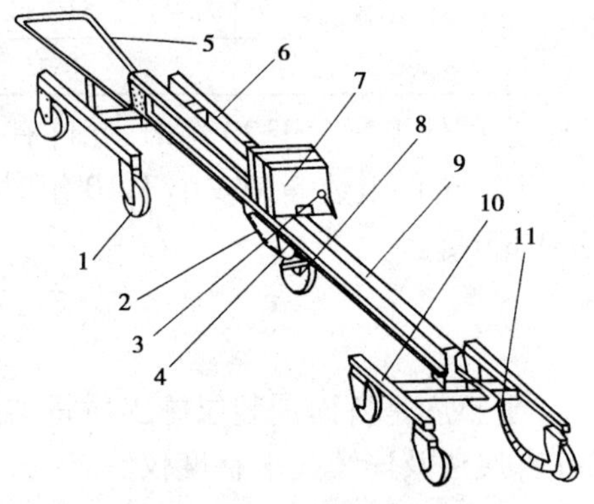

图11-2 连续式平整度仪示意图

1-脚轮;2-拉簧;3-离合器;4-测量器;5-索引架;7-记录计;8-测定轮;9-纵梁;10-后架;11-软轴

3)计算

(1)连续式平整度测定仪测定后,可按每10cm间距采集的位移值自动计算100m计算区间的平整度标准差,还可记录测试长度、曲线振幅大于某一定值(3mm、5mm、8mm、10mm等)的次数,曲线振幅的单向累计值及以3m机架为基准的中点桥面偏差曲线图,并打印输出。当为人工计算时,在记录曲线上任意设一基准线,每隔一定距离(宜为1.5m)读取曲线偏离基准线的偏离位移值d_i。

(2)每一计算区间的桥面平整度以该区间测定结果的标准差表示,按式(11-11)计算。

$$\sigma_i = \sqrt{\frac{\sum(\bar{d} - d_i)^2}{n-1}} \qquad (11\text{-}11)$$

式中：σ_i——各计算区间的平整度计算值(mm)；

d_i——以100m为一个计算区间，每隔一定距离(自动采集间距10 cm，人工采集间距为1.5m)采集的路面凸凹偏差位移值(mm)；

$\bar{d}$——采集的路面凸凹偏差位移值的平均值(mm)；

n——计算区间测试数据个数。

4)评定指标

采用连续式平整度测定仪的标准误差对不同的桥面铺装层应满足以下要求：

水泥混凝土面层：$\sigma \leqslant 2.5$mm；

沥青混凝土面层和沥青碎石面层：$\sigma \leqslant 2.5$mm；

沥青贯入式面层：$\sigma \leqslant 3.5$mm；

沥青表面处治面层：$\sigma \leqslant 4.5$mm。

四、桥面抗滑性能试样检测

桥面抗滑性能是指车辆轮胎受到制动时沿表面滑动所产生的力。通常抗滑性能被看作是桥面的表面特性，并用轮胎与桥面间的摩阻系数表示表面特性。通常包括桥面细构造和粗构造。影响抗滑性能的因素有桥面表面特性、桥面潮湿程度和行车速度。抗滑性能测试方法主要有：构造深度测试法(手工铺砂法、电动铺砂法)、摆式仪法等。

1.手工铺砂法测定桥面构造深度

适用于测定沥青及水泥混凝土桥面铺装层构造深度，用以评定铺装层表面的宏观粗糙度、排水性能及抗滑性能。

1)试验仪具与材料

(1)人工铺砂仪(由圆筒、摊平板组成)，其形状、尺寸如图11-3所示；

(2)量砂(粒径为0.15～0.3mm匀质砂)；

(3)量尺；

(4)装砂容器(小铲)、扫帚或毛刷、挡风板等。

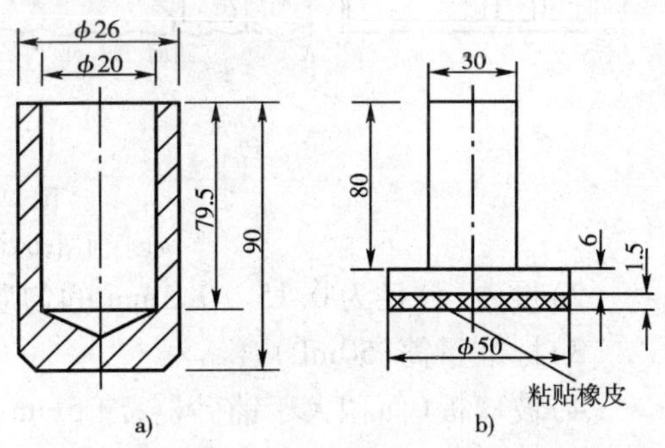

图11-3　人工铺砂仪示意图

a)量砂臂；b)摊平

2)试验方法与步骤

(1)取洁净的细砂晾干、过筛，取0.15～0.3mm的砂置于适当的容器中，量砂不宜重复使用。

(2)对测试铺装段按随机选点的方法，决定测点所在横断面的位置。测点应选在行车道的轮迹带上，距桥面缘石不应小于1m。

(3)用扫帚或毛刷将测点附近区域清扫干净，面积不应小于30cm×30cm。

(4)用小铲装砂，向圆筒内注满砂，手提圆筒上方，在硬质路面上轻轻地敲打3次，使砂密实，补足砂面用钢尺一次刮平。

(5)将砂倒在桥面上，用底面粘有橡胶片的摊平板，由里向外重复做摊铺运动，稍稍用力将细砂尽可地向外摊开，使砂填入表面不平铺装层空袭隙中，尽可能将砂摊成圆形，并不得在表面留有浮动余砂。

(6)用钢板尺测量所构成圆的两个垂直方法的直径,准确至5mm。

(7)按以上方法,同一位置平行测定3次,3个测点均位于轮迹带上,测点间距3~5m。该处的测点以中间测点的位置表示。

3)计算

(1)桥面铺装层构造深度测定结果按式(11-12)计算。

$$TD = \frac{1000V}{\pi D^2/4} = \frac{31831}{D^2} \tag{11-12}$$

式中:TD——桥面表面构造深度(mm)

V——砂的体积,25cm^3;

D——摊平砂的平均直径(mm)。

(2)每一处均取三次桥面构造深度的测定结果的平均值作为试验结果,精确至0.1mm。

(3)计算每一评定区间铺装层构造深度的平均值、标准差、变异系数。

2. 电动铺砂法测定桥面构造深度

适用于测定沥青及水泥混凝土桥面铺装层表面构造深度,用以评定铺装层表面的宏观粗糙度、排水性能及抗滑性能。

1)试验仪具与材料

(1)电动铺砂仪:利用直流电源将砂漏铺设成宽5cm、厚度均匀一致的器具,如图11-4所示。

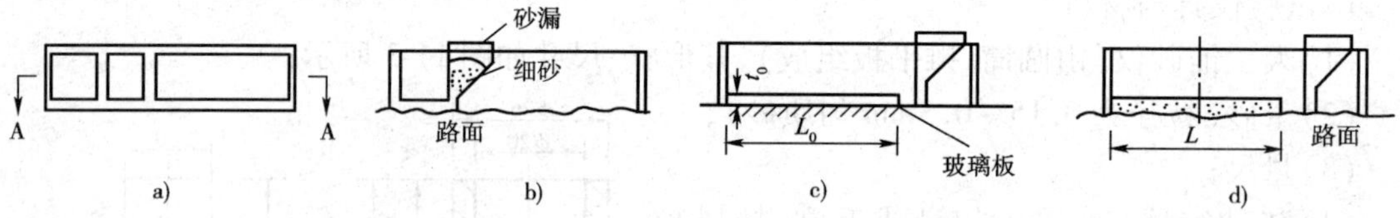

图11-4　电动铺砂仪

a)平面图;b)A-A断面;c)标定;d)测定

(2)量砂(粒径为0.15~0.3mm的匀质砂)。

(3)标准量筒(50mL)。

(4)玻璃板(面积大于铺砂器,厚5mm)。

(5)直尺、扫帚、毛刷、灌砂漏斗等。

2)试验方法与步骤

(1)取洁净的细砂晾干、过筛,取0.15~0.3mm的砂置于适当的容器中,量砂不宜重复使用。

(2)对测试铺装段按随机选点的方法,决定测点所在横断面位置。测点应选在行车道的轮迹带上,距桥面缘石不应小于1m。

(3)电动铺砂器标定:

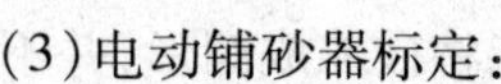

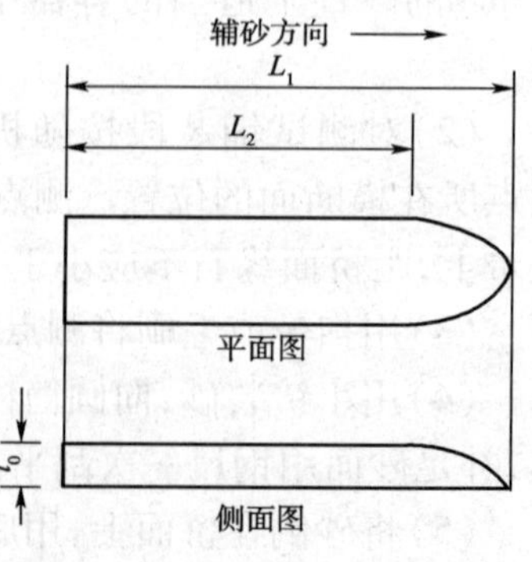

图11-5　侧面图

①将铺砂仪平放在玻璃板上，将砂漏移至铺砂器端部。

②将灌砂漏斗口和量筒口大致齐平。通过漏斗向量筒中缓缓注入准备好的量砂至高出量筒成尖顶状，用直尺沿筒口一次刮平，其容积为50mL。

③将漏斗口与铺砂器砂漏口大致齐平，将量筒中的砂通过漏斗均匀倒入砂漏中，漏洞前后移动，使砂的表面大致齐平，但不得用任何其他工具刮动砂。

④开动电动马达，使砂漏向另一端缓缓运动，沿砂漏底部铺成图11-5所示的宽5cm的带状，待砂全部漏完后停止。

⑤按图11-5，按式(11-13)由 L_2 及 L_1 的平均值决定量砂的摊铺长度 L_0，精确至1mm。

$$L_0 = (L_1 + L_2)/2 \tag{11-13}$$

式中：L_0——量砂的摊铺长度(mm)；

L_1、L_2——摊铺长度(mm)，见图11-5。

⑥重复标定3次，取平均值决定 L_0，精确至1mm。标定应由同一试验员，适用同一种量砂，在测试前进行。

(4)将测试区域用毛刷刷净，面积大于铺砂仪。

(5)将铺砂仪沿道路纵向平稳地放在桥面上，将砂漏移至端部。

(6)按上述步骤(3)电动铺砂仪标定(2)~(5)步，在测试点摊铺50mL量砂，按图11-5的方法量取摊铺长度 L_1 及 L_2，由式(11-14)计算 L，精确至1mm。

$$L = (L_1 + L_2)/2 \tag{11-14}$$

(7)按以上方法，同一横截面处平行测定不少于3次，3个测点均位于轮迹带上，测点间距3~5m。该处的测点以中间测点的位置表示。

3)计算

(1)按下式计算铺砂仪在玻璃板上摊铺的量砂厚度 t_0

$$t_0 = \frac{V}{B \cdot L_0} \times 1000 = \frac{1000}{L_0} \tag{11-15}$$

式中：t_0——量砂在玻璃板上摊铺的标定厚度(mm)；

V——量砂体积，$V = 50$mL；

B——铺砂仪铺砂宽度，$B = 50$mm；

L_0——玻璃板上50mL量砂摊铺长度(mm)。

(2)按下式计算桥面铺装层构造深度TD

$$\mathrm{TD} = \frac{L_0 - L}{L} \times t_0 = \frac{L_0 - L}{L \cdot L_0} \times 1000 \tag{11-16}$$

式中：TD——桥面表面构造深度(mm)；

L——桥面上50mL量砂的摊铺长度(mm)。

(3)每一处均取3次桥面构造深度的测定结果的平均值作为试验结果，精确至0.1mm。

(4)计算每一评定区间铺装层构造深度的平均值、标准差、变异系数。

3. 摆式仪测定桥面抗滑值试验方法

适用于测定沥青及混凝土桥面铺装层的抗滑值，用以评定桥面在潮湿状态下的抗滑能力。

1)试验仪具与材料

(1)摆式仪:结构如图11-6所示。

(2)橡胶片:尺寸为6.35mm×25.4mm×76.2mm,橡胶质量应符合规定要求。

(3)标准尺(长126mm)、洒水壶、橡胶刮板、桥面温度计(分度不大于1℃)、皮尺或钢卷尺、扫帚和粉笔等。

2)试验方法与步骤

(1)检查摆式仪的调零灵敏情况,并定期进行仪器标定。

(2)对测试桥面铺装段按随机取样选点的方法,确定测点所在横断面位置。测点应选在行车道的轮迹带上,据桥面边缘不应小于1m,并用粉笔作出标记。

(3)仪器调平:将仪器置于桥面测点上,并使摆的摆动方向与行车方向一致。转动底座上的调平螺栓,使水泡居中。

(4)调零:放松上、下两个固紧把手,转动升降把手,使摆升高并能自由摆动,然后旋紧紧固把手。将摆向右运动,按下安装于悬臂上的释放开关,使摆上的卡环进入开关槽,放开释放开关,摆即处于水平位置,并将指针指至与摆杆平行处。按下释放开关,使摆向左带动指针摆动,当摆达到最高位置后下落时,用左手将摆杆接住,此时指针应指向零。若不指零,可稍旋紧或放松摆的调节螺母,重复本次操作,直至指针指零。调零允许误差为±1BPN。

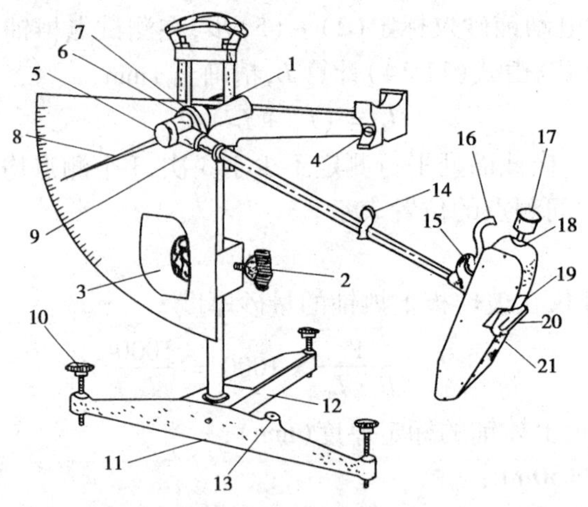

图11-6 摆式仪结构图

1、2-紧固把手;3-升降把手;4-释放把手;5-转向节螺盖;6-调节螺母;7-针簧片或毡垫;8-指针;9-连接螺母;10-调平螺母;11-底座;12-垫块;13-水准泡;14-卡环;15-定位螺母;16-举升柄;17-平衡锤;18-锁紧螺母;19-滑溜块;20-橡胶片;21-止滑螺母

(5)校核滑动长度:在用扫帚扫净的桥面测量区域,用橡胶刮片清除桥面的松散粒料。让摆自由悬挂,提起摆头上的举升柄,将底座上的垫块置于定位螺丝下面,使摆头上的滑溜块升高。放松固紧把手,转动立柱上的升降把手,使摆缓缓下降。当滑块上的橡胶片刚刚接触桥面时,即将紧固把手旋紧,使摆头固定;提起举升柄,取下垫块,使摆向右运动;然后手提举升柄使摆缓缓向左运动,直至橡胶片的边缘刚刚接触桥面。在橡胶片的外边摆动方向设置标准尺,尺的一端正对核准点。再用手提起举升柄,使滑溜块向上抬起,并使摆继续移至左边,使橡胶片返回落下再一次接触地面,橡胶片两次同桥面接触点的距离应在126mm(即滑动长度)左右。若滑动长度不符合标准时,则提升或降低仪器底正面的调平螺丝来校正,但需重新调整,使水准泡居中,重复此项校核直至滑动长度符合要求。

校核滑动长度时应以橡胶片刚刚接触桥面为准,不可给摆锤一个力向前滑动,以免标定的滑动长度过长。

(6)用喷壶的水浇洒桥面,并用橡胶刮板刮除表面泥浆。

(7)再次洒水,并按下释放开关,使摆在桥面滑过,指针即可指示出桥面的摆值。但第一次测定,不应记录。当摆杆回落时,右手提举长柄使滑溜块升高,将其摆向右运动,并使摆杆和指针重新置于水平释放位置。

(8)重复(7)的操作测定5次,并读记每次测定的摆值,即BPN。5次数值中最大值与最小值的差值不得大于3BPN。如差值大于3BPN,应检查产生的原因,并再次重复上述各项操作,至合格为止。取5次测定的平均值作为每个测点桥面的抗滑值(即摆值 F_B),取整数,以BPN表示。

(9)在测点位置上用桥面温度针测记桥面的温度,精确至1℃。

(10)按以上方法,同一横截面平行测定不少于3次,3个测点均位于轮迹带上,测点间距3~5m。该处的测定位置以中间测点的位置表示。每处均取3次测定结果的平均值作为试验结果,精确至1BPN。

3)抗滑值的温度修正

当桥面温度为 T 时测得的值为 F_{BT},必须按下式换算成标准温度20℃的摆值 F_{B20}:

$$F_{B20} = F_{BT} + \Delta F \tag{11-17}$$

式中:F_{B20}——换算成标准温度20℃时的摆值(BPN);

F_{BT}——桥面温度时的摆值(BPN);

T——测定的桥面潮湿状态下的温度(℃);

ΔF——温度修正值,按表11-2取用。

温度修正值 表11-2

温度 T(℃)	0	5	10	15	20	25	30	35	40
温度修正值	-6	-4	-3	-1	0	+2	+3	+5	+7

五、桥面渗水系数检测

大气降水(雨、雪)通过桥面孔隙或裂缝渗入桥面结构中,会导致沥青桥面开裂、松散等病害。在多雨地区,应特别重视桥面的透水性问题。桥面渗水系数是指在规定条件下,单位时间内渗入桥面结构中的水的体积,用 C_w 表示,单位为mL/min。

1.仪器设备

(1)渗水仪。如图11-7所示,由盛水筒、支架、底座、细管和压重铁圈组成。上部盛水量筒为透明有机玻璃,内径50mm,容积600mL,表面有刻度,在100mL和500mL处有粗标线,下方通过 ϕ10mm的细管与底座相连,中间有一开关(阀门)。量筒通过支架联结。底座下方开口内径为150mm,外径为165mm。压重铁圈内径为160mm,共需2个,每个质量约为5kg。

(2)水筒、大漏斗、秒表、水、红墨水、粉笔、扫帚等。

(3)密封材料。玻璃腻子、油灰或橡皮泥。

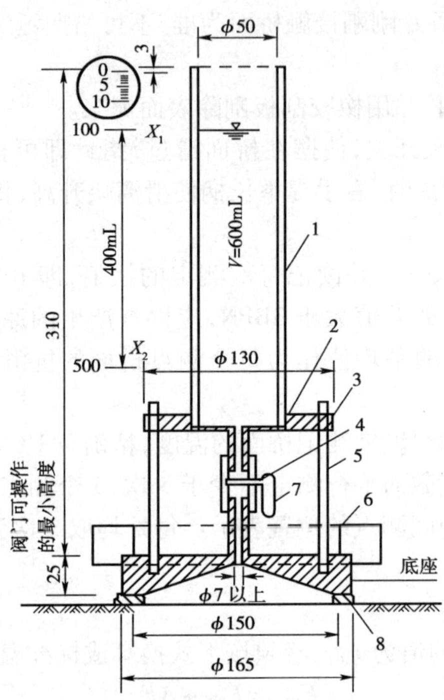

图 11-7　渗水仪结构图(尺寸单位:mm)

1-透明有机玻璃筒;2-螺纹连接;3-顶板;4-阀门;5-立柱支架;6-压重铁圈;7-把手;8-密封材料

2. 准备工作

(1)在测试桥面的行车道上,按随机取样的方法选择测试位置,每一个检测桥段应测定 5 个点。清扫表面,并用粉笔画上测试标记。

(2)在洁净的水桶内滴几点红墨水,使水成淡红色。

(3)安装渗水仪。

3. 测试步骤

(1)将清扫后的桥面用粉笔按测试仪底座大小画好圆圈记号。

(2)在桥面上沿底座圆圈抹一薄层密封材料,边涂边用手压紧,使密封材料嵌满缝隙且牢固地粘结在桥面上。密封圈的内径与底座内径相同,约为 150mm。将组合好的渗水试验仪底座用力压在桥面密封圈上,再将上压重铁圈压住仪器底座,以防止压力水从底座与桥面间流出。

(3)关闭细管下方的开关,向仪器的上方量筒中注入淡红色的水至满,总量为 600mL。

(4)迅速将开关全部打开,水开始从细管下部流出待水面下降 100mL 时,立即开启秒表,每间隔 60s,读记仪器管中的刻度一次,至水面下降 500mL 时为止。在测试过程中,若有水从底座与密封材料间渗出,说明底座与桥面的密封不好,应移至附近干燥桥面处重新操作。若水面下降速度很慢,从水面下降至 100mL 开始,测得 3min 的渗水量即可停止。若试验时水面下降一定程度后基本保持不动,说明桥面基本不透水或根本不透水,则应在报告中注明。

(5)按上步骤在同一个检测桥段选择 5 个测点测定渗水系数,并取其平均值,作为检测结果。

桥面渗水系数试验记录见表 11-3。

桥面渗水系数试验记录表　　表 11-3

桥段桩号：________　桥面类型：________　试验日期：________

试验者：________　计算者：________　校核者：________

测试地点		桥面描述	量筒读数(mL)							渗水系数(mL/min)	备注
桩号	横距(m)		0	30″	1	1′30″	2′	2′30″	3′		
测点数			频率(点/km)				渗水系数规范要求				
平均渗水系数(mL/min)			最大渗水系数(mL/min)				合格率(%)				

桥面的渗水系数按式 11-18 计算。计算时以水面从 100mL 下降至 500mL 所需要的时间为标准，若渗水时间过长，亦可采用 3min 通过的水量计算：

$$C_{\omega} = \frac{V_2 - V_1}{t_2 - t_1} \times 60 \tag{11-18}$$

式中：C_{ω}——桥面渗水系数(mL/min)；

V_1——第一次读数时的水量(mL)，通常为 100mL；

V_2——第二次读数时的水量(mL)，通常为 500mL；

t_1——第一读数时的时间(s)；

t_2——表示第二次读数时的时间(s)。

第二节　栏杆与灯柱检测

安装栏杆和灯柱必须全桥对直、较平，对于弯桥、坡桥必须保证栏杆和灯柱纵向线平顺、美观。

1. 栏杆的检测

栏杆检测包括以下内容：

1）栏杆平顺度检测

沿桥梁纵向，对于直桥，以每 5 根栏杆立柱为一组采用拉线检查；对于弯桥或坡桥采用经纬仪检查。测定的栏杆平面偏位不得大于 4mm。栏杆扶手偏位不得大于 3mm。

2）栏杆柱顶面高差

沿桥抽查 20% 的栏杆立柱，采用水准仪检查。柱顶面高差最大允许偏差为 4mm。

3）栏杆柱纵横向竖直度检查

采用吊重垂线或经纬仪检查，抽检 20%。竖直度的最大允许偏差为 4mm。

4）相邻栏杆扶手高差

采用三角尺检查，抽检20%，相邻栏杆扶手高差的允许偏差为5mm。

5）外观检查

采用目测法，主要检查栏杆有无断裂、弯曲现象；是否直顺美观；接缝处有无开裂现象，钢栏杆是否有划痕、擦伤；混凝土表面的蜂窝麻面是否超过表面积的0.5%，深度是否超过10mm。

2. 灯柱检测

灯柱检测包括以下内容：

1）灯柱的平面位置

采用直尺或水准仪逐个检测。灯柱平面位置的允许偏差为纵向：±100mm，横向：±20mm。

2）灯柱垂直度检测

采用直尺或经纬仪逐个检查。垂直度的允许偏差为±5mm。

3）灯柱地面以上高度

采用水准仪测基底、地面高程算得，抽检30%。灯柱地面以上高度的允许偏差值为40mm。

4）外观检查

外观检查包括灯柱基座是否平整美观，金属灯柱外涂层有无划痕、擦伤现象，混凝土灯柱表面的蜂窝麻面是否超过构件面积的0.5%。

复习思考题

1. 沥青混凝土桥面铺装压实有哪些作用？

2. 钻芯法检测沥青混凝土桥面铺装压实度的方法和步骤是什么？

3. 连续式平整度仪检测桥面平整度的方法和步骤是什么？

4. 桥面抗滑性能检测的常用方法有哪些？各种方法的测试指标、测试原理、特点及适用范围是什么？

参考文献

[1] 中华人民共和国行业标准.公路工程质量检验评定标准(第一册·土建工程)(JTG F80/1—2004)[S].北京:人民交通出版社,2005.

[2] 中华人民共和国行业标准.公路工程水泥及水泥混凝土试验规程(JTG E30—2005)[S].北京:人民交通出版社,2005.

[3] 中华人民共和国行业标准.基桩低应变动力检测规程(JGJ/T 93—95)[S].北京:中国建筑工业出版社,1995.

[4] 中华人民共和国行业标准.建筑地基基础设计规范(GB 50007—2002)[S].北京:中国建筑工业出版社,1989.

[5] 中华人民共和国行业标准.公路桥涵地基与基础设计规范(JTG D63—2007)[S].北京:人民交通出版社,2000.

[6] 中华人民共和国行业标准.公路桥涵施工技术规范(JTJ 041—2000)[S].北京:人民交通出版社,2000.

[7] 交通部第一公路工程总公司.公路施工手册 桥涵(上、下).北京:人民交通出版社,1999.

[8] 中华人民共和国行业标准.公路桥梁板式橡胶支座(JT/T 4—2004)[S].北京:人民交通出版社,2004.

[9] 中华人民共和国行业标准.公路桥梁橡胶伸缩装置(JT/T 327—2004)[S].北京:人民交通出版社,2004.

[10] 中华人民共和国行业标准.公路桥梁预应力钢绞线YM锚具、连接器规格系列(JT/T 329.5—1997)[S].北京:人民交通出版社,1997.

[11] 中华人民共和国行业标准.公路桥梁预应力钢绞线用锚具、连接器试验方法及检验规程(JT 329.2—1997)[S].北京:人民交通出版社,1997.

[12] 中华人民共和国行业标准.公路工程基桩动测技术规程(JTG/T F81—01—2004)[S].北京:人民交通出版社,2004.

[13] 王建华,孙胜江.桥涵工程试验检测技术.北京:人民交通出版社,2004.

[14] 金桃,张美珍.公路工程检测技术.北京:人民交通出版社,2004.

[15] 徐日昶,王博仪,赵家奎.桥梁检验.北京:人民交通出版社,1992.

[16] 罗骐先.桩基工程检测手册.北京:人民交通出版社,2003.

[17] 杨文渊,徐犇.公路工程质检工程师手册(桥涵工程分册).北京:人民交通出版社,2005.

[18] 刘自明.桥梁工程检测手册.北京:人民交通出版社,2002.

[19] 李国豪.桥梁结构稳定与振动.北京:中国铁道出版社,1992.

[20] 胡大琳.桥涵工程试验检测技术.北京:人民交通出版社,2000.

[21] 杨文渊.桥梁施工工程师手册.北京:人民交通出版社,1997.

[22] 交通部第二公路勘测设计院. 公路桥梁承载能力鉴定方法. 北京:人民交通出版社,1988.
[23] 贺怀建. 应力波理论与动测实用技术. 武汉:武汉测绘科技大学出版社,1997.
[24] 中华人民共和国行业标准. 基桩高应变动力检测规程(JGJ 06—97)[S]. 北京:中国建筑工业出版社,1997.
[25] 中华人民共和国行业标准. 基桩低应变动力检测规程(JGJ/T 93—95)[S]. 北京:中国建筑工业出版社,1997.
[26] 宋一凡. 公路桥梁荷载试验与结构评定. 北京:人民交通出版社,2002.
[27] 章关永. 桥梁结构试验. 北京:人民交通出版社,2002.
[28] 李德寅. 结构模型试验. 北京:科学出版社,1996.